圖書在版編目（CIP）數據

文津學志.第二十二輯/《文津學志》編委會編. —— 北京：國家圖書館出版社,2024.6

ISBN 978 – 7 – 5013 –8149 –4

Ⅰ. G255.1 –55

中國國家版本館CIP數據核字第2024F6W899號

書　　名	文津學志（第二十二輯）	
著　　者	《文津學志》編委會　編	
責任編輯	潘雲俠	
助理編輯	雷雲雯	

出版發行　國家圖書館出版社（北京市西城區文津街 7 號　100034）

　　　　　（原書目文獻出版社　北京圖書館出版社）

　　　　　010 – 66114536　63802249　nlcpress@ nlc. cn（郵購）

網　　址　http://www.nlcpress.com

印　　裝　北京武英文博科技有限公司

版次印次　2024年6月第 1 版　2024年6月第 1 次印刷

開　　本　787 × 1092　1/16

印　　張　22.5

字　　數　480千字

書　　號　ISBN 978 – 7 – 5013 –8149 –4

定　　價　98.00圓

WEN JIN XUE ZHI

文津学志

《文津學志》編委會 編

任繼愈題

國家圖書館出版社

第二十二輯

編委會

目 録

敦煌文獻中神楷法師《維摩經疏》相關文獻新識

尤 澳

内容提要： 敦煌文獻中神楷法師撰寫的《維摩經疏》經前人整理共有6個寫卷：龍谷533、BD06576、P.2049、P.2032、P.2040、Дx352\463\464\466。其中BD06576爲節略本，其餘皆缺卷二（注疏《方便品》第二部分）、卷四（注疏《菩薩品第四》《問疾品第五》部分）。通過對P.2688v一段引文的分析，結合所存神楷法師經疏注釋特點與内容，可知P.2688v、BD03909、BD08291+BD06743都曾參考過神楷法師的《維摩經疏》。此三號代表維摩注釋的三種不同維度，其中BD03909屬名相摘編。BD07286是講經記録，可能以《净名經集解關中疏》爲底本，内容大量抄録神楷《維摩經疏》。吐魯番文獻中亦存神楷法師的《維摩經疏》：LM20-1451-31-07、LM20-1520-19-08、LM20-1528-01-05，此三號時代應在神楷之後。敦煌吐魯番地區的神楷《維摩經疏》寫經，反映其曾應在西域廣泛流傳，是中晚唐西域佛教義學發展的見證。

關鍵詞： 神楷 《維摩經疏》 敦煌 吐魯番 《净名經集解關中疏》

　　敦煌文獻中保存了數種《維摩經疏》，特別是孤存古佚類注疏，價值更大。其中有一組經疏共6個寫卷，前人集爲一類：龍谷533、BD06576、P.2049、P.2032、P.2040、Дx352\463\464\466。20世紀上山大峻認爲作者是曇曠[①]，這一觀點基本被時人接受，《敦煌遺書總目索引新編》等都沿用上山大峻的説法[②]，直至2021年富世平通過《宗鏡録》

---

① ［日］上山大峻：《敦煌仏教の研究》，法藏館，1990年，63—64頁；《敦煌仏教の研究（增補本）》，法藏館，2012年，62—65頁。

② 見敦煌研究院編《敦煌遺書總目索引新編》（中華書局，2000年）之相關寫本附記。曾曉紅《敦煌本〈維摩經〉注疏叙録》（上海師範大學人文與傳播學院碩士學位論文，2008年，204頁）亦直接稱之爲"曇曠《維摩經疏》"。此外，王曉燕《敦煌寫本〈維摩詰經〉注疏研究》（首都師範大學歷史學院博士學位論文，2016年，164頁）亦直接稱爲"曇曠《維摩經疏》"。

等相關引文比對，認爲該類注疏的作者是神楷法師[①]。

神楷疏原爲六卷，現存分布情況爲：

卷一：龍谷533，首尾殘闕

卷三：P.2049——注疏《弟子品第三》

卷五：P.2032——注疏《不思議品第六》至《入不二法門品第九》

卷六：P.2040、Дx352\463\464\466——注疏《香積佛品第十》至《囑累品年十四》

殘闕卷二（應該是注疏《方便品》第二部分）、卷四（注疏《菩薩品第四》《問疾品第五》部分）。而BD06576是一個節略本，主要含有《佛國品》後半部分、《方便品》、《弟子品》前部分。而卷四部分至少現在不見踪迹[②]。數種《維摩經疏》有哪些參考過神楷法師的《維摩經疏》，由于原疏殘缺，難以知曉。本文提供一個案例——根據引文的方式，確認一段注疏參考了神楷所撰《維摩經疏》，然後再對BD03909、BD08291+BD06743這兩件《維摩經疏》進行考察，認爲其創作曾參考過神楷所撰《維摩經疏》。我們首先從一件包首説起。

一、P.2688v 内容引文的新見

在論及P.2688v之前，試看一個敦煌包首——Дx11615（圖1），圖版見《俄藏》第15册第280頁[③]，《俄藏敦煌文獻叙録》定名爲"維摩詰經疏卷第一"，并言："僅存經題1行，録文：維摩詰經揩疏卷第一無頭。'揩'字不解其意。"[④]寫本俗字書寫中"扌"多與"木"相混淆，此"揩"也可能是"楷"字。再根據現存《維摩經疏》種類，此"楷"更可能是"神楷"之簡寫，後世神楷所撰《維摩經疏》由于亡佚，學人多不知楷疏之面貌，故其簡稱更無法解明。Дx11615爲寫卷之包首，并有注文"無頭"，説明所

① 富世平：《敦煌遺書 P.2049 等寫卷〈維摩經疏〉研究》，《文史》2021年第4期，125—144頁。關于神楷生平相關問題，見許天成：《唐代僧人神楷生平與主要活動考論——以〈宋高僧傳·神楷傳〉爲中心》，《法音》2022年第4期，39—42頁。應該指出的是，許文論及開篇所提六個寫卷爲神楷所撰，正文中僅以"敦煌學的最新研究"作爲信息來源，富文先發之功被忽略。富文該觀點發表後，仍有著作依然沿用上山大峻的看法，如魏健鵬《圖像與文本：敦煌石窟維摩詰經變研究》（甘肅文化出版社，2023年）之附録。

② 當然，還有一種情況，即敦煌文獻中還存在神楷所撰《維摩經疏》，但是客觀上由于缺少平行文本比對，加上自身殘缺品名、自題等信息，我們無法通過單純的文獻比對檢索確定出來，這部分文獻性質難以得到確認。

③ 本文涉及文獻圖版簡稱：《國圖》：《國家圖書館藏敦煌遺書》（1—146册），北京圖書館出版社，2005—2012年；《俄藏》：《俄藏敦煌文獻》（1—17册），上海古籍出版社，1995—2005年；《法藏》：《法藏敦煌西域文獻》（1—34册），上海古籍出版社，1995—2005年；《英藏》：《英國國家圖書館藏敦煌遺書》（1—50册），廣西師範大學出版社，2011—2017年；《旅博》：《旅順博物館藏新疆出土漢文文獻》（1—32册），中華書局，2021年。

④ 邰惠莉主編：《俄藏敦煌文獻叙録》，甘肅教育出版社，2019年，751頁。

圖1　Дх11615

護寫卷內卷一缺乏開頭部分，即殘缺無頭。至于是不是龍谷533原包首，暫時無法知曉。這提示我們，敦煌文獻中除了上述提及的六個寫卷，很有可能還存有神楷相關的寫卷，它們亟待識別。

P.2688，圖版見《法藏》第17册第252—254頁。正面抄寫《莊子‧外物》，伯希和《巴黎圖書館敦煌寫本書目》認爲正面"莊子殘卷"（8世紀時所書），有注，背面爲殘佛經[①]。此件正面首部可與S.77相綴合，S.77爲《莊子郭象注》，抄寫時間《英藏》該條《叙錄》言7—8世紀，唐寫本。背面爲《維摩經疏》，首尾均殘，起"不見穢愛"，至"彼三明隱雖現無功故不給也"。存46行，行約30字。句式參差，段距無規律，距寬較大，留有大量空白，内容分爲四小節書寫。本卷所疏爲《維摩詰經‧方便品第二》。歷代大藏經未收。約8—10世紀寫本[②]。可見P.2688背部《維摩經疏》是利用《莊子郭象注》背面空餘位置進行抄寫的。

---

① ［法］伯希和編，陸翔譯：《巴黎圖書館敦煌寫本書目》，《國立北平圖書館館刊》第7卷第6號，1933年，68頁。
② 曾曉紅：《敦煌本〈維摩經〉注疏叙錄》，上海師範大學碩士學位論文，2008年，209頁。

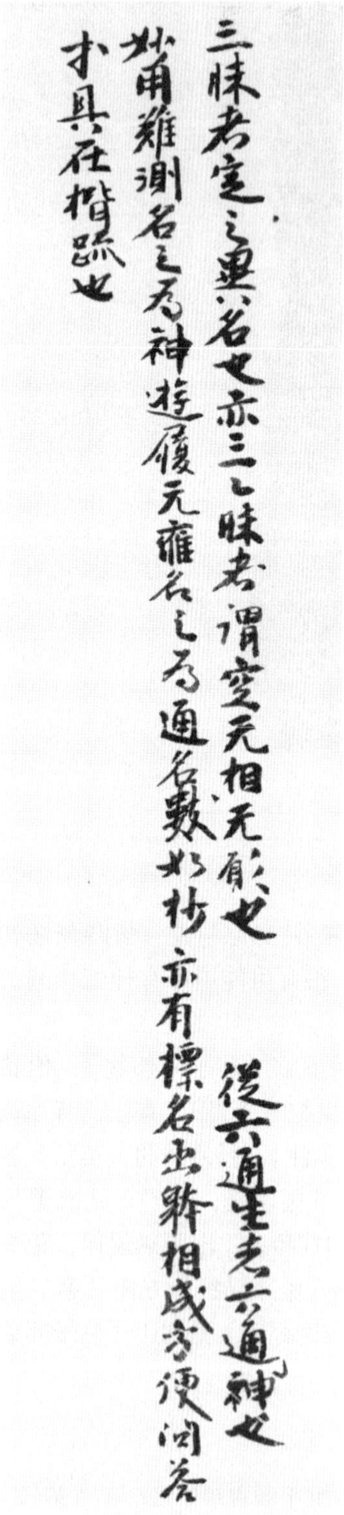
三昧者定之異名也亦三〻昧者謂空无相无願〻也 從六通生者六通神也
妙用難測名之為神遊履无擁名之為通名數如抄亦有標名出體相成方便問答
等具在楷疏也

圖2　P.2688v所記楷疏

鳩摩羅什所譯的《維摩詰所說經·方便品》中有一段經文：

> 諸仁者！此可患厭，當樂佛身。所以者何？佛身者即法身也！從無量功德智慧生，從戒、定、慧、解脱、解脱知見生，從慈、悲、喜、舍生，從布施、持戒、忍辱、柔和、勤行精進、禪定、解脱、三昧、多聞、智慧諸波羅蜜生，從方便生，從六通生，從三明生，從三十七道品生，從止觀生，從十力、四無所畏、十八不共法生，從斷一切不善法、集一切善法生，從真實生，從不放逸生；從如是無量清净法生如來身。諸仁者！欲得佛身、斷一切衆生病者，當發阿耨多羅三藐三菩提心。①

P.2688v在疏“從六通生”時，言：“從六通生者，六神通也。妙用難測，名之爲神；游履無擁，名之爲通。名數如《抄》，亦有標名、出體、相成方便、問答等俱在楷疏也。”（見圖2）P.2688v認爲“六通”乃是“六神通”，并分别解釋了何爲“神”“通”，其具體含義在相關《抄》之中，而最後還提到了“六通”的一種解釋，該解釋在“楷疏”中，其具體内容應該包含“標名、出體、相成方便、問答”等。這至少説明兩點：一、P.2688v的創作曾經參考過“楷疏”，即作者見過“楷疏”。二、P.2688v應該不是“楷疏”原文，否則不會在正文有如此引述，P.2688v可能僅參考過“楷疏”而已，抑或是像BD06576是一個“楷疏”節略本，在此簡省了許多内容。

這個引述告訴我們“楷疏”原文應該存在釋“六通”的内容，循着這樣的思路，我們重新檢討維摩注疏，部分寫卷的性質和内容是不是有新的發現呢？

---

①（後秦）鳩摩羅什譯：《維摩詰所説經》，《大正藏》第134册，臺北新文豐出版公司，1990年，539頁。

二、與 P.2688v "楷疏" 相關兩種《維摩經疏》考

首先是BD03909。《國圖》的該號《條記目録》言：首尾均殘，正面64行，背面4行。存文疏釋《維摩詰所説經》"方便品"之末尾，從"從無量功德智慧生"到"從六通生"一段（參見大正0475，14/539c1-5）。重點論述"從六通生"，文甚委悉。未爲歷代大藏經所收。與《維摩經義記》（釋瓊本）并非同一種文獻。卷首背有勘記："中明方便品下尾，義記。"抄寫時代斷爲8—9世紀，吐蕃統治時期寫本。其中注疏"六通"言：

> 從六通生者，略釋六通，五門分別。第一釋名得名；第二出體性；三修成方便；四所依地；五問答料簡。

> 言釋名得名者。一名神通，聖惠所作，妙用難測曰神，游履無擁名通，此從用爲名，亦名神足通。不測曰神，游涉名足，此從喻爲名。亦名身通，積聚名身，轉變名通，此從境爲名。亦名如意通，散合往來，轉變自在，稱其心意，名如意通，此從喻爲名也。幻通轉變外事。二天耳通，猶如幻化，亦從喻得名也。清净名天，聞聲名耳，此從用及根爲名。三天眼通，光净皎潔名天，照導名眼，此亦從用及根爲名。四他心通，非己緣慮，名曰他心，緣他心得名他心通，此從境立名也。五、宿命通，往事通宿，連持稱命，知宿命事，故名通也，此亦從境爲名。六、漏盡通，二障流注名漏，正習俱亡名盡，此離過爲名也。

> 第二，出體者。依經部宗，初之五通，若凡夫得，并以想智……或以鏡智平等爲體。

> 第三，修成方便者，謂修神足通，方便心中……作四諦十六行及。

> 第四，明所依地者。《卅（薩）婆多雜心論》等云五通并依根本四禪，以依勝地發神通……漏盡十地皆發，更加非想地。

> 第五，問答分別者。

> 問：六通之中曷能示現？何非示現？答：三通能現，謂神足等三也，且神足轉變、自他身等令諸衆生生希有心入于佛法，他心能知前人心念，令他信受故，漏盡自既盡已，復知他人漏盡多少，因爲説法，令諸衆生心得盡想，以是事故此三能示。天耳聞遠，天眼見未，宿命知過，但可自知，難令他信，故不現也。

> 問：通、明、力三種功德何人得耶？答：……

> 問：聲聞云有通明者謂是何耶？答言：……

> 問：六根之中鼻、舌、身三何不立通？答：……

> 問：天眼見色知未來，天耳亦能同知不？答：……

> 問：因禪得眼耳，即名天眼耳，餘通因禪發何得不名天？答：……

此釋"六通"分五門，與P.2688v所言楷疏"標名、出體、相成方便、問答"略同，那麼BD03909是否可能爲神楷所撰《維摩經疏》呢？BD03909背部的補記言此是"義記"，隱約透露着文獻性質。我們再看BD03909在"六通"前的内容：

表1　BD03909名相注釋内容與來源

所注《維摩詰所説經》名相	内容	來源
四無量	四無量者，略以五門分別。一列名者，即慈、悲、喜、捨也。第二釋名者，言無量者，一緣無量于一切有情起四無量故；二起無量行之解亦須機廣大故；三感無量果，以大梵福成如來名無量。四者數也，是帶數釋。第三辨相者，法界有情三類，無苦無樂，無倒與樂名慈，以不嗔爲體。二爲苦者，拔苦名悲，不害爲體。三▨（有）樂助喜名喜，不嫉善根爲體。第四出體者，合以三法，無嗔、不害及捨，不嫉爲體。第五辨差別次各有三，一有情緣，作有情想。二法緣，不見有情，作法想。三無緣，于諸法離分別心，作真如想。或法無量爲緣諸教法。此之三（三之）中，初共外道，次共二乘，後唯菩薩。初二（三）安樂，後一利益，感果可知。大者唯佛。	全同于窺基《妙法蓮華經玄賛》之《方便品》，同見于《説無垢稱經疏》之《佛國品》。
禪定、解脱	從禪定等者。禪謂四禪。八解脱：一内色相；二内無色相；三净解脱；四空處解脱；五識處；六無所有處；七非想非非想；八滅盡解脱。	
三昧	謂空、無相、無願。	
多聞	多聞智惠者，惠從多聞，故言多聞。……四無礙，善巧不滯有空，名爲方便，獨（？）云：多聞解了法，多聞不造惡，多聞捨無義，多聞得涅槃。善聽增長聞，聞能增長惠，惠能修净義，得義能招樂。聰惠得義已，證現法涅槃。净覺法相應，證得第一樂。	最後所云全同于智周《法華玄賛攝釋》。

　　我們發現BD03909的性質恐怕并非個人創作，而是在注疏《維摩詰所説經》相關名相時，廣泛采取之前法師注疏相關經典的解釋，加以拼凑合成，成爲一種"義記"。此外，在已經確認爲神楷《維摩經疏》的P.2032中，亦有關于"四無量"的解釋："四無量義，五門分別：一、釋名得名；二、出體性；三、辯差別；四、明建立；五、問答分別"，若是BD03909是神楷《維摩經疏》，難以想象在一部注釋中同是注"四無量"，前後釋義明顯有巨大差別，且注疏在遇到同一主題或者名詞時，爲了避免重複，神楷《維摩經疏》往往用"文同前（後）"加以省略。换句話説，BD03909其性質更像觀點摘編，那麽BD03909中所釋"六通"的經文應該來自某一人注疏。

　　BD08291+BD06743，其中亦有部分與此有關。BD08291圖版見《國圖》102册第72—75頁；BD06743圖版見《國圖》93册第122—126頁。抄寫時間《條記目録》均言8—9世紀，吐蕃統治時期寫本。比較特別的是，文中在注疏《維摩詰所説經》的時候，引用了大量古詩。此外，釋"六通"時，謂：

　　　　從六通生者，釋六通義，五門分別。一釋名得名，二出體性，三修方便，四所依地，五問答料簡。

　　　　第一釋名得名者。一名神通，聖惠所作，妙用難惻（測）曰神，無擁名通，從用爲名也。亦名神足通，不惻曰神，游涉名足，從用得名，亦可從喻立名。亦名身通，積聚名身，轉變稱通，從境爲名。或名如意通，散合往來，轉變自在，稱其心意，名爲如意，從喻爲名。二天耳通，清净曰天，聞聲曰耳，從因及果爲名。三天眼通，光净爲天，照達爲眼也。五、宿命通，往事名宿，連持名命，知宿命事，故云宿命通，亦從境爲名也。六、漏盡通。二障流注名之（之名）也，正習俱亡稱之盡，離過爲名也。

三修方便者。修神足通方便，心中想其自身作輕舉想，後得神通。修天眼、天耳二通方便，心中想或于近處作遠見聞想得二通也；修他心中方便，心中觀前人色，知他心想，後得他心通，故《毗婆沙》云：如是色想，如是心修宿命通，加行心時，想其身或大或小，乃至入胎事後證宿命通也。修漏盡通方便，心中作四諦十六行，斷非想或想，後得漏盡通。

第四明所依地者。《卅（薩）婆多宗雜心》等論五通并依根本四禪……漏盡十地皆發，更加想地也。

問答分別者。

問：六通中幾能示現？幾現非示現？答：三通能示現，所謂神足等三，神足示現者，轉變自他身等，令諸衆生稀有心入于佛法，他心示現者，已知前人心，故語前人也。言汝有如是思念，令他衆生于佛法中生稀有想。漏盡示現者，以知衆生漏盡多少，便爲説法，令諸衆生以稀有想，以是事故三通，令他心信名爲示現。三通所以不示現者，天耳、天眼見色，宿命遠知過去等事，人皆生疑他不信，故非示現。

問：通、明、力三德何人得耶？答：……

問：因禪得眼耳，餘通因禪發何不得名？答：……

若約體性，天眼、宿命以後得智爲體，漏盡從正體後得爲故。

問何故餘三不立？答：……

此段與BD03909對應部分相比較，内容幾乎相同，祇是稍有簡略。如最後一個問答，BD03909有六段，而BD06743僅有三段。那麼BD03909、BD06743哪號引文更接近神楷的原文呢？從各自文獻性質來說，恐怕BD03909更接近神楷的原文，除了更爲詳細外，BD03909是名相摘抄，是各種專門注疏的彙編，來源更"純粹"。而BD06743引用了大量古詩詞，外典釋内典，集部釋名相，自非專門之作，其簡省也不足爲怪了。

以上三號同受神楷法師《維摩經疏》影響，但反映了三種不同的面向與維度。BD03909是代表某類僧人在進行閱讀或者講一部佛經的時候，摘取并編排前人相關著作的名相解釋，以熟曉經義，類似筆記觀點摘抄，屬于"類聚"。BD08291+BD06743則代表注釋佛典之時，教内外文獻通用互攝，在解釋某一名詞的時候，對前人意見進行選擇抄錄。P.2688v則顯示雖然采用某種注疏觀點，但是僅簡引以爲提醒。它們代表中晚唐研習《維摩經》的不同方式。

最後，關于上述涉及"六通"經文的五段分門，我們看到在已經確定是神楷疏的注疏中，有類似的解經分科，以下舉四例加以説明：

龍谷533：第八，明所説法者。于中有二：一、通；二、別。通者，如來廣説十二部經，十二分教義，略以七門分別：一、釋名弁相；二、出體性；三、部藏同異；四、建立所由；五、約世定詮；六、大小多少；七、問答料簡。

BD06576節略本："三十七道品"者，亦云助道法。道者，通游義。品者，品類。亦云：行性虛通，説爲道也。言此諸法是助道法，非即道也。五門：一、釋名；二、出體；三、趣入；四、問答；五、大小乘异。

P.2032：五陰義，六門分別：一、釋名得名；二、出體性；三、辯差別；四、明次第；五、辯離合；六、問答分別。

P.2040：四食義，六門分別：一、釋名得名；二、出體性；三、明建立；四、辯差別；五、界趣有無；六、問答聊簡。

都好用釋名、體性、問答料簡，這從側面證明上述"六通"經文注釋乃是神楷《維摩經疏》原文的一部分，且不見于節略本——BD06576中，這部分內容的確定僅能通過上述引證來斷定。

三、BD07286 性質再議

BD07286見《國圖》96册第102—106頁，《國圖》叙録言是對僧肇《注維摩詰經》的復疏[1]，後王曉燕對此有駁證：通過具體內容的比對，發現該件其實是對道液《净名經集解關中疏》重點詞語的解釋。如注解中的語句"凡以名壞行""名化物""繫其愛則善牙莫能發"，祇在《關中疏》中出現。BD07286相關釋文，如"凡以名壞行者，《日明三昧經》云：福德之力成多利，由得利故放逸生，放逸則無持戒心，以是因緣墮獄""名化物者，如維摩文殊等""繫其愛則善牙莫能發者，癡愛卵瞖，若不啄破，法身不生，又如草甲雷聲，開垢方出惠芽"，又如BD07286注解的"三塗""北洲""無想天""世智""佛前""佛後""生盲""生聾"等名詞，祇見載于《關中疏》文中，而不見于《注維摩詰經》一書[2]。該文對部分詞句的考察初步理清了該號注疏的面貌，但是該寫卷除《净名經集解關中疏》外還涉及其他經典嗎？

BD07286倒數第6行引有一句殘偈："身如路旁館，神如寄宿▢▢。"我們在《大正藏》中無法檢索出此偈的出處與來源，而在上文提到的神楷《維摩經疏》節略本——BD06576中却發現此偈。BD06576中完整的偈句爲："身如路旁館，神如寄宿客。客去館還空，知是誰家宅。"這樣的巧合提醒我們，BD07286和BD06576是不是有某種關

---

① 《國圖》叙録言此號前部可以與BD09711綴合，BD09711《敦煌寫本〈維摩詰經〉注疏研究》漏收。

② 王曉燕：《敦煌寫本〈維摩詰經〉注疏研究》，28頁。又見王曉燕《新見敦煌寫本〈維摩詰經〉注疏之〈净名疏注〉》，婁林主編《馬西利烏斯的帝國》，華夏出版社，2020年，202頁。

係？通過比對，我們發現BD07286大量摘抄BD06576，如下表2：

表2　BD07286和BD06576部分解釋對照表

内容	BD07286	BD06576
三十七道品	"三十七道品"者，亦云助道法者。道者，通游義。品者，類也，言此諸法是助成道法，非即是道也。五門：一、釋名；二、出體；三、趣入；四、問答；五、大小乘异。 釋名，如《入道次第》。 出體者，有其九法：一、信，有二；二、精進，有八；三、念，有四；四、定，有八；五、惠，有九；六、戒，有三；七、輕安；八、喜分；九、捨分（此三各一），通三十七也。開正惠惟別立一體，則十法爲體也。 趣入不同者，依《疏》：四念，三十心；二"四"、二"五"，配四加行；八正七覺，配見道中。若依《入道次第》，三"四"并屬資糧位；二"五"配加行；七八配見修二位。 問答者，如《入道》中。 大小乘异者，小乘約離染取净，大乘約無相之理修行也。 又釋三十七道品中，問答者，菩提分法，小乘所修，何故大乘亦言修學？答：《智度論》云：菩薩學一切道品，既云一切，當知亦學，故下偈云道品善知識由成正覺。	"三十七道品"者，亦云助道法。道者，通游義。品者，品類。亦云：行性虛通，説爲道也。言此諸法是助道法，非即道也。五門：一、釋名；二、出體；三、趣入；四、問答；五、大小乘異。 釋名，如《入道次第》。念謂四念處，即身、受、心、法……四正勤者，體精進……四神足者……五根者，信、進、念、定、惠，净心名信……五力者，名數如前……七覺支者：一念……八正道者，正見、正思惟、正語、正業…… 二、出體者，有其九法。一、信，有二；信根、信力。二、精進，有八；四正斷、進根、進力、進支、正精進。三、念，有四；念根、念力、念支、正念。四、定，有八；四神足、定根、定力、定支、正定。五、惠，有九；四念處、惠根、惠力、擇法支、正見、正思惟。六、戒，有三；命、語、業。七、輕安；八、喜分；九、捨分。此三各一。通三十七也。若開正思惟別立一體，則十法爲體也。 趣入不同者，依《疏》：四念，三十心；二"四"、二"五"，配四加行；七覺、八正，配見道中。若依《入道次第》：三"四"，并屬資糧位；二"五"，配加行；七、八，配見、修二位。 問答者，問：小乘之人修菩提分教，有成文，何以得知大乘亦學？答：《智度論》云，問：三七品是聲聞、辟支佛道，六波羅蜜是菩薩道，何故于菩薩道説聲聞法耶？答：菩薩摩訶薩學一切道品。既云一切，故知亦通菩薩所學。更有問答，如《入道》中。 大小乘異者，小乘約離染取净，大乘約無相之理修行也。更有云云，如《入道次第》。
迴向心	迴向心者，分配三身，一、迴己功德，餘施衆生，化身。二、迴因向果，報身。三、迴事向理，法身。	"迴向心"者，分配三身：一、迴己功德，施餘衆生，化身；二、迴因向果，報身；三、迴事向理，法身。引懷法施于有中，惠無不普。……故得功德國土勝妙。
正勤	前正勤者，惡未生令不生，喻堤坊水；惡已生，令除滅，喻去毒蛇；善未生令生，喻鑽出火。大善已生，令增長，喻種樹栽。	前正勤者，惡未生令不生，喻堤坊之水；已生惡法斷之令滅者，喻□毒蛇去；已生善法修令增長者，喻種樹栽；未生善令生者，喻鑽木出火。

9

續表

内容	BD07286	BD06576
身子疑	身子疑中三意，一疑因净則土不應穢；二疑因穢不合成佛；三疑净因而感穢土。則與經中"心净則土净"之文相違背也。問：净土之體，能感以心爲體，所感□四塵爲體，若攝相歸性，則以真如爲體。又問：净土體若一，不合净穢虧盈；若多體者，真如理中搜原則冥。	身子疑者，有其三意：一疑因净土不應穢；二疑因穢不合成佛；三疑净土而感穢土。則與經中"心净則佛土净"之文相違背也。問：净土之躰，能感以心爲體，所感以四大爲體，若攝相歸性，則以真如爲體。又問：净土體若一，不合净穢虧盈；若多體者，真如理中搜原則冥。

由于篇幅所限，上文僅舉四例。此外，BD07286在行文中多處省略或者引用因緣故事，而BD06576則注疏内容完整、因緣故事相同，如下表3。

表3　BD07286和BD06576部分略疏或因緣、故事對照表

略疏或因緣、故事	BD07286	BD06576
菩薩四無畏	一得念總持；二知衆生根；三不見能難己，使己不能答者；四隨問能答，善決衆疑，如《疏》中。	"獲無所畏"者，是摧邪智。獲者，得也。菩薩得四無畏，爲生說法，心無怯弱，故云無畏。依《大論》有四：一、總無畏，于法廣知，不畏屈滯；二、知根無畏，明了諸根，隨而受化，不懼違失；三、斷疑無畏，隨問能說，不畏不堪；四、答難無畏，隨難能答，不懼屈滯。
示有妻子	"示有妻子，修梵行"者，引無脂肥羊之緣。	"示有妻子"，無垢始女，月上女，月上童子，世尊遣目連喚無垢始女，三彈不覺，執手拽大地。示有妻子，引無脂肥羊，緣三千一時動文殊至方來。
現有眷屬	"現有眷屬，樂遠"者，引羅閲祇人向王舍學義，見有子死而父母及兄皆不傷悼，仍有偈云云。	"現有眷屬"，引羅悦祇國有一梵志來，至舍衛國，見父子二人耕地，毒蚖咬煞其子，父耕田如故，不看其子，亦不啼哭。梵志問曰："死去誰兒?"耕者答言："是我之子。"梵志語曰："是卿之子，何不啼哭，固耕如故?"耕者答言："人生有死，物成有敗，善者有報，惡者有對，愁憂啼哭，何益死者? 卿今入城，我家某處，願過語之。吾子已死，但將一人食來。"梵志自念："此是何人，復無返復，兒死在地，復無憂愁，而返索食? 此人不慈，無有此化。"梵志入城，詣耕者家，見兒母，即便語之："卿兒已死，其父寄信，持一人食來，何以不念子也?"兒母說偈："兒來托生，我亦不呼；兒今自去，非我能留。譬如行客，來過主人，客今自去，何能得留。我時母子，譬若如是。"

略疏或因緣、故事	BD07286	BD06576
博弈	"博弈"者，語云樗蒲劣戲，陶侃號爲牧奴。博弈小能，堯王教以愚子。韋曜作論，無利益于家邦。葛洪不窺，誠有害于名節。	"若至博弈"者，同戲，博謂六博，亦是碁也。進之巧道，故稱爲度。語云：樗蒲劣戲，陶侃號爲牧奴。博弈小能，堯王教其愚子。韋曜作論，無利益于家邦。葛洪不窺，誠有害于名節。

　　BD07286"菩薩四無畏"中所言"如《疏》"的《疏》，可能是BD06576所引的《大論》，也可能是BD06576本身——神楷《維摩經疏》節略本。第三處BD07286所言"現有眷屬，樂遠"所簡引因緣故事在BD06576中有詳述，"仍有偈云云"之"偈"即因緣故事中兒母説偈："兒來托生，我亦不呼；兒今自去，非我能留。譬如行客，來過主人，客今自去，何能得留。我時母子，譬若如是。"

　　那麼，BD07286的實際應用是什麼呢？結合王曉燕對其性質的斷定以及BD07286材料來源，我們認爲此件作品乃是敦煌地區高僧開講《維摩詰經》時形成的講經記錄[①]，可能以《净名經集解關中疏》爲講經底本[②]，而主要參考神楷《維摩經疏》，且當時參考的已是神楷《維摩經疏》的節略本——BD06576[③]，其表現形式爲大量摘抄神楷《維摩經疏》，對于某些因緣故事，僅簡寫作爲提示。敦煌地區高僧在開講《維摩經》時，道液《净名經集解關中疏》頗爲流行，如中晚唐開元寺高僧曹法鏡（803—883）曾講《維摩經》，P.2079《净名經關中釋抄》卷上末題："壬辰年正月一日，河西管内都僧政京城進論朝天賜紫大德曹和尚就開元寺爲城煌（隍）禳灾講《維摩經》，當寺弟子僧智惠并隨聽寫此上批。至二月廿三日寫訖。"説明《釋抄》乃僧智惠聽曹和尚講《維摩經》所記録，其講經所據基本材料爲道液《净名經集解關中疏》。BD14093（新0293）《净名經集解關中疏》卷下題曰："癸卯年三月十日，靈圖寺僧苾蒭道廣故記之耳。癸卯年三月一日，曹僧政和尚説經已，至四月盡説了。"癸卯即唐僖宗中和三年（883）[④]。上述題記均説明道液著作之流行程度。

---

① 文中有三處"云云"，似是講唱性質的標志。

② 王曉燕《新見敦煌寫本〈維摩詰經〉注疏之〈净名疏注〉》中討論的部分寫卷，筆者更傾向于認爲是專門開講道液著作的記録，此部分探討待後續撰文討論。

③ 根據表2中BD07286引用智周（668—723）撰《大乘入道次第》來看，《大乘入道次第》大致撰成于開元（713—741）初年，此時神楷已逝。所以BD07286與BD06576（神楷《維摩經疏》節略本）關係更爲緊密。

④ 對于中晚唐講經僧的探討，參考何劍平：《從中晚唐敦煌〈維摩詰經〉的講經僧看佛教論義及講經文的關係》，《敦煌學》第38期，2022年，79—110頁。敦煌文獻中《净名經集解關中疏》的題記較爲豐富。此外，亦可從當時求法僧的記録一瞥當時流傳中原地區情況：日本求法僧圓仁記載838年11月2日曾于當地買《維摩關中疏》四卷，價450文，其所編《日本國承和五年入唐求法（轉下頁）

最後説明BD07286後半部殘缺的一段文字，"身如路旁館，神如寄宿客。客去館還空，知是誰家宅"偈後爲"六通者，五門解釋，一釋名，二出體，▢▢▢"，可知係注釋"六通"，雖然殘缺，但根據"五門"總數以及和神楷《維摩經疏》關係，可以推測應該是上文提及的"從六通生者，釋六通義，五門分別。一釋名得名；二出體性；三修方便；四所依地；五問答料簡"，這也從側面説明P.2688v、BD03909、BD08291+BD06743中釋"六通"是取材于神楷疏。

四、餘論：神楷《維摩經疏》的特點與流傳

富世平曾概括神楷《維摩經疏》的特點：一、體例方面以鳩摩羅什譯《維摩詰所説經》爲對象，間或引玄奘譯《説無垢稱經》以補充；二、大量引用前人注疏；三、依唯識宗的觀點解釋《維摩詰經》[1]。就具體內容而言，我們亦發現神楷《維摩經疏》融合大量佛教因緣故事、民間傳説，具有民間通俗講唱的特色。何劍平通過考察中晚唐及五代時期四幅莫高窟"阿難乞乳"壁畫與榜題關係，發現其製作參考了敦煌地區流行的《維摩詰經》通俗注疏中所摘抄的《乳光經》，P.2049號就是其中之一[2]。這種情況顯示，神楷《維摩經疏》由于大量引用故事，通俗性較強，民間流傳較廣。約700年前後神楷去世，逝後《維摩經疏》并未銷聲匿迹，P.2688v、BD03909、BD08291+BD06743、BD07286抄寫時代均爲約8—9世紀，係吐蕃統治時期寫本，反映該《疏》在敦煌地區廣泛流傳。此外，我們也在吐魯番文獻中尋找到神楷《維摩經疏》。

武海龍《國內藏吐魯番漢文佛教典籍及其價值》[3]未提及《維摩經疏》。旅順博物館藏品中有此疏三號，均爲卷六，分別是：

LM20-1451-31-07，見圖3，《旅博》1/255，《叙録》言：作者不詳，CBETA，T85，no.2772，p.417，a13-19。西州回鶻時期。

LM20-1520-19-08，見圖4，《旅博》30/68，《叙録》言：作者不詳，CBETA，T85，no.2772，p.399，b17-20。高昌國時期。

LM20-1528-01-05，見圖5，《旅博》32/154，《叙録》言：作者不詳，CBETA，T85，

（接上頁）目録》中有：《淨名集解關中疏》四卷，資正寺道液集《淨名經關中疏釋微》二卷，中條山沙門契真述（白化文、李鼎霞、許德楠校注：《入唐求法巡禮行記校注》，花山文藝出版社，2007年，61、524頁）。稍後求法僧圓珍的《入唐求法總目録》中有：《淨名經關中疏釋微》二卷，中條山契真。《淨名經關中疏略教義圖》一卷（白化文、李鼎霞校注：《行歷抄校注》，花山文藝出版社，2003年，79頁）。

[1] 富世平：《敦煌遺書P.2049等寫卷〈維摩經疏〉研究》，138—141頁。

[2] 何劍平：《維摩詰變相與講經文及通俗佛經注疏之關係新證——以莫高窟第9號窟的阿難乞乳圖的榜題爲中心》，《寶鷄文理學院學報（社會科學版）》2018年第3期，49—56頁。

[3] 武海龍：《國內藏吐魯番漢文佛教典籍及其價值》，王振芬、榮新江主編《絲綢之路與新疆出土文獻：旅順博物館百年紀念國際學術研討會論文集》，中華書局，2019年，512—541頁。

圖3　LM20-1451-31-07

圖4　LM20-1520-19-08

圖5　LM20-1528-01-05

no.2772，p.417，all-13。唐時期。

　　上述三號內容均見于P.2040，實爲神楷《維摩經疏》，那麽抄寫時間自然在其之後。LM20-1520-19-08《叙録》言爲高昌國（460—640）寫經，神楷《維摩經疏》武周時期（690—705）纔流行開來，時間恐怕不確。LM20-1528-01-05抄寫時間恐怕在中晚唐時期。

　　總的來説，神楷《維摩經疏》曾在敦煌吐魯番流傳過，這一方面與它自身的注疏特點有關，另一方面還可能與當時的民間信仰有關。此疏在中晚唐敦煌的抄寫，還體現了唯識學在敦煌的興盛不衰，是中晚唐義學發展的見證。

（作者單位：四川大學中國俗文化研究所）

唐五代敦煌佛事唱誦教材的生成與傳播

——以 P.4597爲中心

宋　雪　伏俊璉

内容提要： P.4597是敦煌文獻中抄寫偈、贊作品最多的卷子，其正面爲唱誦文集《惠水文一本》，其選抄者乃敦煌靈圖寺僧惠水，背面有不同人的題記、雜寫。結合正背面情況可判斷，此寫本正面《惠水文一本》抄寫時間大概在810—868年之間，且在820年左右的可能性最大。《惠水文一本》本爲惠水個人的佛事唱誦學習文集，由于實用性强，又在9世紀中後期到10世紀中期的近百年間被廣泛傳閲、抄寫，性質轉變成爲衆僧的佛事唱誦教材。

關鍵詞： 敦煌　《惠水文一本》　抄寫時間　唱誦教材　寫本傳播

敦煌寫本 P.4597《伯希和劫經録》著録爲"釋子歌唱贊文集本"[①]，正面抄佛事應用文多達35種，背面則有多處題記、雜寫，多位學者對 P.4597進行過考察，包括對正面唱誦文抄的文本釋録、某類内容的研究等[②]，但較少關注背面衆多題記以及對整個寫本進行全面觀照。本文擬采用寫本學研究的方法，全面而細緻地考察 P.4597正面的抄寫者、抄寫時間，并聯繫背面雜寫、題記，還原這一佛事唱誦文集的生成、傳播情境，可知寫本正面文集性質經歷了由惠水個人佛事唱誦學習文集到衆僧佛事唱誦教材的轉變。目前的敦煌文獻中暫未發現僧寺官方的佛事唱誦教材，但從 P.4597中正面文集性質的轉變可知，唐五代敦煌僧徒學習佛事唱誦的教材既可按個人需要選編製作，也可沿用他人整理本[③]。

---

① 商務印書館編：《敦煌遺書總目索引》，中華書局，1983年，304頁。

② 張錫厚先生對 P.4597正面的贊文、詩偈作了詳細的校録，詳見《全敦煌詩》，作家出版社，2006年。徐俊先生對 P.4597内容作過叙録，見《敦煌佛教贊頌寫本叙録——法藏部分六種》，載《第三届中國俗文化國際學術研討會暨項楚教授七十華誕學術討論會論文集》，2009年。P.4597所含佛教文學内容豐富，有研究者就某一文類進行考察，如鄭阿財先生《寫本原生態及文本視野下的敦煌高僧贊》（《敦煌學輯刊》2018年第2期，15—29頁）討論了 P.4597中的三篇高僧贊。

③ 本文圖版來源：S.5572圖版源于《英藏敦煌文獻（漢文佛經以外部分）》，四川人民出版社，1994年，第8册41頁。其餘法藏圖版源于法國國家圖書館Gallica網站。英藏圖版源于國際敦煌項目（International Dunhuang Project，簡稱IDP）網站。

一、P.4597 寫本文獻樣貌

P.4597雙面書寫，正面有朱筆、墨筆點校，以及"❀""○""·"等標題號與層次符號，與背面騎縫書朱筆"惠水"墨色一致，應爲惠水誦讀學習時所加。正面除卷末《酒賬》外，其餘內容爲惠水一人所抄，且書法較爲工整，行款嚴格，題署清楚，內容大致"因類相從"，可知并非隨意雜抄，而是有計劃的選抄。背面題寫的內容分布無序，有多種筆迹，非一人一時所抄。背面各紙接縫處多有"惠水"二字，與正面筆迹同出一人。另外，此卷卷首幾紙多有殘泐，應是被反復打開閱讀所致。

（一）正面

正面內容由筆迹之不同可分爲兩部分。第一部分爲釋門唱誦文抄，含詩偈、贊文、禮懺文、布薩文等35篇，具體情況詳見表1。

表1　P.4597正面唱誦文集內容

序號	題名	內容完整與否①	應用場景	題記
1	和菩薩戒文（首題）	√	受戒儀式	首題後有"惠水文一本"
2	西方樂贊文（首題）	×	净土五會念佛誦經②	
3	散華樂贊文（首題）	√	净土五會念佛誦經③	
4	般舟梵贊文（首題）	×	净土五會念佛誦經	
5	香湯贊文（首、尾題）	√	布薩説戒儀式④	
6	四威儀贊（首題）	√	日常動止儀則	
7	卧輪禪師偈（首題）	√	僧衆講經⑤	
8	受吉祥草偈（首題）	√	僧衆講經	

---

① 首尾皆全的篇目以"√"表示，內容有闕者以"×"表示。

②《西方樂贊文》少有考述者，從其和聲詞及內容看，應當爲净土五會念佛儀贊。

③ 張先堂先生認爲，《散華樂贊文》《般舟梵贊文》《佛母贊》《辭道場贊》，即第3、4、23、26種文皆屬净土五會念佛贊文（張先堂：《晚唐至宋初净土五會念佛法門在敦煌的流傳》，《敦煌研究》1998第1期，48—64、187頁）。

④ 從《香湯贊文》中"今欲布薩説净戒"等內容看，此贊應該用于布薩説戒儀式。

⑤ 周紹良先生認爲："僧衆講經時亦常自撰偈語，這在敦煌卷子中亦保存一些，如《黄昏無常偈》、《寅朝清净偈》（S.5645）、《卧輪禪師偈》（S.5657、6631）……"（周紹良：《紹良文集》第3卷，北京古籍出版社，2005年，1736—1737頁）按此《卧輪禪師偈》《受吉祥草偈》兩偈大概也是爲僧衆講經所撰。

續表

序號	題名	内容完整與否	應用場景	題記
9	大乘中宗見解要義別行本（首題）	×	僧衆講經①	
10	香贊文（首題）	√	早晚課拈香②	
11	花贊文（首題）	√	散花供養時③	
12	游五臺贊文（首、尾題）	√	法會中誦諸佛菩薩④	
13	辭父母出家贊文（首、尾題）	√	出家剃度儀式⑤	
14	義净三藏贊（首題）	√	法會儀式⑥	題下署"釋門副教授金髻"
15	羅什法師贊（首題）	√	法會儀式	題下署"釋金髻"
16	唐三藏贊（首題）	√	法會儀式	題下署"釋利濟"
17	稠禪師解虎贊（首題）	√	法會儀式	題下署"釋像幽"
18	菩薩十無盡戒（首題）	√	授戒儀軌	
19	金剛五禮文（首、尾題）	√	日常禮懺⑦	
20	五臺山贊文并序（首、尾題）	×	講唱活動⑧	

① 《大乘中宗見解要義別行本》乃《大乘中宗見解》之解題部分。《大乘中宗見解》是佛教教理問答書，大概應用于僧衆講經，也可能爲僧徒瞭解佛教常識所用。

② 周紹良先生有言："贊在佛教儀軌中是不可缺少的文體，早晚功課中，拈香時有香贊，禮佛時有禮佛贊，各個儀軌過程中都有各自的贊。"（周紹良：《紹良文集》第3卷，1737頁）

③ 從《花贊文》反復贊嘆散花之莊嚴看，此贊應用于法事活動中散花供養時。

④ 此贊以"游五臺"爲題，但内容并未涉及五臺山，張錫厚先生認爲此贊祗是搬用"游五臺"調以頌諸菩薩（季羨林主編：《敦煌學大辭典》，上海辭書出版社，1998年，544頁）。

⑤ 林仁昱先生認爲："《辭父母贊》可能搭配剃度儀式。"（林仁昱：《論敦煌佛教歌曲鄉通俗傳播的内容》，《中國俗文化研究》第1輯，巴蜀書社，2019年，191—192頁）從贊文内容看，此論無誤。

⑥ 第14、15、16種爲高僧贊，又見于S.6631，且與法會儀式文書同抄，鄭阿財先生據此推測此類高僧贊應爲法會儀軌（鄭阿財：《寫本原生態及文本視野下的敦煌高僧贊》，15—29頁）。祗是具體用于何種法會、哪一環節，暫無考。

⑦ 鄭阿財先生認爲，《法身禮》《十二光禮》《寅朝禮》是以禮佛爲主的禮懺文，《金剛五禮文》是以禮佛經爲主的禮懺文（鄭阿財：《敦煌佛教文學》，甘肅教育出版社，308—309頁），故第19、21、34、35種文應皆用于禮懺活動。

⑧ 党燕妮女士認爲："（《五臺山贊文并序》）是七言古體詩式的長篇韵文，語言淺顯易懂，韵律活潑自由，頗似通俗説唱之辭文。"（党燕妮：《晚唐五代敦煌地區的五臺山信仰》，載鄭炳林主編《敦煌歸義軍史專題研究三編》，甘肅文化出版社，2005年，224頁）據此，《五臺山贊文并序》大概應用于佛教講唱活動。

序號	題名	内容完整與否	應用場景	題記
21	寅招（朝）禮（首、尾題）	√	寅時禮懺	
22	九想觀詩（首、尾題）	√	講唱活動①	
23	佛母贊（首、尾題）	√	净土五會念佛誦經	
24	出家贊文（首、尾題）	√	贊嘆出家修行	
25	菩薩安居息解夏法（首、尾題）	√	安居日解夏儀式	
26	辭道場贊（首、尾題）	√	净土五會念佛誦經	
27	請十方賢聖贊（首、尾題）	×	法會儀式請佛	
28	送師贊（首、尾題）	√	僧師喪葬儀式②	
29	勸善文（首、尾題）	√	道場勸善募施③	
30	入布薩堂説偈文（首、尾題）	√	布薩活動	首題後注"京終南山保德寺沙門懷真依律本勘定"
31	受水説偈文（首、尾題）	√	布薩活動	
32	聲聞布薩文（首、尾題）	√	布薩活動	
33	布薩文（首、尾題）	√	布薩活動	
34	十二光禮（首題）	√	禮懺活動	
35	法身禮（首題）	√	禮懺活動	

　　P.4597正面第二部分内容爲最後一紙上的《酒賬》（擬題），此《酒賬》筆迹不同于正面其他内容。從用酒原由看，此賬應是官府的軍衙文書，而不屬普通酒行或寺院。賬中記載了某年八月到十月賽祆、出軍以及接待肅州使、回鶻使、璨微使的23筆用酒支出。從中可看出此時的歸義軍政權與周邊政權保持着良好的關係。據考，"璨微"又名薩毗，是吐蕃薩毗地區的政權，此名在9世紀中期後開始出現于敦煌文書

---

① 林仁昱先生認爲，《九想觀詩》這樣的佛教歌曲通過教戒宣説人生無常，使人感受到信仰的需求（林仁昱：《論敦煌佛教歌曲向通俗傳播的内容》，《中國俗文化研究》第1輯，185頁）。這説明《九想觀詩》應該用于面向大衆的講唱活動中。

② 李正宇先生認爲，《送師贊》是"在送葬時所唱之詞"（季羨林主編：《敦煌學大辭典》，上海辭書出版社，1998年，546頁）。從此贊文内容看，此論無誤。

③ 朱鳳玉女士認爲，或于道場俗講，或于法會頌佛時，皆會有勸善詩（朱鳳玉：《敦煌文獻中的佛教勸善詩》，《周紹良先生紀念文集》，北京圖書館出版社，2006年，509頁）。P.4597中的《勸善文》主要内容是反對斂聚財富、宣揚孝敬父母、主張父母不可過度依賴兒女、宣導行善，内容貼近世俗生活，應多應用于道場俗講。

中①，如 P.3569v《唐光啓三年四月爲官酒户馬三娘、龍粉堆支酒本和算會牒判詞》中有璨微訪問敦煌的記載："璨微使上下陸人，每一日供酒壹斗陸勝，從三月廿二日至四月廿三日，中間計三拾貳日，供酒捌瓮三斗貳勝。" 推測 P.4597 之《酒賬》可能也寫于 9 世紀中後期。

（二）背面

P.4597v 有時間題記、佛經節抄、其他雜寫多處，以及《僧政海净狀》一通。紀年題記有：

1. "咸通九""光化四年（901）九月三日"等兩處。另外在此紙上還貼有一補紙，上書"管内都僧統賢照"；

2. "光化三年（900）五月廿日弟子比丘律師念記"，另有"正月廿三□"小殘片一張；"光化四年九月十五日靈圖寺法聖"；

3. 倒書"大德僧聽，此一住處一菩薩，癸亥年十月十六日□□弟子六人看和尚來得□褐兩□東窟上去人偷將"共 3 行。結合此卷中的其他紀年題記，此處的"癸亥年"應指唐天復三年（903）；

4. "咸通九年（868）正月四日□學生德書卷""咸通九年三月十八日武文晟念佛德"。

佛經節抄有：

1. "一心奉請地藏如來""大目犍連神通第一"；

2. 佛經兩行；

3. 倒書"弟子某甲等合道場人，同發勝心歸依啓請十方之佛、三世如來，湛若虛空蓮花藏界百億如來大賢劫中一千化佛"三行；

4. 小殘片，上書"不得故犯者"；

5. 倒書"弟子某甲等合道場人，同發勝心歸依啓請"兩行，與第七紙筆迹一致。此外還有另一筆迹書"清净法身毗盧遮那佛"一行；

6. 朱筆倒書"大般若海，願垂沃潤，濟拔沉淪，又更啓請"兩行，乃道場奉請諸佛菩薩常用語；

7. 雜寫"一一諸寶，大般""夫欲禮懺"兩行；

8. "至心頂禮莫生疑"諸語及《和菩薩戒文》之節抄兩行，與正面惠水筆迹一致。

其他雜寫：五言殘詩"郎君須立身""□□□兩斗麻麥""□家會也□"一行。

此外，P.4597 第 1 紙右側與 P.4597 殘片綴合後，背有書狀一通，尾題《僧政海净狀》，内容爲海净上書都僧政和尚與之商議五月官齋事宜。郝春文先生對此狀上半部分作有錄文，但將其中"海净"錄作"紹净"②。

──────────

① 陸離：《論薩毗地區的吐蕃勢力及其與歸義軍政權的關係》，《西藏大學學報（社會科學版）》2020年第 1 期。

② 郝春文：《唐後期五代宋初敦煌僧尼的社會生活》，中國社會科學出版社，1998 年，216—217 頁。

二、《惠水文一本》的編寫

（一）《惠水文一本》編者考

P.4597正面首端題有"惠水文一本"，徐俊先生《敦煌佛教贊頌寫本叙録——法藏部分六種》指出："'惠水文'之名不見于其他寫本，意義不明。"并對"惠水文一本"作出三種推測：或爲《和菩薩戒文》的異稱，或爲《和菩薩戒文》前殘文的尾題，或者"惠水"爲本卷抄寫者或經卷簡稱，"惠水文一本"爲本卷文書的總題。而以第三種情况的可能性最大①。

檢閲敦煌其他寫本，"惠水"一名又見于P.T.1261《僧人分配齋儭曆》，竺沙雅章先生推定此件文書寫于820年前後②。而"當時各寺編録寺名次第是依據寺的大小排列"③，所以同寺僧人排列在一起。在此曆記録的第8次活動參與者名單中，惠水排列在海晏與海清之間。S.4914《卯年九月七日當寺轉經付經曆》中有"圖第廿六付海晏"，其中"圖"乃靈圖寺簡稱。馬德先生認爲該文書的時間爲822年④，這與P.T.1261《僧人分配齋儭曆》年代相符，故兩份名單中的海晏應爲同一人。所以，齋儭名單中的海晏亦爲靈圖寺僧。S.520《報恩寺方等道場司請諸司勾當牓》中有"圖寶善、海清"，可知海清爲靈圖寺僧。此牓中有道惠、智惠等人，他們又見于P.T.1261《僧人分配齋儭曆》中，可見此牓中的海清與P.T.1261《僧人分配齋儭曆》中的海清也應爲同一人。惠水在P.T.1261《僧人分配齋儭曆》名單中位于海晏與海清之間，故也應爲靈圖寺僧。此外，P.4597v題記云："光化四年（901）九月十五日靈圖寺法□"，可推知此寫本當屬靈圖寺，這亦可佐證惠水爲靈圖寺僧。綜上所述，惠水爲吐蕃統治敦煌後期時期靈圖寺僧人，其活動時間在820年前後。

此外，"某某文一本"的題記形式在敦煌寫本中十分常見。如S.6417齋文集中有"戒榮文一本"，其中另有題記"貞明陸年庚辰歲二月十、廿日金光寺僧戒榮裹白轉念"，P.3521有"秀和尚勸善文一本"。"戒榮""秀和尚"均爲僧名。"惠水文一本"應與"戒榮文一本""秀和尚勸善文一本"的性質相同，説明這個本子是惠水個人抄録的文集，背面多處騎縫署"惠水"也説明了這一點。"惠水文一本"顯然是本卷文書的總題，故本文以《惠水文一本》命名此"釋子歌唱贊文集本"。

---

① 徐俊：《敦煌佛教贊頌寫本叙録——法藏部分六種》，《項楚先生欣開八秩頌壽文集》，中華書局，2012年，173頁。

② 竺沙雅章：《敦煌吐蕃期的僧官制度》，《第二屆敦煌學國際討論會論文集》，漢學研究中心，1991年，150頁。

③ 郝春文：《唐後期五代宋初敦煌僧尼的社會生活》，348頁。

④ 馬德：《敦煌文書〈諸寺付經曆〉芻議》，《敦煌學輯刊》1999年第1期。

（二）《惠水文一本》編寫時間考

首先，可以明確的是《惠水文一本》編寫時間下限。P.4597寫本背面內容雜亂零散，出自多人之手，并有直接從正面抄來的文字，正面《惠水文一本》的抄寫應先于背面雜寫、題記，而背面時間題記最早的是"咸通九年"，故《惠水文一本》編寫時間下限應爲咸通九年。

其次，至于《惠水文一本》抄寫時間上限，可以從文中題署入手探究。文集中第14種爲《義净三藏贊》，此贊首題後有"釋門副教授金髻"。據謝重光、白文固考證，810年後吐蕃統治下的敦煌出現了新的僧官體系，文書中開始大量出現"教授"這一僧官①。也就是説"教授"這一職位應設立于810年左右，這應該是《惠水文一本》編寫時間上限。

最後，對于僧徒來説，一般在成爲僧人的初期纔需要如此集中地編集唱誦文本進行學習，到後期熟練後應該就不會這樣大量、集中地學習。編集此文集時，惠水應在成爲僧徒的初期。再聯繫前文寫于820年左右的P.T.1261《僧人分配齋儭曆》，一般來説，齋儭名單中各寺的僧次按僧臘長短排列。從惠水的次第看，他處在同寺僧人中稍後的位置，説明他成爲僧徒的時間應該不長。但在齋儭活動中，受邀次數越多，説明僧人地位越高。"參加五次以上的約占該件出現僧尼數的五分之一，可算作上層僧人。"②而在此曆記載的12次齋儭活動僧人名單中，惠水受邀6次，由此可推斷惠水算是上層僧人。此外，從抄寫規範、字迹規整看，這時惠水已經是有一定水準的僧人。此階段的惠水選抄《惠水文一本》這樣文集來學習唱誦，是有可能的。因此，《惠水文一本》的抄寫時間應在810—868年之間，而在820年左右的可能性最大。

將《惠水文一本》的抄成時間推定在820年左右或者稍前，與净土五會念佛法門流入敦煌的時間也是契合的。王重民《伯希和劫經録》稱P.4597"所收甚多，幾可與法照念佛誦經觀行儀相等"③，考察《惠水文一本》內容雖并非幾乎與法照念佛誦經觀行儀相等，但其中净土五會念佛儀贊也多達5篇。張先堂先生指出：敦煌文獻中題記的有關净土五會念佛儀軌和贊文的寫本，時間最早者是S.1947，抄于咸通四年。張先生又結合史實稱，咸通二年，張議潮率兵收復凉州，此後敦煌與內地聯繫纔暢通無阻，净土五會念佛法門纔可能在敦煌流傳，"故净土五會念佛法門在敦煌最早的流傳時間應爲咸通四年，這種情形是符合唐代敦煌地區特殊的歷史進程的"④。彭蕊蕊則認爲，吐蕃統治敦煌時期，吐蕃與中原仍有來往，并于唐敬宗寶曆元年（825）到中原求取《五臺山圖》；而法照净土五會念佛法門與五臺山關係緊密，且在中原流傳甚廣，故净土五會念佛法門在825年已隨《五臺山圖》傳入敦煌⑤，這與《惠水文一

---

① 謝重光、白文固：《中國僧官制度史》，青海人民出版社，1990年，126—129頁。

② 郝春文：《唐後期五代宋初敦煌僧尼的社會生活》，363頁。

③ 商務印書館：《敦煌遺書總目索引》第三卷，中華書局，1983年，304頁。

④ 張先堂：《晚唐至宋初净土五會念佛法門在敦煌的流傳》，《敦煌研究》1998年第1期。

⑤ 彭蕊蕊：《净土五會念佛行儀贊文研究》，貴州師範大學文學院碩士學位論文，2020年，94—95頁。

本》的抄寫時間相近。

三、《惠水文一本》的傳播

（一）傳播過程

伏俊璉認爲："文學作品的結集，是文學傳播的重要方式。"[①]文學作品結集成群後更能契合人們的各種需要，從而促進傳播。從寫本背面的雜寫題記以及其他寫本文獻來看，《惠水文一本》作爲應用文集在形成之後傳播甚廣，被多人傳閱、誦讀乃至抄寫。除去書狀、惠水騎縫押署、貼補殘片，P.4597v寫有題記、雜寫共34行，再除去與惠水筆迹一致的内容4行，有他人題記、雜寫共30行，且内容皆與佛門相關。經細緻查驗，這30行内容中至少包含7種不同的筆迹。也就是說，至少有7人使用過這一寫卷，說明《惠水文一本》廣爲僧人使用。

通過卷背多處紀年題記可以發現，至少在唐咸通九年（868）正月及三月、光化三年（900）五月、光化四年九月三日及十五日、天復三年（903）十月皆有人使用這一抄本，可見其流傳時限之長。且咸通九年正月、三月的兩處題記爲同一人筆迹，光化四年九月三日、十五日的兩處題記爲同一人筆迹，說明他們曾反復學習、使用此寫本，這從側面說明了此卷實用性之强。

從題記中還可以看出，此寫卷使用者的身份包括學生、弟子、比丘律師等。其中"學生"應爲在敦煌寺學中學習的學生。"在寺學學習的學生，既有俗家弟子，也有出家僧人。"[②]受濃厚的佛教信仰風氣的影響，不管是俗家弟子還是出家僧人，或因課程需要，或因信仰興趣而學習佛教唱誦，均在情理之中。"弟子"即釋門弟子，學習唱誦是其日常修習、法會活動的必修課，使用此寫本也是理所當然。關于"律師"，郝春文、陳大爲先生認爲，"'律師'，實即法律，職在傳授佛律僧戒、糾察僧界非法違戒者"，在當時屬于低層僧官[③]。此寫卷的使用者既有世俗學郎、普通僧徒，也有低層僧官，可見其受衆廣泛。

再聯繫相關寫本，可進一步窺得《惠水文一本》的傳播情況。S.5572抄佛門内容13篇，其中《散華樂贊文》《出家贊文》《辭道場贊》《十二先禮法身禮一本》《父母贊文》等5篇又見于《惠水文一本》。李青青發現S.5572中抄有《法身禮》，但其文末仍題"十二光禮、法身禮一本"，與《惠水文一本》中《十二光禮》《法身禮》後的題記完全一致，且禮懺文的文字内容與《惠水文一本》無異，其尾題應是書手在謄抄《惠水文

① 伏俊璉：《寫本時期文學作品的結集——以敦煌寫本 Дх3871+P.2555爲例》，《文學評論》2018年第6期。

② 楊發鵬：《敦煌寺學與敦煌佛教入門讀物之關係探析》，《宗教學研究》，2010年第1期。

③ 郝春文、陳大爲：《敦煌的佛教與社會》，甘肅教育出版社，2013年，75頁。

一本》時疏忽所致①。S.5572中有"顯德三年（956）二月"紀年題記，與《法身禮》筆迹一致。在10世紀中期的956年，《惠水文一本》仍然流傳于寺院僧徒之中。也就是説，從868年至956年，《惠水文一本》的流傳長達近百年。

（二）傳播廣泛原因探究

通過對校他本可知，《惠水文一本》中有大量异文、訛字，就文本準確率來説算不上善本。那《惠水文一本》何以被多人、長時間傳閲誦抄呢？

首先，在所有抄有詩偈、贊文的敦煌寫本中，不管是從偈、贊數量還是種類來看，P.4597都是内容相當豐富的，所抄偈、贊、佛事儀軌達35種，首尾完整者達30種，最關鍵的是，其内容幾乎能滿足僧尼日常修習活動唱誦的需要。據郝春文先生研究，敦煌僧尼修習活動主要有四類：1.六時禮懺、四時行禪與課誦；2.每月兩次的布薩活動；3.每年夏三月的夏安居；4.講經活動②。而《惠水文一本》所抄内容覆蓋四類活動所需文本，如卷中《金剛五禮文》《寅招禮》等4篇禮懺文適用于禮懺活動；《布薩文》等5篇適用于布薩活動全程；《菩薩安居解夏自恣法》適用于夏安居自恣活動；《大乘中宗見解要義别行本》等3篇適用于講經活動。當然，《惠水文一本》中還有多篇净土五會念佛道場中使用的儀贊，但就其分布并不集中來看，惠水并没有專門爲净土五會念佛道場編集唱誦文本的主觀意願。因此我們推測，當時净土五會念佛儀贊可能融入了日常的唱誦活動，并不單在净土五會念佛道場上使用。但總的來説，此文集實用性較强，僧人學習這一個卷子就能滿足大部分日常修習活動的需要，故而受到僧衆的青睞。

其次，《惠水文一本》的廣泛傳播還與其中的法照五會念佛觀行儀内容相關。《惠水文一本》及其傳抄本S.5572都有一特點，即其中均有净土五會念佛行儀贊，這説明敦煌僧衆常用到净土五會念佛行儀贊。雖説惠水主觀上并没有輯結净土五會念佛内容的意識，祇是依法會儀式程式需要編集，但《惠水文一本》客觀上保留了多篇净土五會念佛儀贊，能滿足僧徒學習唱誦的需要。

最後，《惠水文一本》中大多數篇目都單行抄題目、注尾題，格式、段落分明，且畫有朱筆標題符號，文内又有朱筆層次符號，加之筆迹清晰、布局工整，適用于各層次僧尼閲讀。總之，《惠水文一本》實用性强、閲讀方便，又多有净土五會念佛行儀贊，它廣受衆學僧傳誦便在情理之中。

四、從《惠水文一本》的生成與傳播看敦煌佛事唱誦教材的來源

在唐五代的敦煌，僧徒們除了誦經、抄經、學習佛教教理，佛事唱誦也是基本的

① 李青青：《寫本原生態視野下敦煌佛贊的傳播與應用研究》，西華師范大學文學院碩士學位論文，2019年，85頁。
② 郝春文：《唐後期五代宋初敦煌僧尼的社會生活》，191—192頁。

學習内容。無論是六時禮懺還是四時行禪與課誦，無論是日常修習還是法會活動，無論是沙彌出家時還是成爲比丘以後，敦煌僧人都需要進行唱誦。除了聽老僧口授、他僧講唱，敦煌僧眾還需自己學習、訓練法事唱誦。但在敦煌所出抄有偈、贊等唱誦篇目的三百餘個寫卷中，暫未發現由寺院官方發布的唱誦教材。據此可推測，當時的寺院并不會爲每個學習唱誦的僧徒提供教材，僧徒們應該主要通過唱誦活動時聽老僧口授，無唱誦活動時個人訓練進行學習。那麼他們個人學習的依據是什麼？或者説他們唱誦的教材從何而來？從《惠水文一本》性質的轉變，我們窺見敦煌僧徒個人學習唱誦的文本依據：

第一，個人選抄篇目編集而成的唱誦備覽文書。如P.4597惠水選抄的《惠水文一本》，涵蓋日常唱誦活動所需文書，《惠水文一本》之傳抄本S.5572也是如此。也有的僧徒按具體佛事活動需要，僅摘抄某一類法會所需篇目，如S.5927便選抄亡孩子文、亡兄弟文等悼亡文文範，供喪葬儀式上唱誦。當然，像P.4597、S.5572等寫本都是依據某一母本選抄而成的。除了依據他本抄寫製作，僧徒們唱誦的文本也可以得自聽取老僧口授時的記録。如P.3892寫本中抄唱誦文五種，校其《佛母贊》内容，有異文15處[1]，音訛致誤占11處。P.3892雖書寫從容，應是選抄本而非聽録本，但其中《佛母贊》所據之母本應是現場聽録本，故多音訛字。

第二，沿用他人選編整理完成的文集當作教材。如P.4597中的學生德、比丘律師分別于咸通九年（868）、光化三年（900）念誦《惠水文一本》，直接沿用這一佛事唱誦文集作爲學習教材。當然，在敦煌文獻中，像《惠水文一本》一樣内容豐富、普適性強而可直接沿用的教材較少，更多的還是依據個人水平、具體佛事需求，自己選編製作的備覽文書。

五、結語

綜合以上分析，《惠水文一本》的生成與傳播路徑逐漸明晰，可參下圖：

圖1　《惠水文一本》的生成與傳播路徑

---

① 參考張錫厚：《全敦煌詩》第十三册，作家出版社，2006年，6098—6102頁。

伏俊璉認爲："敦煌講唱文學多産生于儀式，并通過一定的儀式得以生成、發展和傳播。"[①]僧人爲了法會儀式，將唱誦文範同類連抄，結集成卷，方便學習。也是因爲儀式的需要，此唱誦文集被不斷傳播，逐漸成爲了教材性質的學習讀物。

以寫本原生態視野觀照敦煌寫本，關注其題記、雜抄、同抄内容之間的聯繫等，有助于我們考證寫本抄寫時間、還原寫本生成與傳播情境，從而明晰寫本性質。通過綜合分析可得出《惠水文一本》之性質：從抄寫内容看，《惠水文一本》中許多篇目具有文範性質；從裝幀形式看，5米長卷非常不利于隨身携帶、翻閱，所以它并非一件專爲某次道場儀式所創製的唱誦底本。《惠水文一本》是810—868年間靈圖寺僧惠水編集的備覽佛事唱誦文集，後因其普適性强且書寫規整、易于閱讀，又有净土五會念佛相關内容，被衆多學僧廣泛傳閱使用，在9世紀中後期到10世紀中期的近百年間被持續傳誦，使得《惠水文一本》具有了唱誦範文集的性質。透過《惠水文一本》的性質轉變可知，唐五代敦煌僧人學習佛事唱誦的教材可以由個人選編，也可沿用他本持誦。

【本文係2016年國家社會科學基金重大項目"5—11世紀中國文學寫本整理、編年與綜合研究"（16ZDA175）階段性成果】

（作者單位：西華師範大學文學院）

---

① 伏俊璉：《敦煌文學總論》，上海古籍出版社，2019年，11頁。

國家圖書館藏敦煌遺書BD00623
《十二光禮禮懺文等》整理研究

于　瑞　林世田

内容提要： 國家圖書館藏敦煌遺書BD00623號寫本是一種罕見夾抄贊文的禮懺文本，本文通過對BD00623進行整體考察，認爲該寫本係在敦煌當地流行的《法身禮》《十二光禮》《七階禮》《七佛禮》等禮懺文的基礎上，加入《太上皇贊文》《開元皇帝贊文》等兩篇托名贊文形成，因而前賢定名爲“佛説七階禮佛名經”“爲皇帝祈福文”均不恰當；根據兩篇托名贊文和抄寫用紙，該文本的創作和抄寫時間上限晚於713年，下限則在吐蕃占領敦煌之前。

關鍵詞： 敦煌遺書　佛教文獻　禮懺文　贊文

禮懺文是佛教禮懺儀式進行過程中的文字記録，也是佛教徒在進行禮拜、懺悔等儀節中所念誦的文字。敦煌遺書中保存了數量可觀的各類禮懺文，爲研究隋唐五代佛教禮懺提供了豐富的資料。在國家圖書館藏敦煌文獻中，BD00623寫本是一種堪稱罕見的夾抄贊文的禮懺文。自該寫本發現以來，前輩學者已有諸多研究成果，陳祚龍、許國霖、項楚、汪泛舟、徐俊、張錫厚等對寫本中的兩篇贊文進行了校録整理研究[①]。汪娟《敦煌禮懺文研究》則從産生年代、背景、儀節及思想等方面對敦煌禮懺文進行了較爲全面系統的論述[②]。楊明芬《唐代西方净土禮懺法研究——以敦煌莫高窟西方净土信仰爲中心》則對該寫本中的《十二光禮》進行了比較深入的探討[③]。以往的研究主要是學者據自己的研究領域和興趣就寫本中的單篇文獻進行討論，并未將BD00623寫

---

① 陳祚龍：《敦煌學海探珠》（上），臺灣商務印書館，1979年，138—139頁。許國霖：《敦煌雜録》，《敦煌叢刊初集》10，新文豐出版公司，1985年，76—77頁。項楚：《敦煌詩歌導論》，新文豐出版公司，1993年，116—117頁。汪泛舟：《敦煌僧詩校輯》，甘肅人民出版社，1994年，67頁。徐俊：《敦煌詩集殘卷輯考》，中華書局，2000年，434、920頁。張錫厚：《全敦煌詩》第15册，作家出版社，2006年，6858—6862頁。

② 汪娟：《敦煌禮懺文研究》，法鼓文化事業股份有限公司，1998年。

③ 楊明芬：《唐代西方净土禮懺法研究——以敦煌莫高窟西方净土信仰爲中心》，民族出版社，2007年，124—133頁。

本作爲一個整體進行探討。國家圖書館藏BD00623號寫本依次抄寫6篇文獻，分別爲《法身禮》（擬）、《十二光禮》、《七階禮》、《太上皇贊文》、《開元皇帝贊文》、《七佛禮》（擬），通卷3500餘字。禮懺文夾抄贊文這種現象，可能説明禮懺文與贊文搭配并運用于同一場合中，也可能是抄寫者經常參加佛教法事活動，如禮懺、講經、贊頌等儀式，將其雜抄在一起。本文試對BD00623寫本的形態、文本內容、定名等加以初步探討，以便更爲全面地瞭解該寫卷。

一、寫本形態

BD00623號，卷軸裝，7紙，紙質較薄，高27厘米，長234.3厘米，共132行，行20餘字不等。非習見的烏絲欄，而是較爲稀見的折疊欄。有行間校加字及墨筆校改。首尾俱殘。

全卷以楷書爲主，首紙書寫用筆嫻熟、楷法娟秀，與其後各紙書風略有差異；第2紙至末紙書寫工整，字迹相同，筆法一致，當爲另一人所書。由此可證抄寫者應爲兩人，從其抄寫的内容判定兩人的身份或爲寺廟僧侶。細審原卷，第2紙至第7紙各紙之間接縫處均出現跨紙抄寫的現象，由此可證第二個書手先將第2紙以後各紙粘合成長卷，然後抄寫《十二光禮》等禮懺文并贊文，抄畢，發現未抄寫《十二光禮》題名，遂在首句"一切恭敬，敬禮常住三寶"下面補抄題名。二人各自抄寫完畢後，將兩人所抄粘接成卷，由于粘貼時粗疏，造成"十二光禮"題名中"禮"字右側筆劃被首紙遮蓋。因而本寫卷出現了紙張先粘接後抄寫、先抄寫後粘接兩種現象，較爲罕見。

二、寫本内容

全卷殘存六篇文獻，依次爲:《法身禮》（擬）、《十二光禮》、《七階禮》、《太上皇贊文》、《開元皇帝贊文》、《七佛禮》（擬）。按寫卷的篇目次第，依次介紹如下:

（一）法身禮（擬）

《法身禮》（擬）爲BD00623寫卷現存的第一篇，首殘尾全，共18行，内容起"普爲四恩三有、法界衆生"，訖"自静（净）其意，順諸佛教。和南一切賢聖"，筆者據其内容擬題爲"法身禮"。

《法身禮》又名《無相禮》《無相法身禮》《文殊師利禮法身佛文》《文殊師利無相十禮》。《文殊師利禮法身佛文》與《文殊師利無相十禮》以文殊師利菩薩爲禮懺主而名，所禮拜的對象仍是法身佛。文殊菩薩以"大智"著稱，是釋迦佛座下所有菩薩弟子的上首，助佛弘化，協同敷演大乘佛法玄理，又稱"法王子"，堪紹繼佛種、同佛所證，能夠體證諸佛法身實相之境界。而《法身禮》中重要組成部分的十禮，來源于元魏天竺三藏曇摩流支所譯《如來莊嚴智慧光明入一切佛境界經》，其内容正是文殊菩薩以妙偈贊嘆如來法身而説的十首偈頌，故名。

敦煌文獻中有13件《法身禮》的寫本，分別爲BD05920B、BD08174（1）、BD08579、BD09372、P.2157v（1）、P.2212（2）、P.2690v（11）、P.3645v（7）、P.3892（3）、P.4597（35）、S.5572（6）、S.5892（5）、羽231R[①]。汪娟依照組織和内容上的差异將其中的11件寫卷分爲甲、乙、丙三類并加上序號進行合校[②]，P.2690v（11）、BD08174（1）、S.5892（5）與P.3892（3）爲甲類，P.3645v（7）、P.4597（35）、S.5572（6）、P.2157v（1）、BD08579爲乙類，P.2212與BD05920B爲丙類。筆者發現BD00623抄寫的第一種禮懺文與P.2212、BD05920B，即汪娟校録的丙類相似，内容上雖有增删改動之别，亦爲《法身禮》之一種，現將三者對比校録[③]，以兹參照。

表1　P.2212、BD05920B、BD00623《法身禮》文本對照表

P.2212《文殊師利菩薩無相十禮》[④]	BD05920B《無相禮》	BD00623《法身禮》（擬）
普爲四恩三有及法界衆生，同［悟一］如如。 歸命懺悔。		（前缺） 普爲四恩三有、法界衆生，斷除三障。 歸命懺悔。
至心懺悔，我于三時求罪性，内外中間心實無。已（以）無心故諸法寂，三毒四到（倒）悉皆如。 懺悔已，歸命禮法身如來。	志（至）心懺悔，我于三時求罪性，内外中間心實無。已（以）無心故諸法寂，三毒四倒悉皆如。 懺悔已，歸命禮三寶。	至心懺悔，我于三時求罪性，内外中間心實無。以無心故，三毒四倒悉皆無。 懺悔已，無心無識禮無爲。
至心勸請，一切諸法本不生，已（以）無生故何有滅，不生不滅性常住，惟願諸佛莫涅盤（槃）。令諸衆生照本性，自然游戲涅盤（槃）城。行者但能照五蘊，無我無人兩邊空。 勸請已，歸命禮法身如來。	志（至）心勸請，一切諸法不自生，以無生故何有滅。不生不滅性常住，唯願諸佛莫涅槃。 勸請已，歸命禮三寶。	至心勸請，一切諸法自不生，已（以）無生故，不生不滅性常住，唯願諸佛莫涅槃。 勸請已，無心無識禮無爲。
至心隨喜，法本不貪亦不畏，勿（物）我不一亦不異。同觀一實證無生，無緣等觀盡隨喜。觀空भ有如如性，惟願衆生勤照心。心體由來性清净，妄色虚空同智真。 隨喜已，歸命禮法身如來。	志（至）心隨喜，法本不貪亦不畏，勿（物）我不一亦不異。同觀一實悟無生，無緣等觀盡隨喜。 隨喜已，歸命禮三寶。	至心隨喜，法本不貪亦不畏，物我不一亦不異。同觀一實悟無生，無緣等觀盡隨喜。 隨喜已，無心無識禮無爲。

①　劉毅超：《漢文敦煌遺書題名索引》，學苑出版社，2020年，295、764、893、914、915頁。

②　汪娟：《敦煌禮懺文研究》，75頁。

③　P.2212首題爲《文殊師利菩薩無相十禮》、BD05920B首題爲《無相禮》，BD00623第一種禮懺文筆者據其内容擬題爲《法身禮》。

④　P.2212收録在《大正藏》第85册，新文豐出版公司，1992年，1296頁。

27

續表

P.2212《文殊師利菩薩無相十禮》	BD05920B《無相禮》	BD00623《法身禮》（擬）
至心迴向，迷于一室隨明想（相），執明想（相）故我塵生。今照我塵無自性，迴向無住涅槃城。五法包含于政（正）智，八識清净净心王。迴此蔭身成佛道，四儀一向現前行。 迴向已，歸命禮法身如來。	志（至）心迴向，迷于一實隨名相，名相執故我塵生。今照我塵無自性，迴向不住涅盤（槃）城。 迴向已，歸命禮三寶。	至心迴向，迷于一實隨名相，名相執故我塵生。今照我塵無自性，迴向無住涅槃城。 迴向已，無心無識禮無爲。
至心發願，願諸衆生妨（防）六賊，悲智二照現前行。不斷不常離無量，非空非有惶惶行。四智三身緣被體，五眼常照浪三明。三衆意生無障礙，菩提樹下度群萌。 發願已，歸命禮法身如來。	志（至）心發願，願諸衆生防六賊，悲智二照見前行。不斷不常理如量，非空非有非行行。 發願已，歸命禮三寶。 （録文完）	至心發願，願諸衆生防六賊，悲智智照現前行，不斷不常理如量，非空非有非行行。 發願已，無心無識禮無爲。
一切恭敬 歸佛德（得）菩提，道心恒不退。願共諸衆生，同入真如體。		一切恭敬 自歸無爲法性身，能救衆生無量苦。普勸含靈同悟此，無心無識禮無爲。
歸法薩般若，得大總持門。願共諸衆生，同入真如海。		自歸無爲波若法，能爲衆生越苦海。普勸含靈同悟此，無心無識禮無爲。
歸僧昔（息）諍論①，[□□□□□。願共諸衆生]，同入和合海。		自歸無爲法性僧，能與衆生最福田。普勸含靈同悟此，無心無識禮無爲。
願諸衆生等，悉發菩提心，三業恒清净，和南衆法身佛。		願諸衆生，諸惡莫造，諸善奉行，自静（净）其意，順諸佛教。和南一切賢聖。

　　據汪娟研究，《法身禮》的儀節主要有禮佛三身、唱禮懺主、無相十禮、總禮、五悔法、三皈依、三時偈頌等項②。從上表可以看出，P.2212、BD05920B與BD00623的内容除了部分文字上的差異及删改外，總體上極爲相似。P.2212抄寫有五悔法、三皈依、三時偈頌等儀節；BD005920B没有類似"普爲四恩三有、法界衆生，斷除三障（或作同［悟一］如如）。歸命懺悔"的文字，抄寫完五悔即結束；而BD00623號内容前缺，殘存部分僅有五悔法、三皈依禮拜儀節，説明敦煌本《法身禮》各寫卷内容皆有所增改或節略。

　　BD00623號《法身禮》（擬）因前缺，内容從五悔儀節開始，然後接抄三皈依的三

---

① "諍論"後，疑漏抄十字，兹據上下文義補入"願共諸衆生"五字。
② 汪娟:《敦煌禮懺文研究》，58頁。

首偈文，偈文末作"願諸眾生，諸惡莫造，諸善奉行，自淨其意，順諸佛教。和南一切賢聖"，該句與此號《十二光禮》三皈依偈文後接抄的內容一樣，皆源出《七佛通誡偈》，從其改編而來，目的爲勸導眾生奉持佛教。

這裏着重討論P.2212、BD05920B、BD00623三者皆存的五悔法。五悔法是指爲滅除罪惡所作的懺悔、勸請、隨喜、迴向、發願等五種方式。從P.2212、BD05920B、BD00623三件敦煌寫卷來看，五悔法的儀節爲"至心懺悔""至心勸請""至心隨喜""至心迴向""至心發願"後各自接着的偈文，然後是"（懺悔、勸請、隨喜、迴向、發願）已，歸命禮法身如來、歸命禮三寶、無心無識禮無爲"。三件寫卷的儀節一致，偈文內容總體來看相類似，不同的是P.2212有八句偈文，而BD05920B、BD00623僅有四句偈文，長短偈文的抄寫可能依法會的性質而有所增略。偈文後接各項懺悔方式完成後的禮拜，三件寫卷各有不同，分別爲"歸命禮法身如來""歸命禮三寶""無心無識禮無爲"，前二者的禮懺對象分別爲"法身如來""三寶"，以示恭敬。後者"無心無識禮無爲"，按《般若無知論》載："《寶積》曰：'無心無識，無不覺知。'斯則窮神盡智，極象外之談也。"[1]無爲，佛教名詞，與實相、法性、真如、涅槃等同義[2]，《鳩摩羅什法師大義·初問答真法身》中慧遠將鳩摩羅什對法身的解釋歸納爲"法身實相，無來無去"等[3]。"無心無識禮無爲"句表達的應爲共生并存、即有即無，通過懺悔達到無心無識的境界，以致心達到"空"的境界，空即煩惱除，從而禮拜如來證悟法身實相之境。

（二）十二光禮

《十二光禮》爲BD00623寫卷抄寫的第二篇，首尾完整，共57行，內容起"一切恭敬，敬禮常住三寶"，接書首題"十二光禮"，訖"及無邊法界有情，同此勝因，齊登佛果"。

《十二光禮》是有關彌陀信仰的禮懺文，是以阿彌陀佛12個別名爲內容的稱念、贊嘆、禮拜，希望達到臨命終時往生阿彌陀佛西方淨土的目的，屬于西方淨土禮懺法的一種。十二光佛名出自曹魏天竺三藏康僧鎧譯的《佛說無量壽經》卷上："無量壽佛號無量光佛、無邊光佛、無礙光佛、無對光佛、炎王光佛、清淨光佛、歡喜光佛、智慧光佛、不斷光佛、難思光佛、無稱光佛、超日月光佛。"[4]北魏淨土宗高僧曇鸞所作《贊阿彌陀佛偈》依據康僧鎧譯本最早將十二光佛名獨立出來，後世以此十二光佛名形成文字不同的禮懺行儀，廣泛流傳。今見敦煌遺書中有7件《十二光禮》的寫本，分別爲BD00270、BD00623、BD04496、P.2722、P.2911、P.4597、S.2659V。汪娟依照組織和

---

①《大正藏》第45冊，154頁。

② 任繼愈主編，鄭建業、趙復三、黃心川副主編：《宗教大辭典》，上海辭書出版社，1998年，861頁。

③《大正藏》第45冊，123頁。

④《大正藏》第12冊，270頁。

内容上的差异將這7件寫卷分爲甲、乙兩類①，P.2722與S.2659V爲甲類，内容以十二光佛偈贊爲主，甲類寫本在首題之後注"請佛作梵軌儀，一切如常"。其餘5件爲乙類，有明顯的儀軌次第。楊明芬以BD00623號爲藍本，整理條列出第一類《十二光禮》（即汪娟之乙類）的儀軌次第②。以下分別説明。

1. 敬禮三寶

"一切恭敬，敬禮常住三寶。"此禮懺行儀通行于其他各類禮懺法。

2. 請佛、香華供養

衆人胡跪、持香華來供養三寶。同時唱云："願此香華雲，遍滿十方界，供養一切佛、化佛并真法。菩薩聲聞衆，受此香花雲，以起光明臺，廣于無邊界，無邊無量作佛事。"此偈應源出《佛説觀佛三昧海經》卷十念十方佛品第十一。

3. 普誦贊嘆、嘆佛相好

普誦即唱"如來妙色身，世間無與等，無比不思議，是故今敬禮。如來色無盡，智慧亦復然。一切法常住，是故我歸依。"出自《勝鬘師子吼一乘大方便方廣經》。然後禮三寶，緊接着嘆佛"天上天下無如佛，十方世界亦無比。世界所有我盡見，一切無有如佛者。"此七言四句偈出自《大智度論》。

4. 迴向

在請佛、嘆佛後將功德迴施一切衆生，辭曰："然今衆等，依時焚香，行道禮拜，所修功德，上寶（報）四恩，下霑三有，同出苦原（源），齊登佛果。"

5. 禮佛

本篇禮佛儀節較爲簡單，僅以佛名來表示稱名禮拜。先禮三身佛（法身毗盧遮那佛、報身盧舍那佛、化身釋迦牟尼佛），然後禮拜阿彌陀佛、十二光佛、十方三世一切諸佛，之後再分別禮拜觀世音、大勢至、妙吉祥、普賢、藥王、藥上六大菩薩以及西方極樂世界清净大海衆菩薩。禮畢後，有"願共〈諸〉衆生咸歸命，故我頂禮生彼國"句，爲和聲。

6. 懺悔

禮佛之後開始唱念："普爲釋梵四王、龍天八部、帝主人王、師僧父母、信施檀越及無邊法界衆生，斷除三障，歸命懺悔。"接着唱念懺悔偈："至心懺悔，一切業障海，皆從妄相生。若欲求除滅，端坐觀實相。衆罪如霜露，慧日能消除。是故應至心，勤懺六根罪。"此五言八句懺悔偈出自劉宋曇無蜜多譯《佛説觀普賢菩薩行法經》，内容僅有細微差异。

7. 至心發願

此至心發願五言八句偈出自後魏勒那摩提所譯《究竟一乘寶性論》，與原偈文字小有出入，值得注意的是，《十二光禮》多了一句"往生安樂國"：

① 汪娟：《敦煌禮懺文研究》，75頁。
② 楊明芬：《唐代西方净土禮懺法研究——以敦煌莫高窟西方净土信仰爲中心》，125頁。

表2 《究竟一乘寶性論》與《十二光禮》對比表

究竟一乘寶性論	十二光禮
依此諸功德，願于命終時 見無量壽佛，無邊功德身 我及餘信者，既見彼佛已 願得離垢眼，成無上菩提	願臨命終時，見無量壽佛 無邊功德身，我及餘信者 已見彼佛已，願得離垢眼 往生安樂國，成無上菩提

從上表可以明顯看出二者差異。汪娟認爲，"往生安樂國"爲後來所加，本篇略去含有迴向意味的"依此諸功德"，在尾句之前補上"往生安樂國"[1]。抄寫者的目的應僅在于發願，一删一補，成此八句偈。

8.作梵

普誦梵唄文"處世界，如虛空。如蓮花，不着水。心清净，超于彼。稽首禮，無上尊。"

9.説偈發願

"願以此功德，普及于一切。我等與衆生，皆共成佛道。"此偈通用于一般的禮懺文，是禮懺文中常用的迴向偈，出自後秦鳩摩羅什所譯《妙法蓮華經》卷三。

10.三皈依禮、和南

三皈依是成爲佛教徒所必須的儀式，也是各種法事活動常見的儀式。一般通行的三皈依文出自東晋佛陀跋陀羅所譯《大方廣佛華嚴經·净行品》。敦煌本《十方禮》《寅朝禮懺文》《黄昏禮懺》《七階佛名》均有此儀式。本篇三皈依有兩種形式，第一種三皈依文較爲少見，楊明芬認爲其偈頌内容與善導《往生禮讚》較爲相近，二者偈頌文字雖有差異，其實是相同的。不同的是《往生禮讚》有和聲，《十二光禮》無[2]。汪娟則認爲此本《十二光禮》三皈依禮中可能也有和聲，其音樂性可能比善導本更爲活潑、富有變化[3]。三皈依禮畢後，接誦"願諸衆生，諸惡莫造，諸善奉行，自净其意，順諸佛教。和南一切賢聖"，這段文字與前抄《法身禮》（擬）中"三皈依禮文"後接抄的内容一樣。

第二種三皈依禮文出自佛陀跋陀羅譯本《大方廣佛華嚴經·净行品》，爲通行本三皈依禮文。

11.偈頌

本篇偈頌有四首，爲辰朝清净偈、六念、無常偈、如來涅槃偈。其中各時偈頌是依據禮懺的各個時辰，選取并製作成各時不同的禮懺内容。早晨使用辰朝清净偈後，接誦六念，午後則使用無常偈，警示信衆但念無常，當勤于修行。無常偈後接抄如來涅槃偈，這兩首偈頌常見于其他禮懺文，一般用作收尾。具體内容如下："辰朝清净偈:

---

① 汪娟:《敦煌禮懺文研究》，96頁。
② 楊明芬:《唐代西方净土禮懺法研究——以敦煌莫高窟西方净土信仰爲中心》，127—128頁。
③ 汪娟:《敦煌禮懺文研究》，97頁。

欲求寂滅樂，當學沙門法。衣食支身命，精粗隨衆等。六念：第一念佛，願作佛身；第二念法，願轉法輪；第三念僧，頭陀共行；第四念施，施心不斷；第五念戒，戒根具足；第六念天，大般涅槃，常得清净。諸行無常，是生滅法；生滅滅以（已），寂滅爲樂。如來入涅槃，永斷于生死；若能至心聽，常受無量樂。"

諸行無常偈出自東晋法顯所譯《大般涅槃經》卷下。該寫卷將此四首偈頌抄寫于同一禮懺行儀中，這種組合方式又見于P.2911（1）號中。觀其内容，每首偈頌表達思想都大體相同，都有提及"寂滅""涅槃"等字眼，如來涅槃偈的目的與各時偈頌的無常偈一致，意在强化涅槃之樂，勉勵信衆修持佛法，消滅所有煩惱和執着，以獲内心平静，超越生死輪回，直至涅槃解脱。

四首偈頌後接三皈依，一般來説行儀至此方可結束。

12.嘆佛相好、嘆佛功德

三皈依後接抄有嘆佛相好、嘆佛功德二文，在法會最後再次嘆佛發願，迴施一切衆生。嘆佛即贊嘆佛德，嘆佛的方式或以文嘆佛，或以梵唄嘆佛。本篇"嘆佛功德"，所贊嘆的是薄伽梵，即佛祖釋迦牟尼。此外，嘆佛相好、嘆佛功德二文後各有一次迴向，嘆佛相好後迴向辭同前文。嘆佛功德後迴向辭爲："然今衆等，依時行道禮懺，所修功德，上爲天龍八部、帝主人王、師僧父母、信施檀越，及無邊法界有情，同此勝因，齊登佛果。"此處禮懺功德迴向的對象包括上至神祇、天龍八部，下及帝主人王、師僧父母、信施檀越并及法界衆生等，普願所有衆生皆能往生極樂、俱成佛果。

嘆佛文是用于禮佛儀式的一部分，一般置于禮佛儀式前，本篇禮佛前有一次嘆佛相好文，三皈依文後又再次出現嘆佛文，與一般禮懺儀節不盡相同，推測應是抄寫者摘自其他文本于此用作收尾，當具强化作用，目的在于將所有禮懺的功德迴向發願往生净土。

（三）七階禮

《七階禮》爲BD00623寫卷抄寫的第三篇，首尾完整，共33行，首題"七階禮"，内容起"南無東方須彌燈光明如來十方佛等一切諸佛"，訖"若能至心聽，常受無量樂"。

《七階禮》是三階教的禮懺文，全稱《佛説觀藥王藥上兩菩薩經等略禮七階佛禮懺悔法》，亦稱《七階禮佛名經》《七階佛名》《禮佛懺悔文》等。三階教是隋代僧人信行（540—594）創立的佛教派別，曾名震一時，但屢遭禁毀，會昌滅佛後鮮見蹤迹，其經典湮没不傳。唐智昇編撰的《開元釋教録》卷十八《僞妄亂真録》中載有《廣七階佛名經》（觀藥王藥上菩薩經佛名一卷）、《略七階佛名》的條目，但并無實際内容[1]。所幸敦煌遺書中保存了不少三階教文獻，彌足珍貴。從現存于敦煌遺書中的各種寫卷看，形態較爲複雜，結構也略有差异，係應六時禮懺之不同需要而寫，

---

[1] 林世田、楊學勇、劉波：《敦煌佛典的流通與改造》，甘肅教育出版社，2013年，287—288頁。

從而演化出許多不同的系統。此經一向被視爲僞經，唐貞元年間（785—804）曾隨同其他三階教經典一度入藏，但其後歷代大藏經均排斥在外，僅存于敦煌遺書和摩崖石刻中。

三階教非常重視懺悔修行，關于三階教的禮懺法，目前所見敦煌本《七階禮》寫卷數量繁多，約有120餘號，各寫本名稱不一，其抄寫往往與《十二光禮》《寅朝禮》等其他禮懺文混抄在一起。汪娟認爲，從敦煌寫本的標題或小字注中可以確定爲《七階禮》的寫本雖然不少，但是首尾比較完整的大約祇有BD00623、BD00216、S.59、S.6880，其中BD00623内容較爲簡省[1]。

矢吹慶輝曾對《七階禮》的結構特點進行研究，認爲七階佛名禮懺是三階教的普行，但不能確定《七階佛名禮懺文》由信行所撰。此外，矢吹慶輝還指出七階佛取自《觀藥王藥上菩薩經》與《決定毗尼經》中的“東方須彌燈等十方佛、毗婆尸等過去七佛、普光等五十三佛、東方善德等一切諸佛、賢劫千佛、釋迦等卅五佛”，再加上《佛名經》第八卷“寶集等廿五佛”而成[2]。廣川堯敏則認爲第七階佛指的是阿閦如來十方無量佛等一切諸佛，汪娟從廣川堯敏之説[3]。在BD00623號寫卷中，“阿閦如來”作爲第七階的説法較爲明確，因此“阿閦如來”爲第七階佛應無疑問。同時，廣川堯敏還將100餘件三階教行儀的寫本分爲“七階佛名經型”“七階禮懺文型”“寅朝禮懺文型”三類，并對每種類型的結構特點進行詳細的分析[4]。在廣川堯敏分類基礎之上，楊學勇將敦煌本《七階禮》分爲“七階佛名經型”與“七階禮懺文型”兩類，并將BD00623號歸入“七階禮懺文型”[5]。

BD00623寫卷中的《七階禮》，内容較爲簡略，儀軌如下：

1.總禮南無七階佛

第一階南無東方須彌燈光明如來十方佛等一切諸佛

第二階南無毗婆尸如來過去七佛等一切諸佛

第三階南無普光如來五十三佛等一切諸佛

第四階南無善德如來十方佛等一切諸佛

第五階南無俱那提如來賢劫千佛等一切諸佛

第六階南無釋迦牟尼如來三十五佛等一切諸佛

第七階南無阿閦如來一萬五千佛等一切諸佛

---

① 汪娟:《敦煌禮懺文研究》，118頁。

② ［日］矢吹慶輝:《三階教の研究》，岩波書店，1927年，306、527頁。

③ 汪娟:《敦煌禮懺文研究》，137—139頁。

④ ［日］廣川堯敏:《敦煌出土七階佛名經について——三階教と浄土教との交渉》，《宗教研究》第55卷第4輯，1982年，71—105頁。

⑤ 楊學勇:《三階教〈七階禮〉與佛名禮懺》，《敦煌研究》2016年第1期，92—101頁。楊學勇:《三階教史研究》，甘肅文化出版社，2017年，116—117頁。

2.總禮南無二十五佛

總禮"南無寶集如來二十五佛等一切諸佛"

按一般七階禮的寫本，在第三階五十三佛、第六階三十五佛，以及七階之外的南無二十五佛中，均一一列出各佛名，而該寫卷各階均為總禮，并未一一列出佛名禮拜。這種差異筆者推測一是與三階教的稱名念佛、觀想念佛有關，"三階教應是稱念《七階禮》中提到的諸佛名號或者説是普佛，而不專念某一佛名號"[1]；二是該種寫卷的複雜性，BD00623連續抄寫三件禮懺文，各有所節略，似乎説明在某場宗教活動中實際使用的行儀時間較為簡短，應是當時依據時間及場合的不同所特製的儀禮。

3.別禮四佛名

別禮"南無眾香世界香積如來""南無極樂世界阿彌陀佛""南無當下（來）下生彌勒世尊""南無十二願藥師琉璃光佛"，此四佛名為該七階禮懺文寫本新增的禮拜對象。香積如來主管上方眾香世界，《維摩詰經所説經·香積佛品第十》載："過四十二恒河沙佛土，有國名眾香，佛號香積，今現在。其國香氣，比于十方諸佛世界人、天之香，最為第一。……其界一切皆以香作樓閣，經行香地，苑園皆香。其食香氣，周流十方無量世界。"香積如來説法"但以眾香令諸天、人得入律行。菩薩各各坐香樹下，聞斯妙香"[2]，即獲圓滿功德。阿彌陀佛主管西方極樂世界，代表着接引眾生往生西方净土；彌勒世尊是賢劫千佛中的第五尊佛，釋迦牟尼的繼任者，也被稱作未來佛；藥師琉璃光佛主管東方净琉璃世界，能滿眾生願、拔眾生苦、醫眾生病。

七階禮是基于三階教的普佛思想，其禮拜對象涵蓋十方三世一切諸佛，在此新增別禮四佛，着重突出了祈願眾生往生佛國净土之思想。七階禮懺文為僧人作佛事所用，其内容應時應地應機而各有變化，而新增別禮四佛名號較為少見，其主要傳遞往生净土的思想，與前抄《十二光禮》有所相似。而三階教禮懺文與净土系禮懺文之間的從屬關係確實難以判別，楊明芬認為三階教禮懺文和净土系禮懺文無法斷然從其儀軌次第的相似性來決定二者之間的從屬關係，同時指出二者可能是參考同一源頭而各自形成的儀軌[3]。關於此卷，筆者認為在抄寫過程中應該參考了其他禮懺法而有所增加，亦或是受前篇《十二光禮》彌陀信仰的影響，在該行儀中加入相關的净土禮懺内容。

4.別禮南無二佛

別禮"南無虛空功德清净微塵等目端正功德相光明華波頭摩琉璃光寶體香最上香供養訖種種莊嚴頂髻無量無邊日月光明願力莊嚴變化莊嚴法界出生無障礙王如來；南無豪相日月光明華寶蓮花堅如金剛身毗盧遮那無障礙眼圓滿十方放光照一切佛刹相王

① 楊學勇:《三階教史研究》，118頁。

②《大正藏》第14册，552頁。

③ 楊明芬:《唐代西方净土禮懺法研究——以敦煌莫高窟西方净土信仰為中心》，35—37頁。

如來”，二佛名號源出隋天竺三藏法師闍那崛多于開皇七年（587）所譯《佛説十二佛名神咒校量功德除障滅罪經》。

5.歸命禮三寶

“南無過現未來十方三世一切諸佛，普爲法界衆生斷除三障，歸命懺悔。至心懺悔，南無佛，南無法，南無賢聖比丘僧。”禮拜三寶，以示恭敬。

6.懺悔文

禮三寶後接“如是等一切世界諸佛世尊常住在世。是諸世尊，當慈念我，當憶念我，當證智（知）我；若我此生、若我前生，從無始生死已（以）來，所作衆罪，若自作、若交（教）他作、見作隨喜；若塔、若僧，若取四方僧物，若自取、若教人取、見取隨喜；或作五逆無間衆罪，若自作、若教他作、見作隨喜；十不善道，自作、教他、見作隨喜；所作罪障，或有覆藏、或無覆藏，應墮地獄、餓鬼、畜生諸餘惡趣，邊地、下賤及彌戾車如是等處。所作罪障，今皆懺悔。”該懺悔文源出《佛説決定毗尼經》，内容略有增改。

7.迴向文

“今諸佛世尊當證知我，當憶念我，我復于諸佛世尊前作如是言：若我此生，若于餘生，曾行布施，或守净戒，乃至施與畜生一團之食，或修净行，所有善根求無上智，所有善根一切合集計較籌量，悉皆阿耨多羅三藐三菩提，如未來現在諸佛所作迴向，我亦如是迴向。”該迴向文亦源出《佛説決定毗尼經》，内容略有增改。

8.迴向偈

“衆罪皆懺悔，諸福盡隨喜，及净佛功德，願成無上智。〔去來現在佛〕，于衆生最勝，無量功德海，歸依合掌禮。”該迴向偈同樣源出《佛説決定毗尼經》，内容略有增改。“去來現在佛”應係抄寫者漏抄，兹據《佛説決定毗尼經》補入①。

9.梵唄文

“一切普誦：處世界，如虛空。如蓮花，不着水。心清净，超于彼。稽首禮，無上尊。”這首通行的偈頌與前抄《十二光禮》梵唄相同。

10.三皈依禮

“一切恭敬：皈依佛，願發菩提心，道心恒不退；皈依法，薩（散）般若入大總持門；皈依僧，息爭論，歸依和合海。願諸衆生，諸惡莫造，諸善奉行，自净其意，順諸佛教。和南一切賢聖。”

此三皈依文與前抄《十二光禮》中的第一種三皈依文相同，是否可以説明在抄寫過程中將《十二光禮》的第一種三皈依文照錄于此，亦或是二者皆受到《往生禮讚》的影響。

11.偈頌

該本末尾偈頌有三首，分别爲黄昏無常偈、諸行無常偈、如來涅槃偈，其内容如

---

① 《大正藏》第12册，39頁。

下："諸衆等聽説，黄昏無常偈。此日已過，命即咸（減）少，當觀此身，念念衰老。一念之間，云何可報。是故衆等，勤心行道。諸行無常，是生滅法；生滅滅以（已），寂滅爲樂。如來入涅槃，永斷于生死。若能至心聽，常受無量樂。"

黄昏偈爲六時偈之一，是在黄昏禮懺中念誦的偈頌，偈前都有"諸衆等聽説，黄昏無常偈"，適用于傍晚舉行的《七階禮》行儀。諸行無常偈及如來涅槃偈與前抄《十二光禮》二者偈頌相同。

該寫卷將此三首偈頌抄寫于同一禮懺行儀中，這種組合方式與此寫卷中《十二光禮》的偈頌部分相類同，説明三階教的懺法與净土宗懺法有相同之處，但因三階教禮懺文的寫本大多没有年代題記，故二者先後的順序難以判別，僅能確定二者的禮懺儀節存在關聯。

（四）太上皇贊文、開元皇帝贊文

該寫卷前抄三篇禮懺文，然後夾抄兩篇贊文，其中一篇首題"太上皇贊文"，另一篇首題"開元皇帝贊文"。"開元皇帝"即唐玄宗李隆基（685—762），"太上皇"應爲玄宗之父唐睿宗李旦（622—716），睿宗于延和元年（712）禪位給玄宗，稱太上皇。陳寅恪曾指出這兩篇贊文是唐代的詩歌佚文。項楚認爲這兩篇贊文是假托帝王之名所作，以廣流傳，内容屬于一般性的佛教勸善詩①。兹將二則贊文迻録如下，并結合前人研究成果，略加考釋。

> 太上皇贊文②
> 今身菓是前身種，未來菓是今身修。
> 今身聞强不種菓，菌中菓熟定難求。
> 急急修道莫悠悠，菌中菓熟正堪收。
> □［祇］爲無明花晚發③，未及菌滿即逢秋。
> 普勸共同佛性因，□□修道莫辭貧④。
> 縱使無衣披百納（衲）⑤，不見貧僧拜貴人。

---

① 項楚：《敦煌詩歌導論》，116頁。
② 該則贊文陳祚龍《敦煌學海探珠》、許國霖《敦煌雜録》、項楚《敦煌詩歌導論》有録文，皆題署"太上皇帝贊"。汪泛舟《敦煌石窟僧詩校釋》另有録文，題署"太上皇贊文（一首）"。張錫厚《全敦煌詩》亦有録文，題署"太上皇贊文"。
③ "祇爲"二字，"祇"字脱，"爲"字僅存下半邊筆畫，兹據BD06251詩偈補入。BD06251載："祇爲無明花晚發，未及菌滿早逢秋。"
④ 原卷"修"字僅存下半邊筆畫，兹據字形及文義補入。"修"前原卷脱二字，張錫厚擬補入"終身"。張錫厚：《全敦煌詩》第15册，6858頁。
⑤ "衲"，原卷作"納"，衲、納通，兹據文義校録。

□□乘車駕駟馬①，不久終成一聚塵②。

但看陽春桃李樹，□開能得幾時新③。

開元皇帝贊文④

朕自比來恒落托，將此閻浮爲快樂。

年歲栖惶不辭勞，地獄因緣没頭作。

近始迴心自懺悔，不覺愁泪千行落。

今時結意學無爲，世間萬事休貪着。

竊見衆生世間人，翻將富貴自榮身。

積聚錢財以爲寶，誰知練行是其珍。

身强不種祇薗菓，阿耨池中誰共親。

石火流星飛陽焰，三春柳色暫時新。

　　第一篇贊文抄于《七階禮》末端偈文之後，空兩格，抄寫首題“太上皇贊文”，另行起抄寫正文，七言十六句，首尾俱全、第2至6行上部略有殘缺，從内容來看是一首普通的佛教勸善詩，勸誡人們種善因得善果、修身揚善的思想，通篇語言通俗易懂，較易被民衆所接受。國家圖書館藏另一件BD06251《僧張明照文本（擬）》載闕題詩偈：“努力修道莫由一（悠悠）⑤，薗中菓熟正勘（堪）收⑥。祇爲無明花晚發，未及薗滿早縫（逢）⑦秋。”⑧此四句詩偈即《太上皇贊文》中的第五句至第八句。此詩偈又見于俄藏Дx00788號背《修道歌》：“努力修道莫攸攸（悠悠），薗中菓熟盛勘（堪）收⑨。祇爲無明花晚發，未待圓滿早逢秋。”⑩可見這類贊文在敦煌民間頗爲風行，故而有從中間抽取幾句的節本流傳⑪，亦有借用幾句并另行成文的新的文本的流傳。

　　第二篇贊文，抄于《太上皇贊文》末句之後，空兩格，接抄首題“開元皇帝贊

---

① “乘車駕駟馬”前原卷脱二字，汪泛舟、張錫厚擬補入“即令”，筆者認爲可再斟酌。汪泛舟：《敦煌韵文辨正舉隅》，《敦煌研究》1994年第2期，142頁。張錫厚：《全敦煌詩》第15册，6858頁。

② “一聚塵”，即一小堆塵土，S.2614《大目乾連冥間救母變文并圖一卷并序》有“風吹毒氣遥呼吸，看着身爲一聚灰”語。另《王梵志詩》中亦有“身影百年外，相看一聚塵”之語。

③ “開”前原卷脱一字，張錫厚擬補入“花”。張錫厚：《全敦煌詩》第15册，6858頁。

④ 該則贊文陳祚龍《敦煌學海探珠》、許國霖《敦煌雜録》、項楚《敦煌詩歌導論》有録文，皆題署“開元皇帝贊”。張錫厚《全敦煌詩》亦有録文，題署“開元皇帝贊文”。

⑤ 悠悠，原卷作“由一”，“一”字應爲重文符號，兹據BD00623改。

⑥ 堪，原卷作“勘”，兹據BD00623及俄藏Дx.00788v校改。

⑦ 逢，原卷作“縫”，兹據BD00623及俄藏Дx.00788v校改。

⑧ 中國國家圖書館編：《國家圖書館藏敦煌遺書》第83册，177頁。

⑨ 堪，原卷作“勘”，兹據BD00623校改。

⑩ ［俄］孟列夫，錢伯城主編；俄羅斯科學院東方研究所聖彼得堡分所等編：《俄羅斯科學院東方研究所聖彼得堡分所藏敦煌文獻》第7册，上海古籍出版社、俄羅斯科學出版社東方文學部，1996年，111頁。

⑪ 項楚：《敦煌詩歌導論》，117頁。

文"，另行起抄寫正文，七言十六句，首尾俱全，從内容看是一首七言佛讚。第一句以"朕自比來"，儼然帝王口吻。它屬于是佛教徒衆偽托開元皇帝，用通俗詩句教化百姓，宣揚信仰、普渡衆生所作[1]。讚文中表達了佛教無爲、無常等思想，根據佛教教義，世間的一切事物皆由因緣組成、變化無常，没有永恒不變的事物，無常觀念提醒衆人要對現實生命作不斷的反省。

這兩篇皇帝讚文均係利用唐代睿宗、玄宗兩位皇帝，特別是唐玄宗的巨大影響力，挾帝王之力以弘揚佛法。這可從唐玄宗開元年間的佛教政策中窺得一二。開元二年（714），玄宗接受姚崇建議整肅佛教，以一系列詔文來抑佛，但是由于社會各階層支持佛教，實際上抑佛措施并未有效進行。爲了平衡宗教界勢力、穩固統治、促使社會和諧，唐玄宗一改前期抑佛崇道政策，轉而三教并重，并先後爲儒家經典《孝經》、道家經典《道德經》以及佛教經典《金剛經》做注。至開元二十六年，又敕令天下諸州置"開元寺"，是唐代繼高宗乾封元年（666）、武周天授元年（690）和中宗神龍元年（705）後，設立的第四批佛教官寺。開元二十三年，玄宗注《金剛經》畢功，二十七年釋門請立般若經臺，建百座道場講經。此間宣講活動頗爲頻繁，并傳至敦煌。據俄藏敦煌文獻《開元廿九年（741）授戒牒》（Дx.02881＋Дx.02882）載：開元二十九年，大安國寺（由睿宗捨宅而立）僧道建受命到沙州主持授戒儀式，并宣講御注《金剛經》及《法華經》《梵網經》等，此舉給敦煌民衆灌輸了最新的精神營養，爲長安與敦煌佛教之間搭建起一座橋樑[2]。而這兩篇讚文夾抄于禮懺文中，筆者認爲可能説明禮懺文與讚文搭配并運用于同一場合中；也可能是抄寫者經常參加宗教活動，如禮懺、講經、讚頌等儀式，將其雜抄在一起。

（五）七佛禮（擬）

寫卷最後抄寫一篇禮懺文，首全尾殘，無首題。從殘存文字來看，禮拜的對象以維衛佛等過去七佛爲主，故擬題爲《七佛禮》。過去七佛的信仰源于印度，早在印度原始佛教各類《阿含經》中已有過去七佛信仰的内容。收録在《大正藏》中關于過去七佛的佛經主要有曹魏《七佛父母姓字經》（失譯）、西晉竺法護譯《賢劫經》、東晉瞿曇僧伽提婆譯《增一阿含經》、東晉帛尸梨蜜多羅譯《佛説灌頂經》、東晉《七佛八菩薩所説大陀羅尼神呪經》（失譯）、後秦佛陀耶舍等譯《長阿含經》、劉宋法天譯《佛説七佛經》等。多數學者認爲，七佛之名稱在轉譯過程中略有不同，係同音異譯，名號雖有差別但并非表示不同的七佛。據楊學勇研究，最遲在7世紀中葉就有以《七佛禮》爲名的行儀，并將與《七佛禮》有關的寫本分爲兩類，甲類以禮拜維衛佛等過去七佛爲

① 項楚：《敦煌詩歌導論》，117頁。
② 榮新江：《盛唐長安與敦煌——從俄藏〈開元廿九年（741）授戒牒〉談起》，《浙江大學學報（人文社會科學版）》2007年第3期，15—25頁。

主，乙類以禮拜毗婆尸佛等過去七佛爲主①。本篇儀軌次第如下：

1.禮三寶

"一切恭敬，敬禮常住三寶。"佛教視禮敬三寶爲最大的功德，各種禮懺文中的内容中幾乎都有禮敬三寶的内容。

2.香華供養

"是諸衆等，人各胡跪，嚴持香華，如法供養。願此香花雲，遍滿十方界。供養一切佛，化佛并真法。菩薩［無數］聲聞衆，受此香花雲，以起光明臺，廣于無量界，無邊無量作佛事。"同于前抄《十二光禮》的香華供養文。前有論述，兹不再贅述。

3.梵音讚唄

"供養已訖，梵音讚唄：如來妙色身，世間無與等，無比不思議，是故今敬禮。如來色無盡，智慧亦復然。一切法常住，是故我歸依。敬禮常住三寶。"此段梵唄文及禮三寶同于前抄《十二光禮》的普誦讚嘆。

4.嘆佛相好

"佛法僧寶，最上福田。"S.343及P.2915《社齋文》載："是知佛法僧寶，最上福田。"

5.迴向

"但使有心，理需迴向。然今衆等，依時行道，禮拜念誦，所修功德，上爲天龍八部、帝主人王、師僧父母、信施檀越，下及無邊法界有情，同此勝因，一時作佛。"此段迴向辭與前抄《十二光禮》嘆佛功德文末尾迴向辭基本一致。

6.別禮過去七佛

分別禮拜維衛佛盡空法界無量諸佛、式佛盡空法界無量諸佛、隨式（葉）佛盡空法界無量諸佛、拘留秦佛盡空法［界］無量諸佛、拘那含牟尼佛盡空無量諸佛、迦葉佛盡空法界無量［諸］佛……。"過去七佛"佛名又見《佛說灌頂經》卷八："于是，世尊便舉過去七佛名字以爲經證：第一維衛佛，第二式佛，第三隨葉佛，第四拘樓秦佛，第五拘那含牟尼佛，第六迦葉佛，今我第七釋迦文佛。"②

三、寫本考釋

（一）年代

原寫卷無紀年，《中國國家圖書館藏敦煌遺書總目録·館藏目録卷》定作8世紀唐寫本，依據是該寫卷中夾抄的兩篇皇帝讚文，言稱"開元共29年，爲713年到741年。故本號應編纂于開元元年（713）到唐睿宗逝世（716）之間"。根據前文論述，筆者認

---

① 楊學勇：《三階教〈七階禮〉與佛名禮懺》，99頁。

②《大正藏》第21册，517頁。

爲兩篇皇帝贊文皆爲托名所作，該文本的創作時間上限至少晚于713年。另據該目録稱"所用爲唐代經疏常用紙"①，考慮到吐蕃占領敦煌後已無法獲得中原紙張，則該文本的創作和抄寫時間下限則很有可能在吐蕃占領敦煌前。

（二）題名

原卷無題，《敦煌劫餘録》定名爲"佛説七階禮佛名經"②；《敦煌遺書總目索引》定名爲"七階禮佛名經"③；《敦煌遺書總目索引新編》定名爲"佛説七階禮佛名經"，其後説明"中有十二光禮（首題）、嘆佛功德（首題）、太上皇贊文（首題）、開元皇帝贊文（首題）、嘆佛相好（首題）"④；《國家圖書館藏敦煌遺書》《中國國家圖書館藏敦煌遺書總目録·館藏目録卷》均定名爲"爲皇帝祈福文（擬）"⑤。據上文寫本內容考釋，該寫卷抄寫有《法身禮》《十二光禮》《七階禮》《七佛禮》四種禮懺文，體現了敦煌禮懺文混抄的特點，其間雖然夾抄兩篇皇帝贊文，但整體歸屬應以所抄禮懺文爲主，擬名"爲皇帝祈福文"欠妥。另，吐魯番雅爾湖古城中曾出土一件殘片，定名"爲開元皇帝祈福文殘片"，內有"奉用莊嚴開元皇帝陛下"等語，應是寺廟僧侶爲唐玄宗祈福所用⑥，而本篇僅有兩篇托名皇帝所作的贊文，似不能就此論證爲皇帝祈福文。關于該件的定名，筆者認爲該寫卷較爲特殊，題名不應混擬、泛擬，應以寫卷中各個抄寫的文獻爲主，擬名爲"十二光禮禮懺文等"較爲妥當。

（三）性質探究

該寫卷所存抄內容包括法身禮、十二光禮、七階禮、太上皇贊文、開元皇帝贊文、七佛禮，都是敦煌當地頗爲流行的禮懺文和贊文。細察其內容，發現各篇之間關聯密切，部分儀節內容相同，所表達的思想偏重于懺悔、修身揚善、往生極樂世界等。具體言之，《法身禮》是以性空的般若思想爲主。《十二光禮》《七階禮》是以净土思想爲主，《十二光禮》是通過禮拜十二光佛名，發願、迴向往生極樂世界。《七階禮》在新增的別禮四佛名中加入"南無極樂世界阿彌陀佛"的禮拜對象，似爲强調往生佛國的净土思想。而《七佛禮》中的過去七佛是指已經涅槃的諸佛，與前抄諸禮懺文的思想有共通之處，傳遞的是鼓勵信衆勤心修行、寂滅爲樂，直至涅槃解脱的思想境界。夾

① 方廣錩、李際寧、黃霞：《中國國家圖書館藏敦煌遺書總目録·館藏目録卷》第1册，中國人民大學出版社，2016年，401頁。

② 陳垣：《敦煌劫餘録》，《敦煌叢刊初集》，新文豐出版公司，1985年，521頁。

③ 商務印書館編：《敦煌遺書總目索引》，商務印書館，1962年，9頁。

④ 施萍婷、邰惠莉等：《敦煌遺書總目索引新編》，中華書局，2000年，360頁。

⑤ 中國國家圖書館編，任繼愈主編：《國家圖書館藏敦煌遺書》第9册《條記目録》，北京圖書館出版社，2012年，7頁。方廣錩、李際寧、黃霞：《中國國家圖書館藏敦煌遺書總目録·館藏目録卷》第1册，401頁。

⑥ 黃文弼：《吐魯番考古記》，中國科學院，1954年，29頁。

抄其中的兩篇皇帝贊文所傳遞的是種善因、得善果，變化無常、常思己過、善修其身的思想，贊文內容簡短、通俗易懂，托名附益，易爲傳誦。綜合來看，僅以此件爲例，我們認爲該寫卷的抄寫可能意味着存在以懺願儀式爲藍本，結合贊文而産生的禮懺祈願弘法文本，將皇帝贊文加入禮懺文中，形態間于禮懺文與贊文之間，有別于敦煌所出絶大多數簡單的禮懺文、贊文，較爲罕見，頗爲珍貴。

（作者單位：國家圖書館古籍館）

唐五代宋初敦煌私家蘭若的興建與社會功能研究

張瀛之　陳大爲

内容提要：唐五代宋初敦煌地區有14所私家蘭若，多建于州城内或附近位置，符合經文中蘭若"無院相"的定義，因營建者財力豐厚，與其他類型蘭若相比，其建築更爲精緻，造型多樣。私家蘭若内有僧人住持，從事借貸活動，經濟狀況較爲良好；同時，私家蘭若參與各類佛事、社會活動，不僅成爲助葬活動的舉辦地，形成具有濃重宗教氛圍的禮佛空間，還在一定程度上成爲民衆的公共活動場所。

關鍵詞：敦煌　私家蘭若　佛教　社會功能

蘭若，梵語阿蘭若（aranya）的省稱，指"閑静處""遠離處"。中古時期蘭若逐漸作爲無額的私有小寺存在，成爲民間的奉佛場所，即"蓋官賜額者爲寺，私造者爲招提、蘭若"①。唐五代宋初是敦煌佛教發展的高峰時期，各階層皆熱衷于佛事活動，興建蘭若蔚然成風。

關于敦煌地區蘭若研究的重要成果包括：土肥義和《莫高窟千佛洞と大寺と蘭若》指出九至十世紀時敦煌共有蘭若19所，分別冠以宗教用語、官府建築、施主姓名等②。藤枝晃《敦煌の僧尼籍》認爲蘭若爲無額小寺，多爲獨立二層樓建築，常設在俗人的宅邸旁，并根據文書推測敦煌蘭若可能没有住持僧人③。李正宇《敦煌地區古代祠廟寺觀簡志》列出敦煌地區22所蘭若的名字，爲此後的研究提供了寶貴的綫索④。湛如《論敦煌佛寺禪窟蘭若的組織及其他》將敦煌蘭若分爲遵循頭陀行法的出世蘭若、望門貴族所建的蘭若以及由社邑興建與維修的蘭若，這些蘭若因類型不同而被賦予了不同的職能，同時推測私家蘭若在規模、建造水平上可能與一般寺院没有差別⑤。王祥偉則以

---

① （宋）司馬光等：《資治通鑑》卷二四八，中華書局，1956年，8140頁。
② ［日］土肥義和：《莫高窟千佛洞と大寺と蘭若》，載池田温主編《敦煌の社會》，大東出版社，1980年，374頁。
③ ［日］藤枝晃：《敦煌の僧尼籍》，《東方學報》第29册，1959年。
④ 李正宇：《敦煌地區古代祠廟寺觀簡志》，《敦煌學輯刊》1988年第1、2期，70—85頁。
⑤ 湛如：《論敦煌佛寺禪窟蘭若的組織及其他》，敦煌研究院編《段文杰敦煌研究五十年紀念文集》，世界圖書出版公司，1996年，87—108頁。湛如：《敦煌佛教律儀制度研究》，中華書局，2003年，29—79頁。

敦煌文書爲依據，對蘭若的經濟特點進行研究，指出其具有經濟規模小、與建造者和常住僧關係密切的特點①。以上論著或是對敦煌蘭若的簡單介紹，或探討敦煌蘭若的某一方面問題，尚未見到針對敦煌蘭若的專題研究。而私家蘭若又是敦煌蘭若中數量最多、影響最大的蘭若，有鑒于此，本文從歷史學的角度切入，以敦煌文獻與傳世史料爲參照，結合圖像資料，對敦煌地區的私家蘭若進行專題研究，探討其興建脉絡與社會功能。

一、敦煌文書中所見的私家蘭若

本文所探討的私家蘭若，指的是湛如界定的望門貴族所建的蘭若。敦煌文獻中有明確稱謂的蘭若共有27所，其中私家蘭若14所，占總數一半多。敦煌的私家蘭若，多以家族姓氏命名，或以個人姓名命名。現將有關材料列表如下：

表1　敦煌文書中所見的私家蘭若

蘭若名	卷號與篇名	内容
北蘭若	BD07384背《丑年到未年都司倉入破曆》	北蘭若杜家書佛堂領麥六碩，高行真處得②
	P.2738背《敦煌鄉里并寺院名目》	北蘭若③
樂家蘭若	P.2738背《敦煌鄉里并寺院名目》	樂家蘭若④
孟受中界先祖莊西□□蘭若	P.3268背《孟受中界先祖莊西□□蘭若功德記》	孟受中界先祖莊西□□蘭若⑤
閔家蘭若	P.2738背《敦煌鄉里并寺院名目》	閔家蘭若⑥
宋家蘭若	S.6583《社司轉帖》	右緣常年設供，主人鄧子延家，人各助麥一斗，幸請諸公等，帖至，限今月廿九日齋時鐘聲，于宋家蘭若取齊。⑦

① 王祥偉：《吐蕃至歸義軍時期敦煌佛教經濟研究》，中華書局，2015年，209—219頁。
② 中國國家圖書館編：《國家圖書館藏敦煌遺書》第96冊，北京圖書館出版社，2008年，312頁。
③ 上海古籍出版社、法國國家圖書館：《法藏敦煌西域文獻》第18冊，上海古籍出版社，2001年，30頁。
④ 同上。
⑤ 上海古籍出版社、法國國家圖書館：《法藏敦煌西域文獻》第22冊，上海古籍出版社，2002年，331頁。
⑥ 上海古籍出版社、法國國家圖書館：《法藏敦煌西域文獻》第18冊，30頁。
⑦ 中國社會科學院歷史研究所等編：《英藏敦煌文獻》第11卷，四川人民出版社，1994年，132頁。

蘭若名	卷號與篇名	內容
索家蘭若 馬家蘭若	S.86《淳化二年四月廿八日爲馬醜女回施疏》	奉爲亡女弟子馬氏名醜女，從病至終，七日所修功德數。三月九日，病困臨垂，于金光明寺殿上施麥壹碩。城西馬家索家二蘭若共施布壹匹。①
武家蘭若	ДХ.06016《轉帖殘卷》	帖至，限今月廿五日卯時，于武家蘭若門前取齊。②
周家蘭若	BD16029《周家蘭若禪僧法成便麥粟曆》	周家蘭若内禪僧法成，右法成堅持守院，掃灑焚香，妙理教化，于十方念誦聚求于昇合，去丁巳歲押衙周不呪來便將麥伍碩。又至戊午年春□□拾貳碩，至己未年春□麥兩碩，粟肆碩，其秋（後殘）。③
唐家蘭若	BD09472背《龍興寺索僧正等五十八人就唐家藍若請賓頭盧文》	……于唐家藍若，計五十八人。南閻浮提薩訶世界大唐國沙州境内，謹請西南方雞足山賓頭盧上座波羅墮闍梨，右今月五日奉爲亡姓遠忌追福，敕有情又諸不（？）輩，興運慈悲，依時降駕。④
安清子蘭若	P.2738背《敦煌鄉里并寺院名目》	安清子蘭若⑤
董保德蘭若	S.3929背《節度押衙知畫行都料董保德等建造蘭若功德記》	先思仰報于君恩，仍祈酬于答施；然以輕酬于信施，修當來之勝福。先依當府子城内北街西横巷東口弊居，聯壁形勝之地，創蘭若一所，刹心四廊，圖塑諸妙佛鋪；結脊四角，垂拽鐵索鳴鈴，宛然具足。⑥
高孔目蘭若	P.2040背《净土寺食物等品入破曆》	官布一匹，高孔目起蘭若人事用。⑦
孔闍梨蘭若	P.3707《親情社轉帖》	右緣傅郎母亡，准例合有吊酒，人各粟一斗。帖至，限今月廿五日卯時，于孔闍梨蘭若取齊。⑧

---

① 中國社會科學院歷史研究所等編：《英藏敦煌文獻》第1卷，四川人民出版社，1990年，44頁。
② 上海古籍出版社等編：《俄藏敦煌文獻》第12卷，上海古籍出版社，2000年，318頁。
③ 中國國家圖書館編：《國家圖書館藏敦煌遺書》第145册，北京圖書館出版社，2012年，95頁。
④ 中國國家圖書館編：《國家圖書館藏敦煌遺書》第105册，北京圖書館出版社，2008年，404頁。
⑤ 上海古籍出版社、法國國家圖書館編：《法藏敦煌西域文獻》第18册，30頁。
⑥ 中國社會科學院歷史研究所等編：《英藏敦煌文獻》第5卷，四川人民出版社，1992年，214頁。
⑦ 上海古籍出版社、法國國家圖書館編：《法藏敦煌西域文獻》第3册，上海古籍出版社，1994年，27頁。
⑧ 上海古籍出版社、法國國家圖書館編：《法藏敦煌西域文獻》第27册，上海古籍出版社，2002年，32頁。

根據敦煌蘭若的命名特點，以姓氏爲名的蘭若爲私家蘭若。因此，對以上文書中有此特點的蘭若，本文不再贅述其性質，此處僅就某些特性不清晰的蘭若進行分析。P.2738背的《敦煌鄉里并寺院名目》中出現"北蘭若"一詞，表明此蘭若是一個爲人所熟知的蘭若；BD07384背《丑年到未年都司倉入破曆》："北蘭若杜家書佛堂領麥六碩，高行真處得。"此爲吐蕃統治敦煌時期寺院文書，這句話的大意是：隸屬於某寺的具有專業繪畫技能的人士在北蘭若杜家的佛堂進行繪製活動，并從高行真的手上領得報酬。"北蘭若"與"杜家"連稱，因此我們認爲北蘭若爲望門貴族所建的私家蘭若。

關于"孟受中界先祖莊西□□蘭若"，根據P.3268背所書"佛僧模真邈影者，粵有施主節度押衙鉅鹿郡索公，年芳小（少）俊"①，可推測此功德記的寫作目的是贊揚索公在蘭若中的施像行爲。P.2625《敦煌名族志》記載：

> 索氏，右其先商王帝甲封子丹于京索，因而氏焉。武王滅商，遷之于魯，封之爲侯，秦并六國，莊侯索番致仕，國除。漢武帝時，太中大夫索撫、丞相趙周，直諫懺旨徙邊，以元鼎六年從鉅鹿南和遷于敦煌。凡有二祖，號南索、北索。初索撫在東，居鉅鹿之北，號爲北索。至王莽天鳳三年，鳴開都尉索駿復西敦煌。駿在東，居鉅鹿之南，號爲南索。莫知其長幼，咸累代官族。②

殷商時子丹被封于京索，故因地爲姓，氏族原居于鉅鹿，稱爲"鉅鹿索氏"，可見P.3268背中的"鉅鹿郡索公"來自敦煌大族索氏。類似的文書如P.3390《孟受上祖莊上浮圖功德記》中記載："節度押衙張盈潤奉爲故和尚在日造浮圖一所。"③張盈潤爲文中和尚之侄，故私家佛教建築的建造原因也可能是由于姻親關係；而社邑文書中的施像行爲一般是由社衆群體進行而非個人，佛社一般以修窟、造像、燃燈、行像等爲宗旨。因此P.3268背中出現的"孟受中界先祖莊西□□蘭若"很有可能是屬于索氏或某個與索氏有姻親關係的大族的私家蘭若，而非社邑型蘭若，索公的施像行爲可能是出于姻親關係。

董保德蘭若與高孔目蘭若均可從文書内容中推斷其爲私人所建之蘭若。安清子蘭若僅在P.2738背的《敦煌鄉里并寺院名目》中出現，從其命名特徵推斷，有可能是一所私家蘭若。P.3707《親情社轉帖》中提到集合地點爲"孔闍梨蘭若"，此轉帖涉及18人，其中孔姓有8人，占比接近一半，而孔闍梨之名位于名單最前方，應是此社中富有權勢之人。"孔闍梨蘭若"的性質有兩種解釋，一是此蘭若爲孔闍梨個人修建，因其優越的地理位置與孔闍梨在社邑中的地位，所以社衆多在此蘭若集合；二是此蘭若爲社邑修建維護，但因社邑中孔氏居多，且孔闍梨此人在社邑中較有地位，因此蘭若以"孔闍

① 上海古籍出版社、法國國家圖書館編：《法藏敦煌西域文獻》第22冊，331頁。
② 上海古籍出版社、法國國家圖書館編：《法藏敦煌西域文獻》第16冊，上海古籍出版社，2001年，330—331頁。
③ 上海古籍出版社、法國國家圖書館編：《法藏敦煌西域文獻》第24冊，上海古籍出版社，2002年，55頁。

梨"爲名。通過比對相同類型的文獻以及蘭若的命名方式①，本文更傾向于第一種解釋，將"孔闍梨蘭若"認定爲私家蘭若。

另外，李正宇在《敦煌地區古代祠廟寺觀簡志》一文中將 P. T.1261 中出現的"唐蘭若"認定爲蘭若名②。但據我們研究，P. T.1261 背是《僧人分配齋儭曆》，文書記錄了吐蕃時期12次齋會的參加者名單，"唐蘭若"實爲一俗姓爲唐的僧人名。敦煌地區僧尼保留俗姓是較爲普遍的現象，如 S.2729《辰年（788）三月算使論悉諾囉接謨勘牌子曆》中每位僧尼法名前均冠以俗姓③，故僧人名爲"唐蘭若"不足爲奇。

二、敦煌私家蘭若的興建

敦煌私家蘭若是望門貴族修建的蘭若，與營建者有着密不可分的聯繫。以下通過具體實例，重點討論私家蘭若的位置與造型。

（一）位置

唐代敦煌城呈南北長、東西窄的形態，包含子城與羅城，在中國傳統建築中，子城一般爲官府衙門所在地，羅城則爲商業與居民區，P.2005《沙州都督府圖經》載：

> 嘉納堂，右按《西涼錄》，涼王李暠庚子五年興立泮宮，增高門學生五百人，起嘉納堂于後園，圖贊所志。其堂毀除，其階尚存。其地在子城東北羅城中，今爲效穀府④。

可見，子城位于西南隅，由羅城包裹，子城爲内城，羅城爲外城。據學者研究，沙州子城中建有官方衙署、學校、倉庫，甚至還有些富户居住，羅城中主要是居民區、市場、寺觀，城内的"坊"以子城爲中心向兩邊展開，形成街巷式布局。那麼私家蘭若位于何處？現歸納私家蘭若中與地理位置有關的文書，整理如下：

表2　敦煌文書所見有關私家蘭若地理位置的文書

蘭若名	相關内容	出處
宋家蘭若	帖至，限今月廿九日齋時鐘聲，于宋家蘭若取齊。	S.6583《社司轉帖》
索家蘭若	城西馬家索家二蘭若共施布壹匹。	S.86《淳化二年四月廿八日爲馬醜女回施疏》

---

① 社邑型蘭若一般都是用位置命名，如：敦煌蘭若、官樓蘭若、當坊蘭若、修文坊巷蘭若等。

② 李正宇：《敦煌史地新論》，新文豐出版公司，1996年，97頁。

③ 中國社會科學院歷史研究所等編：《英藏敦煌文獻》第4卷，四川人民出版社，1991年，217—219頁。

④ 唐耕耦、陸宏基編：《敦煌社會經濟文獻真迹釋錄》第1輯，全國圖書館文獻縮微複製中心，1990年，14頁。

蘭若名	相關内容	出處
馬家蘭若	城西馬家索家二蘭若共施布壹匹。	S.86《淳化二年四月廿八日爲馬醜女回施疏》
武家蘭若	帖至，限今月廿五日卯時，于武家蘭若門前取齊。	ДХ.06016《轉帖殘卷》
董保德蘭若	先依當府子城内北街西横巷東口弊居，聯壁形勝之地，創蘭若一所。	S.3929《節度押衙知畫行都料董保德等建造蘭若功德記》
孔闍梨蘭若	帖至，限今月廿五日卯時，于孔闍梨蘭若取齊。	P.3707《親情社轉帖》

表中所見宋家蘭若、武家蘭若、孔闍梨蘭若均是社邑的集合地點，而此類地點的位置常是便于社人集合的爲衆人所知的地標性建築，必然不可能位于不便行走的山林之中。同時，索家蘭若與馬家蘭若均位于城西，董保德蘭若則修建于其子城的居所處，且是地勢優越的"形勝之地"。因此我們推測私家蘭若的位置不會位于偏遠僻静之處，多位于州城中或附近位置。

（二）造型

蘭若建築不拘形制，通常没有一般寺院的外觀，被描述爲"無院相"①，多爲單體殿堂，四周或有回廊，或無回廊。莫高窟61窟的《五臺山圖》由歸義軍節度使曹元忠夫人翟氏于後晋天福十二年（947）施造而成，圖中共有18座蘭若，多被描繪爲三楹殿堂，無院墻，或有臺基，立于山林之中。圖中較爲特殊的是位于西臺下部的道義蘭若，爲二層門樓院落，院内無殿堂，繪有文殊菩薩與維摩詰對談的場景。《五臺山圖》中所繪的其餘蘭若多爲無院墻佛寺，多以一殿爲主體，符合經典中對于蘭若"無院相"的定義。

我們以董保德蘭若爲樣本，對私家蘭若的造型進行探討。S.3929背有兩份内容基本相同的文書，《英藏敦煌文獻》中將其定名爲《節度押衙知畫行都料董保德等建造蘭若功德記（二通）》，文書描述了董保德建造私家蘭若的事迹。現移録相關内容如下：

（前略）

13　厥有節度押衙

14　知畫行都料董保德等，廉和作志，温雅爲懷，守

15　君子之清風，蘊淑人之勵節。故得丹青巧妙，粉墨希

16　奇，手迹及于僧瑶（繇），筆勢鄰于曹氏。畫蠅如活，佛鋪

17　妙越于前賢；邈影如生，聖會雅超于後哲。而又經

18　文粗曉，禮樂兼精，實佐代之良工，乃明時之應世。

---

① （宋）贊寧著，富世平校注：《大宋僧史略校注》，中華書局，2015年，17頁。

圖1　莫高窟61窟《五臺山圖》五代道義蘭若[2]

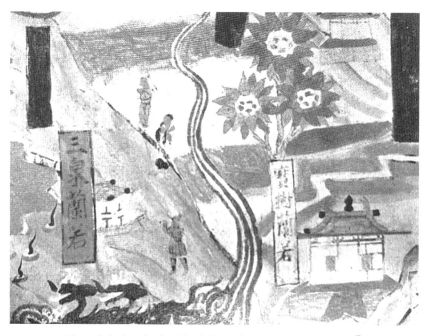

圖2　莫高窟61窟《五臺山圖》五代三泉蘭若與寶樹蘭若[1]

---

① 敦煌研究院編：《敦煌壁畫五臺山圖》，江蘇鳳凰美術出版社，2018年，64頁。
② 敦煌研究院編：《敦煌壁畫五臺山圖》，江蘇鳳凰美術出版社，2018年，71頁。

48

19　時遇曹王，累代道俗興平，營善事而無停，修福因而

20　莫絶。或奉上命驅策，或承信士招携，每廣受于纏

21　盤，亦厚沾于賞賜。衣資給足，糧食供餘。先思仰報，奉于

22　君恩，仍酬答于施；然以輕酬于信施，當來之勝福。先于當府子城内北街西横

23　巷東口弊居，聯壁形勝之地，創造蘭喏（若）一所。刹心四廊，圖

24　塑諸妙佛鋪；結脊四角，垂拽鐵索鳴鈴。菀（宛）然具足。又

25　于此岩，共諸施主權修窟五龕，彩繪一一妙畢。

（後略）①

董保德是敦煌曹氏歸義軍時期節度押衙知畫行都料。文書提到董保德畫技高超，家資充足，欲報答君主知遇之恩，修來世功德，于是進行了建造蘭若、與施主一道營建佛龕、修建普凈之塔等一系列營造活動。董保德蘭若以單一殿堂爲主體，四周建有回廊，回廊上繪有千佛畫像，文中雖未言繪畫者，但優美的畫像與董保德畫行都料的身份相應，回廊中建築屋脊四角懸掛鳴鈴。鳴鈴即鈴鐸，有"手鐸""相輪""大鈴"等類型，文書中的鳴鈴應該指的是一種懸掛于殿、閣、塔、觀簷角的"風鐸"，聲音清脆悦耳。經文中常有關于懸掛鈴鐸的記載，如《頂生王因緣經》中持國天王宮城中"金沙布地觸處遍灑旃檀香水，金繩交絡垂金鈴鐸，以界道側街衢左右"，《大乘顯識經》描述賢護菩薩的居所"庭宇臺樓，具足六萬，摩尼真珠，琉璃諸珍，羅布垂飾，衆寶間鈿，行列端美，綺彩蒙懸，綴以鈴鐸，隨風飄颻"。白居易在《游悟真寺》詩中亦寫道："前對多寶塔，風鐸鳴四端。"可見鈴鐸是寺院中的常見裝飾，董保德蘭若中懸掛此類風鐸，十分符合其建築特性。同時，功德頌中的蘭若被描述爲"新穎彌勒之宮，創似育王之塔"，彌勒之宮即兜率天宮，它是兜率天天衆爲供養彌勒菩薩以天之福力造就的居所，範圍甚廣，殊勝奇妙，是人人嚮往的凈土；育王之塔，指圓柱狀尖頂式的佛塔，傳說阿育王將佛舍利分爲八萬四千份，起塔供養舍利，此塔即爲阿育王塔。文書中雖未描述回廊中的建築類型，但通過以上記載，我們推測此蘭若的中心可能存在類似佛塔的建築。

　　總之，私家蘭若是望門貴族修建的禮佛場所，不僅具有一般蘭若所具有的佛教特性，也是富家顯示財力的場所，因此其建築相對更加精緻，造型更加豐富多樣。

三、敦煌私家蘭若的社會功能

　　唐五代宋初私家蘭若在敦煌社會中扮演着重要角色。我們先從經濟與宗教活動層

---

① 中國社會科學院歷史研究所等編：《英藏敦煌文獻》第5卷，四川人民出版社，1992年，214頁。録文參見馬德：《〈董保德功德頌〉略述》，《敦煌研究》1996年3期，14—15頁；郝春文等編著：《英藏敦煌社會歷史文獻釋録》第18卷，社會科學文獻出版社，2022年，7頁。

面對私家蘭若的内部運作進行分析，然後着眼于社會交往層面，探尋它在當地佛教世俗化氛圍下的社會功能。

（一）從事借貸活動的私家蘭若

利貸收入是敦煌蘭若的重要收入來源。BD16029《周家蘭若禪僧法成便麥粟曆》説明私家蘭若從事借貸事業，現録文如下：

    1 周家蘭若内禪僧法成，
    2 右法成堅持守院，掃灑焚香，妙理教化，
    3 于十方念誦聚求于昇合，去丁巳歲押衙
    4 周不呪來便將麥伍碩。又至戊午年春將□□
    5 拾貳碩，至巳未年春便麥兩碩，粟肆碩，其秋
    （後殘）①

這是一份曹氏歸義軍時期的社會經濟文書，記載了法成堅守于周家蘭若，修行灑掃，并作爲蘭若的主管人，將麥粟便貸給押衙周不呪的事迹。這件文書説明，敦煌地區的私家蘭若中確有僧侶住持，且與寺院一樣從事借貸活動。

又BD16079《辛酉年二月九月僧法成出便與人抄録》載：

    1 辛酉年二月九日，僧法成少有斛斗出便與人抄録：
    2 周通順便麥拾三碩捌斗，其秋入伍碩伍斗，至秋貳拾碩柒斗。
    3 周保德便粟壹碩，至秋壹碩伍斗　其粟□門□□。
    4 王憨見便粟壹碩，至秋壹碩伍斗　口承人阿孃，其粟納社家。
    5 □□□便麥壹碩，至秋壹碩伍斗。
    6 ＿＿＿＿碩，至秋陸碩，口承人佛奴。
    7 ＿＿＿＿，至秋壹碩，口承人佛奴。②

唐耕耦、陸宏基推測辛酉年可能是961年③，王祥偉進一步指出兩份文書中記載的法成實爲同一人④。BD16079顯示僧人法成從事的利貸活動中，便貸對象不僅有周氏族人，亦有他姓之人。從"法成堅持守院"以及文書中借貸者的人員構成看，我們認爲兩份文書中法成的行爲應是其作爲蘭若主管人進行的經濟活動，可將此便貸行爲看作是蘭若的經濟活動。

---

① 中國國家圖書館編：《國家圖書館藏敦煌遺書》第145册，北京圖書館出版社，2012年，95頁。録文參見王祥偉：《吐蕃至歸義軍時期敦煌佛教經濟研究》，中華書局，2015年，212頁。
② 中國國家圖書館編：《國家圖書館藏敦煌遺書》第145册，128頁。録文參見王祥偉：《吐蕃至歸義軍時期敦煌佛教經濟研究》，213頁。
③ 唐耕耦、陸宏基編：《敦煌社會經濟文獻真迹釋録》第2輯，全國圖書館文獻縮微複製中心，1990年，259頁.
④ 王祥偉：《吐蕃至歸義軍時期敦煌佛教經濟研究》，213頁。

（二）舉辦家族佛事活動的私家蘭若

蘭若在都司的管轄下，與其他寺院一樣參加全體僧人均需參與的佛事活動，私家蘭若作爲蘭若的一種類型，亦參加都司組織的夏安居、佛節、禮拜等活動。但除參加以上集體活動外，私家蘭若因其背後力量的支撑，經濟狀況相對良好，還成爲望門貴族進行"薦亡追福"法會的舉辦地。

BD09472背有一份《龍興寺索僧正等五十八人就唐家藍若請賓頭盧文》，兹轉錄如下：

1　龍：索僧政，張僧政；大雲：張僧政，張寺主苑；報恩：智均、定光幢；

2　開元：曹僧政、張寺主建；永安：張法律；金光：索智岳、

3　氾闍梨四娘；圖：宋僧政、張法律闍梨、恒安、

4　勝師、昇賢、馮師、曹虞侯、張文暉、氾賢威、高環；

5　阿娘、二娘二人，杜闍梨阿娘；

6　靈修：□師、敦師女賢娘、圓照、鷹鷹、陳師姊妹二人、

7　高女子姊妹三人、嚴信花、索缽蒙、石意氣、陰明明、

8　宋威威、陰醜醜女師、鄧端娘、索開開、醜醜、

9　伴福福、揚威□□三人、曹虞侯妻母二人、

10　宋平水、張二郎、威德勿子二人、女：體净、程師子、最福、

11　劉闍梨、大□母、屯屯母、吳師子、

12　□意花，于唐家藍若。　計五十八人。

13　　南閻浮提薩訶世界大唐國沙州境内，

14　謹請西南方雞足山賓頭盧上座波羅墮闍梨，

15　右今月五日奉爲　亡姊遠忌追福，敕有

16　情又諸不（？）輩，興運慈悲，依時降駕[①]。

此爲9世紀張氏歸義軍時期寫本，文書記述了主辦者在母親忌日祈請賓頭盧的事迹，希望通過法事活動使母親在冥間安好。文中雖未提及施主姓名，但被邀請者大多來自敦煌各個寺院，舉辦地不是敦煌諸寺，而是設在唐家蘭若。因此我們推測，舉辦人可能是唐姓族人或是與唐氏家族有關係的人員，否則一般不會在望門貴族所建的私家蘭若中進行法事活動。從這一層面上看，私家蘭若體現了佛寺家廟化的特徵，原作爲僧侶修行場所的蘭若，逐漸成爲信衆的禮佛空間，并在發展過程中，與中國傳統的"孝"文化結合，成爲營建者家族舉辦族内活動的場所。

---

① 中國國家圖書館編：《國家圖書館藏敦煌遺書》第105册，北京圖書館出版社，2008年，404頁。錄文參見《國家圖書館藏敦煌遺書》第105册《條記目錄》，88頁。

（三）參與各類社會活動的私家蘭若

敦煌民眾邀請私家蘭若僧人舉辦法事活動。S.86《淳化二年（991）四月廿八日爲馬醜女回施疏》是馬醜女的家人爲馬醜女設供、轉經時使用的回施疏，錄文如下：

1　奉爲亡女弟子馬氏，名醜女，從病至終七日，所修功德數：
2　三月九日病困臨垂，于金光明寺殿上施麥壹碩，城西
3　馬家、索家二蘭若共施布壹疋。葬日臨曠（壙）焚
4　屍，兩處共錄（綠）獨織裙壹腰，紫綾子衫子、白絹衫子
5　共兩事，絹領巾壹事，繡鞋壹兩，絹手巾一個，布手
6　巾壹個，粟三碩，布壹疋。設供一七會，共齋僧貳佰
7　三拾人，施儭布三疋，昌褐兩疋，又斜褐一段，麥粟
8　紙帖，共計拾貳碩。
9　轉：《妙法蓮華經》十部，
10　《觀彌勒菩薩上生兜率天經》八十部，
11　《金剛般若波羅蜜經》兩部，
12　《重四十八輕戒》一卷，
13　《佛頂尊勝陀羅尼》六百遍，
14　《般若波羅蜜多心經》一百部，《慈氏真言》三千遍，
15　　設供、轉念功德，今日。
16　　　　　右件所修，終七已後，并將奉爲亡過三娘子
17　　　　　資福，超拔幽冥，速得往生兜率內院，得
18　　　　　聞妙法，不退信心，瞻禮毫光，消除罪障。
19　　　　　普及法界，一切含靈，同共沾于勝因，齊
20　　　　　登福智樂果，謹疏。
21　　　　　　　　淳化二年辛卯歲四月廿八日迴施疏[①]。

此爲曹氏歸義軍時期寫本，這件文書記載了自馬醜女病重至終七期間所修的功德和所施捨的物品。馬氏之所以向馬家蘭若、索家蘭若這兩個私家蘭若布施財物，應是蘭若僧人受邀參與了爲馬醜女設供、轉經法會的緣故。

敦煌地區的蘭若與當地人民生活關係緊密，不僅參與各類佛事活動，還作爲民眾的公共活動空間而存在，私家蘭若也不例外。S.6583、P.3707、ДХ.06016中均出現于某家蘭若"取齊"的字樣，可見社眾的集合地點不僅可設在由社邑興建維修的社邑型蘭若中，也可設在私家蘭若的門前，其營建家族與社邑也存在聯繫。P.3707《親情社轉

———————
① 郝春文等編著：《英藏敦煌社會歷史文獻釋錄》第1卷（修訂版上冊），社會科學文獻出版社，2018年，250—251頁。

帖》載：

1　右緣傅郎母亡，准例合有吊酒，人
2　各粟壹斗。帖至，限今月廿五日
3　卯時，于孔闍梨蘭喏（若）取齊，足（捉）二人
4　後到，罰酒壹角，全不來，罰酒半
5　甕，帖周却付本司，用憑告罰。
6　　　　　戊午年四月廿四日社官李帖
7　孔闍梨　小孔闍梨　戒松闍梨
8　錄事孔將頭　梁友子　兵馬使梁友信
9　孔海通　宋郎　孔萬通　孔善盈
10　令狐郎　孔阿朵　李郎　杜郎
11　將郎　姚郎　虞侯孔延昌
12　月直甕子懷意
13　大令狐郎男[1]

據考證，本件中的戊午年是958年[2]。前文已提到，孔闍梨蘭若是私家蘭若，從以上文書中可發現，社邑助葬物品的收集地點定在孔闍梨蘭若。文書中的孔氏成員有8人，故名"親情社"。孔闍梨蘭若之所以成爲集合地點，應與孔闍梨本身就是社邑成員有關。私家蘭若作爲助葬活動的舉辦地，促使其在一定程度上向公共活動空間轉化，成爲一種社交中心。

四、小結

我們以私家蘭若爲研究對象，分析了敦煌私家蘭若的興建脉絡與社會功能。

首先，私家蘭若由望門貴族所建，多建于宅邸附近，很可能是"舍宅爲寺"風尚的延續，此類蘭若的興建目的不僅在于積累福德，更是爲了顯示營建者的財力。通過統計，我們發現私家蘭若一般興建于敦煌州城内或附近，雖遵從蘭若"無院相"的傳統，但整體造型更加精巧，主要由回廊、山門與院内的單一建築構成，回廊中常繪有栩栩如生的千佛壁畫，形成具有濃重宗教氛圍的禮佛空間。

其次，相較于其他類型的蘭若，私家蘭若的經濟狀況相對優越，因與營建者關係緊密，往往能得到更爲豐厚的布施。BD16029《周家蘭若禪僧法成便麥粟曆》與BD16079《辛酉年二月九月僧法成出便與人抄錄》顯示了私家蘭若中僧侶從事便貸活動的場景，我們推測此類蘭若很可能具有外向型經濟模式。

---

① 上海古籍出版社、法國國家圖書館編：《法藏敦煌西域文獻》第27卷，上海古籍出版社，2002年，32頁。
② 寧可、郝春文：《敦煌社邑文書輯校》，江蘇古籍出版社，1997年，92—94頁。

最後，私家蘭若除了一般蘭若具有的宗教與社會功能外，還成爲家族舉辦法事活動的地點，BD09472背《龍興寺索僧正等五十八人就唐家藍若請賓頭盧文》中法會的施主很可能是私家蘭若營建者家族中的一員，或是其姻親家族中的成員，這從側面説明了私家蘭若與營建者緊密的關係。而P.3707《親情社轉帖》中孔闍梨蘭若作爲助葬活動的舉辦地，説明私家蘭若在一定程度上成爲民衆的公共活動空間，在社會生活中發揮重要作用。

【本文係2023年國家社科基金一般項目"上海藏敦煌吐魯番社會歷史文獻整理與研究"（23BZS033）階段性成果】

（作者單位：張瀛之，首都師範大學歷史學院；陳大爲，上海師範大學歷史系）

敦煌、吐魯番文獻與仁井田陞的中國法制史研究（下）[①]

趙　晶

内容提要： 仁井田陞被譽爲日本中國法制史研究的開創者，敦煌、吐魯番文獻（尤其是敦煌文獻）的陸續公布是其研究得以推進和深化的原動力之一。仁井田氏的研究一般被分爲二戰之前與之後兩個階段，戰前的成果以《唐令拾遺》《唐宋法律文書的研究》《支那身份法史》爲標志，戰後的成果除《中國の社會とギルド》《中國の農村家族》外，又以匯總其單篇論文的《中國法制史研究》四大冊爲代表。仁井田氏利用敦煌、吐魯番文獻進行的上述研究，可分爲“外史”與“内史”兩大部分。“外史”包括對文獻本身的搜羅與校録、對某類文獻的體系化整理，以及圍繞畫押、印章等文書樣式展開研究；“内史”着眼于文獻所載的内容，藉此討論法源、財産法、身份法、刑罰等問題。

關鍵詞： 敦煌　吐魯番　仁井田陞　中國法制史

三、内史研究

自近代以降，受歐陸法制史學的影響，日本的法制史學家一般也依從近代法學體系，將法制史劃分爲法源史、公法史、私法史，再將公法史劃分爲憲法史、行政法史、刑法史、訴訟法史等，將私法史劃分爲物權法史、債權法史、親族法史、繼承法史等。但這種依循近代邏輯建構起來的學術體系與過去的法律生活大相異趣，難以契合當時的社會及其時代特點[②]。

仁井田氏在其獨撰的教科書《中國法制史》中，就采用了一些具體的分類事項來命名章節，分別是法典編纂、刑法、審判、調停和解、身份制度、封建和“封建主義”、城市及行會、人法、户籍制度、宗族法和親族法、家族法、土地法、交易法、村

---

① 本文（上）刊于《文津學志》第十五輯，國家圖書館出版社，2021年，25—36頁。

② 參見［日］瀧川政次郎：《日本法制史（上）》，講談社，1985年，94—96頁。此書于1928年由東京有斐閣初版以來，曾多次再版，影響頗大。參見［日］荆木美行：《近代日本法史學的一個側面》，中國政法大學法律古籍整理研究所編《中國古代法律文獻研究》第4輯，法律出版社，2011年，363—364頁。

落法、占有及其保護、土地改革法的成立和發展、新婚姻法的成立和發展①，可見其對以近代法律體系"格義"中國古代法的路徑也有所保留。至于他在1959—1964年間陸續出版的《中國法制史研究》四大册，分別以"刑法""土地法·交易法""奴隸農奴法·家族村落法""法與習慣·法與道德"爲單册副題，亦可窺見其態度。

本文采用的分類一定程度上也體現了仁井田氏的用意，如其《中國身分法史》下設宗族法、親族法、家族法、婚姻法、親子法、監護法、部曲奴婢法等各章，衡諸現代法律體系，則可謂涵蓋親屬、繼承、主體的權利能力等方面，因此本文所謂"身分法"與該著所涉範圍相同；至于"財産法"，則主要包括土地法、交易法，不再延伸至財産繼承問題。以下分而述之②。

（一）法源

1.律疏殘片與《故唐律疏議》的製作年代

傳世本《故唐律疏議》爲永徽律疏，此乃近代以前的普遍認識。直至佐藤誠實在《律令考》中提出開元律疏説③，又得仁井田氏、牧野巽全面論證，詳加考辨，永徽説遭到全面質疑，即該書以開元二十五年刊定的律疏爲基礎，在唐代後期、五代、宋、元屢有改訂、增删，無法忠實地體現唐代律、律疏的原貌。其中，仁井田氏孜孜不倦地追考敦煌、吐魯番所出的各種律、律疏殘片，不斷爲開元律疏説補强證據。

如他根據BD06417《名例律疏》卷末所載奏上年月與删定者、奏上者姓名及避諱用字，推定此律疏在開元二十五年六月二十七日撰上，史籍所載的"九月一日"應是頒下時間；又比勘該殘片、羽20《雜律疏》與《故唐律疏議》，商榷王仁俊、瀧川政次郎所持二者的不同乃開元律疏與永徽律疏之别的觀點，在他看來，兩件殘片與《故唐律疏議》所據底本皆是開元二十五年律疏，抄寫格式不同、個別字詞删減等皆是唐代寫本與後世抄本的差别；另外，他還坦承目前缺乏證據斷定大谷8098《擅興律》、大谷8099《賊盗律》殘片的年代，但絕不能像瀧川氏那樣，僅據兩件殘片僅存律條而無疏文的體例，就斷言這是貞觀、武德律，即使永徽四年制定律疏後，律與律疏也是并行

① 參見［日］仁井田陞：《中國法制史·目次（增訂版）》，岩波書店，1962年，9—15頁。其中，村落法以下四章，未見于1952年的初版。該書漢譯本爲牟發松譯《中國法制史》，上海古籍出版社，2011年初版、2018年新版。

② 需説明者，在仁井田氏撰文時，部分敦煌文獻尚未被編號。本文爲參考之便，在提到相關文獻時，標出目前通行的編號。

③［日］佐藤誠實：《律令考》，《國學院雜志》第5卷第13、14號，第6卷第1、2、3號，1899—1900年；後收入氏著，［日］瀧川政次郎編：《佐藤誠實博士律令格式論集》，汲古書院，1991年，118—119頁。

天下的兩種立法文本①。

此後，他又將P.3690《職制律疏》與上述兩件律疏殘片、《故唐律疏議》進行比較，得出五點書式上的區別：其一，相比于《故唐律疏議》，敦煌所出律疏殘片皆無條標；在疏文起首處，《故唐律疏議》作"疏議曰"，律疏殘片皆作"議曰"；其二，《職制律疏》每條律文起首頂格書寫、第二行以下低一格，其他兩件律疏殘片的各行皆齊平，《故唐律疏議》則采用律文頂格書寫、疏文換行低一格書寫的形式；其三，《故唐律疏議》的注文用雙行小字，而律疏殘片的注文皆用大字，除《職制律疏》外，其餘兩件的注文起首有"注云"二字；其四，在其他兩件律疏殘片中，若一條律文因疏文而被斷爲數節時，就用"又云"二字承接，《職制律疏》與《故唐律疏議》則無；其五，《職制律疏》的疏文用雙行小字，與其他兩件殘片、《故唐律疏議》皆不同。若將日本的《養老律》加入對比，日本律没有"又云""注云"，疏文用雙行小字，而且它以永徽律疏爲藍本。《職制律疏》殘片既然與開元律疏的格式不同，與永徽律疏的格式接近，自然可被推定爲永徽律疏②。如此以書式判定年代的方法，還被他用于S.6138《賊盗律疏》的研究上，因其疏文未采用雙行小字，故被推定爲開元律疏③。

内藤乾吉于1958年發表P.3608+P.3252《職制户婚厩庫律》殘卷的細緻研究，推定它大體以永徽律爲主體，書寫年代爲尚未完全適應則天新字的載初年間，至于"放奴婢爲良"條旁的修訂文字未見則天新字，且與《故唐律疏議》所載基本相同，所抄可能是開元二十五年律④。牧英正認爲修訂文字與日本養老律基本相同，而養老律以永徽律爲藍本，所以推測含有則天新字的律條正文是永徽以前之律，而未見則天新字的修訂旁注則是永徽律。仁井田氏認爲牧説存在一個難以自圓其説邏輯障礙：爲何則天時代的現行法不用則天新字，而則天時代已失效的舊律却用則天文字抄寫？因此他支持

---

① [日]仁井田陞、[日]牧野巽：《故唐律疏議製作年代考》下篇第八節，《東方學報[東京]》第1、2號，1931年；後收入[日]律令研究會編：《譯注日本律令》(一)，東京堂，1971年，553—574頁。漢譯本爲程維榮譯，收入楊一凡總主編：《中國法制史考證》丙編第二卷"日本學者考證中國法制史重要成果選譯·魏晉南北朝隋唐卷"，中國社會科學出版社，2003年；又收入楊一凡、寺田浩明主編：《日本學者中國法制史論著選》(魏晉隋唐卷)，中華書局，2016年。根據説明，此節爲仁井田氏執筆。

② [日]仁井田陞：《最近發表せられた敦煌發見唐律令斷簡》，《歷史學研究》第8卷第4號，1938年；後收入氏著《補訂中國法制史研究：法と慣習法と道德》，東京大學出版會，1991年(1964初版)，245—248頁。劉俊文認爲此殘卷大小字夾雜，年代應在聖曆元年所定制敕等皆用大字的規定頒行之前，但仁井田氏之説亦可爲佐證。參見氏著《敦煌吐魯番唐代法制文書考釋》，中華書局，1989年，163頁。

③ [日]仁井田陞：《唐の律令および格の新資料——スタイン敦煌文獻》，《東洋文化研究所紀要》第13册，1957年；後收入氏著《補訂中國法制史研究：法と慣習法と道德》，270頁。

④ 關于内藤之説引起的討論及後續進展，參見[日]岡野誠：《敦煌本唐户婚律放部曲爲良條について——P.3608. P.3252の再檢討》，《法律論叢》第60卷第4、5合并號《島田正郎教授退休記念論文集》，1988年，656—657頁。

内藤説，并由修改文字對部曲的重視，而引申到唐代奴隸制緩慢向宋代農奴制轉變的歷史趨勢①。這自然也符合他對唐宋之變以及良賤制演變的認識（詳後）。

仁井田氏考訂的最後一件唐律殘片是IOL Ch.0045《捕亡律》。他將殘片所存文字與《故唐律疏議》、日本律佚文進行比勘，發現其誤抄“侶并不坐”爲“治并不坐”，未避高宗之諱；而注文“司各准此”未見于《故唐律疏議》、却見于日本律，鑒于日本律以永徽律爲藍本，此殘片似爲永徽以前之律②。

2.唐令殘片的年代與唐令復原

上述律疏殘片本身也包含唐令的條文，考訂律疏的年代，其實也確定了所載唐令的年代。如既然《名例律疏》和《雜律疏》被斷爲開元二十五年律疏，其中的令條自然也被復原爲開元二十五年令③。此外，敦煌文獻中還有《職員令》與《公式令》殘卷，在被直接復原爲唐令之前，仁井田氏還是先着力確定它們的年代。

在撰寫《唐令拾遺》時，他僅見S.1880《職員令》前半殘片的録文，認同瀧川政次郎對王國維所持武德令説的否定，同時也反駁了瀧川氏的永淳以前説，認爲目前別無確鑿證據，祇能暫且斷爲貞觀以後、開元以前之令④。而當那波氏利貞于1935年公布P.4634《職員令》五塊殘片時，仁井田氏也拿到了前述英藏殘片的照片，由此補正了自己在《唐令拾遺》的相關看法：其一，補録了此前未見的親王國條和上柱國以下帶文武職事府條，以及部分行首、行末的文字；其二，英藏與法藏的殘片應屬同一件文獻，若那波氏推定法藏殘片爲永徽令，那麼英藏殘片也應是永徽令。而且他還結合《唐會要》所載貞觀十九年詔皇太子“畫令，太子左右庶子已下署名宣奉行”與殘片所載皇太子令書令旨及宣行的字句，排除了那波氏對此殘片可能爲貞觀十一年所頒貞觀令的懷疑，補强了永徽令説的論證。此外，他又將《職員令》殘片與日本《養老令》進行對比，認爲日本令雖然參考唐令，但統合了官司、精簡了職制，比繁瑣複雜的唐令更加清晰⑤。至1945年，斯坦因所獲敦煌文獻的縮微膠捲入藏東洋文庫，仁井田氏又發現了S.1880後半殘片和S.3375殘片，將後者與那波氏公布的第五塊殘片綴合，并根據所載删定官賈敏行和時間，斷定這組殘片爲“永徽令”，又因所載“令卷第六”，而推定永徽令與《唐六典》所載開元令的相關卷數基本一致⑥。此後，他又取得了法藏殘片的照片，補録了那波氏遺漏的文字，由補出的右春坊條、宮門局條等，

① ［日］仁井田陞：《敦煌發見則天時代の律斷簡──日本と唐の奴隸解放撤回に對する制裁規定》，氏著《補訂中國法制史研究：法と慣習法と道德》，305—315頁。

② ［日］仁井田陞：《敦煌ことに唐律捕亡律斷簡》，《岩井博士古稀記念典籍論叢》，岩井博士古稀記念事業會，1963年；後收入氏著《補訂中國法制史研究：法と慣習法と道德》，316—322頁。

③ ［日］仁井田陞：《唐令拾遺》，東方文化學院東京研究所，1933年，74—75頁。

④ 同上，79—81頁。

⑤ ［日］仁井田陞：《最近發表せられた敦煌發見唐律令斷簡》，249—260頁。

⑥ ［日］仁井田陞：《唐の律令および格の新資料──スタイン敦煌文獻》，272—283頁。

進一步强化了永徽令説①。

　　仁井田氏還在上述法藏殘片的照片上辨讀出"涼州都督府之印"，否定了那波氏推測的"沙州之印"②，這就關聯到P.2819《公式令》殘卷上的"涼州都督府印"。事實上，關于《公式令》殘卷的年代問題，内藤乾吉曾推定爲開元七年令或開元二十五年令；瀧川政次郎則以開元二十五年後的告身爲據，認爲制授告身以開元二十五年爲界，之前以"門下"二字起首，此後以"敕"字起首，而此令所載以"門下"起首，所以爲開元七年令③。仁井田氏也列出開元二十五年以後以"門下"起首的存世告身，反駁瀧川氏、支持内藤氏④。但他看到殘片的照片時，又迅速改變了上述觀點，因爲其背面紙縫蓋有"涼州都督府印"，開元十五年以後到開元二十五年定令時，沙州可能歸瓜州都督府管轄，如果敦煌文獻是沙州文獻的話，那麼該斷片就是開元七年令⑤。

　　3.格、式殘片及其與律、令的關係

　　仁井田氏在1931年討論《故唐律疏議》製作年代時，就已注意到P.2507《水部式》，通過所載"京兆府""河南府""京兆少尹""中書門下"等名稱，判斷此殘卷產生于開元五年之後，至于是開元七年還是二十五年的立法產物，則留待以後研究⑥。此後，他先後做過題爲"唐宋時代における水利權""敦煌発見唐水部式の研究"的報告⑦，相關論點系統體現在1936年正式出版的論文中：首先承接前述論旨，檢出殘卷中"河清縣""河西縣"，確定其製作年代晚于先天、早于天寶，又據"莫州"之名以及開元十三年唐廷改"鄭"爲"莫"之舉，斷其爲開元二十五年式；然後以《唐六典》所載爲開元七年令式爲基礎，逐一比對它與《水部式》殘卷的相關條文，由此復原開元七年《水部式》；最後將《水部式》殘卷的内容劃分爲農田水利、舟筏水利、碾磑水利、水流及渠堰斗門管理、橋樑管理、供給諸司的河魚、用于庸調等的漕運與

① ［日］仁井田陞：《ペリオ敦煌發見唐職員令の再吟味》，《石田博士頌壽記念東洋史論叢》，石田博士古稀記念事業會，1965年；後收入［日］仁井田陞著，［日］池田温代表編集：《唐令拾遺補》，東京大學出版會，1997年，293—303頁。

② ［日］仁井田陞：《ペリオ敦煌發見唐職員令の再吟味》，304—305頁。

③ 具體争論詳見趙晶：《論内藤乾吉的東洋法制史研究》，《古今論衡》第32期，2019年，73—74頁。

④ ［日］仁井田陞：《唐令拾遺》，83—84頁。

⑤ ［日］仁井田陞：《ペリオ敦煌發見唐令の再吟味——とくに公式令斷簡》，《東洋文化研究所紀要》第35册，1965年；後收入［日］仁井田陞著，［日］池田温代表編集：《唐令拾遺補》，247—259頁。此後，中村裕一又在吐魯番出土的石染典過所上發現了"瓜州都督府之印"，補强了仁井田氏之説，但亦表示不排除這一蓋有"涼州都督府印"的殘片混入敦煌文獻的可能性。參見氏著《敦煌發見唐公式令殘卷の製作年次について》，［日］唐代史研究會編：《東アジア古文書の史的研究》，刀水書房，1990年；後收入氏著《唐代制敕研究》，汲古書院，1991年，80—87頁。

⑥ ［日］仁井田陞：《故唐律疏議製作年代考》，159頁。

⑦ 論旨要點分別見于《史學雜志》第43編第7號，1932年，121—122頁；《史學雜志》第45編第7號，89頁。相關信息參見［日］幼方直吉、［日］福島正夫編：《中國の傳統と革命——仁井田陞集》（2）"仁井田陞著作目録"，平凡社，1974年，388—389頁。

運船七大類，逐一叙述前四類的條文内容，由此回應式與律、令等其他法源的補充關係①。

1933年，仁井田氏因注意到董康過録的P.3078《散頒刑部格》，遂在徵得董氏同意後，加以校正并全文刊布②，并以其載禁止私鑄錢的格條對律文的修改爲例，闡釋律、格關係③。而在檢視英藏敦煌文獻的縮微膠捲時，他又發現了S.4673殘片，與P.3078實現綴合④。此外，他在這一領域的最大貢獻是，將每條條文以"敕"起首、以年月日結尾的敕文集殘片推定爲唐格，即唐格是對制敕的編集，以"敕"字起首并在正文後記載年月日也是日本格采用的形式，再加上S.1344所載證聖元年敕文被《令集解》引作"開元格"、相關敕條皆與二十四司中的户部職掌相關、敕條所附時間終于開元元年并避玄宗諱，所以該殘片應是開元《户部格》。至于此殘片與《散頒刑部格》的差别，他推測是時代不同所致⑤。數十年來，中、日學界對于唐格殘片的認定、有關唐格體例的爭論⑥，皆承自這一看法，可見其影響力。

（二）財産法

1.土地法

仁井田氏進入研究生院後，受中田薫《律令時代の土地私有權》一文啓發，于1929年3月提交了題爲"古代支那、日本的土地私有制"的報告書，同名論文于1929年12月開始連載發表，這是他見刊的第一篇學術作品⑦。此文梳理了自西周井田制以下國家頒授土地、民衆對土地行使權利的制度演變，他後來回顧自己的學術人生時，指出當時提出了兩點挑戰既往認識的看法：其一，所有權是一種歷史概念，其絶對性以及由此衍生的無限性皆是適應資本主義社會的特徵，難以貫徹于任何歷史階段，因此在唐代田制下，即

① ［日］仁井田陞：《敦煌発見唐水部式の研究》，《服部先生古稀祝賀記念論文集》，富山房，1936年；後收入氏著《補訂中國法制史研究：法と慣習法と道德》，323—346頁。
② 董康著，王君南整理：《董康東游日記》，河北教育出版社，2001年，240、263頁。文見［日］仁井田陞：《唐令の復舊について——附董康氏の敦煌発見散頒刑部格研究》，《法學協會雜志》第52卷第2號，1934年，105—116頁。
③ ［日］仁井田陞：《敦煌発見唐水部式の研究》，328頁。
④ ［日］仁井田陞：《唐の律令および格の新資料——スタイン敦煌文獻》附記"スタイン文獻の神龍散頒刑部格"，301—304頁。
⑤ ［日］仁井田陞：《唐の律令および格の新資料——スタイン敦煌文獻》，283—301頁。
⑥ 相關綜述參見趙晶：《法律文化研究》第13輯"敦煌、吐魯番漢文法律文獻研究"之"導讀"，社會科學文獻出版社，2019年，22—24頁；相關研究則參見該輯所收坂上康俊、戴建國的論文。目前最新的研究，是［日］坂上康俊著，林娜譯：《日唐格典的編纂與體裁的特徵》，《中外論壇》2021年第3期，159—196頁。
⑦ ［日］仁井田陞：《古代支那・日本の土地私有制》（一——四），《國家學會雜志》第43卷12號、第44卷2、7、8號，1929—1930年；後改題爲《中國・日本古代の土地私有制》，收入氏著《補訂中國法制史研究：土地法・取引法》，東京大學出版會，1991年（1960年初版），39—151頁。

使是口分田，其上設定的權利雖有存續期限、在買賣等處分權能上亦受限制，但依然可被稱爲"所有權"①；第二，無論是唐代的均田制，還是日本的班田制，均是具有實際效力、在現實中得到推行的土地制度，而非僅僅停留在紙面規定上②。

關于均田制實施與否，日本學界頗多爭論。在此文發表前，玉井是博通過考證敦煌所出唐代户籍殘卷，指出各户實受田額遠不及制度所定應受田額，因此現實中采用的是一種便宜的授田方式③。仁井田氏在其文中亦采用了玉井氏的考證成果，也承認户籍所見實受田額與制度規定之間的差距，但他認爲"即使在敦煌這種邊境之地，口分田、户内永業田、居住園宅、官人永業田等體系化的土地私有制是得到實際施行的，即使到了大曆年間，依然還存在諸田之名"④。

對此，鈴木俊別有异見。在他看來，敦煌所出唐代户籍殘卷表明，民衆的已受田額一般都少于應受田額，而且永業田被授足的例子不少，但少有口分田被授足的情况，因此户籍上的永業與口分田不過一種登記形式，祇有當永業田依照田令被授足時，剩餘的田數纔會被記爲口分田⑤。學界一般認爲，仁井田氏依據敦煌、吐魯番户籍記載中的"退田""還公""死退""剩退"等字樣，批評鈴木氏的"還授否定論"⑥。實則，仁井田氏對鈴木氏的批判點還在于永業田與口分田是否存在法律上的性質差别⑦，這關係到前文所論的"所有權"問題。相比于永續存在的"永業田"，"口分田"無論在法律上、還是現實中，都因還授而被附加了存續期限。

與此相關，仁井田氏與鈴木氏對《田令》"先有永業者，通充口分之數"的理解也

---

① 這種"所有權"觀實際上指向了土地私有制，當時學界另有公（國）有制説。參見［日］氣賀澤保規著，夏日新譯：《戰後日本的中國史論爭·均田制研究的展開》，劉俊文主編《日本學者研究中國史論著選譯》第2卷"專論"，中華書局，1993年，403—404頁。

② 參見［日］仁井田陞：《私の處女論文——中國の古代法をたずねて》，《法律時報》第36卷第7號，1964年；《中國の法と社會と歷史——研究生活三十五年の回顧》，《中央公論》1964年7月號；後皆收入氏著《東洋とは何か》，東京大學出版會，1968年，263—265、274頁；《研究三十五年の回顧》，氏著《中國の法と社會と歷史——遺稿集》，岩波書店，1967年，169頁。需要注意的是，後稿根據仁井田氏1964年在東京大學東洋文化研究所所作退官演講的錄音整理而成，與前稿有所不同。

③ ［日］玉井是博：《燉煌户籍殘簡について》，《東洋學報》第16卷第2號；後收入氏著《支那社會經濟史研究》，岩波書店，1942年，257—263頁。

④ ［日］仁井田陞：《中國·日本古代の土地私有制》，89頁。

⑤ ［日］鈴木俊：《唐の均田法と唐令との關係について》，《東亞》第7卷第4號，1934年，37—46頁；《唐の均田制と租庸調制との關係に就いて》，《東亞》第8卷第4號，1935年，94—110頁；《敦煌發見唐代户籍と均田制》，《史學雜志》第47編第7號，1936年，819—879頁。

⑥ 宋家鈺：《唐朝户籍法與均田制研究》附錄《日本學者關于唐代均田制問題的研究和討論述評》，中州古籍出版社，1988年，338—339頁；［日］氣賀澤保規著，夏日新譯：《戰後日本的中國史論爭·均田制研究的展開》，405頁。

⑦ ［日］仁井田陞：《唐宋法律文書の研究》，東方文化學院東京研究所，1937年，777頁。

有分歧。仁井田氏一開始認爲，這是對"老男、篤疾、廢疾各給口分田四十畝"的補充規定，即丁男一旦變成老男或出現篤疾、廢疾的情況，就祇保留四十畝口分田，其中就包括原來擁有的二十畝永業田[①]。而鈴木氏認爲，此句令文補充的是"諸丁男，給永業田二十畝，口分田八十畝"的規定，即一旦兒子繼承了亡父的永業田，那麼這二十畝田就被充入兒子的八十畝口分田中。在仁井田氏看來，這抹殺了永業田與口分田的性質差別，他援引《田令》"諸永業田皆傳子孫"、《户令》"其父祖永業田及賜田亦均分，口分田即准丁中老小法"等條文，以及敦煌户籍上兄弟均分父親勳田且保留勳田之名、與口分田并立的實例，批判鈴木説，并認爲亡父的永業田在繼承時不會發生性質變更，祇是田畝數被通算爲兒子的口分數罷了[②]。這一理解也得到了鈴木氏的認可："關于'先有永業者，通充口分之數'的解釋，我曾反對仁井田氏之説，而今看到這一詳盡説明，其説頗得我意，就這一解釋來説，基本没有反對的必要了。"[③]

至于口分田是否還授等爭論，要到龍谷大學所藏大谷文書的公布，纔進入到新的階段。仁井田氏根據這些新文獻，印證其既往觀點，力主均田制曾被施行于吐魯番與敦煌等地。至于新文獻中存在永業田還授的現象，西嶋定生、西村元佑皆以《户令》"其父祖永業田、賜田亦均分，口分田即准丁中老小法，若田少者，亦依此法"爲據，認爲是對狹鄉的特殊處理，仁井田氏則持懷疑態度："田少"究竟是對狹鄉的描述，還是説在"所授口分田少"的情況下，依"此法"均分給繼承人，尚需進一步研究。至于西村氏所謂在唐令的一般規定之外，恐怕地方上還存在土地還授的實施細則，仁井田氏以自身對敦煌所見格式的考證爲例，推測或許户部格、户部式中存在地方性的田制規定[④]。

2.交易法

在《中國法制史》教科書中，仁井田氏在"交易法"下列出十二節次，分別是買

① ［日］仁井田陞：《中國·日本古代の土地私有制》，79頁。

② ［日］仁井田陞：《敦煌等発見唐宋户籍の研究》，《國家學會雜志》第48卷第7號，1934年；後收入氏著《唐宋法律文書の研究》，772—775頁。對此，宋家鈺曾有新的看法，即"通充口分之數"的"口分"并非"口分田"，而是"一口應受之田，或户内各受田口應受之田"。參見氏著《唐朝户籍法與均田制研究》，193頁。需要説明的是，對敦煌文書中出現的"父祖口分地參拾畝""今將父祖口分舍出賣"等"口分"，仁井田氏也認爲并非口分田之意。參見氏著《唐末五代の敦煌寺院佃户關係文書——人格的不自由規定について》，《西域文化研究》第2號，法藏館，1959年；後收入氏著《補訂中國法制史研究：奴隷農奴法·家族村落法》，東京大學出版會，1991年（1962年初版），44—92頁。該文漢譯本由姜鎮慶譯：《唐末五代的敦煌寺院佃户關係文書——關于限制佃户人格自由的規定》，周藤吉之等著，姜鎮慶、那向芹譯《敦煌學譯文集——敦煌吐魯番出土社會經濟文書研究》，甘肅人民出版社，1985年。

③ ［日］鈴木俊：《仁井田陞〈燉煌等發見唐宋户籍の研究〉》，《歷史學研究》第2卷第5號，1934年，87—88頁。

④ ［日］仁井田陞：《吐魯番發見の唐代土地法關係文書》，《補訂中國法制史研究：土地法·取引法》，152—163頁。

賣、交換、贈與、消費借貸、融資互助組織、租賃契約（租賃借貸、雇傭與承包）、委託保管、互助合作組織（合股）和股份公司、票據、不法行爲、債權的擔保（保證、質典）、財產的私人扣押①，分別概述各種交易行爲。這種精要的叙述立足于他對不同歷史時期相關材料的通盤掌握，敦煌、吐魯番所出文書是其中相當重要的一個部分②。

就買賣而言，仁井田氏在《唐代法律文書の研究》中分别考察過土地買賣、房屋買賣、家畜買賣、人身買賣四種文書，此後又追補過一件普通動產買賣文書（S.1350）③。這一文書分類着眼于買賣標的物，不僅限于邏輯意義，還具有法律價值。如普通的動產買賣并不必需采用文書形式，一手交錢、一手交貨即可，故而留存的文書較少，作爲不動產的土地買賣則被法律明確要求“申牒”，這就需要采用文書形式，文書是“買賣事實的公示手段，而且還是其證明手段”④；家畜、奴婢雖然也是動產，但法律要求“用本部本司公驗，以立券”，而且奴婢買賣還有特別的身分認定程序⑤；又如當時的文書（《乙丑年都頭王保定還舍地價憑》）顯示，買主分開支付房舍之下的宅地與地上的房舍⑥，這就使房屋買賣與土地買賣的區分成爲必要。

買賣原本是交換的一種類型，因采用一般等價物，而從交換中獨立出來。就敦煌、吐魯番文書所見，交易除使用錢外，還以絹、帛、粟、麥之類作爲媒介物，這些也被仁井田氏界定爲買賣，因此交換被限定爲除此之外的以物易物行爲，特别是同種類物品之間的交易，如敦煌文書所見兩塊土地的交換文書⑦。

作爲交易，行爲雙方必然互負權利與義務，因此仁井田氏在《中國法制史》的“交易法”下僅列出“消費借貸”與“租賃”，這是因爲前者存在“付利息”的情況，而後者則被限定爲有償的租賃。與此相對，免息的消費借貸和無償的“租賃”就不屬于“交易法”規制，其中，無償的“租賃”被仁井田氏稱爲“使用借貸”⑧。使用借貸、消費借貸乃至于租賃的概念區分，皆受到近代民法的影響，如租賃“謂當事人約定一方以物租與他方使用收益，他方支付租金之契約”，使用借貸“謂當事人約定一方以物

---

① ［日］仁井田陞：《中國法制史·目次（增訂版）》，13—14頁。

② 其1952年發表的中國買賣法通論也援引了部分敦煌、吐魯番文書。參見氏著《中國売買法の沿革》，《法制史研究》第1號，1952年；後收入氏著《補訂中國法制史研究：土地法·取引法》，329—399頁。此文漢譯本爲徐世虹譯《中國買賣法的沿革》，收入楊一凡總主編：《中國法制史考證》丙編第一卷“日本學者考證中國法制史重要成果選譯·通代先秦秦漢卷”，中國社會科學出版社，2003年；又收入楊一凡、寺田浩明主編：《日本學者中國法制史論著選（先秦秦漢卷）》，中華書局，2016年。

③ ［日］仁井田陞：《敦煌發見の唐宋取引法關係文書（その二）》，《補訂中國法制史研究：土地法·取引法》，698—699頁。

④ ［日］仁井田陞：《唐宋法律文書の研究》，93、85頁。

⑤ 同上，152、176—177頁。

⑥ 同上，146頁。

⑦ 同上，85—86、194—196頁。

⑧ 同上，395頁。

無償貸與他方使用，他方于使用後返還其物之契約"，消費借貸"謂當事人約定一方轉移金錢或其他代替物之所有權于他方，而他方以種類、品質、數量相同之物返還之契約"①。由此可見，租賃與使用借貸都要求返還租賃、借貸的原物，而消費借貸返還的是相同種類、品質與數量的借貸物，若借貸方返還的不是同種、同質、同量的物品，則其性質則轉變爲買賣或互換。這樣的分類在邏輯上非常精緻，仁井田氏確實也逐一找到了相應的敦煌、吐魯番文書實例，詳予分辨，如消費借貸的標的物一般限定爲錢以及米、粟、麥、麻、絹、絲、褐等，使用借貸與租賃的標的物則爲土地、家畜等非消耗品，②且引用元代《吏學指南》"以物假人曰借，從人求物曰貸。借字從人從昔，假各人道所以不能無也，凡以官物假人，雖輒服用觀玩，而昔物尤存，故稱曰借。貸字從代從具（貝），凡資財貨賄之類，皆從具（貝）者，以其所利也，假此官物利己利人，雖有還官之意，不過以他物代之，而本色已費，故稱曰貸。又從代者，謂以物替代也"，説明中國古人也有這種分類意識③。

租賃的標的物是土地、家畜等，若是轉換爲他人提供的勞務，并爲之償付酬勞，那麼就轉換爲雇傭與承攬。仁井田氏通過梳理"雇""賃""傭""倩"等用法，認爲指涉雇傭、承攬與租賃的語詞并未出現分化，而且三者在法律性質上也基本無所區別④。類似地，以財産作爲勞動對價的法律關係，還有"役身折酬"，即債務人以自身勞動折抵所欠的債務。仁井田氏也檢出一份敦煌文書（P.3150《癸卯年慈惠鄉百姓吳慶順典身契》），内容是債務人爲借粟麥等，而將一位兄弟典給債權人，以其勞動抵充利息，待還本時，再解除這一人質契約⑤。實際上，這既是人身擔保，也是部分債務（利息）的清償，即使契約本身并未規定贖回期限，在仁井田氏看來，這也不會是那波利貞所謂的賣身，而且從契約的形式、内容上看，也與奴隸買賣文書不同⑥。

就交易而言，若債務延遲履行或是徑行違約，自然會産生賠償問題。與此相關，還有不法行爲引起的損害賠償。就唐制而言，因過失致人傷損，犯罪者依法論贖後，繳納的贖銅賠償給受損之家，若故意殺傷人，則需依律科以實刑。仁井田氏援引敦煌所出一件鬥傷私和文書（S.5816），展示了實踐中出現的法定責任之外的損害賠償⑦。

（三）身分法

1.婚姻

在《唐宋法律文書の研究》中，仁井田氏雖專設"離婚狀"（休書、離書）一章，

① 史尚寬：《債法各論》，中國政法大學出版社，2000年，145、261、275頁。
② ［日］仁井田陞：《唐宋法律文書の研究》，225、392頁。
③ 同上，391—392頁。
④ 同上，425、448、423頁；《敦煌發見の唐宋取引法關係文書（その二）》，749頁。
⑤ ［日］仁井田陞：《唐宋法律文書の研究》，382—384頁。
⑥ ［日］仁井田陞：《敦煌發見の唐宋取引法關係文書（その二）》，727頁。
⑦ ［日］仁井田陞：《唐宋法律文書の研究》，480—481頁。

詳述傳統中國"和離"與"休妻"等制度規定與史籍所載的實例，但就文書的形式與内容而言，僅引録《水滸傳》所載林冲的離婚狀等爲例，聊作推測，且都是丈夫單方面作出的離婚決定（休妻）①。

直至1938、1939年，那波利貞在《唐代の社邑に就きて》（上）、《仏教信仰に基きて組織せられたる中晚唐五代時代の社邑に就きて》（上）先後提及兩件"放妻書"（P.3730、P.3220），引起仁井田氏的關注，遂于1939年10月赴京都大學演講"支那離婚法小史"時拜訪那波氏，獲贈兩件文書的全本録文，由此詳爲考述，辨析前者爲樣文、後者爲實際行用的文書，從"聚會二親"、"今對六親，各自取意"等語推定這是"和離"時采用的文本，尤其還有丈夫允諾在離婚後供給妻子"三年衣糧"的條款。但無論是"放妻"之名，還是從丈夫的立場認可妻子的再婚自由等，都彰顯了夫妻間的不平等地位，似與休妻書并無不同②。

不過，這兩件放妻書皆難以印證日本大寶《户令》關于離婚時丈夫須"以手書送里長"、養老《户令》"皆夫手書弃之，與尊屬近親同署，若不解書，畫指爲記"等規定。直至仁井田氏發現S.6537《放妻書》，内有"請兩家父母六親眷屬，故勒手書"之言，唐代離婚書須手書的問題纔有明證，而且其中還出現了財産分割的文句"所要活業，任意分將"③；而S.4001《女人及丈夫手書一道》文末有"押指節爲憑"之言，又提供了畫指的材料④。

除離婚外，仁井田氏也關注中國古代内婚制（如士庶不婚、良賤不婚）與外婚制（如同姓不婚）的分類，認爲藏于北平圖書館、被推定爲"貞觀氏族志"（BD08679）⑤的敦煌文獻是研究六朝至唐初身分性内婚制的絶好材料，如"前件郡姓出處，許其通婚媾……其三百九十八姓之外，又二千一百雜姓，非史籍所載……雖有譜，亦不通"之言，就是明證⑥。而在看到S.2052《新集天下姓望氏族譜一卷》後，他對照太原王氏的通婚關係，指出與王氏通婚者大多爲高居各郡諸姓之首的望族，可見内婚制的實際效力；而未見于《氏族譜》的通婚者也有二、三成，則反映制度規定與現實執行

①［日］仁井田陞：《唐宋法律文書の研究》，506頁。

②［日］仁井田陞：《敦煌發見唐宋時代の離婚狀》，《東方學報［京都］》第11册第4分册，1941年，5—16頁；《中國身分法史》，東京大學出版會，1983年（1942初版），688—700頁。

③［日］仁井田陞：《スタイン敦煌發見の唐宋家族法關係文書》，《東洋文化研究所紀要》第17號，1959年；後改題爲《敦煌發見の唐宋家族法關係文書》，收入氏著《補訂中國法制史研究：奴隸農奴法・家族村落法》，592頁。

④［日］仁井田陞：《補訂中國法制史研究：奴隸農奴法・家族村落法》，599頁"追記"。

⑤ 關于這一文獻的定名，學界向來頗多爭議，相關論著的臚列參見陳麗萍：《敦煌本〈大唐天下郡姓氏族譜〉的綴合與研究——以S.5861爲中心》，《敦煌研究》2014年第1期，80頁注①。

⑥［日］仁井田陞：《六朝および唐初の身分的内婚制》，《歷史學研究》第9卷第8號，1939年；後收入氏著《補訂中國法制史研究：奴隸農奴法・家族村落法》，613—616頁；《中國身分法史》，562—565頁。

的落差①。

2. 收養

在《唐宋法律文書の研究》中，仁井田氏檢出《宋乾德二年史汜三養男契》和P.3443《壬戌年胡再成養男契》，分別作爲同姓收養與异姓收養的文書範例，從中析出若干與收養法規未盡一致的信息，如兩位收養人似乎皆未絕嗣，文書僅涉及收養後財産利益的處置，皆未明言祭祀繼承問題②。

這自然也支持了他此後對于養子類型的剖析：養子分爲祭祀繼承者與非祭祀繼承者，同姓養子多爲前者，异姓養子多爲後者，但也不乏同姓養子不爲祭祀繼承、异姓養子爲祭祀繼承之例；祭祀繼承者與養父母的嫡子無异，維持同居共財的關係，而非祭祀繼承者雖有與養父母保持同居關係的例子，但未必有共財的關係等③。

3. 家産分割

仁井田氏曾在《唐宋法律文書の研究》中分析了S.2174、P.2685兩件兄弟均分家産的文書，根據財産細目清單，特別指出所謂“均分”并非嚴格按照數量平分，而是綜合考慮土地肥瘠、屋舍家畜好壞等質與量來搭配④。此後，他又檢得S.4374、S.6537、S.5647三件分家書的樣文，逐一加以考釋，特別以第三件叔侄分家爲例，論及代位繼承⑤。

從本質上説，遺囑也是一種家産分割文書。他先後考釋了P.3410、S.2199兩件遺囑，以及S.343、S.5647、S.6537中的五件遺囑樣文，特別檢出“不是昏沉之語，并是醒甦之言”、“吾惺悟之時”、“今醒素之時”等語，説明立遺囑者當時必須具備完全行爲能力，意志清醒⑥。

4. 良賤制

奴婢作爲家内財産之一，自然也見于上述部分家産分割文書；而在唐代的户籍實例中，亦見部曲、奴婢的條目⑦，甚至還有被放良的奴婢，“右件壹户放良”⑧。在敦煌、吐魯番文書中，與良賤制直接相關的就是放良文書，仁井田氏考釋了五件樣文

①［日］仁井田陞：《スタイン敦煌発見の天下姓望氏族譜——唐代の身分的内婚制をめぐって》，《石濱先生古稀記念東洋學論叢》，東洋史研究會，1958年；後改題爲《敦煌発見の天下姓望氏族譜——唐代の身分的内婚制をめぐって》，收入氏著《補訂中國法制史研究：奴隸農奴法・家族村落法》，629—630、651—654頁。

②［日］仁井田陞：《唐宋法律文書の研究》，532、536頁。

③［日］仁井田陞：《中國身分法史》，779頁。

④［日］仁井田陞：《唐宋法律文書の研究》，616頁。

⑤［日］仁井田陞：《敦煌發見の唐宋家族法關係文書》，572頁。

⑥［日］仁井田陞：《唐宋法律文書の研究》，547—548頁；《敦煌發見の唐宋家族法關係文書》，581、579頁。

⑦［日］仁井田陞：《唐宋法律文書の研究》，738—744頁。

⑧［日］仁井田陞：《中國身分法史》，963、967頁。

（S.4374、S.5700、S.6537［含兩件］、S.343）[1]。

在相關論述中，他始終以另一法系的相關規定爲參照系：在日耳曼法中，放良的本質是贈與奴隸自由，因此是贈與行爲的一種。贈與是有償的行爲，自然需要相應的回報，放良也不能例外，因此奴隸被放良後，還需在主人的農場提供勞務，或將自己耕作收穫的一部分貢獻給主人等，且没有遷徙自由，一旦惰于履行義務，主人可以撤銷放良決定[2]。而在中國，無論是法律，還是文書，都未曾具體規定奴隸放良的回報，而且奴隸一經放良，就不再是主人的所有物，成爲國家法律上認可的良人，享有遷徙自由，若是被"還壓爲賤"，主人將受到刑罰懲罰。當然，受到佛、道教觀念的影響，放良作爲積德行善之舉，主人自然希望種善因、得善果。至于放良之後，奴隸與舊主之間的侵害行爲，還是與凡人不同，這也是基于對舊主人"宿恩"的一種回報。此外，在放良文書中，簽署者不僅是家父長，還包括兄弟子孫，體現了家族共産制[3]；至于見證人，還有村鄰、長老、官人，也可見奴隸與村落群聚的關係，以及向官方申牒除附的程序等。

除奴隸外，他還通過考察唐末五代的敦煌寺院佃户文書，着力界定寺户的法律身分。如當寺户出現種子與糧食不足時，會向寺院借貸，這説明寺户具有獨立的經濟地位，既非寺院的奴隸，也非其雇傭人；又以被那波利貞命名爲"寺院特殊權力擁護宣言"的P.2187爲據，由"其常住百姓親伍禮則，便任當部落結媾爲婚，不許共鄉司百姓相合"推定寺户的婚姻不自由、寺院對寺户擁有人格上的支配權力，這就使寺户近乎作爲莊園地主"私屬"的莊客佃户[4]。

良賤制關涉中國史的時代分期争論，"是把宋代社會看作已克服了封建性的社會（近世説），還是看作封建社會的初期（中世説）？圍繞地主與農民的争論，正是作爲是否將宋代看作封建社會的最根本問題而提出來的。"[5]仁井田氏作爲"中世説"的力倡者，在寺户文書的研究中就開門見山地指出："唐代是中國古代奴隸制的末期，基本上朝着中世農奴制的方向發展，這是目前學界有影響力的一種學説。即使認可此説，在何種意義上定性本文擬處理的敦煌寺院佃户，實際上也是一個問題。"[6]由此可見這一討

---

① ［日］仁井田陞：《スタイン敦煌發見の唐代奴隸解放文書》，《東洋文化研究所紀要》第15號，1958年；後改題爲《敦煌發見の唐代奴隸解放文書》，收入氏著《補訂中國法制史研究：奴隸農奴法·家族村落法》，20—43頁；《敦煌發見の唐宋家族法關係文書》，597—599頁。

② ［日］仁井田陞：《敦煌發見の唐代奴隸解放文書》，25頁。

③ 關于家族共産制，仁井田氏完全繼受了其師中田薰的觀點，參見趙晶：《論中田薰的東洋法制史研究》，《中外論壇》2021年第3期，253頁。

④ ［日］仁井田陞：《唐末五代の敦煌寺院佃户關係文書——人格的不自由規定について》，44—92頁。

⑤ ［日］宮澤知之著，夏日新譯：《戰後日本的中國史論争·宋代地主與農民的諸問題》，劉俊文主編《日本學者研究中國史論著選譯》第2卷"專論"，425頁。

⑥ ［日］仁井田陞：《唐末五代の敦煌寺院佃户關係文書——人格的不自由規定について》，44頁。

論的學術重要性。

5.鄰保

仁井田氏曾復原唐《户令》"四家爲鄰，五家爲保"，志田不動麿對此持异見，理由有三：第一，隋令規定五家爲保、五保爲閭，閭制爲復原的唐令所闕；第二，依所復原唐令，鄰與保相差僅一家，似難并列爲兩個基層組織；第三，《舊唐書·職官志》"五鄰爲保"，《通鑑考异》引《通典》改"五家爲保"作"四鄰爲保"。因此，志田氏認爲應改"五家爲保"爲"五鄰爲保"。仁井田氏從中、日史料層面予以反駁，如《唐六典》、北宋本《通典》、《舊唐書·食貨志》均載"五家爲保"，《唐律疏議》與《宋刑統》等載"伍家相保"，日本令亦載"五家相保""四鄰五保"等。除這些制度層面的材料外，他還過録了黑板勝美從德國帶回的吐魯番所出廣德三年官粟借貸文書，明確顯示五家爲一保、其中一家爲保頭，這一"五保文書"從實踐層面證明了鄰、保制并存[①]。

（四）刑法

在敦煌、吐魯番文獻中，圖像史料更爲直觀地展現了歷史上的行刑場景。仁井田氏利用敦煌所出《佛説十王經圖卷》以及德國出版的《高昌——吐魯番古代藝術珍品》所收一件細密畫，對比唐宋《獄官令》，詳述笞杖刑具與責打部位、枷杻形制與種類，以及監獄的外部狀況，尤其注意到獄門與犬的關係，并聯想至《説文》對"獄"字的解説"二犬所以守也"[②]。

此文將圖文互證引入法制史研究，別開生面，被認爲是"最早從法制史角度探討《佛説十王經》"的研究[③]。當然，其中也不乏可議之論。如仁井田氏在將此文編入專著時，就曾引述岡本三郎在《敦煌發見十王經圖卷に見えたる獄門の犬について》中的商榷意見，即圖中所見非牢獄而是地獄，而犬的來源，遠則可追溯至死神（ヤマ）的雙犬，近則是地獄思想中"一切身毛皆燃猛火"的四大銅狗，而非《説文》的解釋[④]；

①［日］仁井田陞：《唐代の鄰保制度》，《歷史學研究》第6卷第10號，1936年；後增副標題爲《唐代の鄰保制度——吐魯番發見の唐代官粟貸付（五保）文書》，收入氏著《補訂中國法制史研究：奴隸農奴法·家族村落法》，663—682頁。

②［日］仁井田陞：《敦煌發見十王經圖卷に見えた刑法史料》，《東洋學報》第25卷第3號，1938年；後收入氏著《補訂中國法制史研究：刑法》，東京大學出版會，1991年（1959年初版），597—614頁。漢譯本爲李力譯：《敦煌發現〈十王經圖卷〉所見刑法史料》，《法制史研究》第11期，2007年。

③ 陳登武：《從人世間到幽冥界——唐代的法制、社會與國家》，五南圖書出版公司，2006年，290頁。

④［日］仁井田陞：《敦煌發見十王經圖卷に見えた刑法史料》，614頁。其中，李力將"ヤマ"譯爲"山"，此句就成了"山中的雙犬"，所指不明（參見［日］仁井田陞著，李力譯：《敦煌發現〈十王經圖卷〉所見刑法史料》，209頁注29"補1"）。"ヤマ"實則是梵語Yama的音譯，漢語作"閻摩"，是冥界之王，身邊有兩條四眼神犬。參見任婧：《從閻摩到閻王：淺析印度閻摩形象的演變與東傳》，《南亞東南亞研究》2020年第5期，111頁。

又如仁井田氏將枷、頰解釋爲兩種不同的頸械，前者由長、短兩塊木板拼成，後者由等長的兩塊木板拼成，實則唐宋令文中的"枷"和"頰"分別指拼成枷的長、短板[①]；至于其所謂兩塊等長木板拼成的是"盤枷"，而他無法斷言圖中所見的眼鏡形杻是否爲《獄官令》所載之"杻"，其實也有唐代觀音經變的壁畫爲旁證[②]。

四、結語

從仁井田氏的研究側重來看，他對敦煌文獻關注較多，尤其是1940年代以後斯坦因所獲敦煌文獻的縮微膠捲入藏東洋文庫，對這批材料的系統爬梳占據了他的主要精力。如他在自述中所言：進入1950年代，大谷探險隊從吐魯番帶回的唐代文獻被發現于龍谷大學的倉庫中，據此展開土地制度研究的是周藤吉之、西嶋定生以及西村元佑等，而他自己當時攬下了敦煌文獻研究的任務[③]。事實上，他不僅在1937年出版的《唐宋法律文書の研究》中就已利用過德藏、中村不折藏、旅順博物館藏吐魯番文獻[④]，在1950年代以後利用這批大谷文書撰寫了關于土地法、交易法的專文，而且還密切關注中國國內對阿斯塔那墓葬群的考古進展，如讀到《文物》1960年第6期上發表的《新疆吐魯番阿斯塔那北區墓葬發掘簡報》後，立刻撰寫了《吐魯番發見の唐代租田文書の二形態》（1961年發表）[⑤]，讀到《文物》1962年第7—8期合刊上發表的《介紹八件高昌契約》、《新疆維吾爾自治區文物考古工作概況》，又立刻撰寫了《吐魯番發見の高昌國および唐代租田文書》（1963年發表）[⑥]，信息搜集之勤、落筆成文之速，皆令人驚嘆。

從外史的角度言，仁井田氏在早期刊布了大量敦煌文獻的錄文與照片，構建起公、私文書類型化的體系，推動了中國古文書學的建立；從內史的角度言，他將敦煌、吐魯番所出文獻與傳世文獻進行比勘、印證，在法源史研究上，着力考訂《故唐律疏議》的製作年代、復原唐代令格式的面貌、勾勒開元以前唐廷歷次修法的狀況、闡釋律令格式等諸種法律形式之間的關係，在財產法、身分法與刑法史研究上，充分發掘制度文獻所未見的實踐信息，展現了彼時相當豐富的法律生活。

作爲法學出身的研究者，仁井田氏雖然對比附近代法學有所保留，時刻以羅馬法、日耳曼法以及近代歐洲民法作爲對比項，嘗試析出中國古代的特色，但并未完全摒棄使用近代法學的概念與思維。如德國民法第二編第七章各種債之關係包括"（1）買賣、互易、（2）贈與、（3）租賃、（4）使用借貸、（5）消費借貸、（6）雇傭、（7）承攬、

---

① 林澐：《枷的演變》，《中國典籍與文化》1994年第3期，103—104頁。
② 劉可維：《敦煌本〈十王圖〉所見刑具刑罰考——以唐宋〈獄官令〉爲基礎史料》，《文史》2016年第3輯，138、144頁。
③［日］仁井田陞：《研究三十五年の回顧》，172頁。
④ 如［日］仁井田陞：《唐宋法律文書の研究》，318—322、779—780頁。
⑤［日］仁井田陞：《補訂中國法制史研究：奴隸農奴法·家族村落法》，249—260頁。
⑥［日］仁井田陞：《補訂中國法制史研究：法と慣習法と道德》，627—646頁。

（8）居間、（9）懸賞廣告、（10）委任、（11）無因管理、（12）寄托、（13）旅店中物之携入、（14）合夥、（15）共同關係、（16）終身定期金、（17）博戲、賭賽、（18）保證、（19）和解、（20）債務約束、債務承認、（21）指示、（22）無記名證券、（23）物之提示、（24）不當得利、（25）侵權行爲"，日本民法則分爲"贈與、買賣、互易、消費借貸、使用借貸、租賃、雇傭、承攬、委任、寄托、終身定期金及和解"①。以此比照仁井田氏所建構的私法文書體系，其知識來源不言自明。相比之下，山本達郎、池田温以"賣買、交換券契，舉賃、貸借券契，夏田、租佃券契，雇傭、承包券契"劃分吐魯番交易類契約、以"賣買、博換契，貸便穀類契，貸借絹褐契，雇傭、承包契，典身、養男女、出度契"劃分敦煌交易類契約②，沙知以"買賣類、便貸類、雇傭類、租佃質典類、憑約類"劃分敦煌交易類契約③，王啓濤以"買賣類、借貸類、租賃類"劃分吐魯番交易類契約④，王斐弘以"借貸、買賣（下分動產與不動產兩類）、租佃（下分出租與入租兩類）、雇工"劃分敦煌交易類契約⑤，在分類的精細度上就略顯遜色了。

但不得不說的是，近代民法對于這些法律關係的分類服從于整套嚴密的法律規則，如"租賃爲諾成契約，于未交付租賃物前，契約已成立，從而出租人先就租賃物負交付于承租人之義務。反之，使用借貸爲要物契約，因標的物之交付，契約始成立，從而爲使用借貸之效力，貸與人無負交付標的物義務之餘地"，"在消費借貸，使用人取得標的物之所有權，而惟應返還同種、同等、同量之他物，而在使用借貸及租賃，則標的物之所有權仍屬于貸與人或出租人"⑥；又如一般學說認爲消費借貸是單務契約，但就有息的消費借貸來說，或認爲因"資本與利息立于交換之關係，資本之交付乃爲履行已成立之契約義務，故爲雙務契約。然利息義務惟可認爲從義務，無改于消費借貸爲要物契約之性質"⑦。是否轉移標的物所有權，涉及近代民法對于物權、債權二分的體系設計；諾成契約與要物契約的分類，與契約的成立要件相關；至于資本與利息的交換，還分別構成主、從義務等，這些都體現在相應的法律條文中。由此反觀中國古代，至少在立法規則上難以析出此類區分，是否能以此爲問題意識切入文書實踐的研究，目前尚未看到成功的研究範例。

同爲日本中國法制史研究領域的巨擘，滋賀秀三雖肯定了仁井田氏在地毯式搜羅資料上的奠基之功，但對其著述提出了十分尖銳的批評，如内容上存在許多重複之處，對部分敦煌文獻的語意理解存在明顯錯誤，而且"把法學概念與比較法制史的知識等

① 史尚寬：《債法各論·總説》，1頁。

② Yamamoto Tatsuro and Ikeda On, *Tun-Huang and Turfan Documents Concerning Social and Economic History: III Contracts, (A) Introduction and Texts*, Tokyo: The Toyo Bunko, 1987.

③ 沙知：《敦煌契約文書輯校》，江蘇古籍出版社，1998年。

④ 王啓濤：《吐魯番文獻合集·契約卷》，巴蜀書社，2019年。

⑤ 王斐弘：《敦煌契約文書研究》，商務印書館，2021年。

⑥ 史尚寬：《債法各論》，264、281頁。

⑦ 同上，275頁。

作爲可隨意切割之物，加以引用——極言之，祇能説是‘擺弄’”等①。這自然也是符合事實的評價，畢竟每一代學者都有其使命與局限，學術之樹也因此得以常青。

（承蒙中國社會科學院古代史研究所石洋兄、愛知縣立大學日本文化學部陳睿垚兄以及門生王子瀟代爲搜集部分材料，謹此申謝）

【本文係國家社科基金年度項目“薩珊波斯與中古中國的比較法制史研究”（項目號：20BFX20）的階段性成果】

（作者單位：中國政法大學法律古籍整理研究所）

---

① ［日］滋賀秀三：《仁井田陞博士の〈中國法制史研究〉を読みて》，《國家學會雜志》第80卷第1、2號，1966年，92—94、98—99、104頁。

明成化弘治間吳人張習刻書考

王俊雙

内容提要：明成化、弘治間吳人張習的書籍刊刻活動，是士人階層主導書籍刊刻的較爲典型的案例。張習深受吳中文化浸潤，所刻書籍的作者或爲吳人，或曾出仕、寓居吳中，其刻書活動鮮明地展現了對地域文化的認同和傳承鄉邦文獻的使命感。在書籍刊刻過程中，張習充分利用了本人仕宦經歷所獲得的人際關係、文獻來源和刊刻資源，還顯露出極强的個人喜好，特別重視文獻的搜集工作，内容校訂審慎，刊刻精美古雅，體現了士人主導書籍刊刻的非商業化特點。張習的刻書活動展示了士人階層在書籍品質、文獻保存等方面的積極影響，同時也提供了印本時代"人以書存""文獻興邦"的生動一例。

關鍵詞：張習　刊刻　吳中文化　士人身份　書籍史

張習，字企翱，明南直隸蘇州府吳縣（今屬江蘇省蘇州市）人，于成化、弘治間（1465—1505）陸續刊有書籍，今可考者11種。本文以存世諸版本爲基礎，勾稽文獻，對張習生平事迹略作考述，對張習所刻書籍的類型與特點、張習仕宦經歷與書籍刊刻活動的關聯、張習的士人身份對書籍刊刻產生的影響等方面作進一步探討，以展現明中期士人階層與書籍出版活動之間的雙向互動。

一、張習生平事迹略述

張習，成化五年（1469）以會試二甲第四名舉進士，成化八年任禮部主事[①]，成化十四年任禮部員外郎[②]，成化十八年夏四月乙卯升按察司僉事，提學廣東[③]，按察司僉事致仕後，晚歲居鄉，《［正德］姑蘇志》卷五十四稱其"喜爲古文詞，尤喜搜輯郡中遺文故實，一時號爲博雅，前輩文集多所梓行，嘗纂《蘇州志》，未成而卒"[④]。該志卷

---

① 據沈周成化十二年撰《題畫贈張工部企翱》（詳見下文），則張習亦或曾任職于工部，但未見其他文獻記載。
②（明）俞汝楫：《禮部志稿》卷四十二，清文淵閣《四庫全書》本。
③《明憲宗純皇帝實録》卷二百二十六，抄本。
④《［正德］姑蘇志》，明正德（1506—1521）刻本。

首王鏊《重修姑蘇志序》謂："弘治中，河南史侯簡、曹侯鳳又皆繼爲之，時則有若張僉事習、都進士穆，而裁决于吳文定公寬。久之，二侯相繼去，文定公不禄，書竟不就。"[1]弘治十八年（1505），時任知府的林世遠以吳寬遺稿爲基礎重新組織修纂，正德元年（1506）成書六十卷。考《姑蘇志》之纂成時間，又據明孫蕡《西庵集》前有弘治十六年張習撰序[2]，可知張習之卒應在弘治十六至十八年之間。

張習出身吳縣讀書人家庭，其父張曉初以教書授徒爲業，頗有德行[3]。張習以進士舉官，亦有聲名，在當地留有不少名勝題咏，如《治水分司題名記》《重建越城橋記》《韓蘄王廟記》[4]，《［民國］吳縣志》卷五十九《金石考》著録有弘治十年張習撰《敕賜定光講寺建造記》、張習書丹《梅岩殊勝庵承傳之記》[5]等。

張習在文獻搜輯與書籍刊刻之外，亦頗精書畫與收藏。張丑《清河書畫舫》稱："吾家先世尚有蘭香春草二堂圖卷，一爲張習筆，奚昌、李良有詩；一爲沈周畫，文林、浦應祥題咏，清真古雅。"[6]張習有成化十一年作《贈别圖軸》傳世，今藏無錫市博物館，爲明中期吳門畫風之典型[7]。據明汪砢玉《珊瑚網》記載，李衎《秋清野思圖卷》、沈周摹《米敷文大姚村圖》等均有張習題跋[8]。張習還十分喜愛傳統刻絲畫，曾藏有《宋朱克柔刻絲牡丹》《宋刻絲香橼秋鳥圖》[9]，這一興趣或來自當時蘇州地區頗爲繁盛的將傳統刻絲技藝與文人畫相結合的刻絲畫之熱潮。

吳地文脉悠長，人文滋養深厚，名士大家雲集，張習交游其中，與沈周、吳寬等

---

[1] 《［正德］姑蘇志》，明正德（1506—1521）刻本。

[2] 明弘治十六年（1503）金蘭館活字印本，詳見後文。

[3] 張曉初因中年無子，欲娶一妾，後知其爲士家之女，以不合禮法而止，時人贊其德行。見明都穆《都公談纂》："南濠張曉初，以授徒爲業，老而無子。嘗有舉子，挈家將赴南雍，舟泊曉初河下。曉初延之登岸。胥會間，其人詢知曉無子，乃以己女給爲女奴，賣于曉初爲妾，以供路費。曉初憐其貧，以白金五兩内焉。入夜，問其女，則云，實舉子所生。曉初驚曰：'吾士人而取衣冠女爲妾，以供路費，吾不忍也。'明早，急遣還舉子，而不索其銀。舉子愧謝而去。逾年，曉初生子，廣東僉憲習是也。人以爲陰德所致。"又《［民國］吳縣志》引《姑蘇志》云："初，習父曉初中年無子，嘗娶一妾。既成禮，疑而訪之，乃一教官之女也，父死無以歸，故鬻之。曉初令與其妻同宿，養之如己女，擇良人嫁之，未幾而習生。"按：上二處引文分别引自：（明）都穆：《都公談纂》卷下，（明）葉子奇等撰，吳東昆等校點：《草木子（外三種）》，上海古籍出版社，2012年，178頁；《［民國］吳縣志》卷六十六，民國二十二年（1933）鉛印本。

[4] （明）陳暐：《吳中金石新編》卷二、卷四、卷五，清文淵閣《四庫全書》本。

[5] 《［民國］吳縣志》卷五十九。

[6] （明）張丑：《清河書畫舫》卷十二上，清文淵閣《四庫全書》本。

[7] 吳敩木主編：《中國古代畫家辭典》，浙江人民出版社，1999年。

[8] （明）汪砢玉：《珊瑚網》卷二十八《米敷文大姚村圖石田模本》、卷三十一《李薊丘秋清野思卷》，清文淵閣《四庫全書》本。李衎（1245—1320），字仲賓，號息齋道人，薊丘（今屬北京市）人。元代畫家，尤擅竹石山水。

[9] （清）安岐：《墨緣彙觀録》卷四，清《粤雅堂叢書》本。（清）卞永譽：《式古堂書畫彙考》卷三十三，清文淵閣《四庫全書》本。

人皆往來密切。成化十二年沈周撰有《題畫贈張工部企翱》[①]，清朱彝尊《明詩綜》[②]收錄張習《和石翁〈水悶〉》曰："舊居忽异東西瀼，白水茫茫不見鄉。始下方林堪濯足，每疑泛宅僅棲身。魚鰕易覓應兼味，畎畝全沉己概貧。好鼓蘭橈放歌去，乘桴浮海是何人。"所和即爲沈周七律《水悶》[③]。張習本人詩文集今未見，且生平相關資料有限，其中最爲後世所看重的是他的文獻搜輯與書籍刊刻活動，實可謂廣惠學林，今人藉此亦得以管窺明中期士人階層刻書活動之樣態。

二、張習刻書活動之特點

檢古今諸家書目，可確考爲張習刊刻的書籍共有11種（詳見附錄），最早者爲明成化十三年（1477）刻明高啓《槎軒集》，最晚者爲弘治九年（1496）刻元鄭元祐《僑吳集》，時間跨度近二十年，所刻多爲吳中文人別集，其刻書活動不僅體現出鮮明的地域特色與興趣指向，同時亦受其本人的仕宦經歷、士人身份與文化特質影響。

（一）刻書活動與地域文化認同

目前可知張習所刻的11種書均爲別集，這些詩文集的共同特點是作者或爲吳人或有與吳中地區有關的經歷，張習在序跋中還極其明顯地表達了對地域文化的有意強調，這種認同感一方面源于自幼及長的耳濡目染與鄉賢親友的口傳心授，另一方面則來自深厚而極具特性的吳中文學成就。

1.刊刻吳中四杰別集

張習所刻諸書中，最受矚目者爲成化十三年至弘治四年之間陸續刊刻而成的明初吳中高啓、楊基、張羽、徐賁四家之別集。四家別集中最先付梓的是《槎軒集》，這也是張習刻書中現存最早的一部。此書前有成化十四年張泰《槎軒集序》："吾蘇高太史先生以詩鳴于國初，故稱名能詩者必以先生爲之首。……余初入詞林，院長南陽李公、永新劉公謂余言，爾蘇之詩在當朝，惟高太史爲然，猶言文必舉金華宋學士也。比修《一統志》，已疏其爲郡之第一人矣。夫豈但一郡之詩，天下之詩也，數千百載之詩也。余服膺二公確論，後莫有能易此。"[④]張泰（1436—1480），字亨甫，蘇州府太倉人。少有才名，與陸釴、陸容號"婁東三鳳"，時任翰林國史檢討徵仕郎。張泰在序中開門見山地以"吾蘇高太史先生"之詩爲傲，又引李賢、劉定之言，極贊高啓詩歌之成就，而這也正是張習刊刻高啓詩集的原因。

---

① （明）沈周:《石田稿》，（明）沈周撰，湯志波點校《沈周集》（上冊），浙江人民美術出版社，2013年，279頁。

② （清）朱彝尊:《明詩綜》卷二十八，清文淵閣《四庫全書》本。

③ （明）沈周《水悶》："破屋如舟衹浮住，茫茫魚鱉是比鄰。頻年大塊無乾土，何處巢居著老身。萬頃水田春潦富，數聲雷腹曉餐貧。詩書不飽還堪遣，開卷時時感昔人。"（《沈周集》，633頁）

④ （明）高啓:《槎軒集》，明成化十三年（1477）刻本。

實際上，這種自豪與認同的情緒貫穿高、楊、張、徐四家別集之刊刻。成化二十一年楊基《眉庵集》刻成，張習撰《眉庵集後志》云："眉庵楊先生孟載，吾蘇之吳邑人……習爲鄉之晚生，敬慕前哲之言，自幼抵老，不忍泯泯，是固庸陋無文，不能表章乎幽潛，則區區素願，詎不由之而少慰哉。"①成化二十三年又刻成徐賁《北郭集》，作《北郭集後錄》云："……先生平昔所作甚富，已成大家，所存殆不止此，此其散亡之餘。習自幼借錄以觀，得之私淑者夥矣。兹已老，更加編校，圖梓以傳，并述諸故老談。"②

到弘治四年刊刻張羽《靜居集》時，張習對于吳中四杰之地位的表述更加凸顯，對吳中文學成就的認同也更加深刻了，其《靜居集後志》云："吾吳之詩自唐皮陸倡和爲一盛，再盛于元季，自王元俞、鄭元祐、張天雨、龔子敬、陳子平、宋子虛、錢翼之、陳敬初、顧仲瑛輩，各出所長，以追匹乎古昔。繼而張仲簡、杜彥正、王止仲、楊孟載、高季迪、宋仲溫、徐幼文、陳維寅、丁遜學、王汝器、釋道衍輩附和而起，故極天下之盛，數詩之能必指先屈于吳也。維時張來儀先生自江右來，與高、楊、徐相友善，聚首之際未嘗不以詩爲事，積之既盛名，爲大家輿論比唐之四杰。"③

張習還刊印了高啓《姑蘇雜咏》，此爲高啓題咏姑蘇名勝的詩集，洪武年間即有刊刻，明成化二十二年，張習據洪武末刻本進行修補重刊，并在書後增加附錄一卷，包括張習本人爲讀書臺、鬱林石、虞雍公墓、石湖、鶴山書院、瑞芝亭六處未入高啓詩的吳中名勝所作雜咏六首及題跋，其跋云："吳中故迹頗夥，國初高槎軒先生咏志殆遍，尚有遺者，惜乎後生小子莫如先生之才之清豪博瞻，弗克繼承遺響。然不可已者數題……愧未能即舉，益久則將委諸草莽，莫有聞而訪識之者矣。習爲是懼，勉各賦一詩，附先生成集之後。"④對地域文化傳承之熱心溢于言表。

此外，清陳田《明詩紀事》甲籤卷七《高啓》引張習《四杰集序》云："張習《四杰集序》：'國初，以高、楊、張、徐比唐之四杰，故老言不惟文之似，而其攸終亦不相遠。眉庵、盈川，令終如一；太史之斃，同乎賓王；北郭雖不溺海，僅全要領，而非首丘；司丞投龍江，又與照鄰無異。噫，亦異矣！"⑤則張習或還曾刊有一叢刊本或選本的吳中四杰作品集名《四杰集》，今未見。清褚人穫《堅瓠集》庚集卷二"三杰四杰"亦引張習之語："吳人張習曰：國初以高、楊、張、徐比唐之四杰，故老言，不惟文才之似而其攸終亦不相遠，眉庵盈川令終如一，太史之斃同于賓王，北郭雖不溺海，卒于獄户而非首丘，來儀羽投龍江，與照隣無異，死生有命，今古一轍。"⑥正與張習《靜居集後志》合："維時張來儀先生自江右來，與高、楊、徐相友善，聚首之際未嘗不以

① （明）楊基：《眉庵集》，明成化二十一年（1485）刻本。

② （明）徐賁：《北郭集》，明成化二十三年（1487）刻本。

③ （明）張羽：《靜居集》，明弘治四年（1491）刻本。

④ （明）高啓：《姑蘇雜咏》，明成化二十二年（1486）刻本。

⑤ （清）陳田：《明詩紀事》甲籤卷七，上海古籍出版社，1993年，163頁。

⑥ （清）褚人穫撰，李夢生校點：《堅瓠集》七集卷二，上海古籍出版社，2012年，525頁。

詩爲事，積之既盛名，爲大家興論比唐之四杰，故老言，不惟文才之似，而其攸終亦不相遠。眉庵、盈川令終如一，太史存心無疵而斃則同乎賓王，北郭雖不溺海，僅全要領而非首丘，先生竄嶺表，尋召還以對，内政之不恊，恐禍及已，遂投龍江以没，又與照鄰無異。"①可見張習所刊吳中四杰別集之影響廣泛。

2.刊刻其他別集

現存張習刻書中還有一種明人別集即弘治四年所刻王行《半軒集》。王行（1331—1395），字止仲，號半軒，又號楮園，自稱淡如居士，吳縣人。淹貫經史百家，洪武初郡庠延爲經師，後受藍玉案株連，父子皆坐死。

張習對于吳中文獻的關注還上及元代，成化十九年曾刻元宋無《啽囈集》一卷。宋無（1260—1340），原名名世，字晞顔，宋亡後改名無，字子虛，號翠寒道人，平江人。先祖以兵亂自晋陵遷吳地。《啽囈集》成化十九年本今已不存，有明毛氏汲古閣刻元人十種詩本，天津圖書館藏，書後有張習跋，叙此書刊刻之經過。國家圖書館另有一部吳梅舊藏清抄本《啽囈集》（索書號04338），其後亦抄有張習跋語，可見張習刊本雖今不見，但在當時已有流播，是宋無《啽囈集》留存至今的重要一環。

成化二十年，張習刻有元薩都剌《雁門集》，弘治八年刻元陳基《夷白集》，次年又刻元鄭元祐《僑吳集》。薩都剌（1272—1355），字天錫，號直齋，雁門人。詩才清麗，名冠一時，一生行迹遍及南北，晚歲居江南。陳基（1314—1370），字敬初，浙江臨海人，至正中薦爲經筵檢討，後避罪南歸，遷居平江，洪武初召修《元史》，書成還家，不久病逝。張習《刊夷白集錄》稱："天台陳敬初先生，元季爲金華黃文獻公門人，來寓吳以文學致聲重，當時雖仕僞邦，歷官至學士，然入我熙朝，與宋承旨、王待制有同門好，用薦徵修《元史》畢，仍還吳以令終。"②鄭元祐（1292—1364），字明德，浙江遂昌人，後徙家錢塘，又寓居平江，故命其集爲"僑吳"。張習《刊僑吳集錄》贊其爲"吳中碩儒，致聲前元，著述甚富"③。此外，張習還刻有《韋蘇州集》。韋應物，唐京兆杜陵人，晚歲任蘇州刺史，卒于蘇州。張習撰跋文于書後稱："公爲蘇州時年已五十餘，……風流雅韵，播于吳中。"④

目前所知的張習所刻11種別集未必是其所刻之書的全部，故不能斷言張習祇以吳地文獻爲刊刻對象，但結合前文所述張習對吳中文化的認同感與歸屬感，至少已知刊刻諸書所具備的明確地域文化指向，很大程度上是有意爲之的選擇結果。

（二）刻書活動與仕宦經歷

張習的刻書活動主要集中在成化末年任職廣東按察司僉事以後及弘治年間，幾乎

---

① （明）張羽：《静居集》，明弘治四年（1491）刻本。
② （元）陳基：《夷白集》，明弘治八年（1495）刻本。
③ （元）鄭元祐：《僑吳集》，明弘治九年（1496）刻本。
④ （唐）韋應物：《韋蘇州集》，明成化、弘治間（1465—1505）刻本。

貫穿其全部仕宦生涯。作爲書籍刊刻活動的主導者，刊刻者不僅主觀上積極參與書籍刊刻的各個環節，其生平與經歷也客觀上對書籍刊刻産生着或多或少的影響。張習的仕宦經歷擴大了人際交往圈和地理意義上的活動區域，其官員身份亦有助于文獻資源和刊刻機會的獲取。

由于文獻記載的局限，并非每一個書籍刊刻的環節都能得到完全而細緻入微的揭示，雖然可以想象，在書籍刊刻的過程中不乏藉助人際關係來推動書籍刊刻順利進行的情況，但也祇有訴諸文字、留存在書籍序跋題識中的相關信息較易爲今人所用。伴隨書籍出版的繁榮，求序、撰序的禮尚往來逐步成爲士人階層交往的常見形式，書序文的著者身份及文本內容均成爲考察書籍刊刻過程的重要材料。

在張習任職禮部主事時，就曾因同僚致仕而求楊士奇作序①。通覽張習所刻諸書，爲其撰寫序言者多爲同時爲官的朋友或同鄉。成化十三年刊刻《槎軒集》時，張習尚任職禮部，故而向在京爲官的同鄉張泰求序。成化十八年，張習赴廣州任按察司僉事，此後刊刻《眉庵集》，作序者爲江朝宗。江朝宗，字東之，別號樂軒，四川巴縣人。時任廣東市舶提舉，張習或許是考慮到楊基原籍四川，正是江氏同鄉，故請其作序，而江朝宗亦在序言中稱楊基"不但有光于吳，而且有光于蜀也"②。成化二十二年，張習爲《北郭集》向閔珪求序。閔珪，字朝英，吳興人。天順八年（1464）進士，授御史，巡按河南，成化六年擢江西副史，進廣東按察使，後以都察院右僉都御史巡撫江西，《明史》有傳。其《北郭集序》云："廣東僉憲張君企翱始壽諸梓，以予吳興人，知先生有素，書來請序于篇。"③落款爲"都察院右僉都御史"，則張習應是在成化十八年赴任廣東後結識閔珪，至成化二十二年閔珪已從廣東前往江西任職，張習特去信求序。弘治四年刊成的《靜居集》則有弘治元年左贊撰序。左贊，字時翊，盱江人。天順元年進士，成化二十二年秋升廣東布政使，未赴，以老謝事，優游泉石，弘治二年冬以疾卒于家。成化初，左贊亦曾編刻有宋李覯《直講李先生文集》。左贊《靜居集叙》云："予頃道姑蘇，適東廣憲僉④張君企翱手一編曰《靜居集》，乃先生所作詩也，示予屬爲之叙。"⑤此序作于弘治元年，則知此時張習已歸居鄉里，未知是否已致仕。

士人之間關于書籍刊刻出版的交往不限于序跋題識的撰寫，同時還有珍本秘笈的借覽與文學品評交流。《嘹嚦集》書後的張習題識記載，在任職禮部時，其友凌序、班季行欲刊行此集，季行未幾謝世，而張習因"有嶺南之命，遂携來鋟諸梓"，故可知赴異地爲官并不一定對書籍刊刻造成阻礙，反而可以調動私人與地方官府的雙重力量，并利用當地的出版資源開展書籍刊刻活動。張習《眉庵集後志》曾說"爰命庠生顏恭

① （明）楊士奇：《送孫先生致事歸豐城序》，《東里文集》卷六，明正統十年（1445）刻萬曆四十四年（1616）補刻本。
② （明）楊基：《眉庵集》，明成化二十一年（1485）刻本。
③ （明）徐賁：《北郭集》，明成化二十三年（1487）刻本。
④ 原書作"東廣憲僉"，應爲"廣東僉憲"之誤。
⑤ （明）張羽：《靜居集》，明弘治四年（1491）刻本。

文起會各本録就”，即請官學學生協助出版整理工作。

原國立北平圖書館甲庫善本中有明孫蕡《西庵集》一種，爲弘治間活字印本，版心有“弘治癸亥金蘭館刻”[①]。孫蕡，字仲衍，明初廣東順德人。性警敏，書無所不窺，詩文援筆立就，詞采爛然，時人目之爲嶺南詩派之宗，《明史》有傳。此書前有弘治十六年張習撰序，極贊其詩并稱：“平日所作甚富，其全則未之見。習承乏廣之提學，遍求士夫家，尤以未獲爲慊，兹引老歸，檢舊篋得《西庵集》一帙，固未可遽謂之全，然有樂府、歌行、五七言、古律絶，諸體稍備。大理寺正陳公以道過吳，取覽而悦之，誘吾郡太守林公思紹，圖欲印行，二公皆先生鄉人，故知之深而好之篤，林公仍屬習校其亥豕，釐爲十卷，畀序諸首。”[②]由此可知張習赴任廣東時，曾因地緣優勢特意搜求過孫蕡的詩作，而林思紹以太守之職組織此書的刊刻出版活動，亦爲利用官員權力及資源印行書籍之一例。

（三）刻書活動與士人身份

有別于書商及明中後期積極投身商業出版的士人，張習在書籍出版活動中展現了士人身份所帶來的更爲純粹的文化追求與審美傾向。相較于商業化的出版活動，士人主導的書籍刊刻因其非營利性，相對而言較少受到市場等外在因素的影響，因此也産生了與商業出版有所不同的諸多特點，就刊刻内容而言帶有更爲强烈的個人喜好，注重文獻的搜集、整理與流傳，刊刻風格方面也有較個性化的體現。

1.以個人興趣爲刊刻導向、持久而審慎的文獻搜集工作

前文已論及張習刻書活動中所體現的對地域文獻保存與傳承的極大熱情，除此之外，刊刻對象的選擇還與張習本人的文學興趣與審美喜好直接相關。在張習所刻諸書序跋題識之中多有涉及刊刻動機和成書經過的叙述，可以看出這一特點：

> 吾友儀部員外郎張君企翱自幼得之鄉長老所兹，于公暇每誦而愛之，謂非他爲詩者可及，爰爲較録，合古今體制，類成十卷，總名之曰《槎軒集》。（張泰

---

① 關于金蘭館活字印書，據瞿冕良《中國古籍版刻辭典》（齊魯書社，1999年），金蘭館爲弘治間昆山人顧恂（1418—1505）室名。金蘭館活字印本除《西庵集》十卷，同年還刊有《石湖居士集》三十四卷。江澄波《江蘇活字印書》（江蘇人民出版社，1997年）亦載有此二書，稱其“字體秀勁，版式疏朗，印製精雅，爲明代活字版之代表作，疑是顧恂印本”。今所見《西庵集》書前有張習序，指明此書爲吳郡太守林思紹主導刊印，張習負責實際的編校工作，書後有顧恂跋。劉向東《華燧會通館活字印本叢考》（《2016年中文古籍整理與版本目録學國際學術研討會論文集》，廣西師範大學出版社，2018）認爲明清活字本所用活字幾乎都由刻書鋪製作，這符合由私家負責提供稿本和編校工作并付費給刻書鋪，由刻書鋪製作并提供成品的典型書籍出版方式。他提出，與金蘭館活字本《西庵集》《石湖居士集》使用同一副活字的刊本還有《韓詩外傳》，版心無“金蘭館”，故金蘭館衹是《西庵集》《石湖居士集》出資人的名號，而非活字的所有者，可備一説。杜信孚、杜同書《全明分省分縣刻書考（江蘇省卷）》（綫裝書局，2001年）將此兩書著録爲張習刊本，實誤。

② （明）孫蕡：《西庵集》，明弘治十六年（1503）金蘭館活字印本。影印本收入《原國立北平圖書館甲庫善本叢書》第699册，國家圖書館出版社，2013年。

《槎軒集序》①）

　　先生所著《眉庵集》有五七言古體、五七言律詩及歌行、排律、絶句、詞曲，總若干篇，教授鄭鋼編集，已板行矣，字多訛謬，先後失序，而缺略尤甚，識者惜焉。吳中張公企翔以名進士躋官廣東僉憲，素重先生之詩，每遇公暇輒研究之，補其缺略，次其先後履歷之序，字之訛謬者悉改正之，釐爲十二卷，繡梓以廣其傳，其用心亦厚矣哉。間以示予，俾爲之序。（江朝宗《眉庵詩集序》②）

　　習在髫齡即愛誦先生之詩，遍假抄録，覬覦彌盈，及長而仕，偕以出入有年，猶每隨訪隨録。（張習《眉庵集後志》③）

　　習自幼借録以觀，得之私淑者夥矣。兹已老，更加編校，圖梓以傳，并述諸故老談。（張習《北郭集後録》④）

　　此吳中抄本所謂《靜居集》者，什惟二三，生自幼抵老，求之靡得其全，不免文梓垂畢，又得吳興本較之，雖曰加倍，猶未完備，亦并刊入，尚期博識同志畀足成之，尤爲幸甚。（張習《靜居集後志》⑤）

　　有文集名《夷白》者三十四卷，留吳下士夫家，秘不傳。習慕先生，嘗抄數篇于卷册間，遍聆一士有而靳不肯假用，購之猶逸其半，問陳思耘，得先生手筆數十篇，又于友處借百篇，并爲十二卷，躬録鍥諸梓，不惟襃揚鄉先生，亦庶乎副欲觀者之意也。尚矜念之哉。（張習《刊夷白集録》⑥）

　　張習所選擇的刊刻對象基本上都是他平素喜愛的作品，自然而然願意投注心力，在公務之餘多方搜尋文獻，隨訪隨録，勤加整理，有些文獻的搜集甚至歷時數十年。對于尚未經過刊行的文獻而言，在從零散而不穩定的抄本形態走向定本書籍的過程中，求全求精的搜集、審慎細緻的編校無疑對文本保存具有十分重要的意義。

　　國家圖書館藏有張習所抄明杜瓊《東原集》七卷⑦，共二册，有明俞弁，清黄丕烈、邵淵耀跋。其中，正德十四年俞弁跋云："近見《東原詩集》刊者，惜乎不及此本體制全備，精選尤工，蓋出于吾鄉僉憲張企翔先生手筆也。每卷後餘一二葉空紙，欲復得更續書之耳。前輩之重耆舊如此。余避暑坐小亭，偶携雜書一篋至，以數金得之，予幼能識企翔先生手迹，故志之。時正德己卯六月五日，後學俞弁書。"俞弁，字子容，號守約道人，明長洲（今苏州）人。喜藏書，尤嗜抄稿本，擅詩文，通醫道，著有《山樵暇語》《逸老堂詩話》《續醫説》。

　　檢張習所抄此書，正如俞弁所説，且非止各卷末有空葉，同卷之中不同詩體之間

---

① （明）高啓：《槎軒集》，明成化十三年（1477）刻本。

② （明）楊基：《眉庵集》，明成化二十一年（1485）刻本。

③ 同上。

④ （明）徐賁：《北郭集》，明成化二十三年（1487）刻本。

⑤ （明）張羽：《靜居集》，明弘治四年（1491）刻本。

⑥ （元）陳基：《夷白集》，明弘治八年（1495）刻本。

⑦ 索書號02979。影印本收入《四庫全書存目叢書》集部第78册，齊魯書社，1997年。

也留有空餘，如卷七五言絕句後空半葉，另起一葉爲七言絕句。此抄本部分卷尾有筆迹不同的補充，當非一時所寫，如卷三末補入《頤軒爲王主事守正賦》、卷五末補入《送張彬知縣升御史》《送倪綉衣左遷廣西》《送僧住惠山》《送僧之湖廣》，因而它實際上是一個不斷增補的、在搜集工作中實際使用的底本，并非整理完畢的定本。經與另一國家圖書館藏清抄本①核對，所增補的部分均得到了吸收。此書雖未能付梓，但作爲存世最早的杜瓊詩文集，極大地起到了文獻保存作用。

《東原集》或許原本也在張習的出版計劃之中，然而直至去世仍尚未付諸行動。張習去世在弘治十六至十八年之間，可能書籍亦隨其身故而散出，而這部歷年搜集抄寫尚未統一整理以付梓的《東原集》抄本最終歸于吳地後學俞弁，幸而俞弁能識張習筆迹，爲追索張習刻書活動的中間環節、還原文獻搜集與整理過程提供了重要的細節。

2.以精緻古雅爲審美取向、較爲穩定的刻書風格

張習所刊書籍還以刻印風格精緻古雅而著稱，特別是所刊吳中四杰別集，頗得藏家珍視。國家圖書館藏張習刊本《眉庵集》②後有清嘉慶四年（1799）黃丕烈跋云：

余藏明初人集高、楊、張、徐四家，獨闕《眉庵》一種，向書估從太倉收來者非企翱所梓，故不之取，今香嚴周丈慨然以此冊贈余，可云四美具矣。始得徐集于顧八愚家，次得張集于顧聽玉家，次得《岳鳴集》于書肆，兹又得此，合四集于一處，其收羅煞費苦心耶？後之讀此四家詩者，勿謂原刻之易得也。嘉慶己未冬十月五日，識于紅椒山館。丕烈。③

黃丕烈所藏吳中四杰別集，尤鍾情于張習刊本，即使缺藏也不願以他本替代，收羅煞費苦心。香嚴周丈，即周錫瓚（1742—1819），字仲漣，號香嚴，又號漪塘，吳縣人。著名藏書家。黃丕烈還曾藏有張習所刊《半軒集》《僑吳集》及張習所抄《東原集》。丁丙《善本書室藏書志》著錄有黃丕烈藏《半軒集》，稱其"嘉慶間爲同郡黃丕烈所校補，洵秘笈也，有汪閬源藏書一印"④，此書今藏南京圖書館。

黃丕烈舊藏明弘治九年（1496）張習刻書牘紙印本《僑吳集》今藏國家圖書館（索書號09642），有黃丕烈、顧廣圻抄補并跋，潘祖蔭、費念慈、葉昌熾跋。潘祖蔭贊曰："《僑吳集》精妙已極，令人愛不忍釋"，葉昌熾稱其"字畫古雅，猶有宋槧遺意"。國家圖書館另藏有一部張習刻《僑吳集》，爲後印本（索書號13412），有秦更年

① 索書號A01664，爲兩江總督高晋采進本。清永瑢《四庫全書總目》卷一百七十七《別集類存目》著錄："《東原集》七卷，兩江總督采進本。明杜瓊撰。瓊有《紀善錄》，已著錄。其詩以平正暢達爲宗，而傷于樸僿。後有正德己卯俞弁跋，稱刻本體制未備，此集乃其鄉人僉都御史張企翱所輯補云。"
② 國家圖書館藏有兩部明成化二十一年（1485）張習刻《眉庵集》，索書號分別爲07196和09646，此爲後者。
③ 此跋見于《蕘圃藏書題識》卷九，"企翱"作"企翔"，"香嚴周丈"作"周香嚴丈"，"勿謂"作"弗謂"。（清）黃丕烈撰，余鳴鴻、占旭東點校：《黃丕烈藏書題跋集》，上海古籍出版社，2015年，570頁。
④ （清）丁丙：《善本書室藏書志》卷三十五，江蘇廣陵古籍刻印社，1986年。

（1885—1956）跋："右弘治丙辰張企翱重刻《僑吳集》也。初書估以此來售，謂爲元刻，索值甚昂。余檢《蕘圃藏書題識》，載鄭元祐《僑吳集》十二卷，乃弘治中張習重刻本也。……此本卷十一正缺五六兩頁，與蕘翁跋適合，是必弘治刻本無疑。張跋無存，殆舊時估人所損，余因詳舉以告售者，乃得成議。舊估之去跋，冀充元槧，今估之誤認元槧，實皆此刻書法生動，縹墨古雅，有以使之然也。"此部《僑吳集》書後的張習跋文被書估刪去以充元槧，亦可見其刊刻之古雅精美。

張習對刊刻風格和版式頗爲講究。就行款而言，目前所見張習刻明人別集多爲半葉11行21字，元人別集則爲半葉12行24字，且均爲黑口，四周雙邊。即使是不同時期、不同地點，刊刻風格也儘可能追求一致。對比成化十三年刻《槎軒集》、成化二十一年刻《眉庵集》、弘治四年刻《靜居集》、弘治九年刻《僑吳集》四種書之卷端，可以比較清楚地看到這四種書均呈現出明前期延自元代的典型"黑口趙字"版刻風格，首行均作"某某集卷之一"，次行低一格爲詩題，第三行低三格爲詩題，《槎軒集》《眉庵集》繫作者名于次行，《靜居集》《僑吳集》則置于首行卷名之（見圖1至4）。就刊刻之精雅而言，則以《僑吳集》爲最。

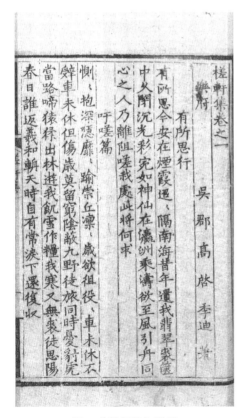 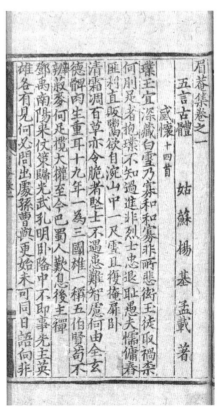

圖1　《槎軒集》卷端　　　　　　　　　圖2　《眉庵集》卷端

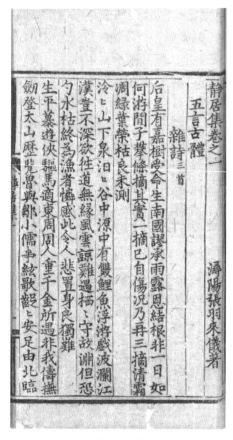
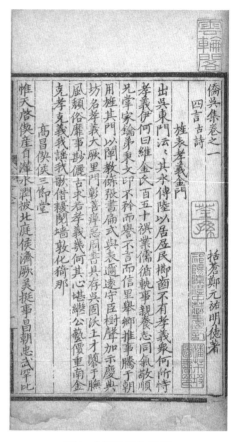

图3 《静居集》卷端　　　　　　　　　　　图4 《僑吳集》卷端

　　嘉慶三年（1798）黃丕烈跋書牘紙印本《僑吳集》云："近有書估買得海虞故家書，携至余家，内有此集刊本，字迹古雅，與所藏張來儀、徐北郭諸集悉同，惟紙背皆明人箋翰簡帖，雖非素紙印本，然古氣斑斕，亦自可觀。宋元舊本往往如是，又何傷耶。"[1]實際上，張習所刻《北郭集》《静居集》《僑吳集》三種書行款、字體并不完全一樣，黃氏所謂"悉同"，乃就其整體的精緻古雅風格而言。

三、從張習刻書活動看士人階層與書籍出版活動之雙向互動關係

　　士人階層與書籍天然聯繫緊密，既是書籍的編撰者，又是書籍的閱讀者，在書籍出版活動中，士人階層在内容編撰、出版選題、風格設計、組織刊刻等各個環節發揮着重要作用。一方面，士人階層的官員身份使得他們能夠調動社會資源，推動書籍的出版；另一方面，作爲引領社會文化思潮的中堅力量，士人階層所提倡的思想觀念、文學主張、審美潮流、生活趣味等對書籍出版也產生着或大或小的影響。

---

[1] 此跋見于《蕘圃藏書題識》卷九，"又何傷耶"作"又何傷也"。《黃丕烈藏書題跋集》，551頁。

以張習的刻書活動爲例，在目前已知的11種所刻書籍中，大部分在成書階段都經過長期的文獻搜集編纂，除《姑蘇雜咏》《韋蘇州集》及原刻不存之《噫嚱集》三種外，其他八種元明别集均爲其現存最早版本，張習所刊吳中四杰别集尤其得到明清以來學者書家的青睞。相較于文化水準總體不高、追求利潤大于品質的書商，士人階層在出版活動中更傾向于親力親爲、精審精校，在出版對象的選擇方面具有更爲出衆的鑒賞能力，對書籍質量的要求也更爲嚴格，其書籍出版活動往往對文獻保存、整理和輯佚頗具價值，許多珍籍善本因此得以出版、存世，許多不易求得的前代經典被重新整理付梓，又有許多長期以抄本形式流傳的優秀作品被士人發現、刊刻，最終廣泛流傳。

書籍是士人精神世界的物質延伸，士人階層的所思所想在參與書籍出版活動的過程中充分展現。隨着書籍出版業的發展，士人階層對書籍出版的關注度和主動性不斷增加，參與程度也越來越深入，書籍出版活動似乎爲士人階層提供了一種新的自我實現途徑。張習仕宦經歷鮮少記載，又無詩文集爲今人所知，更不比同時期吳中地區以詩文書畫稱名天下的諸名士，若非持續近二十年的書籍刊刻活動，他的思想觀念和文學主張恐怕祇能湮没于歷史。在張習所刻書籍的流傳過程中，他對文學作品的品評、對文化思潮的闡釋保存在書序題識中，被後人反復閱讀，可謂"人以書存"。錢謙益在《列朝詩集小傳》中多次提到張習所刻吳中四杰别集，又論及弘治中詩人丁敏，錢氏引張習《静居集後志》曰："弘治中吳人張習企翱跋《張來儀集》後云：'吳中之詩，一盛于唐末，再盛于元季，繼而有高、楊、張、徐，及張仲簡、杜彦正、王止仲、宋仲温、陳惟寅、丁遜學（即丁敏）、王汝器、釋道衍輩附和而起，故極天下之盛，數詩之能，必指先屈于吳也。'先輩推重遜學如此，今人不復知其氏名，可嘆也。余故録一詩以識其人焉。"[1]其實，不唯丁敏之名聲因張習跋文而爲人所知，張習本人亦正如此。

張習刻書活動中體現出的地域文化指向還表明，書籍出版不僅對士人個體價值自我實現具有特殊意義，對士人階層群體文化的發展也具有促進作用。士人通過地域文獻編撰出版以表達自己對所屬群體文化的認同感，將延續文脉的責任感通過書籍刊刻而付諸實踐，而地域文化的繁榮也有力地推動着吳中地區書籍出版業的發展，從而形成士人階層群體文化與書籍出版業之間共生共榮的雙向互動關係[2]。

---

① （清）錢謙益：《列朝詩集小傳》乙集，上海古籍出版社，2008年，201頁。

② 陳正宏編《蘇州刻書史》第三章（鳳凰出版社，2023年，108—112頁）談及明代前期蘇州刻書業的發展情況，指出成化至弘治間蘇州地區私人刻書突起的特點，即重點介紹了張習所刻9種書籍，認爲其數量之多、質量之精，堪稱這一時期的代表。本文初稿撰成之時尚未閲及此書，經考證，在此書所列9種書籍之外張習還刻有《噫嚱集》《韋蘇州集》兩種，相較于《蘇州刻書史》一書將張習的書籍刊刻活動作爲典型來考察蘇州刻書業發展的階段特徵，本文更強調其士人身份與書籍刊刻活動的雙向關係。張習出身吳中，當地的書籍資源和文化傳統對他影響深厚，其書籍刊刻活動也展示出鮮明的地域認同感，但張習刻書持續近二十年，致仕後纔長期居鄉，故能否將其全部作爲蘇州刻書業發展的案例，仍需斟酌。

附録：

表1　張習刻書知見目録

序號	題名	作者	刊刻時間	行款	存藏（僅舉筆者所見）
1	槎軒集十卷附録一卷	（明）高啓撰	明成化十三年（1477）	11行21字，黑口，四周雙邊，單魚尾	國家圖書館（索書號07195）
2	啽囈集一卷	（元）宋無撰	明成化十九年（1483）		原刻不存，以天津圖書館藏明毛氏汲古閣刻元人十種詩本《啽囈集》書後張習跋文爲據。
3	雁門集八卷	（元）薩都剌撰	明成化二十年（1484）	11行21字，黑口，四周雙邊，雙魚尾	國家圖書館（索書號04284）
4	眉庵集十二卷補遺一卷	（明）楊基撰	明成化二十一年（1485）	11行21字，黑口，四周雙邊，單魚尾	國家圖書館（索書號07196、09646）
5	姑蘇雜咏一卷附録一卷	（明）高啓撰	明成化二十二年（1486）	10行20字，黑口，四周雙邊，雙魚尾	國家圖書館（索書號08555、11424）
6	北郭集十卷	（明）徐賁撰	明成化二十三年（1487）	11行21字，黑口，四周雙邊，雙魚尾	國家圖書館（索書號07198）
7	韋蘇州集十卷拾遺一卷	（唐）韋應物撰	明成化、弘治間（1465—1505）	11行21字，黑口，四周雙邊，單魚尾	國家圖書館（索書號A01588）
8	静居集六卷	（明）張羽撰	明弘治四年（1491）	11行21字，黑口，四周雙邊，單魚尾	國家圖書館（索書號07197）
9	半軒集十二卷補遺一卷楮園草一卷	（明）王行撰	明弘治四年（1491）	11行21字，黑口，四周雙邊，單魚尾	據國家圖書館藏縮微膠捲（索取號S2055，底本爲南京圖書館藏）
10	夷白集十二卷附録一卷	（元）陳基撰	明弘治八年（1495）	12行24字，黑口，四周雙邊，單魚尾	國家圖書館（索書號09645）
11	僑吳集十二卷附録一卷	（元）鄭元祐撰	明弘治九年（1496）	12行24字，黑口，四周雙邊，單魚尾	國家圖書館（索書號09642、13412）

（作者單位：國家圖書館古籍館）

契闊相存：毛晋與錢謙益的交往

丁延峰　趙　月

内容提要： 毛晋與錢謙益亦師亦友，錢謙益云："海内知交，凋謝殆盡，及門之士，晨星相望，亦有弃我如遺迹者。惟毛子子晋，契闊相存，不以老耄捨我。"其交往之情深，遠逾泛泛之交。不僅如此，兩人在藏書、刻書、學術中相互幫助，共同提携。同時，晚年兩人皆篤佛，以填充精神世界、逃離世俗。在毛晋的宏大書業中，錢謙益的鼎力支持是其中不可缺少的重要因素之一。

關鍵詞： 毛晋　錢謙益　交往

　　錢謙益（1582—1664）爲清初詩壇盟主之一，東林黨領袖，官至禮部侍郎，後降清，爲禮部侍郎，纂修《明史》。學問淵博，工詩文，爲一代之文宗，著有《牧齋有學集》《初學集》《投筆集》《列朝詩集小傳》等。錢謙益交游甚廣，曾言："天下有真朋友，有真性情，乃有真文字。"①此係有感而發，友朋之情深見于其字裏行間。蔡營源通過鈎稽錢謙益著述，撰成《牧齋交游人名總録》②，共得九百餘人。在其友朋中，毛晋是最受器重的一位。兩人所處的時代背景、生活環境、志趣愛好等等都有共同之處，既是師生又是朋友，其交情遠逾泛泛之交。

　　錢謙益在《隱湖毛公墓志銘》中除對毛晋的學術進行綜述外，又云："子晋爲人，孝友恭謹，遲重不洩。交知滿天下，平生最受知者，故令應山楊忠烈公，所莊事者，繆布衣仲淳、張冢宰金銘、蕭太常伯玉也。與人交，不翕翕熱。撫王德操之孤，恤吳去塵、沈璧甫之亡，皆有終始。著書滿家，多未削稿。……銘曰：君爲舉子，提筆如虹。丁卯鎖院，訊于掌夢。明遠麗譙，蟠龍正中。口銜珠書，山字冠空。兩旛旁列，史右經東。明年改元，歲集辰龍。高山崔巍，觀象在崇。爰刻經史，敬嗣辟雍。秦鏡漢囊，表應受終。魯誥既藏，竺墳攸崇。玉牒縹筆，昱耀龍宫。劫塵浩然，噩夢衝衝。維兹吉夢，帝命克從。罣如填如，有丘宛隆。文字海光，長賁柏松。"③錢謙益曾爲毛子晋像撰贊云："菑畬油素，枕籍縑緗。考六經爲鐘鼓，奏四部爲笙簧。蠹飽羽陵，獺

---

① （清）錢謙益：《牧齋雜著》，《錢牧齋全集》第8册，上海古籍出版社，2003年，844頁。
② 蔡營源：《錢謙益之生平與著述》，臺灣芙華書局，1977年，279 — 285頁。
③ （清）錢謙益：《有學集》卷三十一，《錢牧齋全集》第6册，1141—1142頁。

祭幾將。逐康成之車後，呼子慎于道旁。重之以貫花妙典，寫葉秘章。抑陽夏楚，讎勘梵唐。梨棗疊架，貝多滿堂。愍墨穴之昏黑，備石室之弆藏。斯人已矣，誓願不亡。河沙重重，海墨茫茫。固將聽犍椎聲，分瓶水于喜海，抑亦持丹漆器，理科斗于廣桑？"①錢氏對毛晉之治學、才情、爲人處世、道德品性進行了褒評。知生莫如師，錢氏有這樣的評價，源于其四十多年的深交相知。

一、交往倡和

明萬曆四十六年（1618），毛晉二十歲時，由其父毛清付囑于錢氏之門，是年錢謙益三十六歲。自此開始了他們四十餘年的交往。毛褒等《先府君行實》云："後執經錢太保牧齋先生之門，先生待之以游、夏，相與揚榷古今，三十餘年未嘗有間。"②"游、夏"典出《論語·先進》："文學子游、子夏。"邢昺疏云："文章博學則有子游、子夏二人。"可見其護愛篤深，極爲器重。

毛晉世居虞山南湖迎春門外七星橋下，距錢謙益白茆市別墅紅豆山莊祇有二十里，據滎陽悔道人云："方汲古閣之炳崎于七星橋也……東去二十里爲白茆市，某公（即錢謙益）紅豆山莊在焉。"③錢謙益《黃奉倩詩序》云："余家鄰子晉，每與子晉躑躅嘆歌。"④這種地利爲兩人頻繁之交往提供了方便，得以常常"躑躅嘆歌""揚榷古今"。《牧齋先生尺牘》中載有四十六封致毛晉信，是諸友中最多的，討論創作、藏書、刻書、校書等事宜，兼及患病、日常生活諸事，如錢謙益致李毅書云："昨因兩耳暴痛，不能肅客。入夜兩腮俱腫，耳中蓬蓬然，不聞雷霆，恐爲濟老之續。苦甚……并致意子晉，如有好停耳方，幸示之，省得用東坡鹹耳法也。"⑤如幾日不見，便思晤見："湖上歸，渴欲一晤。孟老來，知有臂痛之恙，殊相念也。競渡喧闐，端居晏坐，却承椶米之惠，不無湘江角黍之思。""別後毒發右足，呼號竟日夜，足不履地。""晤對之期，當在月杪。此時正與勗、伊諸師商榷《般若》，大有相長處。歸時當面詳之耳。""吳門晤後，尚未一面。"⑥等等。明天啟四年（1624），毛清卒，子毛晉請錢謙益作墓誌銘；天啟六年，母戈氏六十誕辰，錢謙益作《毛母戈孺人六十序》。明崇禎十二年（1639）三月三日，謙益邀請毛晉、沈璜、李毅等宴集花信樓，謙益作詩《上巳集花信樓》："烟靄空濛歷翠微，春郊上巳濟芳菲。祓除正愛清流好，露濕何妨急雨飛。新柳碧堪浮酒面，小桃紅欲上人衣。秉蘭士女看相謔，芍藥何當欲

① （清）錢謙益：《有學集》卷四十二，《錢牧齋全集》第6冊，1437頁。
② （清）毛褒等：《先府君行實》，錢大成《毛子晉年譜稿·附錄》，《國立中央圖書館館刊》第1卷第4號，1947年，22頁。
③ 陶湘編：《汲古閣主人小傳》，《書目叢刊》，遼寧教育出版社，2000年，20頁。
④ （清）錢謙益：《牧齋雜著》，《錢牧齋全集》第8冊，678頁。
⑤ （清）錢謙益：《牧齋雜著》，《錢牧齋全集》第7冊，280頁。
⑥ 同上，299、300、303、310頁。

贈歸。"毛晋次韵和曰："脉脉流泉界翠微，永和歲共惜芳菲。一川江浪浮鷗去，十里香塵傍馬飛。曲岸柳牽游子扇，畫船風簸舞人衣。年華雲曳殘春候，有酒如何不醉歸。"①

崇禎十四年九月二十六日，謙益六十初度，爲避紛擾，避客南湖，毛晋爲之祝延，開清齋法筵，供南嶽貫休十六應真像，坐客有戈汕、李毅、孫永祚諸君，唄讚竟日。

崇禎十六年冬，錢謙益構絳雲樓落成，上梁日賦詩八首。毛晋登樓，以《登錢夫子絳雲樓和韵八首》次韵和之。錢謙益《絳雲樓上樑以詩代文八首》之一云："負戴相將結隱初，高榆深柳愜吾廬。道人舊醒邯鄲夢，居士新營履道居。百尺樓中偕卧起，三重閣上理琴書。與君無復論榮觀，燕處超然意有餘。"②以白居易、陶弘景、老子退隱之典故，表達了與物遂絶、抛却世俗榮辱而燕處超然的心態與思想。毛晋和曰："躡履憑高縱自初，風晴下瞰接衡廬。空中何意開飛閣，天上仍聞有净居。仙吏祇依香案籍，姮娥深護蕊淵書。興來時擁元龍膝，落落誰當眼底餘。"③

崇禎十七年，錢謙益與毛晋、李元鼎、顧夢游、朱鶴齡、馮班、馮武等以《秦淮花燭詩》爲題相倡和。

順治十三年丙申（1656）秋，錢謙益招釋照渠住錫紅豆村芙蓉莊講《華嚴玄談》，以"華嚴玄談"四字爲韵唱聽法詩四首，釋道源、潘檉（湯鴻）、毛晋、錢曾等紛紛酬和（《隱湖倡和詩》卷中；《和友人詩》）。

順治十四年正月五日，毛晋六十壽辰，海内名人魁士、高僧道流，悉有介壽之文，都數百首。張宗芝、王濔、馮英纂集爲《以介編》，錢謙益撰壽序云："海内知交，凋謝遒盡，及門之士，晨星相望，亦有弃我如遺迹者。惟毛子子晋，契闊相存，不以老耄舍我，而子晋年已六十矣。憶子晋摳衣升堂，年方英妙，今已巋然爲鄉老。余西垂之歲，塊然獨處，其與子晋過從，視古之度阡陌而燕鷄豚者，則有間矣。于其生辰爲壽，諷咏曹、韓之詩，其亦不能無愾然也已。"④可知在錢謙益處于落難逆境時，知交、弟子相繼而弃，唯毛晋仍親如故舊，可見毛晋剛正忠厚之品格，世人之所以願意與其交往者，蓋不出乎此矣。

順治十六年正月十三日，錢謙益過湖南草堂，兩人張燈夜飲。錢謙益飲罷歸舟，被酒不寐，追憶昔游，有感而發，申旦成詩四首：

　　彈指經過十九年，持螯把酒菊花前。流年冉冉看棋去，往事騰騰中酒眠。風伯訟隨天醉判，井公博與帝争偏。夜闌秉燭非容易，開口何辭一笑顛。

　　書閣清齋初度辰，祝延酹酒最情親。貫花貝葉繪長壽，炊飯香秔請應真。席上半嗟揚軬客，井邊偏笑繫腰人。湖南舍北同春水，蕩槳相過莫厭頻。

---

① （明）毛晋等:《和友人詩》，《汲古閣集》稿本，國家圖書館藏。
② （清）錢謙益:《初學集》卷二十，《錢牧齋全集》第2册，2003年，738頁。
③ （明）毛晋:《野外詩》，民國丁祖蔭《虞山叢刻》本。
④ （清）錢謙益:《有學集》卷二十三，《錢牧齋全集》第5册，936頁。

迎門展齒走兒童，一握歡聲笑語中。盤簇試燈春宴餅，簾喧留客石尤風。金杯臘後輕浮碧，銀樹花前早放紅。夢裏華胥光景在，未應惱殺白頭翁。

藍風劫雨過蒼茫，安穩南湖舊草堂。玉府珠林羅典籍，芝田蕙畝長兒郎。殘編魚蠹春燈静，近局雞豚社酒香。有約延緣葦間櫂，莫令餘子問滄浪。①

第二首末注："辛巳八月，余六十初度，避客南湖，子晋爲余開法筵，供貫休《十六應真》，爲余祝延，坐客有戈莊樂、李孟芳、孫子長諸君，今失其半矣。"崇禎十四年辛巳九月二十六日，錢謙益六十初度，毛晋邀請老友名客爲其祝壽，并供奉自己收藏的《十六羅漢圖》。十九年後，亦即順治十六年，錢謙益過毛晋載德堂，張燈夜飲，飲罷歸舟，被酒不眠，追憶昔游，感而作七律四首。越七日，回舟過昆山，捉筆書之，以贈毛晋。毛晋得詩示陳瑚，二人均有和作。詩中"持螯把酒菊花前"，典出《晋書·畢卓傳》："卓嘗謂人曰：'得酒滿數百斛船，四時甘味置兩頭，右手持酒杯，左手持蟹螯，拍浮酒船中，便足了一生矣。'""流年冉冉看棋去"，典出任昉《述異記》卷上："信安郡石室山，晋時王質伐木至，見童子數人棋而歌，質因聽之。童子以一物與質，如棗核，質含之，不覺饑。俄頃，童子謂曰：'何不去？'質起，視斧柯爛盡。既歸，無復時人。""風伯訟隨天醉判"一句，"風伯"即風神，韓愈有《訟風伯》。"天醉"，《文選·張衡〈西京賦〉》："昔者大帝説秦繆公而觀之，饗以鈞天廣樂。帝有醉焉，乃爲金策，錫用此土，而剪諸鶉首。"李善注引虞喜《志林》曰："諺曰：'天帝醉秦暴，金誤隕石墜。'"此處暗寓明清易代。世道已變，故人已去，而毛晋作爲晚輩，爲師開筵以介眉壽之彼情彼景，至今歷歷在目，錢謙益能不感懷萬分！第四首末注："飲罷歸舟，被酒不寐，申旦成咏。越七日，回舟過玉峰，捉筆書之，以貽子晋，聊博一笑，兼祈繼聲。"毛晋則以《首春日錢夫子枉棹隱湖懷舊感新示教四章敬步原韵酬謝》爲題和之：

應真高掛憶當年，禪月通靈點筆前。濃繪焜煌宗立本，白描冥郁隸龍眠。鑪燒薰陸霞光接，人插茱萸燭蕊偏。今日南山一片石，蘇公作供米公顛。

六十年華愧及辰，師恩弟紀倍情親。千年城郭知經遍，七椀旗槍喜任真。橋外揚舲無俗駕，樽前釃酒半幽人。祝延相戒喧爆竹，莫道南村式燕貧。

郊原雲色漸童童，喜接高軒春雨中。往事東湖分櫂月，新情南浦打頭風。玄亭廢學嗟猶白，田舍炊香笑二紅。提抱孫雛前襄拜，及門小子亦呼翁。

芬敷華座海茫茫，豈是尋常過草堂。替庚岡宜聽九子，雨淋鈴莫信三郎。展開屏幛占星象，演説雷音發妙香。從此向師傳唱字，月明船子擊滄浪。②

第二首末毛晋自注曰："明年師八十矣，再申前請。"惜其早卒，未能如願。

順治十六年六月，毛晋病痢，七月二十七日卒。彌留之際，請錢謙益撰墓志銘。

---

① （清）錢謙益：《有學集》卷十，《錢牧齋全集》第4冊，474—475頁。
② （明）毛晋：《和友人詩》，《汲古閣集》稿本，國家圖書館藏。

毛褒云：“府君殁，先生哭之，有喪予之痛。”①“喪予”典出《論語·先進》：“顏淵死。子曰：‘噫！天喪予！天喪予！’”可見錢謙益悲痛之極，甚至自此之後不忍再過南湖。錢謙益在爲其子毛褒室名作記時痛言：“子晋弱冠游吾門，讀書考文，没身不倦，可謂能説學矣。……余于子晋之亡也，一哭之後，舍南社北，不忍扁舟過南湖。今于伯華（毛褒字）之請記，稱道古人之言以懋勉之，既以幸子晋之不亡，而山陽聞笛之悲，亦可以少自解也。”②從毛晋去世到下葬，錢謙益一直放心不下，致信毛晋家人云：“尊公卜地事，不可不留心！江右熊渭生，今之名家，偶到郡中，似宜延之相宅，以迓元吉也。”③對毛晋的葬地選擇、風水後事亦如此關心，足見兩人遠非一般之交。

二、藏書刻書

錢謙益和毛晋均爲江南藏書巨擘，同嗜卷軸，自然交流極多，從中可見二人關係之親密。如毛晋爲其借書、訪求，從《尺牘》中可以鈎稽出多則謙益托晋代勞的事例：“小版《漢書》，祇取《賈山傳》二葉，又殘佚年表一卷，餘悉封附還。如《資治通鑑》有殘本，并望惠示。”“南中焦家釋典書尚在，可一訪之。《釋摩訶衍論》，二《藏》所無，彼中似尚可一訪求。又楊復輯《訓行録》，皆開國釋門事典，千萬覓一册見示，可問之丁函生也。”“德操家藏詩卷，幸爲致之。”“《高僧傳》宋刻絶佳，因此益思宋藏耳。”“《牧潛集》及書目領到。”“曾托胡白叔尋訪郡中黄德水、沈從先詩，幸一促之。德水詩惟史辰伯有之，惡其吝而難與言也。”“《出三藏記》，乞惠一册。”“《石老詩序》日下想已刻成，乞付數紙。”④毛晋還贈書錢謙益：“偶欲簡智昇《釋教》二書，乞命記室檢付，即乘便舟附來爲望。”“老懷落落，但急欲睹續刻藏本，未卜流通在何處也。饋歲之覣，有加無已。”“《圓談》及《聽講詩》俱領到，并謝饋歲之覣。”⑤等等。這些書目大都載録于錢謙益所撰《絳雲樓書目》，可見毛晋爲師盡力之善始善終。

曹溶曾云錢謙益“片楮不肯借出”⑥，但對于毛晋這樣的知交則不吝出手，如致毛晋函中云：“《天童塔銘》，是靈巖刻者，附上一册。”“《楚詞》四本附去。”“《吴中文獻》稿，在許孟宏家者甚備，多人間未見之文，必須盡力取之，方可成書。僕處如有所有，當取次覓出也。”⑦《汲古閣珍藏秘本書目》亦多有記載，如影宋抄本《國語》，即“從絳

① （清）毛褒等：《先府君行實》，錢大成《毛子晋年譜稿·附録》，《國立中央圖書館館刊》第1卷第4號，1947年，22頁。
② （清）錢謙益：《有學集》卷二十六，《錢牧齋全集》第5册，1008頁。
③ （清）錢謙益：《牧齋雜著》，《錢牧齋全集》第7册，319頁。
④ 同上，302、304、308、311、313、310、300頁。
⑤ 同上，308、304、307頁。
⑥ （清）曹溶：《絳雲樓書目題詞》，清抄本，南開大學圖書館藏。
⑦ （清）錢謙益：《牧齋雜著》，《錢牧齋全集》第7册，303、314、309頁。

雲樓北宋版影寫，與世本大异"。影宋抄本《戰國策》，"從絳雲樓北宋本影寫，乃高誘注，與世行鮑彪注大不同"。影宋抄本《李太白集》，"從絳雲樓北宋版覓舊紙延馮寶伯影抄"①。汲古閣刻本《樂府詩集》一百卷，所據底本即爲其所藏宋本，毛晉于卷末跋云："惜乎至元間童萬元家本，凡目録小序率意節略，歲月既久，黵滅不能句讀。因乞大宗伯錢師榮木樓所藏宋刻，手自讎正。"②能够借出如此之多的北宋佳槧，設非至交，焉能做到？宋紹定刻本《吳郡志》，傳世極稀。崇禎三年，松江府知府方岳貢創議修府志，馳書招毛晉與陳繼儒共主其事，毛晉携宋刻前往，并據以刻梓。毛晉所携即從錢謙益處以低廉價格獲得者，毛晉跋崇禎三年汲古閣刻本《吳郡志》云："從太史公錢師榮木樓獲宋刻范文穆公《吳郡志》，珍爲髻珠。"③錢謙益在致毛晉函中亦多次提及此事："《志》書得易藏刻，是以搏黍博黃金也，何快如之？俟少間，不妨遣舟來載去也，""《藏》本皆家中所有，《志》書欲搜閱便可取去，不必相易也，""《志》書不妨載去，俟小价下鄉，再面喻之，即可命舟來取也。"④

毛晉愛好廣泛，嘗從錢謙益處得文同《畫竹》。毛晉序《丹淵集》曰："予昔從牧翁師得睹文與可畫竹，因請曰：'聞之墨竹一派，近在彭城，信然耶。'時孟陽在坐，曰：'擬將一段鵝谿絹，掃取寒梢萬尺長。此之謂矣。'遂乞歸。每風日晴美之際，披圖展對，如身在篔簹叢中已。顧嘗記長公之言曰：'溢而爲書，變而爲畫，皆詩之餘。'"⑤得睹心儀之作，如身處竹林，心情大悦，玩賞不已。

毛晉刊成《陸游全集》後，又從牧翁處得賦七篇及續稿二册，輯爲《放翁逸稿》補刊行世，跋曰："予已梓行久矣，牧齋師復出賦七篇相示，皆集中所未載。又云：'《閲古》《南園》二記，雖見疵于先輩，文實可傳。其飲青衣泉，獨盡一瓢，且曰視道士有愧，視泉尤有愧已。面唾侂胄，至于南園之亂。惟勉以忠獻事業，無諛詞，無侈言，放翁未嘗爲韓辱也。'因合鐫之，并載詩餘幾闋，以補《渭南》之遺云。""余刻《劍南詩稿》，凡八十五卷，卒業，復從牧齋師案頭得《續稿》二册，意即所云七卷者。因類分古風、律絶目録，櫛比而鱗訂之。其間未刻者，止得古詩一首，律詩二十有三首，絶句二十有六首，依舊詮次，作《逸稿》下卷，聊補劍南之遺云。"⑥

毛晉卒後，毛扆拜訪錢謙益，錢氏云："君家有闕卷，屢從余借鈔。"⑦足見當時毛晉從錢家借書實乃常事。

明崇禎十年三月，錢謙益因本邑張漢儒疏奏其"居鄉不法事"，列罪五十八條而被

---

① （清）毛扆：《汲古閣珍藏秘本書目》，清嘉慶五年（1800）吳門黃氏士禮居刻本。
②《樂府詩集》毛晉跋，載明崇禎十二年（1639）汲古閣刻本《樂府詩集》卷末。
③《吳郡志》毛晉跋，載明崇禎三年（1630）汲古閣刻本《吳郡志》卷末。
④ （清）錢謙益：《牧齋雜著》，《錢牧齋全集》第7册，309、310頁。
⑤《丹淵集》毛晉序，載萬曆三十八年（1610）吳一標刊崇禎四年（1631）毛晉重修本《丹淵集》卷首。
⑥《放翁遺稿》毛晉跋，明末清初汲古閣刻《陸放翁全集》本《放翁逸稿》上下卷末。
⑦ 宋刻本宋趙孟奎輯《分門纂類唐歌詩》一百卷卷末毛扆跋引錢謙益語。國家圖書館藏。

捕下獄，被迫求救于司禮太監曹化淳，需要"周旋打點"，而"當時家貲愈落，罄田園房室，不及中人"。十一月，錢謙益致函李毅，欲將《漢書》售與毛晉，云："空囊歲莫，百費蝟集，欲將弇州家《漢書》，絕賣與子晉，以應不時之需，乞兄早爲評斷。此書亦有人欲之，意不欲落他人之手。且在子晉，找足亦易辦事也。幸即留神。"①次年春，再致函李毅曰："子晉并乞道謝。《漢書》且更議之，不能終作篋中物也。歸期想當在春夏之交，把臂亦非遠矣。"②崇禎十一年五月，錢謙益獄解歸里。崇禎十三年，經濟狀況已有好轉，"娶柳入門"，爲其築我聞室，又建絳雲樓。崇禎十五年，又"得周氏廢圃于北郭"，建留仙館、玉藥軒。因大興土木、刻印《初學集》、爲柳氏治病等各項開支，資金又成問題。崇禎十五年冬，又致函李毅，以《漢書》爲抵押，向毛晉告貸："歲事蕭然，欲告糴于子晉。藉兄之寵靈，致此質物，庶幾泛舟之役，有以藉手，不至作監河侯也。以百石爲率，須早至爲妙，少緩，則不及事矣。"③崇禎十五、十六年，不意常熟連年災荒，毛晉"資斧告竭，亟弃負郭田三百畝以充之"，無力購買。之後，錢謙益損二百金售《漢書》于謝象三。據錢大成《毛子晉年譜稿》，崇禎十六年"錢謙益以貧乏故，鬻王世貞舊藏北宋版前後《漢書》于鄞縣謝氏。是書昔曾質于先生，先生亦有意購藏，想以議價不洽而罷。"④去書之日，殊難爲懷，錢謙益爲此連題兩跋，云："趙文敏家藏前、後《漢書》，爲宋槧本之冠，前有文敏公小像。太倉王司寇得之吳中陸太宰家。余以千金從徽人贖出，藏弆二十餘年，今年鬻之于四明謝象三。床頭黃金盡，生平第一煞風景事也，此書去我之日，殊難爲懷。李后主去國，聽教坊雜曲'揮泪對宮娥'一段，淒涼景色，約略相似。"又云："京山李維柱，字本石，本寧先生之弟也。書法樴顏魯公。嘗語余：'若得趙文敏家《漢書》，每日焚香禮拜，死則當以殉葬。'余深愧其言。"⑤陳登原慨云："以失《漢書》而淒涼景色，比擬亡國，非徒絳雲樓主人也。荒山有鬼，慟哭其書，亦非限于脉望館之主人。以此嗜尚之癖而聚書，書城聚矣。然充此精神而藏書，則書之幽囚閉禁，固藝林之一劫也。"⑥王世貞所藏北宋本《漢書》今藏于國圖，鈐有王世貞兩印"貞/元""仲雅"，又鈐有"宋本""汲古閣""汲古閣世寶""在在處處有神物護持""審定真迹""毛晉秘匧""隱湖毛表圖書""奏叔""奏叔氏""毛奏叔收書記""毛奏叔氏""毛表之印""臣表""毛表藏書"等毛晉、毛表藏印多方，蓋此書質押于汲古閣時所鈐。從鈐有父子之印看，毛晉亦看重此書，無奈因資金不足而無法成爲囊中之物。這說明，在錢謙益心目中，毛晉纔是此書的真正識家，因此儘管有其他人欲得，首先想到的仍是值得自己信賴的人；同時，

① （清）錢謙益：《牧齋雜著》，《錢牧齋全集》第7冊，279頁。

② 同上，276頁。

③ 同上，279頁。

④ 錢大成：《毛子晉年譜稿》，《國立中央圖書館館刊》第1卷第4號，1947年，17頁。

⑤ （清）錢謙益：《跋宋版前後漢書》，《初學集》卷八十五，《錢牧齋全集》第3冊，1781頁。

⑥ 陳登原：《古今典籍聚散考》，華東師範大學出版社，2009年，384頁。

更可看出兩人對此書的酷愛程度。①

　　毛晋是刻書大家，而錢謙益則精于著述、整理。錢謙益撰述極多，而使其能够完善保存下來的是毛晋，這也是兩人精誠合作的結果。錢謙益《隱湖毛君墓志銘》云："余老歸空門，撥弃世間文字，每思以經史舊學，朱黄油素之緒言，悉委付于子晋。"②可以説，在毛晋卒前，其主要撰述皆由毛晋刻梓行世。毛晋卒後，則由其子續刻。

　　清順治初年汲古閣刻本《列朝詩集》是錢謙益編輯的明代詩人詩集。全書分爲乾、甲、乙、丙、丁、閏六集，共81卷，收録1644位詩人的詩作，并附見188人的詩作。可謂明詩之集大成者，錢謙益曾告訴友人周安期："鼎革之後，恐明朝一代之詩遂致淹没，欲仿元遺山《中州集》之例，選定爲一集，使一代詩人精魂留得紙上，亦晚年一樂事也。"③順治六年，《列朝詩集》編就，即刻交由毛晋刊印。錢謙益于序中交代了該集編撰緣起、體例與主旨、卷次安排、命名等問題。《中州集》從甲集編到癸集，共十集。而《列朝詩集》則編至丁集。錢謙益以丁集止，寄意深邃，丁乃夏令，對朱明王朝而言是四十强盛之年，應是大有作爲之時，因而不録明末死于國難的志士和遺民詩作，如黄淳耀（字藴生）、陳子龍（字卧子）。成書之時南明桂王仍固守滇南，海上也堅持抗清鬥争，錢謙益對他們寄托了復明之志。待南明恢復天下，重整山河，再補癸集，以成全集。但當時不少人并不理解，錢謙益寄信將此意告知毛晋："藴生詩自佳，非午溪輩之比。須少待時日，與陳卧子諸公死節者并傳，已有人先爲料理矣。其他則一切以金城湯池禦之。此間聒躁者不少，置之不答而已。"④此意非爲知己不會告知。

　　不僅如此，關于編刻是集的諸多問題，兩人也多次交流。《列朝詩集》將乾集列于

----

① 國圖藏兩部清初影宋抄本兩《漢書》殘本（索書號：18135、18036），與北宋本行款相同，上有毛晋跋曰："辛巳余借牧翁宋本繕寫，凡二周而未及列傳。後其本爲四明謝象三携去，遂不克全，迄今幾十年矣。偶翻閲舊帙，因爲志其始末若此，後之觀者慎弗視爲殘編斷簡而勿諒余之苦心也。己丑仲夏望日毛子晋記。"朱錫庚跋曰："是卷爲明毛子晋從宋槧本影寫，格式大小一如其舊，而字體遒勁，筆畫嶄然，與精槧無别。但有紀志而無列傳，蓋當時假鈔匪易，未克録完，卷末有子晋跋尾，可按而知也。……此本亦自錢氏寫出，足稱連城無價，豈得云趙璧未完耶！"道光二十四年（1844）翁同書跋曰："汲古閣影寫《漢書》舊藏大興朱孝廉錫庚家。"但李盛鐸跋曰："此影宋寫本兩漢書。惟闕列傳，經藏大興朱氏、常熟翁氏，筆墨精妙，字畫嶄方，真印鈔之極工者，相傳出自汲古閣，但無毛氏圖記爲可疑耳。然開卷標題、師古結銜、行款字數皆與景祐本及福唐本爲近，決非三劉刊誤以下所能比擬。偶檢高紀二年六月置中地郡，服虔注'中地在扶風'，宋祁曰'注文在字改作右'，此本正作右，可爲源出景祐本之一證。矧如此巨帙閲二百餘年完好如新，豈非毛氏所謂在在有神物護持者耶！"袁克文跋曰："此書通體精雅如一，決非書胥所能爲。審毛跋語意，必爲毛氏手自繕寫，故非其他毛抄所可企及。"朱錫庚、袁克文以爲毛氏故物言之鑿鑿，李盛鐸則因無毛氏印記稍有懷疑。傅增湘曾經眼此書，《藏園群書經眼録》卷三著録"清影寫宋景祐刊本"，曰："有清初毛晋跋，恐不足據。"究竟是否爲毛晋所爲，待考。

② （清）錢謙益撰：《隱湖毛君墓志銘》，《有學集》卷三十一，《錢牧齋全集》第6册，1141頁。

③ （清）錢謙益：《牧齋雜著》，《錢牧齋全集》第7册，236頁。

④ 同上，315頁。

首位，收録明代各朝皇帝及諸王之詩（閏集收録僧道、婦女之詩），錢謙益于"太祖高皇帝"條下云："臣謙益所撰集，謹恭録内府所藏弆御製文集，冠諸篇首，以著昭代人文化成之始。"[①]將帝王之詩置于卷首，亦表示不忘故國與尊君之義。毛晋初不解，錢謙益致信曰："乾集閲過附去，本朝詩無此集，不成模樣。彼中禁忌，殊亦闊疏，不妨即付剞劂，少待而出之也。"[②]《列朝詩集》原名《國朝詩集》，刻于清順治六年，入清後再以"國朝"稱呼明朝，名實不符，爲避懷念故國之嫌，謙益經再三斟酌，專門給毛晋寫過一封信："惟集名'國朝'兩字，殊有推敲。一二當事有識者議易以'列朝'字，以爲千妥萬妥，更無破綻，此亦篤論也。版心各欲改一字，雖似瑣屑，亦不容以憚煩而不爲改定也。幸圖早之。"[③]在《尺牘》中，還有很多涉及是集的信件，如"《詩集》之役，得暇日校定付去，所謂'因病得閑渾不惡'也。丁集已可繕寫。""甲集前編方參政行小傳後，又考得數行，即附入之，庶見入此人于此卷，非臆見耳。""諸樣本昨已送上，想在記室矣。頃又附去閏集五册、乙集三卷。閏集頗費蒐訪，早刻之，可以供一時談資也。""《詩集》來索者多人，竣業後，當備紙刷幾部應之，亦苦事也。""《詩集》索者甚衆，衹得挪貲刷印，以應其求。""羇棲半載，采詩之役，所得不貲，大率萬曆間名流。篇什可傳，而人間不知其氏名者，不下二十餘人。可謂富矣。此間望此集者，真如渴飢。踵求者苦無以應。"[④]等等。

晚年的錢謙益沉溺佛經疏解，每成一部，即由毛晋刻梓，先後刻有《般若波羅多心經略疏小抄》二卷、《金剛般若波羅蜜多經頌論疏記會鈔》八卷《附》二卷、《大佛頂首楞嚴經疏解蒙鈔》十卷附録首末各一卷、《佛頂五録》八卷等，其後皆收録于《嘉興續藏經》中。順治十五年，錢謙益還搜集編輯《憨山大師夢游全集》四十卷，授予毛晋刻梓，晋卒未完，其子續刻而成。《明史·藝文志》著録者即爲毛氏刻本。

錢謙益平生服膺詩聖杜甫，其箋注杜詩始于崇禎六年夏。時山東德州盧德水刻《杜詩胥鈔》，請其作序，由此引起興趣，撰成注杜《小箋》，箋詩六十四則，分上、中、下三卷；次年又撰成《二箋》一卷，箋詩三十二首。崇禎年間，毛晋將錢謙益《讀杜詩寄盧小箋》三卷、《二箋》一卷和盧德水《讀杜私言》一卷合刻，即明崇禎毛氏汲古閣刻本《錢盧兩先生讀杜合刻二種》五卷。錢謙益于《二箋》自識曰："題之曰《二箋》而刻之，甲戌九月謙益記。"甲戌即崇禎七年，可見該書刻于是年無疑。之後，錢謙益又有所增益，崇禎十六年，由門人瞿式耜將《小箋》《二箋》刻入《初學集》。康熙六年，季振宜始將單行本《錢注杜詩》付刻。而汲古閣刻本則保留了錢謙益箋注杜詩的最早期成果。

毛晋還曾爲其刊刻過詩集《桂殤》一卷。錢謙益晚年得孫，名佛日，字重光，小

① （清）錢謙益輯，許逸民、林淑敏點校：《列朝詩集》，中華書局，2007年，1頁。
② （清）錢謙益：《牧齋雜著》，《錢牧齋全集》第7册，305頁。
③ 同上，313頁。
④ 同上，301、304、305、310、313頁。

名桂哥，聰明勤敏，錢謙益"望其早成"，然八歲即殤。錢謙益極度悲傷，于是效孟郊《杏殤》詩，作七言長句十二首、斷句三十三首共四十五首以志之。《桂殤》由毛晉刊版，在刊刻過程中，錢謙益多次致函毛晉："在九、十絕句中，纖兒指老窮、尺土等字，譏誚豚兒，不覺發風動氣，旋亦付之一笑。"又云："細閱九、十兩絕句，殊亦淡率，無怪乎纖人以爲口實。因易以'銅山''大野'二首，屬潛在改刻焉。"毛晉還曾爲佛日畫像，錢謙益致信云："《桂殤》詩實哀痛之餘，假此少遣鬱塞。又辱兄丹青妙筆，爲此兒傳神寫照。而此中頗有一二語爲傍人指摘者，殊非意中之事。然老年暮景，恐此詩一出，便有許多葛藤，却生家庭中荊棘。此實一往哀傷，點檢不到，悔之莫及。今乞仁兄爲我將此刻收起，萬勿流布。待面時一訴委曲，然後知此詩之不可出也。"儘管未能流布，正如謙益所云："然道誼骨肉之感，則銘之無盡矣。"①

與此同時，毛晉刻書也得到了錢謙益的大力支持。作爲一代文宗的錢謙益，多次受弟子毛晉之邀，爲其所刻作序。汲古閣刻本《十三經注疏》雖不免魯魚豕亥，然由明末至乾隆以前廣行于世，且未有更佳之本出現，故名重一時。葉德輝《郋園讀書記》云："崇禎庚戌，常熟毛晉汲古閣又刻之。展轉傳刊，魯魚多誤，而毛刻十三經乃風行海內，由于南北兩監刻本版片日就散佚，乾隆武英殿刻版尚未告成，士人舍此無他本可求，故遂爲天下重也！"②錢謙益對毛晉刊刻之功不吝贊美，其《新刻十三經注疏序》云："《十三經注疏》，舊本多脫誤，國學本尤爲踦駁。邇來儒臣奉旨讎正，而繆缺滋甚，不稱聖明所以崇信表章至意。毛生鳳苞竊有憂焉，專勤校勘，精良鋟版，窮年纍月，始告成事，而屬謙益爲其序。"又云："鳳苞之校刻也，表遺經也，尊聖制也，砥俗學也，有三善焉。余故狥其請而爲之序。……遡經傳之源流，訂俗學之舛駁，使世之儒者孫志博聞，先河後海，無離經而講道，無師今而非古。胥天下窮經學古，稱聖明所以崇信表章至意。則是言也，于反經正學，其亦有小補矣夫！"③

《十七史》亦是毛刻力作，錢謙益《汲古閣毛氏新刻十七史序》云："崇禎庚辰之歲，毛氏重鐫《十三經》，余爲其序。越十有七年，歲在丙申，十七史告成，子晉復請余序。"又借客人之口云："是役也，功于史學偉矣。毛子有事經史，在崇禎時，正乙夜細紬，稽古右文之日。崇山示夢，龍光金書，大橫兆占之初，神者告之矣。成均之典册，劫灰已燃；鴻都之石經，珠囊重理。聖有謨訓，文不在兹？東壁圖書，光昱昱射南斗，此非其祥乎？余曰'唯！唯！'遂并序問答之辭，書之簡首。"④錢謙益還在其《尺牘》中多次談到撰序事宜："惟《十七史序》，以瀚下後頭涔涔不能屬思，必須少寬之。稍閑，當捉筆，不敢忘也。""《十七史序》，白下多來問者，不妨付梓流傳

① （清）錢謙益：《牧齋雜著》，《錢牧齋全集》第7册，313—314頁。

② （清）葉德輝：《郋園藏書志》，上海古籍出版社，2010年，13頁。

③ （清）錢謙益：《初學集》卷二十八，《錢牧齋全集》第2册，850、852頁。

④ （清）錢謙益：《有學集》卷十四，《錢牧齋全集》第5册，679頁。

也。”“舟次草《十七史序》，老生常談，迂腐滿紙，恐未足增册府之光也。如何？如何？”①毛刻配錢序，可謂珠聯璧合。

又，明崇禎十二年，毛晋輯録《題跋》第二卷成，刊梓之前，請序。清初，毛晋刊佛訣《大悲神咒》，請序，并多次通信商討校改之事等等。

錢謙益還在刻書方向上對毛晋父子加以提示引導，如在致毛晋信中云：“徐霞客千古奇人，《游記》乃千古奇書，惜其殘闕，僅存數本。仲老携來，思欲傳之不朽，幸爲鑒定流通，使此等奇人奇書不没于後世，則汲古之功偉矣！”②謙益也經常提醒注意刻字等對讀者的影響，如致信毛表論《夢游全集》云：“《集》中爲繕書人多寫拗體別字，讀者殊爲不便，必須發令改正，以便流通，功德不淺也。”“繕寫人多寫難字，不便誦讀，必須改正，此等尚是寒山之流毒也。”③等等。

無論藏書還是刻書，錢謙益與毛晋互爲彼此毫無保留地提供善本與資料，這既是源于彼此的互信，更是對彼此學術及事業的最大支持。

三、學術與佛緣

毛晋受錢氏敦教，學業大有長進。錢謙益曾謂，毛晋“壯從余游，益深知學問之指……蓋世之好學者有矣，其于内外二典世出世間之法，兼營并力，如飢渴之求飲食，殆未有如子晋者也”④。同時還開拓視野，隨其結交衆多名流。交游與學術可謂相得益彰。陸世儀《祭虞山毛子晋文》載：“毛子晋亦虞山之人杰也。在昔萬曆盛時，虞山牧齋錢公以文章名海内，子晋從之游最早。凡牧齋所讀之書，子晋無不讀；牧齋所交之人，子晋無不交。”⑤毛晋卒後，錢謙益爲其撰寫《墓志銘》，對毛晋一生作了中肯的回顧與評價：

> 子晋奮起爲儒，通明好古，强記博覽，不屑儷花鬬葉，争妍削間。壯從余游，益深知學問之指。意謂經術之學，原本漢、唐，儒者遠祖新安，近考餘姚，不復知古人先河後海之義。代各有史，史各有事有文，雖東萊、武進以巨儒事鈎纂，要以岐枝割剥，使人不得見宇宙之大全。故于經史全書，勘鑮流布，務使學者窮其源流，審其津涉。其他訪佚典，搜秘文，皆用以裨輔其正學。于是縹囊緗帙，毛氏之書走天下，而知其標準者或鮮矣。⑥

毛晋治學以漢唐經史爲源，其他衍生之學皆爲流，用以輔佐正學。其刻書亦遵學

---

① （清）錢謙益：《牧齋雜著》，《錢牧齋全集》第7册，304、303、314頁。

② 同上，316頁。

③ 同上，319頁。

④ （清）錢謙益撰：《隱湖毛君墓志銘》，《有學集》卷三十一，《錢牧齋全集》第6册，1141頁。

⑤ （清）陸世儀：《陸桴亭先生文集》卷六，《陸桴亭先生遺書》四十一卷，清光緒二十五年（1899）太倉唐受祺京師刻本，天津圖書館藏。

⑥ （清）錢謙益撰：《有學集》卷三十一，《錢牧齋全集》第6册，1141頁。

統，故先刻《十三經》《十七史》等經典，其後又刻《津逮秘書》及子集等書，以輔經史。其治學與刻書實際上貫徹的是一個學統體系，但世人并不知曉毛晉有這樣的刻書"標準"與理念。錢謙益當然熟知毛晉的治學思想與刻書事業之關係，雖未從事刻書，然却不時提示毛晉刻書必崇實學之旨，并求内文字體之一絲不苟，以保存古書原貌。錢謙益常助毛晉選刻善本古籍，并多次爲其所刻書作序跋。前揭編輯《列朝詩集》時，錢謙益常將編輯進展及想法及時告知毛晉。這些都在不同程度上提携襄助毛晉，同時亦將其視作摯友，平等討論學術事宜。

崇禎時期，毛晉刊書極夥，常撰有題識，纂輯爲《題跋》，欲以出版，請錢師爲序。錢謙益序云："子晋家南湖之濱，杜門却掃，以讀書汲古爲事。是正典籍，窮日分夜。朱墨錯互，丹鉛狼藉。讎勘得善本，即付梓人，輒爲標舉其指意，鈎玄纂要，與海内學者共之。兹集則其已行世者也。昔人之著書，以題識著稱者，考核簡質，則無如晁公武之《讀書志》。援據詳瞻，則無如董逌《書畫跋》。子晋兹集，簡而能核，詳而有體，庶幾兼晁、董而有之。呂氏有言：'善學者如齊王之嗜鷄也，必食其跖數千而後足'。此亦子晋之鷄跖也已。余老而失學，每思梁人黄奶之語，願以古書爲乳潼，晨夕厭飫，爲還丹却老之藥。今且以子晋之鷄跖，爲吾之黄奶，不尤快乎？遂喜而書于卷首。"[1]在此錢謙益將毛晉所撰題跋喻作"鷄跖"，可見爲師者亦從弟子處學獲頗多。

毛晉自中年以後崇信佛教，廣交高僧，刊梓佛籍，與錢謙益有密切關係。錢謙益一生向佛，尤自絳雲燼後，更迴向佛典，或閱覽或箋注或著述。曹溶《絳雲樓書目題詞》云："宗伯暮年，楗户注佛經，于書無所不采，禪林推爲該博。"[2]作爲弟子的毛晉受其影響是自然的。順治六年，毛晉赴紅豆山莊（又名芙蓉莊）聽釋照渠講《華嚴玄談》，并作《和錢夫子芙蓉莊聽含光法師論華嚴玄談即用四字爲韻》，詩云"緇素同堂容末坐，蓮香蘭露滿珠龕"，"圓教從頭説妙嚴，聞來十益頓忘黏"[3]。可見其投入已至忘食境界。

順治十三年，毛晉摯愛的三子毛袞不幸病亡，極度痛苦，錢謙益馳書慰問，云："佛言初生即有死，不爲愚者説。惟有無生之法，可以消除愛別離苦也。若欲撈漉三途，惟《金剛般若》，幽冥爲功德經，當多禮誦，以資冥福。不然，骸山淚海，積劫相纏，一往悲哀，徒增沉墜耳。知兄是學佛人，敢以奉告，應知不河漢其言也。"[4]錢謙益亦經歷過愛孫早夭的痛苦，因此面對毛晉的遭際，感同身受。如何勸慰弟子減輕傷痛？錢謙益即用佛家思想開導之，勸其超脱生命，看淡生死。

毛晉六十大壽時，錢謙益特爲壽册《以介編》作序，云："余嘗觀魏武遺令，爲陸士衡之憤懣歔吊者矣。又觀張籍叙退之養病詩，所謂'又出二女子，合彈琵琶箏'者

①《題跋》錢謙益跋，載明崇禎十二年（1639）汲古閣毛氏刻本《題跋》二卷卷首，國家圖書館藏。
②（清）葉昌熾著，王欣夫補正，徐鵬輯：《藏書記事詩》，上海古籍出版社，1989年，339頁。
③（明）毛晉：《和友人詩》，《汲古閣集》稿本，國家圖書館藏。
④（清）錢謙益：《牧齋雜著》，《錢牧齋全集》第7册，299頁。

矣。英雄之伯心，文人之習氣，俛仰耗磨，留連晼晚，回環思之，又有不勝其嘆悵者。今吾與子晉，委心法門，一鐙迢然，懸鏡相對，以多生文字結習，回向般若，餘年末光，與斯人孰多？斯可以爲子晉壽也矣。"[1]青年時期，兩人都意氣風發，雄心壯志，而匆匆間已至暮年，"俛仰耗磨"，淡然處之。如此共委法門，意氣相投，有幾人耶？！毛晉信佛，并投身佛籍刊印事業，有其天性自然、心境空靈之內因，又有世道不濟、不與爭俗的外因，更有錢師篤信法門的耳濡目染與深刻影響。

四、結語

毛晉待人真誠、品高性端、天性醇厚，且博學多識，喜愛交游倡和，故"氣場"足大，交友頗多，形成了一個以毛晉爲中心的交游場。諸友以常熟、蘇州爲中心，遍及全國，其中尤以錢謙益、陳瑚、釋道源、顧夢麟、戈汕等交往甚密。他不僅留下衆多詩文作品，且刊印了很多友人著作，而友人亦爲毛晉贈送或提供藏書、襄助刻書、協助校書抄書，對于其事業助力尤多。毛晉與錢謙益亦師亦友，其交往之情深，遠逾泛泛之交。不僅如此，兩人在藏書、刻書、學術中相互幫助，共同提携。同時，晚年兩人皆篤佛，以填充精神世界、逃離世俗。總之，在毛晉的宏大書業中，錢謙益的鼎力支持是不可缺少的重要因素之一。

（作者單位：曲阜師範大學文學院）

---

[1]（清）錢謙益：《有學集》卷二十三，《錢牧齋全集》第5冊，937頁。

惠棟《漁洋山人精華録訓纂》的成書

陳燦彬

内容提要：惠棟撰寫《漁洋山人精華録訓纂》原是爲了完成徐燮的遺志，寫作時間不早于雍正三年秋，國家圖書館現存惠注稿本的完成時間不晚于雍正八年冬。金榮《漁洋山人精華録箋注》參考的惠注本正是這個階段形成的抄本。金注刊刻之後，惠棟作《辨訛》回應，并對《漁洋山人精華録訓纂》進行重新修訂。參注人氏主要是乾隆五年後的嶺南士人交游圈。晚年由于籌備刊刻，惠棟和同人對《訓纂》進行最後的增補修訂。參注者主要是以盧見曾幕府爲中心的江南士人交游圈。《訓纂》的成書不僅代表了集體性注釋文獻的面貌，也展示了清代學者社會中學術交流的風貌。

關鍵詞：王士禛　惠棟　《漁洋山人精華録訓纂》　稿本　清詩清注

　　惠棟（1697—1758）是清代著名學者，以經學名家，曾注釋王士禛《漁洋山人精華録》，有《漁洋山人精華録訓纂》行世。由于撰寫時間較早，此書多被人歸爲"少作"。如陳黄中稱惠棟"爲學廣博無涯涘，于經史多所論著"，而此書則爲"小時所著也"[①]。與其出色的經學研究成就相比，作爲詩歌注釋者的惠棟多被一筆帶過，正如彭啓豐所説，"然其一生精力所萃，則尤在考訂經義"[②]。四庫館臣甚至批評道："至于元元本本，則不及其詁經之書多矣。人各有能有不能，不必以此注而輕棟，亦不必以棟而并重此注也。"[③]不過在"少作"的諸類説法中，時人評價還是以肯定爲主，如錢大昕所言，"先生少時，已好撰述……論者以爲過于任淵之注山谷，李壁之注荆公焉"[④]。

　　撇去諸人對詩注的評價，大家一致認爲《訓纂》是惠棟早年撰寫，但事實是否如此呢？筆者認爲，《訓纂》一書雖然發軔于早年，但又經過兩個階段的增補修訂，直到惠棟去世前一年纔完成雕版刊刻。所以把此書視爲惠棟少作，其實忽視了惠棟以及同人的增補修訂活動。這個過程貫穿了惠棟的一生，既可表明此書并非漫不經心之作，

---

①（清）陳黄中：《東莊遺集》卷三，《四庫未收書輯刊》第10輯第21册，北京出版社，2000年，448—449頁。

② 漆永祥點校：《東吳三惠詩文集》，"中研院"中國文哲研究所，2006年，506頁。

③（清）永瑢等：《四庫全書總目》卷一八二，中華書局，1965年，1647頁。

④（清）錢大昕：《惠先生傳》，《潛研堂文集》卷三九，鳳凰出版社，2016年，626頁。

也可顯示清中葉以著述爲中心的學人互動。本文將利用國家圖書館藏惠棟注稿本，考察其注釋緣起和寫作時間，并通過參訂人氏，還原《訓纂》修訂的不同階段，由此觀覘清代學者的交流網絡①。

一、注釋緣起與《訓纂》稿本的完成時間

《訓纂》的注釋緣起和寫作時間，學者多語焉不詳。清末葉昌熾爲惠棟《訓纂》稿本作跋曰：

> 《漁洋精華録》，金氏《箋注》之外，有惠氏《訓纂》，世所傳通行本，但知爲紅豆一家之言，此本爲徵君原稿，第五卷後皆題"徐燁龍友注、惠棟定字補"，始知斲雕之始，尚有椎輪。或是徐氏原稿，前四卷佚去，徵君爲補完之而又遍及後六卷，訂其蹉駁，補其闕遺，或是徵君前四卷先卒業，以其下付龍友，仍自勒爲定本。今不可得而詳矣。②

葉氏雖然得到惠棟原稿，但對于惠棟注與徐燁注的關係并沒有清晰的認識。事實上，惠棟給徐燁《李義山詩集箋注》所作的跋語中，對于《訓纂》的緣起說得格外清楚：

> 故友長洲徐君燁，字龍友，爲何丈義門高弟。性倜儻，詩才清麗。先君視學粵東，延之入幕，時雍正甲辰也。明年秋，以病卒于高凉。身後遺書，疾革削牘，屬友人爲流布，無人應者。余感其遭命，因續成其所注《精華録》刻之。③

康熙五十九年（1720），惠棟之父惠士奇視學粵東，并在雍正二年（1724）延攬徐燁進入幕府，然而好景不長，雍正三年秋，徐燁就在高凉（今屬廣東省茂名市）病卒。在病情加重時，徐燁曾再三叮囑友人在其死後傳布其書，然而沒人應承。惠棟有感其淒涼遭遇，纔決定續成其書。由此可見，《訓纂》有着非常現實的撰寫動機，其撰寫時間不應早于雍正三年秋。換言之，惠棟二十九歲纔開始撰寫《訓纂》。

惠注刻本的《參注同人姓氏》"徐燁"條曰："龍友。江南長洲人。注《咏史小樂府》一卷、注《精華録》近體六卷。"④可見惠棟早已交代清楚：徐燁祇注釋了其中的近

---

① 近來關于《訓纂》的研究有趙宏祥：《"典範"與"潛流"：惠棟〈精華録訓纂〉注釋體例研究》，《中國詩學》第26輯，人民文學出版社，2018年，143—154頁；王祥辰：《"根柢"重構、"詩史"追尋與家學承續——論惠棟的詩學旨趣》，《蘇州大學學報（哲學社會科學版）》2019年第1期；王祥辰、許建中：《〈漁洋山人精華録訓纂〉的樸學範式及其詩學啓示》，《江西師範大學學報（哲學社會科學版）》2020年第2期。這些研究都未涉及《訓纂》的成書過程，且沒有關注國圖藏惠棟稿本。

② （清）惠棟：《漁洋山人精華録注》卷六下，《清代詩文集珍本叢刊》第125冊，國家圖書館出版社，2017年，127—129頁。《清代詩文集珍本叢刊》影印的《漁洋山人精華録注》係國家圖書館藏惠棟稿本。據葉昌熾《緣督廬日記鈔》卷十三所載，題跋的具體寫作時間是光緒丁未年（1907）七月初四日（北京圖書館出版社，2007年，36—37頁）。

③ 王欣夫：《蛾術軒篋存善本書録》庚辛稿卷四，上海古籍出版社，2002年，240頁。

④ （清）惠棟：《漁洋山人精華録訓纂補》卷首，《四庫全書存目叢書》集部第226冊，齊魯書社，1996年，508頁。

體詩六卷和《咏史小樂府》一卷。這也是惠注稿本第五卷後近體各卷皆題“徐夔龍友注、惠棟定宇補”的原因，葉昌熾跋語的疑惑不難解決。據惠棟《九曜齋筆記》卷一“食熊白詩”條：

> 徐君注，余已爲改正二百餘條，增注四十餘條，尚欲補注古體四卷以行于世，未知何日汗青，姑書之以當息壤。①

此條筆記撰于何時不可考知，但可以確定，寫作此條筆記時，惠棟尚未補注《漁洋山人精華錄》四卷古體詩。可見，惠棟的注釋順序是先增訂徐夔之注，再補注徐夔没有措意的四卷古體詩。那麽，惠棟何時完成四卷古體詩的補注呢？

據惠棟注刻本附錄王啓汧、王啓汸《答北平黃少宰書一通》（雍正九年）所載：

> 硯溪先生令孫淵源家學，蓄志青箱。欣聞爲先君所著《精華錄》詮注，望出非常。因念先君在日，海內文人欣欣願舉，終以因循畏難，身任爲艱。今惠世兄竭數載之苦心，彙成巨帙，雖未經寓目，已早知其爲學識兼優，老世臺以爲先君毛鄭，殆有過之無不及也。②

王啓汧、王啓汸都是王士禛之子，黃少宰則是王士禛的得意門生黃叔琳。此信的寫作時間爲雍正九年（1731），惠棟此時已經“竭數載之苦心，囊成巨帙”，注釋工作也已爲人所知。王士禛門生黃叔琳更是給予極高的評價，稱惠棟爲漁洋詩歌之“毛鄭”。正因如此，惠氏後來刊刻《訓纂》纔特意附錄這封書信。據葉昌熾所言，《訓纂》稿本“夾入訟牘一紙，係徵君父學士修鎮江城垣時爲無賴子敲詐，送官懲究，其家屬呈詞也”③，惠士奇修城事發生在雍正四到九年④，可見《訓纂》成于雍正九年之後。

此外，初稿完成時間還可繼續推考。國家圖書館藏惠注稿本就提供了一個至關重要的信息。稿本中所引屈大均著作均有塗抹，這無疑說明惠棟初撰此稿時，屈大均著作尚未被查禁。雍正八年十月，由于曾靜、呂留良案的波及，廣東巡撫傅泰上奏揭發屈大均、陳恭尹著作多有悖逆之詞：“翁山（屈大均）、元孝（陳恭尹）書文中多有悖逆之詞，隱藏抑鬱不平之氣，又將前朝稱呼之處俱空抬一字，惟屈翁山爲最。”⑤職此之故，雍正皇帝下令禁毀屈大均著作。乾隆三十九年，兩廣總督李侍堯奏稱：“伏查屈大均妄行撰刻《文外》《詩外》等書，詞句悖逆，先于雍正八年據伊子屈明洪首繳，經前任撫臣傅泰審擬具題，蒙世宗憲皇帝法外施仁，將犯屢從寬擬遣，各書飭行銷毀，迄今四十餘年之久。”⑥由此不難推見雍正年間禁毀屈大均著作的情狀。惠棟注稿本徵引屈大均著作，應在雍正八年十月之前，後來塗掉則是因爲朝廷禁毀屈氏著作的法

---

① （清）惠棟：《九曜齋筆記》卷一，《叢書集成續編》第20冊，上海書店出版社，1994年，621頁。

② （清）惠棟：《漁洋山人精華錄訓纂》，《四庫全書存目叢書》集部第225冊，760頁。

③ 葉昌熾：《緣督廬日記鈔》卷一三，37頁。

④ 楊超曾《翰林院侍讀學士惠公墓志銘》：“丁未，奉旨修理鎮江城垣。辛亥，以產盡停工罷官。”（《東吳三惠詩文集》，488頁）

⑤ 《清代文字獄檔》（增訂本），上海書店出版社，2011年，129頁。

⑥ 同上，132頁。

令。卷一上至卷四下古體詩部分都曾徵引屈氏著作，兹舉兩條說明，卷一上《洗象行》"二十四"條曰："屈大均《洗象行》：'須臾前導執金吾，二十四象天街趨。龍旗送出千門柳，羽騎迎過萬歲湖。'"①稿本"屈大均"三字被塗黑，刻本則改成"曹學佺"。卷四下《彈子磯》"五文章"條曰："《廣東新語》：'彈子磯壁上花木，與石色青白紅紫相間，若錦屏。'"②稿本塗抹掉"《廣東新語》"，刻本則改爲"《南征紀略》"。這些例子足以說明，雍正八年十月之前，惠棟已經完成補注四卷古體詩的初稿。

考察惠棟著述的撰著時間，亦能佐證此點。雍正八年冬，惠棟完成《山海經補注》，有跋語稱："庚戌冬，僑寓京口，枯坐長室，無以遣日。篋中有《山海經》，偶取閱之，頗有觸發，以景淳所注爲未盡，隨以所見疏于旁，歸來并取《御覽》《水經》《路史》諸書，考究异同，閱十日而畢。用拙筆鈔寫，手疏目覽，寒暑都忘，自始迄終，共計十有七日。"③雍正九年則開始《後漢書訓纂》的寫作，焦循《後漢書訓纂序》曰："稿本首帙末題'雍正九年以事對簿之暇作，凡十一年而成。'"④結合《山海經補注》《後漢書訓纂》的寫作時間，不難確定雍正八年冬之前，惠棟已完成漁洋詩歌注釋初稿，此後即開始新書的寫作。

二、參注人氏與《訓纂》的修訂

初稿的完成并不意味着著述的完成，事實上現存刻本的內容要比稿本豐富得多。這無疑意味着作者對此書仍有大量的增補工作。這項工作的完成有賴于外部的刺激以及學人之間的互動。

（一）金榮《漁洋山人精華録箋注》的刺激

雍正十三年（1735），惠注已經以抄本形式在朋友圈流傳。據金榮⑤《漁洋山人精華録箋注》凡例稱："近體中注兼采之徐君夔龍友。乙卯秋于友人處得惠君棟定宇注本，喜其該洽，而于當代事頗爲周悉，亟録之以補余所未逮。"⑥雍正十三年秋天，金榮在友人那裏獲得"該洽"的惠注本。另據其跋語所載：

愚自《前録》剞劂甫竣，同郡李客山先生過予曰："當更采《蠶尾續集》。則山人平生之詩篇，庶幾完備無遺。"予因承其意而竊爲掇拾，計得八十四首，而并爲箋注之，而不復系年，仍原集也。以精華名，因前録也。不自揣度，深用爲愧云。乾隆二年丁巳中秋南村抱甕翁金榮。

① （清）惠棟：《漁洋山人精華録注》卷一上，《清代詩文集珍本叢刊》第124册，535頁。
② （清）惠棟：《漁洋山人精華録注》卷四下，《清代詩文集珍本叢刊》第125册，324頁。
③ 漆永祥點校：《東吳三惠詩文集》，413頁。
④ （清）焦循：《雕菰樓文學七種》，鳳凰出版社，2018年，353頁。
⑤ 金榮，字林始，號抱甕翁，江蘇昆山人，生平不詳。
⑥ （清）金榮：《漁洋山人精華録箋注》凡例，清乾隆二年（1737）金氏鳳翙堂續刻本。

金榮完成《箋注》之後，李果（字客山）勉勵其采録王士禛歸田以後的作品，補全《漁洋山人精華録》，使其更能反映王士禛一生的全貌。可見，金榮與李果有直接來往。而在惠注本的參注人氏中，李果也赫然在列。雖然無法斷定金榮是從李果處得到惠注本，但可以肯定惠棟和金榮的交游圈存在重疊，因而金榮纔有機會吸收惠注。惠注早期抄本的流傳不僅是爲了滿足友人閱覽的興趣，更多可能是作者向師友呈教，希望得到一些正面有益的訂正。據惠棟《答某前輩書》曰：

> 承訪先人著述，惟《禮説》授梓，其餘經説及天文、樂律諸書尚須鈔録。附到《禮説》一種，及先人銘狀三册，又棟所注漁洋詩，并呈教正，伏乞丙照。後學惠棟頓首。[①]

此信寫作于惠士奇去世之後，因此不早于乾隆六年。惠棟不僅給這位前輩寄去先人的著述和銘狀，還呈上自己的漁洋詩注，請前輩指教訂正。可見，惠棟預先雇傭鈔胥謄寫副本，一有機會就呈送師友，祈求教正。這種行爲應是相當普遍的，古人著作的早期流傳也多靠這種方式進行。金榮正是通過友朋得到這種以抄本形式流傳的惠注。

金榮《箋注》刊刻于乾隆二年，惠棟看後發現此書基本抄襲他的著作，异常憤怒，寫下《金氏精華録箋注辨訛》。《辨訛》的具體寫作時間不得而知，但肯定是在乾隆二年之後。事實上，惠棟不僅寫作《辨訛》，還對《訓纂》進行修訂。上海圖書館藏有一部金榮《箋注》的惠棟批本（書號798300-05），王欣夫説："此爲定宇《金注訂訛》之底稿。全書塗抹幾遍，糾誤不下數百簽，刻本祇及什一耳。"[②]王欣夫認爲《辨訛》祇吸取了其中很少一部分内容，但筆者認爲這些内容已經被吸收進了《訓纂》的正文之中。

惠注稿本的發現可以厘清徐夔、金榮、惠棟注釋三者的前後關係，如《城南游詩八首》其四《杜曲》"名園三品石，貴主五雲車"。惠注稿本曰："徐：王建《宫詞》：五色雲車駕六龍。補：《史記·封禪書》：作畫雲氣車。《索隱》曰：畫青車以甲乙，畫赤車以丙丁，畫玄車以壬癸，畫白車以庚辛，畫黄車以戊己。"[③]但在刻本中，惠棟既删掉徐夔原注，也删掉自己的補注，而用全新的注釋代替：

> 王摩詰《玉真公主山莊詩》："還瞻九霄上，來往五雲車。"蘇珥曰：《唐書·杜佑傳》：佑孫悰，字永裕。時岐陽公主，帝愛女，詔宰相擇大臣子，惟悰以選，召見麟德殿，禮成，授殿中少監、駙馬都尉。踰年，召拜檢校尚書右僕射、同中書門下平章事。[④]

這個注釋應該更貼切詩中所咏杜曲之人事。但在金注本中，金榮增添了"庾信《步虚詞》'北燭五雲車'"，并微引了稿本中徐夔和惠棟的注釋，因爲所引均標明姓名，因而不難指認三者的關係。這種注釋的嵌套非常鮮明地體現了三人注釋的關係。換句話説，

---

① 漆永祥點校：《東吴三惠詩文集》，418頁。

② 王欣夫：《蛾術軒篋存善本書録》癸卯稿卷四，1031頁。

③ （清）惠棟：《漁洋山人精華録注》卷一〇下，《清代詩文集珍本叢刊》第126册，583頁。

④ （清）惠棟：《漁洋山人精華録訓纂》卷一〇下，《四庫全書存目叢書》集部第226册，469頁。

金榮參考了徐虁以及惠棟早期的注釋，自己也有一些新的增補。惠注刻本呈現出來的樣貌也經過修改，與金榮參考時的面貌已有不同，而惠棟的修訂則很明顯是在金榮注本刊刻之後。由此可見，乾隆初年惠棟在金注本的刺激之下，不僅寫成《辨訛》，還修訂了《訓纂》。

羅天尺作于乾隆四年的《由山塘至齋門訪惠定宇紅豆書屋兼寄半農師》曰：

> 羨爾晨昏菽水歡，可安不合時宜腹。膝前爲繕《采蕘篇》（惠公有《采蕘集》），床頭進補《精華録》（定宇有補注王新城《精華録》）。一家門内有名山，注述千秋非等閒。何日大中重入嶺，散來新語滿梅關。①

所謂"床頭進補"應是惠棟當時的狀態，足見修訂工作仍在進行。從時間上來看，此時惠棟極有可能正在批閱金榮注本，寫作《辨訛》，修訂《訓纂》。簡而言之，金注本的出現是個重要的契機，讓惠棟有動力不斷完善注本。這段時期的修訂工作，與惠棟交游的嶺南士人也有一定的貢獻。

（二）嶺南士人圈

據曾受一《孝廉徵士古儕蘇君墓志》所載：

> 惠公以事籍產，官雖復而棲止無地。粵士謀欲資之，君與楊纘烈請行，乃倡粵士在京者醵金，爲贖紅豆齋，遂親携金至海織造。此地爲定宇徵君講業處。徵君，惠公三子②。他年來粵，主于君家，謝粵士也。因以《精華録》屬君補注。③

惠士奇雍正年間被罰修城而傾家蕩產，乾隆即位後重新得到起用，然而房産尚在抵押之中。蘇珥、楊纘烈等廣東士人倡議爲惠士奇贖回紅豆齋，此事發生在乾隆四年，羅天尺《贖屋行》序曰："乾隆己未三月，侍讀學士惠師告病得請束裝還吳，吾粵同人在京者，醵金四百兩，爲贖紅豆齋，俾安居焉。"④惠棟嶺南之行在此之後，據羅天尺《冬日送惠定宇歸吳門》曰：

> 文星曾侍捧朱輪，今日孤舟粵海濱。梅尉探奇千古事，庾關重過廿年人。
> （其一）
> 去歲虎丘曾握別，今冬珠海送歸船。（其二）⑤

按照此詩在卷中的編排，其寫作時間應是乾隆五年冬。乾隆四年，羅天尺等人到蘇州爲惠家贖回屋子，羅天尺與惠棟兩人有過會面，因此詩曰"去歲虎丘曾握別"。乾隆五

---

① （清）羅天尺：《瘦暈山房詩删》卷四，《清代詩文集珍本叢刊》第236册，18—19頁。

② 惠棟應是次子。參見顧棟高《惠徵君松崖先生墓志銘》："生子七人，次即先生。"（《東吳三惠詩文集》，502）又惠仰泉修：《惠氏宗譜》卷三二，上海圖書館藏民國鉛印本。

③ （清）蘇珥：《安舟遺稿》，《廣州大典》集部第27册（總第444册），廣州出版社，2015年，455頁。蘇珥，字瑞一，號古儕，晚號睡逸居士，廣東順德人。清乾隆三年（1738）舉人。與羅天尺、何夢瑤、陳海六并稱"惠門四子"。

④ 同注①，卷五，64頁。

⑤ 同注①，卷九，196頁。

年，已經致仕的惠士奇重回嶺南，不過祇在潮州停留了一會兒，旋即啓程回歸蘇州①。同來的惠棟并未跟父親回去，而是帶着其父著作《禮説》前往廣州開雕。羅天尺《惠學士半農先生挽詩百韵》有自注曰："次公奉公《禮説》，至廣開雕。"②次公即惠棟（行二）。惠士奇在康熙五十九年視學嶺南，雍正四年期滿還朝，惠棟此間一直追隨父親。從康熙五十九年初次踏足到乾隆五年重回嶺南，恰好二十年，因此羅天尺詩曰"庾關重過廿年人"。綜上可知，乾隆五年，惠棟時隔多年重回嶺南，爲了答謝粵東士人，帶着惠士奇《禮説》到廣州，準備進行刊刻。此後暫時寄居在蘇珥家中，直到是年冬天纔離開嶺南。在此期間，惠棟曾囑托蘇珥補注《漁洋山人精華録》。那麼，惠棟何以要在此時囑托蘇珥補注呢？

一方面是因惠棟這段時間正在修訂《訓纂》，另一方面則是因爲蘇珥（瑞一）門人何紹錫（敷庶）也在補注《漁洋山人精華録》。羅天尺《過何敷庶問陸樓》載：

> 自劈雲箋自著書，卯君門下幾能如（敷庶爲瑞一門人）。九重北闕方求馬，十六西昆獨祭魚（時敷庶補注王阮亭《精華録》）。櫪下哀鳴憐我老，樓頭豪氣爲誰除。肯容分與于陵圃，遮莫移家共荷鋤。③

羅天尺詩集的編排方式是分體之下編年，此詩前面有《寄何十贊調岑溪官署》曰："浮沉拙宦過三載，聚散名山憶十年。"④何夢瑶在雍正十三年秋出任岑溪知縣⑤，當時羅天尺就有《秋日送何贊調十弟試用桂林》。因此，"過三載"應是乾隆三年。《寄何十贊調岑溪官署》前有《寒食旅意》，後有《五月一日泊赤花洲重訪珍上舫園兼呈李作玉歐爾和》，根據時間可以推定此詩應是乾隆三年夏天所作。因此，《過何敷庶問陸樓》應作于乾隆三年。何紹錫，字敷庶，廣東順德人，蘇珥的門生，其時正在補注《漁洋山人精華録》。乾隆五年，惠棟寄居蘇珥家中，對于何紹錫的補注應該有所耳聞，這也是惠棟囑托蘇珥補注的原因。《訓纂》刻本正文采録最多即是何紹錫之注，共有18條，蘇珥則爲7條，應該都是這一階段提供。兹舉一例説明：《稠桑驛》："春蘭秋菊不同芳，舊恨新愁爾許長。應是三生緣未了，又呼妙子到稠桑。"惠棟"春蘭秋菊"條注曰：

> 顏師古《隋遺録》：煬帝恍惚與陳後主遇，後主舞女數十，中一人麗華也，帝因請麗華舞《玉樹後庭花》。後主問帝蕭妃何如此人。帝曰：春蘭秋菊，亦各一時之秀也。案：春蘭秋菊一見《楚詞·九歌》，一見《漢武故事》所載《秋風辭》，及此而三。此詩先生自注"感張淑人、陳孺人而作"，則是借用《隋遺録》語也。

① 羅天尺《惠學士半農先生挽詩百韵》曰："公庚申六月至潮，旋歸吳，廣士爭迎不至。"（《瘦曇山房詩删》卷一〇，《清代詩文集珍本叢刊》第236册，233頁）
② 同上，233頁。
③ 同上，卷八，186頁。
④ 同上，183頁。
⑤ （清）何夢瑶：《〔乾隆〕岑溪縣志》卷一《秩官志》，《故宫珍本叢刊》第202册，海南出版社，2000年，165頁。

何君敷庶説此詩亦與余同。①

惠棟最後一句引何紹錫爲同道，其實是有的放矢。這是因爲金注卷十二的解釋引"漢武帝《秋風辭》'蘭有秀兮菊有芳，懷佳人兮不能忘'"，所以惠棟在此特別强調，并以何紹錫爲證，增强説服力。此處頗能體現惠棟的修訂受到金榮注的刺激，并且在不斷完善的過程中尋求可以援引的同道。

需要指出的是，雖然惠棟在雍正年間就與廣東士人有來往②，但是開始注釋工作不久就離開了嶺南，此後"其世交多躋膴仕，義不一通書問，惟以授徒自給而已"③，因而詩注的討論一直延遲到乾隆四年之後。羅天尺詩曰"相思廿載不相見，文章手把讀復羨"④，頗能代表恢復見面的情形。此後惠棟再次入粤，寄居于蘇珥家中，與嶺南士人的交往也更加密切。因而惠注刻本《訓纂》正文明確徵引的參注人氏多是嶺南士人，如羅天尺、蘇珥、陳海六、吳孟旦、何紹錫、周劉炳、梁元龍。《訓纂補》明確徵引的參注人氏則有胡定。另外，《訓纂》《訓纂補》没有明確徵引其説，但見于惠棟參注人氏名單的還有陳世和、黄岡、吳秋、曹懍、馮成修等人。可以説，《訓纂》參注人氏中嶺南士人占了重要部分，這些人在《訓纂》第二階段的修訂完善中起了一定的作用。

（三）江南士人圈

乾隆十九年（1754），惠棟進入兩淮鹽運使盧見曾的幕府，直至乾隆二十二年因病辭歸，歷時四年。這段經歷對惠棟來説是極爲寶貴的。幕主盧見曾器重惠棟，爲其刊刻平生著述⑤。《訓纂》一書正是盧見曾出資，刊刻于乾隆二十二年，序言亦是盧氏所撰。一方面，付諸刊刻的機會，促使惠棟有機會重新審視和整理自己的著述。另一方面，揚州幕府聚集了一批文人學者，提供了互相切磋的大量機會，可謂得天獨厚。即使惠棟的幕府生涯主要從事經學研究，但在《訓纂》刊刻前後，仍有大量友朋參與訂補。這些朋友有些是新知，有些是惠棟以前就認識的，但却通過幕府的場域和刊刻的契機重與細論文。

1.沈大成

據惠棟《秋燈夜讀圖序》所述，幕府生涯伊始，著述活動難以找到素心之人疑義相與析：

> 甲戌之歲，余館德水盧使君衙齋，講授之暇，篝燈撰著，每涉疑義，思索未

---

① （清）惠棟：《漁洋山人精華録訓纂》卷一〇下，《四庫全書存目叢書》集部第226册，481頁。

② 如錢大昕所言："學士（惠士奇）視學粵東，先生從之任所。粵中高才生蘇珥、羅天尺、何夢瑤、陳海六，時稱'惠門四子'，常入署講論文藝，與先生爲莫逆交。"參見清錢大昕：《潛研堂文集》卷三九，620頁。

③ （清）陳黄中：《東莊遺集》卷三，《四庫未收書輯刊》第10輯第21册，448頁。

④ （清）羅天尺：《瘦暈山房詩删》卷四，《清代詩文集珍本叢刊》第236册，18—19頁。

⑤ 彭啓豐《惠徵士家傳》曰："晚年，就幕府聘，盧雅雨榷使重其爲人，爲梓所著述。"見《東吳三惠詩文集》，507頁。

通，恨無素心晨夕。一日，使君以詩文數冊示余，余讀之驚，然未及詢作者何人
也。久之，典謁引客入相見，則余故人雲間沈君學子，向所視數冊，皆出君手。
余喜甚，叩所疑者，學子一一晰之，余聞之愈驚。①

正當每涉疑義，索解不通之時，沈大成出現了。惠棟"叩所疑者"，沈大成均能一一解
答。兩人關係實如惠棟所說"說經論文，亹亹甚樂"。事實上，這是惠棟幕府生活與友
朋琢磨切磋的一個縮影，沈大成祇是其中一個代表而已。沈大成對于《訓纂》補注的
貢獻也很大，參注同人姓氏曰：

沈大成，字學子，江南華亭人。《補注》一卷。

沈氏《補注》一卷，最終采入共81條，條目數量居第三，可見其確實在惠棟《訓纂》
補注中扮演着一個重要的角色。

2.王昶

王昶《惠先生墓志銘》曰：

余弱冠游諸公間，因得問業先生，及丙子、丁丑，先生與予又同客盧運使見
曾所，益得盡讀先生所著，嘗與華亭沈上舍大成手鈔而校正之，故知先生之學之
根底，莫余爲詳。②

王昶作爲後學，因爲幕府的機緣，得以盡讀惠棟的著述，其中當然包括《訓纂》，也由此
有機會與沈大成"手鈔而校正"惠棟的著作。校讀是刊刻前必不可少的工序，王昶和沈
大成正是在這個過程中對《訓纂》進行補訂。王昶所得不多，但沈大成却有豐富的輸出。

3.其他

另一個在校讀過程中提供數量可觀的補注的是惠棟之子惠承德③，根據筆者統計共
41條。可以推知的是，補注條目較多者應該都有通篇校讀之功，較顯著者除上述沈大
成、惠承德之外，尚有以下數人：

朱楷，字孔林，江南吳縣人，《補注》一卷。

汪棣，字轊懷，江南歙縣人，《補注》一卷。

過春山，字葆中，江南長洲人，《補注》一卷。

三人貢獻分別是：朱楷102條、汪棣82條、過春山32條。王昶稱朱楷"少與惠徵君交，
故性耽墳典。又與長洲布衣余仲林蕭客校勘注疏"④。他貢獻條目最多是不奇怪的。

汪棣，號碧溪、對琴，貢生。惠棟曰："吾友汪君對琴，家世簪纓，天才拔亮，通
經史，工吟咏。……余昔于執友少司馬凌公許雅知君，因得納交，稱至契，君實凌公

_____

① 漆永祥點校：《東吳三惠詩文集》，323頁。

② 同上，510頁。

③ 查考《惠氏宗譜》并未發現有"承德"，惠棟有子五人，次子"嘉緒，後改承緒，字秉高，太學
生"，三子"嘉德，字忠合，早卒"，五子"嘉蕚，字漢巨"。參見惠仰泉修：《惠氏宗譜》卷三二，
上海圖書館藏民國鉛印本。惠棟《周易述》卷首有惠承緒、惠承蕚序，可知"承德"應是族譜中
之"嘉德"，也就是惠棟第三子。

④（清）王昶：《湖海詩傳》卷一八，鳳凰出版社，2018年，728頁。

嬌客也。"①惠棟在其摯友凌如焕處與其女婿汪棣相識，兩人關係甚好，即如李保泰《後漢書補注》跋所説，"先生中年後在揚日多，客盧都轉署中最久，儀徵汪對琴比部好古嗜學，尤傾心于先生"②。兩人論學情景，則如焦循《後漢書訓纂序》所述：

> 對琴先生嘗語循曰："惠子在揚時，手訂此書，有所疑，即以片紙至，令爲之核。書成以贈余。然竊人之善，君子耻之，齊邱《化書》，不欲尤而效也。"③

此處雖指《後漢書訓纂》，但亦可推衍到惠棟其他著述。惠棟在揚州幕府的工作重心之一即是整理自己著述，所以有"手訂"之語。汪棣的另一身份是鹽商，財力雄厚，家中藏書豐富。因而惠棟有所疑惑，就會致書汪棣請其幫忙查對文獻。不難想見，這種情形也會發生在《訓纂》的編定上。事實上，汪棣補注《訓纂》的條目數量高居第二，足以說明他補苴罅漏的貢獻。這樣的貢獻不僅依托其本人的學問，還得益于其豐富的藏書。

過春山，號湘雲，諸生，"家居市井，性愛邱樊。獨與沙斗初、吳企晋、朱適庭、張昆南諸君爲友。博通群籍，尤精于新舊《唐書》，爲補遺糾誤，未及成而卒。惠徵君定宇極稱之。年纔二十有九"④。可見其與惠棟交好，而他所交往的沙維杓（斗初）、吳泰來（企晋）、張岡（昆南），對《訓纂》亦有不同程度的貢獻。

不過，惠棟對于補注的看法與某些同人是不同的。其凡例稱：

> 余撰《訓纂》，既脱稿，凡習見之事，略而不載，同人以爲言，復增益一二百條，頗嫌其繁，既已開雕，不及追改，識者鑒之。

"習見之事，略而不載"是惠棟注釋的一貫原則，但是同人與之討論，所增益的一二百條，却多是習見的典故，因而嫌其繁瑣。又因此書當時已經開始刻版，所以無法把同人的補注添加在正文之中，祇能在凡例中特別提醒讀者。這或許祇是惠棟不想追改的托詞，但隨着同人補注條目的增加（不止惠棟所説的一二百條），以及惠棟本人也續有發現，所以一并編成《訓纂補》十卷。盧見曾序曰："惠子又有《補遺》一編，余爲刻之，并黄北平《夫子傳》一通。例得牽連書。"⑤總而言之，《訓纂補》是惠棟晚年在幕府與同人完善詩注的結果。

同人補注不無可取之處，如《戴氏鼎》，刻本"少傅劉公"條曰："劉公，名昌，謚勤僖，官至少傅，兼太子太傅，工部尚書。見《謚法考》。方鼎詩，今《漁洋集》不載。"⑥然而，《訓纂補》中馬曰琯在《阮亭詩選》找到王士禛《爲少傅賦方鼎詩》。沈大成則指出："《山左詩鈔小傳》：少傅劉正宗，字可宗，又字憲石，世祖賜字中軒。明崇禎戊辰進士，授推官，擢編修，入本朝，歷官大學士，加少傅。《訓纂》誤以爲劉勤僖

———

① 漆永祥點校：《東吳三惠詩文集》，333—334頁。

②（清）惠棟：《後漢書補注》，《續修四庫全書》第270册，512頁。

③（清）焦循：《雕菰樓文學七種》，353頁。

④（清）王昶：《湖海詩傳》卷一二，453頁。

⑤（清）盧見曾：《雅雨堂集》卷二，《續修四庫全書》第1423册，467頁。

⑥（清）惠棟：《漁洋山人精華録訓纂》卷四上，《四庫全書存目叢書》集部第226册，175頁。

昌。今訂正。"①這類注釋補正了惠棟注釋之失，并非無關痛癢。

當然惠棟本人對《訓纂》也有補注。首先，利用新材料。譬如王士禎《感舊集》原先列于《精華録訓纂采用山人書目》中的《漁洋山人生平著述未見書》②，也就是説惠棟原先未見此書，但盧見曾在乾隆十七年就把《感舊集》刊刻出來，在其幕府之中的惠棟已有機會使用，因而在《訓纂補》中有不少利用。其次，惠棟對于自己錯誤也時有訂正。如《送杜篔餘大宗伯予告南歸》"亦欲投簪東海去，便從梅里問幽棲"，《訓纂》引證錯謬，誤以爲梅里在蓋閭城五十里③。《訓纂補》則指出：

> 梅里。案：竹垞《曝書亭集》："嘉興有梅會里。"杜，秀水人，故云。《訓纂》訛。④

梅里是嘉興梅會里，《訓纂》訛誤極其明顯。如此類者尚有《讀馮圃芝餘事集因題天章還山詩卷》，有"落日高鳥去，碧空滄凉颸"二句，補注曰：

> 《訓纂》：二句當見《餘事集》。案：先生所評圃芝《餘事集》，予近見其本，無"落日高鳥"二語，蓋寫當時之景，以爲興耳。⑤

惠棟原以此二句是王士禎引用馮興賢《餘事集》的詩句，因而注曰："二句當見《餘事集》。"⑥然而，惠棟後來目驗王士禎評點的《餘事集》，發現馮興賢并無此句。因此補注指出這句詩不過是寫當時之景，從而糾正了以前想當然的注釋。《訓纂補》的出現，誠如鄧之誠所説："《訓纂》既行世，一時同人有所就正，乃復采綴他書，以補前所缺漏，且自承其誤，不愧學人之作。"⑦這是對惠注本較爲恰當的評價。

三、餘 論

綜上可見，《訓纂》雖是惠棟早年撰寫，但其成書實際上經歷了三個階段。第一階段是雍正三年秋到雍正八年冬，惠棟完成《訓纂》的初稿，并以抄本的形式在朋友圈中流傳，金榮《箋注》依據的惠注本正是這個階段形成的。第二階段是乾隆二年金榮《箋注》刊刻之後，惠棟寫作《辨訛》回應，并對《訓纂》進行修訂。這個時期的同人參與者主要來自乾隆五年後的嶺南士人交游圈。第三階段是晚年幕府時期，由于籌備刊刻，惠棟和同人對《訓纂》進行最後的增補修訂。這個時期的同人參與者主要是以

① （清）惠棟：《漁洋山人精華録訓纂補》卷四上，《四庫全書存目叢書》集部第226册，527頁。
② （清）惠棟：《漁洋山人精華録訓纂》，《四庫全書存目叢書》集部第225册，692頁。其凡例云："余故于當代事實，悉意搜輯，十得八九，惜《師友録》《感舊集》二書未曾寓目，猶未免有缺略也。"
③ （清）惠棟：《漁洋山人精華録訓纂》卷一〇下，《四庫全書存目叢書》集部第226册，489頁。
④ （清）惠棟：《漁洋山人精華録訓纂補》卷一〇下，《四庫全書存目叢書》集部第226册，562頁。
⑤ （清）惠棟：《漁洋山人精華録訓纂補》卷四上，《四庫全書存目叢書》集部第226册，526頁。
⑥ （清）惠棟：《漁洋山人精華録訓纂》卷四上，《四庫全書存目叢書》集部第226册，158頁。
⑦ 鄧之誠：《清詩紀事初編》卷六，上海古籍出版社，1984年，678頁。

盧見曾幕府爲中心的江南士人交游圈。可見,《訓纂》修訂工作持續到了晚年,惠棟并没有在刊刻之後放弃訂補。此書實際上凝聚了惠棟一生精力。此外,惠棟的嶺南士人交游圈和江南士人交游圈對《訓纂》的修訂發揮了重要作用。惠棟不僅積極向前輩討教,而且虛心吸納同人意見,《訓纂》不僅代表了集體性注釋文獻的面貌,也展示了清代學者社會中學術交流的風貌。

詩注文獻的編纂往往有賴于同人的商榷補缺,某種程度上是一種以注者爲中心的集體性活動。梁啓超稱:"清儒既不喜效宋明人聚徒講學,又非如今之歐美有種種學會學校爲聚集講習之所,則其交換知識之機會,自不免缺乏。其賴以補之者,則函札也。"後學晋謁前輩,多以個人著述爲贄見禮,或以書札問學。前輩視其可教,則釋疑解答,誘掖獎勸。平輩之間論學更是頻繁,所謂"每得一義,輒馳書其共學之友相商榷,答者未嘗不盡其詞。凡著一書成,必經摯友數輩嚴勘得失,乃以問世,而其勘也皆以函札"①。清代學術氛圍濃厚,學者往往通過函札,疑義相與析。

就詩注文獻而論,這類"摯友數輩嚴勘得失"的現象非常突出,靳榮藩《吳詩集覽》凡例曾言其書"凡諸君子所寄專條,各冠以姓字,不敢忘所自也。予另有《吳詩闕疑》若干卷問世,郵筒賜教,不我遐弃,企予望之"②。一方面吸收了諸人"所寄專條",另一方面又刊刻《吳詩闕疑》,旨在向社會徵求補訂意見。其《吳詩補注》序曰:"脱稿後得之郵筒所寄,及續有見聞者,仿《仇注杜詩》之例,輯爲《補注》如左,而辨證及更訂者亦并見焉。"③可見《吳詩闕疑》刊發後確實得到"郵筒賜教"的反饋,靳榮藩已經把這些意見整合成《吳詩補注》一書。又如其《懷友》詩"闡出梅村真面目,郵筒往復幾經年"自注曰:"榆社張如哉廷綬。君爲應州廣文,距蔚三百餘里。《吳詩集覽》,君所訂正爲多。"④

上述所謂"郵筒""所寄專條",就是梁啓超所言的函札往來,它們雖然多不存于世,但討論的結果仍然留存在詩注文獻中。這種學術交流現象在清代詩注文獻中極其常見。通過考察詩注文獻注者集體的往來,既可以微觀認識具體文獻的編纂過程,也可以宏觀瞭解清代學者社會的運行機制及其學術生態。

【本文係教育部人文社會科學研究青年基金項目"清詩清注考論"(項目編號22YJC751004)階段性成果】

(作者單位:南京曉莊學院文學院)

---

① 梁啓超撰,朱維錚校注:《梁啓超論清學史二種》,復旦大學出版社,1985年,52頁。
②(清)靳榮藩:《吳詩集覽》卷首,清乾隆凌雲亭刻本。
③(清)靳榮藩:《吳詩補注》序,清乾隆凌雲亭刻本。
④(清)靳榮藩:《綠溪詩》卷四,《清代詩文集彙編》第359冊,291頁。

金陵書局本《史記》與錢泰吉校勘成果關係考論

林才偉

内容提要： 金陵書局本《史記》與錢泰吉校勘成果之間的關係一直模糊不清，未得明晰闡述。在利用《張文虎日記》的基礎上，比較《校刊史記集解索隱正義札記》和錢泰吉的校勘成果，可以明確《札記》卷首所列17種《史記》版本中直接取自錢校者有10種，且金陵書局在校刊《史記》時綜合使用了錢泰吉的校勘記和校本，所用校勘記是屬于錢泰吉前期校勘成果的唐仁壽藏本，所用校本是錢泰吉批校毛晉汲古閣《集解》單刻本和《評林》本。張文虎使用的來自錢泰吉校勘成果的文瀾閣本和葉石君校本，未在《札記》中明確列出。理清二者之關係，對《史記》校勘學的進一步研究有一定的裨益。

關鍵詞：《史記》 錢泰吉 金陵書局 張文虎 校勘

《史記》輾轉流傳兩千餘年，版本系統繁雜，其間多有脱衍訛誤，致使《史記》研究尤其是校勘甚爲不易。張文虎嘗言：“古書本難校，而莫難于《史記》。”[1]清代學者將考據學引入《史記》研究，對《史記》文字的訛、衍、脱、倒，以及篇章殘缺與續補竄附等，考證翔實，成果斐然。其中尤爲突出的是由唐仁壽和張文虎二人共同完成的金陵書局本[2]，被中華書局點校修訂本《前言》盛贊爲“清代以來最好的《史記》精校本”[3]，如今通行的中華書局本《史記》所用底本即爲金陵書局本。

清代藏書家、校勘學家、版本學家錢泰吉（1791—1863），字輔宜，號警石，又號深廬，嘉興甘泉鄉人。著有《甘泉鄉人稿》《甘泉鄉人遍言》等。錢泰吉潛心校勘《史記》近三十年，“一字之舛，旁求衆證”[4]。金陵書局本《史記》多取資于錢泰吉校勘成果，張文虎在《校刊史記集解索隱正義札記》（以下省稱《札記》）跋語中説：“所記异

---

① （清）張文虎著，陳大康整理：《張文虎日記》，上海書店出版社，2009年，106頁。

② 《張文虎日記》同治六年（1867）四月十日：“縵老來，言節相派定書局六人：汪梅岑、唐端甫、劉伯山、叔俯、壬叔及予，仍以縵老爲提調，以《史記》屬予與端甫，以前、後《漢書》屬二劉。”（《張文虎日記》，87頁）

③ 《史記》“修訂前言”，中華書局，2014年，9頁。

④ （清）曾國藩：《海寧州訓導錢君墓表》，《曾文正集》卷三，《四部叢刊》影印同治刻本，葉19b。

同，大半取資錢校。"①可知金陵書局的《史記》校勘活動是以錢泰吉校勘成果作爲基礎展開的，足見錢泰吉對《史記》校勘的貢獻與成就。

由于其著述流傳不廣，又受金陵書局本《史記》以及張文虎《札記》盛名的影響，錢泰吉校勘《史記》的貢獻在一定程度上被遮掩。那麼，金陵書局在校刊《史記》時使用了錢泰吉的哪些校勘成果？錢泰吉的校勘成果對金陵書局本《史記》的影響有多大？已有研究對此認識尚淺。筆者不揣淺陋，詳考其實，以饗學界。

一、《札記》卷首所列錢泰吉校勘《史記》版本考

校勘古籍尚廣備衆本以泛觀博覽，抉擇去取以臻于至善。金陵書局校勘時不主一本，擇善而從，其所用《史記》版本涵蓋宋、元、明、清之刻本以及諸家之校本，僅張文虎《札記》卷一之首所載便多達17種，逐録如下：

常熟毛晋刻《集解》本　云據宋板，今刊《集解》多據此。

毛刻單行本《索隱》　云據北宋秘書省大字刊本。今刊《索隱》多據此，省稱"索隱本"。

明震澤王延喆翻宋合刻《集解》《索隱》《正義》本　今刊《正義》多據此。

舊刻本　上海郁氏藏本，字形古樸，雜采《集解》《索隱》頗略，似元明間刊本，無序跋年月，卷尾多缺壞，蓋書估去之以充宋本，今不敢定，祇稱"舊刻本"。

明豐城游明刻本　獨山莫子偲大令友芝藏本。有《集解》《索隱》《述贊》，首有董浦序，蓋其本自中統出。

明金臺汪諒刻本　云據舊本，有《集解》《索隱》《正義》，首有嘉靖四年費懋中序。以柯維熊所校，世稱"柯本"。

明吳興凌稚隆刻本　有《集解》《索隱》《正義》，云以宋本與汪本字字詳對，有不合者又以他善本參之。

北宋本　諸城劉燕庭方伯喜海所藏。集宋殘本之一。但有《集解》，"桓"字不避，知爲北宋刊本。此下并據嘉興錢警石學博泰吉校録本。

宋本　集宋殘本之二。但有《集解》，"桓"字、"慎"字不避，蓋亦南宋以前刊本，今統稱"宋本"以爲別。

南宋本　集宋殘本之三。有《集解》《索隱》，"桓"字、"慎"字避缺。

南宋建安蔡夢弼刻本　集宋殘本之四。有《集解》《索隱》《述贊》，卷後題"建安蔡夢弼謹案京蜀諸本校理梓寘于東塾"。詳見嘉定錢氏《十駕齋養新録》及昭文張氏《愛日精廬藏書志》。

元中統本　有《集解》《索隱》《述贊》，首有"中統十年校理"，董浦序稱

---

① （清）張文虎：《校刊史記集解索隱正義札記》卷五，清同治十一年（1872）刻本，葉71b。

"平陽道參幕段子成刊行"，蓋當宋理宗景定時。

明南雍本　有《集解》《索隱》《正義》，多删削。

明秦藩刻本　莫大令藏本。有《集解》《索隱》《正義》，首有嘉靖十三年秦藩鑒抑道人序，大致同王本。

錢唐汪氏小米舍人遠孫校宋本

海寧吳子撰春照校柯本

乾隆四年經史館校刊本　今稱"官本"。①

今浙江圖書館藏有一份《札記》稿本，上多有張文虎朱筆批補，是爲未定之稿。考稿本之内容，亦與金陵書局本和中華書局整理本略有不同。稿本《札記》卷一之首原爲張文虎所作序言，金陵書局本將其改爲校勘所據《史記》諸版本，中華書局本以金陵書局本爲底本，亦未收入此篇序言。張文虎于此序中述其所見錢泰吉校勘《史記》版本如下：

嘉興錢警石學博泰吉。嘗從諸城劉燕庭方伯借得集宋殘本凡四種：一北宋本，今校記稱北宋本。一南渡以前本，《殷紀》炮格，獨此不誤，今校記單稱宋本。皆但有《集解》。一有《集解》《索隱》《述贊》，即蔡夢弼本，見《十駕齋養新録》《愛日精廬藏書志》，今校記稱蔡本。一有《集解》《索隱》無《述贊》，今校記稱南宋本。皆南宋本。學博乃合元中統間段刻本、明游明本、王本、汪本、即柯校本。凌本、即湖本。毛本、國朝官本及錢唐汪遠孫校宋本、海寧吳春照校柯本，云所據《索隱》係至元刊本、《正義》係何元錫精鈔本。參校異同，雖點畫小訛，亦必詳記。②

錢泰吉作《校史記雜識》一文述其從劉燕庭處借書之過程以及所見彙集宋本之樣貌，與《札記》所載一致："彙集宋本凡四種，記其大略于後。一本但有《集解》……敬字、殷字避缺，慎字不避，當是南渡以前本。……一本亦但有《集解》……卷中桓字不避缺……當亦是北宋刻。……一本兼有《集解》《索隱》，無《述贊》……恒字、慎字避缺，當是南宋本。……一本兼有《集解》《索隱》，有《述贊》……《秦楚之際月表》《漢興以來諸侯年表》卷尾有‘建安蔡夢弼傅卿謹案京蜀諸本校理實梓于東塾’二十字，凡兩行，與張氏金吾《愛日精廬藏書志》所記合。"③以此爲據，可訂正王華寶之誤解，其將張文虎自校版本數定爲包括"北宋本"在内共計8種，是受張文虎于"北宋本"下的注語"此下并據嘉興錢警石學博泰吉校録本"影響，誤將作爲整體的百衲本割裂開來。賀次君和王永吉亦誤將張文虎所參考錢泰吉校勘成果與汪遠孫、吳春照校勘内容區別開來。

按照"此下并據嘉興錢警石學博泰吉校録本"之邏輯，位于中間的南雍本和秦藩

① （清）張文虎：《校刊史記集解索隱正義札記》卷一，葉1a—2a。中華書局整理本與此同。

② （清）張文虎：《校刊史記集解索隱正義札記》卷一，浙江圖書館藏稿本，葉1。

③ （清）錢泰吉：《校史記雜識》，《甘泉鄉人稿》卷二，清同治十一年（1872）刻光緒十一年（1885）增修本，葉9a—11a。

本，理應與位于前面的匯集宋本、中統本以及最後的汪遠孫校本、吳春照校本、官本同屬于張文虎采用錢泰吉校勘内容。考浙江圖書館藏稿本《序言》之前還有刻本、整理本不存之《校刊史記三家注凡例》，云：

> 常熟錢氏《讀書敏求記》載有百衲宋本，今不可得見，嘉興錢警石學博嘗從諸城劉燕庭方伯借得集宋殘本四種，以避諱字審之……學博以此四種及段本、游本、王本、汪本、凌本、毛本及錢唐汪小米舊校本，參校异同，雖點畫小訛，亦悉識不遺。今校刊本以此爲質，而復以游本、王、凌、毛諸本覆勘之。又從獨山莫子偲借得明歸子慕藏本，摘録《集解》，間及《索隱》，不著刊人及年月，其板式蓋在元明間，今稱元本。①

從《凡例》到《序言》到金陵書局本中所列之《史記》版本，當是張文虎在不同階段的記録，并非成于一時。《序言》較之《凡例》，多出國朝官本（即殿本）、吳校柯本。金陵書局本卷一之首較之《序言》，多出南雍本和秦藩本。考《張文虎日記》，同治八年十二月廿六日記："從方小東借得明南雍本《史記》，蓋亦三家合刻本，明萬曆二十四年南京國子監祭酒馮夢禎校刊，國朝順治十六年兩江總督郎廷佐修補，康熙卅八年江蘇巡撫宋犖重修。經兩次修補，板式、字體不一，幸板心各有識別，先後瞭然。"②次年一月初七日記："閱南雍本《史記》，略無佳處，于《正義》删削尤多。"③時金陵書局本《史記》已近畢工，張氏但借觀而已，且是清遞修之本，并未據以親校。又《凡例》云："又從獨山莫子偲借得明歸子慕藏本，摘録《集解》，間及《索隱》，不著刊人及年月，其板式蓋在元明間，今稱元本。"④《序言》則云："又從獨山莫子偲大令友芝際舊刻本，字形帶隸，兼采《集解》《索隱》甚略，字句頗有勝他本者，似是宋元間刻本，今不敢定，仍稱舊刻本。"⑤可視爲《札記》定本的金陵書局本于"舊刻本"條後注曰："上海郁氏藏本，字形古樸，雜采《集解》《索隱》頗略，似元明間刊本，無序跋年月，卷尾多缺壞，蓋書估去之以充宋本，今不敢定，祇稱舊刻本。"⑥比較張文虎對舊刻本的不同認識，從《凡例》斷定舊刻本爲元本，到《序言》和金陵書局刻本"不敢定，祇稱舊刻本"，可知《序言》撰作時間更晚、更爲精審，對《凡例》有所補充和校改。而《序言》也是修訂中的産物，故未提及南雍本和秦藩本。

經以上梳理可見，張文虎《札記》卷一所列17種《史記》版本中自錢泰吉處直接取爲參考者有10種，分別是北宋本、宋本、南宋本、南宋建安蔡夢弼刻本、元中統本、

---

① （清）張文虎：《校刊史記三家注凡例》，《校刊史記集解索隱正義札記》，浙江圖書館藏稿本。據《張文虎日記》："廿二日……與端甫謁節相，盛稱送行詩文及《〈史記〉凡例》之善。"可知《凡例》當作于同治七年（1868）十月二十二日之前。

② （清）張文虎著，陳大康整理：《張文虎日記》，201—202頁。

③ 同上，210頁。

④ （清）張文虎：《校刊史記三家注凡例》，《校刊史記集解索隱正義札記》，浙江圖書館藏稿本。

⑤ （清）張文虎：《校刊史記集解索隱正義札記》卷一，浙江圖書館藏稿本，葉1。

⑥ （清）張文虎：《校刊史記集解索隱正義札記》卷一，清同治十一年（1872）金陵書局刻本，葉1。

明南雍本、明秦藩刻本、汪校宋本、吴校柯本、官本。

二、張文虎《札記》所用錢泰吉校勘記及校本考

張文虎《札記》與錢泰吉校勘記或校本之間的具體關係歷來缺乏討論。王碧倫、楊洪升通過"對比張氏《札記》卷首所列十七種校本"，認爲"除一'舊校本'外均在錢氏校本之列，（金陵書局）仍是以錢氏所用校本爲基礎展開校勘活動"[①]。二位學者在利用三種錢泰吉校勘記的基礎上，對金陵書局本《史記》與錢氏校勘成果關係做出了進一步的推論。但因未利用錢氏批校本，尚未理清二者之詳細關係。綜合來看，因已有研究未得綜考《張文虎日記》以及金陵書局在校刊《史記》時所用之錢泰吉校勘記、批校本，金陵書局本《史記》與錢氏校勘成果之關係仍需進一步闡發。

國家圖書館、浙江圖書館、上海圖書館藏有多份錢泰吉的校勘成果，主要包括校勘記和批校本兩種，爲便于討論，先分別考述其情況如下。

錢泰吉所撰之校勘記，可據成書時間分作前期、中期、後期三類。

前期校勘記：原稿今已不存，浙江圖書館藏有抄本一種，不分卷，無行格，一函五冊（圖1），存卷六九至卷一百三十（即《蘇秦列傳》至《太史公自序》）共計62卷，鈐有"唐仁壽讀書記""補農""諷字室"印，可知爲唐仁壽舊藏，第一冊書衣上題《錢警石先生史記初校本》，第五冊改題爲《甘泉先生史記校勘記》，字迹不相類，當非一人所題。考第五冊首葉記有："甘泉先生《史記校勘記》末冊，丁丑夏秋之交洪魯軒鈔贈。唐嘉登子潠謹記。"唐仁壽道光九年（1829）生，光緒二年（1876）逝世，其間不含丁丑年，此丁丑年當爲光緒三年（1877）。上海圖書館亦藏有洪子彬（字魯軒）抄本一份（圖2），其内容行款與唐仁壽藏本完全一致，鈐有"洪氏魯軒""魯軒"印，洪子彬于書前跋曰：

> 嘉禾錢警石先生《史記》校本，自《蘇秦列傳》至《太史自序》皆全，假從唐補農世兄諷字室藏本影寫，訛脱甚夥，未及審校，惜其前半稿本已佚，無從借鈔。丁丑秋初師竹裝釘成篇，因識，時與補農同寓秦淮水閣。[②]

可知洪子彬自唐仁壽處抄録，是時《蘇秦列傳》至《太史自序》校勘記皆全，唐氏下世次年（1877），第五冊已佚，是時洪氏將手中的第五冊再度抄録贈予其子。此本校勘記所據書目有王太嶽《四庫全書考證》、倪思《史漢异同》、許相卿《史漢方駕》、王念孫《讀書雜志》等，所據《史記》版本有七種，分別是：毛氏索隱單刻本、殿本[③]、

---

① 王碧倫、楊洪升：《錢泰吉〈史記〉學研究——以校勘記稿抄本三種爲中心》，《長春理工大學學報（社會科學版）》2019年第6期，142頁。

② （清）錢泰吉：《史記校文》，上海圖書館藏洪子彬抄本，編號爲764288—93。

③ 張文虎《札記》所稱"官本"即武英殿本，也稱殿本。乾隆四年（1739）設經史館校勘"二十一史"，《史記》即爲其中之一。

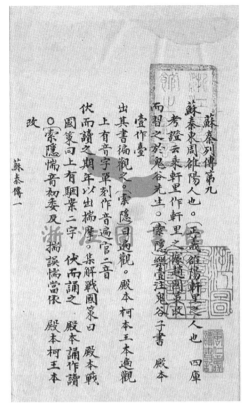

圖1　浙圖藏唐仁壽藏本

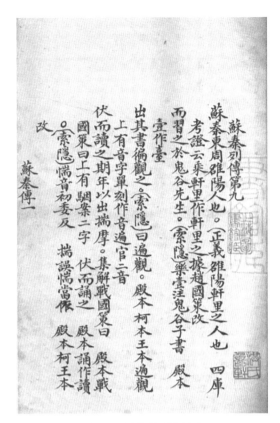

圖2　上圖藏洪子彬抄本

柯本、王本、閣本、吳校金刻本、汪校宋本。此七種版本均見于張文虎《札記》。

　　中期校勘記：題名《史記校勘記》，稿本今已不存。上海圖書館存抄本一冊，不分卷，黑格白口，雙魚尾，四周雙邊（圖3）。鈐有"琅廛手録""王文燾印""文燾書尾""王文燾""籒廛""叔魯""椿蔭宧鈔本""椿蔭簃""石室遺風"等印。浙江圖書館亦藏有一份《史記校勘記》，不分卷，抄本，白口，四周雙邊，單黑魚尾，紅格，封面墨筆原題"清嘉興錢泰吉遺著"，板心下鎸"浙江省立圖書館"[①]（圖4）。二者内容完全相類。據唐兆榴《可讀書齋校書譜》"五十八歲"條載"三月手録《史記校勘記》，自正月至五月録至秦本紀"[②]，可知此校勘記當作于道光二十八年（1848）。上海圖書館藏《史記校勘記》涵蓋浙江圖書館本所用七種《史記》版本及參考書目，另較其多中統本、《評林》本、毛晋汲古閣《集解》單刻本等《史記》版本以及王念孫《讀書雜志》、梁玉繩《史記志疑》、錢大昕《廿二史考异》等參考書目。

---

①（清）錢泰吉：《史記校勘記》，浙江圖書館藏民國間抄本。
②（清）唐兆榴：《可讀書齋校書譜》，上海圖書館藏清咸豐四年（1854）刻本，葉39b。

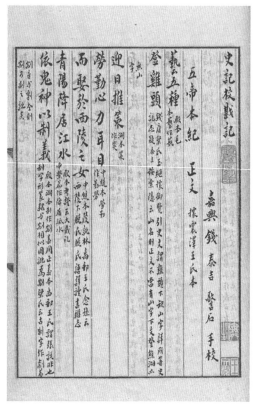

圖3　上圖藏王文燾抄本

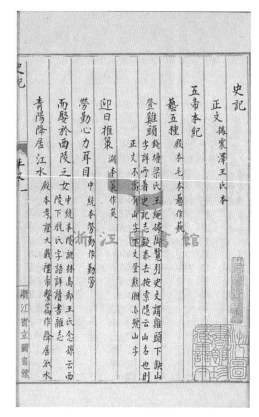

圖4　浙圖藏民國間抄本

後期校勘記：題名《閑心靜居校書筆記》，上海圖書館藏錢泰吉稿本，無行格，首葉“史記”題名下鈐“警石”方印。每部分題名下均署“嘉興錢泰吉”，每葉中縫有“校史記筆記卷×”及葉次（圖5）。《中國古籍善本書目》及《中國古籍總目》稱之爲手稿本。此本《校書筆記》較《史記校勘記》多出游明本等版本，據《校史記雜識》“九月望後，游氏本爲蔣寅昉所得，余假至寅齋……八年八月十九日，始畢一過”[1]，可知《校書筆記》當作于咸豐八年（1858）之後。然《校書筆記》未涉及秦藩本，據《校史記雜識》“庚申春，發興，以秦藩本細校，二月初甫校《正義論例》”[2]，庚申年即咸豐十年（1860），《校書筆記》當作于此前。《校書筆記》在前兩者的基礎之上，對注文脱衍情況作單一對象、複雜錯誤形式的總結，是其近三十年《史記》校勘的提煉。

錢泰吉現存之批校本有兩種，其過錄本繁多，兹考述其情況如下：

其一爲錢泰吉校殿本、四種宋本、中統本于毛晉汲古閣《集解》單刻本之上，現

---

①（清）錢泰吉：《校史記雜識》，《甘泉鄉人稿》卷二，葉11a。
② 同上，葉12a。

藏于國家圖書館（圖6）。從錢泰吉批校體例來看，凡《集解》單刻本與中統本異，則單列差異內容，不標注"中統本"等字樣。若《集解》單刻本與中統本異，且宋本與中統本相同，則列出差異內容後于其下注"宋本同"。因此，錢氏當是先以中統本校《集解》單刻本，後又以宋本參校于其上，此與《甘泉鄉人稿》等文獻所載校勘時間相符。錢泰吉手批本曾借于駱士奎、莫友芝進行過錄，幾經輾轉，錢批本、駱氏過錄本、莫氏過錄本今均藏國家圖書館。

其二爲錢泰吉道光辛丑、壬寅、戊申歷次手記，用朱、紫、黃、墨各色校筆，校于《評林》本之上，鈐有"錢泰吉印""嘉興錢泰吉校讀本""手校三史"等印，現藏于上海圖書館，善本書號20548—75（圖7）。所校各本包括：中統本、游明本、震澤王氏本、汪諒本、秦藩本、毛晉《索隱》單行本、文瀾閣本、武英殿本、明南雍本、明正德本、葉石君校本。傅增湘跋曰："校勘極細，眉上行間蠅頭小字殆滿。詳視之仍是過錄也。"[①]此本曾被莫友芝、管廷芬借去過錄。管庭芬過錄本藏于國家圖書館，莫友芝、莫彝孫過錄本藏于上海圖書館。

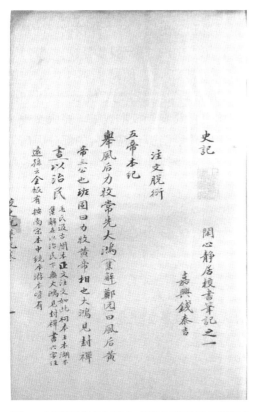

圖5　上圖藏錢泰吉稿本《閑心靜居校書筆記》

圖6　國圖藏錢泰吉批校集解單刻本

---

① 傅增湘:《藏園群書經眼錄》卷三，中華書局，2009年，153頁。

圖7　上圖藏錢泰吉批校評林本

《張文虎日記》同治四年（1865）七月初九日云："縵老出示所校《史記》，商榷開雕格式。"①周學濬（即縵老）所校《史記》實爲由錢泰吉校本過録而來，張文虎《札記》跋語曰："先是嘉興錢警石學博泰吉嘗彙校各本，歷三十餘年，點畫小殊，必詳記之。烏程周縵雲侍御學濬借其本過録，擇其善而從。"②同治五年（1866）春，李鴻章以《史記》校刊屬唐仁壽，唐仁壽即據周學濬校本覆校付刊③。此處提到的校本實際上是校勘記，也即浙江圖書館所藏《錢警石先生史記初校本》。唐仁壽是金陵書局校刊《史記》的過程中除張文虎外的另一大功臣，因此校勘《史記》時用到唐仁壽藏本校勘記，實屬情理之中。當然，更能夠直接性説明金陵書局校刊《史記》參考此校勘記的是張文虎《札記》中的"警云""警校""警曰"等內容，考浙江圖書館藏稿本《札記》原作"錢氏警石曰"，塗改爲"警云"，可知此類內容均引自錢泰吉校勘成果。將張文虎《札記》中明確説明引自錢泰吉的部分與唐仁壽藏本校勘記進行比對，可確定無誤。兹舉三例如下：

（1）《司馬相如列傳》相如乃與馳歸

　　　唐仁壽藏本《史記校勘記》："相如乃與馳歸"，毛本"馳歸"下有"成都"二字。汪氏所藏柯本眉間有校語云："白鹿本'歸'字下有'成都'二字。"非吳子撰、汪小米筆，白鹿本今未得見，校語亦僅見。④

　　　張文虎《札記》：蔡本、中統、游、毛本、《雜志》引宋本及《文選》左思"詠史"詩注引《史》，警引吳、汪校柯本眉上舉白鹿本並有"成都"二字，舊刻及王、柯、凌本並脱。⑤

① （清）張文虎著，陳大康整理：《張文虎日記》，56頁。
② （清）張文虎：《校刊史記集解索隱正義》卷末，浙江圖書館藏稿本。
③ 參見張文虎《校刊史記集解索隱正義札記》跋語："同治五年春，請于署江督肅毅伯今相國合肥李公，以屬學博高弟海寧唐端甫文學仁壽覆校付刊。"
④ （清）錢泰吉：《史記校勘記》，浙江圖書館藏抄本。
⑤ （清）張文虎：《校刊史記集解索隱正義札記》，中華書局，1977年，677頁。

（2）《東越列傳》白沙《正義》若如一預州有白沙山蓋從如此邪

　　唐仁壽藏本《史記校勘記》：出若邪白沙，《正義》"越州有若耶山、若邪溪，若如一，預州有白沙山，蓋從如此邪？白沙東，故閩州。"泰吉按：《漢書》"若邪"作"如邪"，《正義》云"若如一"者，蓋謂"若"字、"如"字爲一義也，上下文有脫訛，遂不可讀。柯、王本"若邪溪"之"邪"與上"若耶山"并作"邪"。《通鑑綱目》卷四元鼎六年《集覽》引《正義》曰："'越州有若耶山、若耶溪'，蓋從此'耶'字，山在州東南四十里，溪在會稽縣東南、北流二十五里，與照湖合。案：白沙東，故閩州也。"可補此條之闕誤，惜辨"若""如"之文刪削不存，未由考補。①

　　張文虎《札記》：案：此五字當在"預州"上。警云：《漢書》作"如邪"，此作"若邪"，《正義》蓋謂"若""如"一義也，上下文俱有脫譌。《通鑑綱目集覽》引《正義》曰："'越州有若耶山、若耶溪'，蓋從此'耶'字。山在州東南四十里，溪在會稽縣東南、北流二十五里，與照湖合。案：白沙東，故閩州也。"②

（3）《張丞相列傳》人之音聲

　　唐仁壽藏本《史記校勘記》："人之音聲"，"人"字各本皆同，江氏所藏柯本校改"人"作"入"，不知何人所改，亦不知據何本，或是依《漢書》改也。按：倪氏《史漢異同》、許氏《史漢方駕》所錄此傳文大書"入"之音聲，無異文，則舊本《史》《漢》皆作"入"。③

　　張文虎《札記》：舊刻"入"。警云：倪氏《史漢異同》、許氏《史漢方駕》錄此傳作"入"，今本皆譌"人"。④

　　考張文虎之《日記》，同治九年（1870）正月十七日，"閱《史記》全樣竟"，似乎校刊《史記》一事已告一段落，但後仍有"校《史記》"之說，可見"重校《史記》""復定《史記》修改卷""復訂《史記》校記""校謄清《史記》校記"等語⑤。張文虎在校刊《史記》期間與錢泰吉之子錢應溥多有來往，特別是同治十年二月廿六日，"復校《史記》本紀，時從子密借警石先生校本也"⑥。張文虎《札記》稿本之序言中亦言："今從令子子密京卿應溥借校。"⑦可見張文虎曾從錢應溥處借得錢泰吉的其他校勘成果。

　　以百衲宋本爲核心分析，錢泰吉前期和中期的校勘記中并未涉及百衲宋本，惟有晚期校勘記、錢泰吉批校《集解》單刻本、錢泰吉批校《評林》本中涉及，錢泰吉校

①（清）錢泰吉：《史記校勘記》，浙江圖書館藏抄本。
②（清）張文虎：《校刊史記集解索隱正義札記》，671—672頁。
③（清）錢泰吉：《史記校勘記》，浙江圖書館藏抄本。
④（清）張文虎：《校刊史記集解索隱正義札記》，604頁。
⑤　參見（清）張文虎著，陳大康整理：《張文虎日記》，211—260頁。
⑥（清）張文虎著，陳大康整理：《張文虎日記》，248頁。
⑦（清）張文虎：《校刊史記集解索隱正義札記》卷一，浙江圖書館藏張文虎稿本，葉1b。

其正文和《集解》于《集解》單刻本之上，校其《索隱》和《正義》于評林本之上。對于宋本中"史記一""五帝本紀第一"的行款，張文虎《札記》稱宋本"每卷首行并小題在上，大題在下"①，國圖錢泰吉批校本指出"宋本二行互異"，即宋本"五帝本紀第一"在"史記一"之前，而錢泰吉的校勘記均未涉及《史記》的行款問題。再者，《夏本紀》"東原"《集解》"今東平郡即東原"，張文虎《札記》："宋本作'今東郡有東平'。"②然錢泰吉校勘記中均未涉及到此條關于宋本之校勘。考錢泰吉批校《集解》單刻本，錢校曰"今東平郡即東原，宋本作今東郡有東平"③。可見張文虎校勘時一定使用了錢泰吉批校《集解》單刻本。

南雍本和秦藩本均是張文虎《札記》卷一所列取自錢泰吉校勘版本。《校史記雜識》："戊午八月廿六日，以明南雍本校《論例》……庚申春，發興，以秦藩本細校，二月初甫校《正義論例》。"④戊午即咸豐八年（1858），庚申即咸豐十年（1860）。《錢泰吉年譜》"（咸豐）十年庚申七十歲"條載："二月，杭城初次被陷……乃携家具遷居海鹽北鄉大興公墓廬之旁舍。"⑤知錢氏于咸豐庚申二月至十二月居住于海鹽北鄉大興公墓廬之旁舍，故曰"借蔭居"。從此時至同治元年（1862）十一月，錢泰吉在逝世之前最後兩年均處于逃亡生活，已無暇校書和著述。可知南雍本和秦藩本是錢泰吉校《史記》的最後兩個版本。詳考諸校勘記及校本之內容，僅有錢氏批校《評林》本涉及南雍本，其上所載錢泰吉跋語"戊午八月廿六日，又以南雍本校之""庚申二月四日，又以秦藩本校"可與《甘泉鄉人稿》互參，張文虎《札記》所涉南雍本和秦藩本之內容惟能源于此。

張文虎對錢泰吉校勘中統本成果的使用，亦可佐證金陵書局校刊《史記》過程中一定使用了錢泰吉的校本。以《周本紀》"以目相眄"爲例，張文虎《札記》："中統、凌本'眄'。它本作'盻'，《國語》注同。游訛'盼'。"⑥錢泰吉批校本："盻，中統本作眄。"⑦《史記校勘記》稱"以目相眄，此本眄訛作盻，殿本作眄，遵改，湖本與殿本同"⑧，并未提及中統本作"眄"，而批校本有。可知一定使用了錢泰吉批校《集解》單刻本。再者，考張文虎《札記》，利用中統本校勘的部分涉及《史記》的正文、《集解》注、《索隱》注，兹各舉一例：

　　　　西陵〔一〇‧一〕《雜志》云："下脱'氏'字。"案：中統、舊刻、游本并作

————————

① （清）張文虎：《校刊史記集解索隱正義札記》，2頁。

② 同上，16頁。

③ 此爲錢泰吉批校，筆者自國家圖書館藏錢泰吉批校本輯録。

④ （清）錢泰吉：《甘泉鄉人稿‧餘稿》，葉11a—12a。

⑤ （清）錢泰吉：《甘泉鄉人稿‧年譜》，葉57a。

⑥ （清）張文虎：《校刊史記集解索隱正義札記》，45頁。

⑦ 此爲錢泰吉批校，筆者自國家圖書館藏錢泰吉批校本輯録。

⑧ （清）錢泰吉：《史記校勘記》，浙江圖書館藏抄本。

“西林”。①

蟠木《集解》東北云云〔一二·一三〕中統本、游本、毛本、《册府元龜》十八引皆無此五十一字，蓋合刻依《續漢志注》增。②

文命《索隱》蓋古者〔四九·九〕中統作“質”，王本同。③

綜考張文虎《札記》所有涉及中統本校勘的部分，未曾言及“警曰”（錢泰吉考證按語）。但據張文虎《札記》卷一所示，中統本的校勘內容來自錢泰吉的校勘成果，非其自校，祇能説明金陵書局本校刊時利用的是錢泰吉校本而非校勘記。考錢泰吉批校本二種，錢氏將中統本《史記》正文和《集解》注校在毛晉汲古閣《集解》單刻本上，而中統本《史記》的《索隱》注校在《評林》本上，可見張文虎必然使用了這兩種校本。

金陵書局校勘時并未使用錢泰吉中期和後期的校勘記。以《五帝本紀》“蟠木”《集解》“東北云云”一條爲例，張文虎《札記》：“中統本、游本、毛本、《册府元龜》十八引皆無此五十一字，蓋合刻依《續漢志》注增。”④錢泰吉校《評林》本：“中統本《集解》無‘東北有門’以下之文。”⑤錢泰吉中期校勘記稱：“毛本《集解》無此文，中統本亦無，柯本與此同。”⑥而《閑心靜居校書筆記》中所説更爲詳細：“殿本、柯本、王本、湖本皆如此，南宋本、中統本、游本皆無‘東北有門’以下之文，單刻《索隱》亦無，則并非《索隱》之文。”⑦通過比較此條札記所涉之版本，可知張文虎沒有使用《閑心靜居校書筆記》。再看《夏本紀》“黑水西河惟雍州”《索隱》“地説”一例，張文虎《札記》曰：“中統本‘地’，各本訛‘他’。”⑧據張氏所言，他所見的本子除了中統本外均作“他”，錢校《評林》本僅出校“中統本作他”（卷二，11頁，8行）⑨，與張説相符。然錢泰吉中期校勘記曰“引地説，此及各本地訛他，殿本、中統本作地，當依改”⑩，殿本即《札記》中的官本，可見張氏并未見到錢氏中期校勘記，僅以批校本所見立説，以此可排除其使用錢泰吉中期《校勘記》的可能性。

三、《札記》未列《史記》版本及引據錢泰吉按語考

金陵書局校刊所用《史記》版本不止其所列17種，《札記》正文中涉及但卷一之首

---

① （清）張文虎：《校刊史記集解索隱正義札記》，5頁。

② 同上，6頁。

③ 同上，14頁。

④ 同上，6頁。

⑤ 此爲錢泰吉批校，筆者自上海圖書館藏錢泰吉批校本輯録。

⑥ （清）錢泰吉：《史記校勘記》，浙江圖書館藏抄本。

⑦ （清）錢泰吉：《閑心靜居校書筆記》，上海圖書館藏稿本。

⑧ （清）張文虎：《校刊史記集解索隱正義札記》，18頁。

⑨ 此爲錢泰吉批校，筆者自上海圖書館藏錢泰吉批校本輯録。

⑩ （清）錢泰吉：《史記校勘記》，浙江圖書館藏抄本。

未列者有葉石君校本、文瀾閣本。

張文虎《札記》涉及葉石君校本共7處，如：校《孝武本紀》"書言"曰："葉校宋本無書字。"① 校《鄭世家》"古之遺愛也"曰："各本此下有'兄事子產'四字，與上文'與子產如兄弟云'複，且不當雜出于此。《志疑》引《溏南集·辨惑》說同。此蓋後人旁注誤混。葉校宋大字本空，今刪"②；校《樗里子甘茂列傳》"公叔"曰："二字疑衍，葉校刪。"③ 然《札記》卷一之首并未提及，《張文虎日記》中亦未涉及此版本之校勘。考錢泰吉《校史記雜識》：

> 生沐所藏王本，録葉石君校，卷一尾有"康熙廿年歲辛酉八月二十八日葉石君從宋刻大字本校起"二十四字。葉校甚略，所見宋本與王本當亦無大异，今録余所未及校者數條。己未四月朔記。

> 細閱終卷，知葉校但有正文及《集解》，生沐云從杭州諸進士洛過録本録出，其他校改之處，不知何人所校，亦不言據何本。于王氏正文、注文甚誤之字，已改十之八九，今亦録之，凡不著葉校者，皆是也。④

蔣光煦（1813—1860，字日甫、愛荀，號生沐、雅山，海寧硤石人）將葉石君校勘宋本之校語過録于王本之上，錢泰吉從其處借得，過録于評林本之上。張文虎《札記》校《鄭世家》"三晉滅知伯"曰："'三'字，警引葉石君校增。"⑤ 可以確定《札記》所涉葉石君校本來自錢泰吉之校本。

張文虎《札記》涉及閣本的校文亦來自錢泰吉之校勘成果，錢氏將閣本校于《評林》本，唐仁壽藏校勘記亦大量出現閣本，這一校本及校勘記金陵書局在校刊時均有使用。雖然張文虎《札記》卷一并未指出使用該本，但《札記》中明確出現兩處涉及閣本的校語（非後人依據張文虎批校增補⑥）：

（1）《夏本紀》慎其身修《正義》以爲絶句

張文虎《札記》：上衍"以爲"二字，閣本無。⑦

錢泰吉校：閣本但有"絶句"二字，各本均有"曰以爲"三字，似未明晰

---

① （清）張文虎：《校刊史記集解索隱正義札記》，111頁。

② 同上，421頁。

③ 同上，526頁。

④ （清）錢泰吉：《校史記雜識》，《甘泉鄉人稿·餘稿》，葉11b。

⑤ （清）張文虎：《校刊史記集解索隱正義札記》，421頁。

⑥ 中華書局整理本《校刊史記集解索隱正義札記》中有增補條目，據《出版説明》"整理過程中，承吳則虞同志惠借所藏張文虎批校金陵書局本《史記》，我們用它校正了《札記》的一些版刻錯誤，并補入幾條校記。又據《舒藝室續筆》增添了《扁鵲倉公列傳》札記四十條，均已分別注明。還有個別校記是我們新加的，附注〔增〕字，以資識別。"此處所引兩條未有"〔增〕"字之説明，當爲張文虎《札記》原貌。

⑦ （清）張文虎：《校刊史記集解索隱正義札記》，25頁。

（卷二，19頁，10行）。①

（2）《孔子世家》顔濁鄒《正義》非七十七人數也

張文虎《札記》：閣本作"七十二人"，與上史文合。②

錢泰吉校：閣本"七十七"作"七十二"（卷四十七，26頁，1行）。③

那麼爲什麼張文虎明明得見此本，錢泰吉校勘成果中也保留了大量關于閣本的校記，且張文虎《札記》中有兩處使用，却未列入《札記》引據各本目録呢？《札記》跋語以及《張文虎日記》中對此并未提及。錢泰吉《跋震澤王氏刻史記》謂："世傳《史記》明刻本以震澤王氏爲最善，余求之有年，所見都無刻書序跋，蓋書賈去之以贗宋本也。道光辛丑三月，長興朱君立齋爲余假得一本，有王氏延喆跋，在《索隱》後序之後，以校《四庫全書考證》所引王本，有不同者。詳見余所校本。疑中羼他刻，非王氏全書。及得見文瀾閣本《正義》，校之則皆與此本同。閣本《正義》從震澤王氏本出，《四庫提要》有明文，則此本爲王氏本無疑矣。其與《四庫考證》所見本有不同者，或經修改歟。"④張文虎大抵因文瀾閣本《正義》從王本出，又已自校王本，故未將閣本列入卷首引據各本之目録。

金陵書局刊刻《史記》利用錢泰吉校勘成果出校訛誤字、出校避諱字、出校脱衍文、出校存疑，對《史記》的考訂做出了卓有成效的貢獻。

在出校訛誤字方面，《大宛列傳》"以指畫石"，唐仁壽藏本校勘記："以指畫名，各本同，按《水經注》卷一'名'作'石'，當據改。"⑤《札記》從錢説："'石'訛'名'，警依《水經注》改。"⑥

在出校避諱字方面，《齊太公世家》"欒盈"，張文虎《札記》："警云：'《史記》當避孝惠諱，諸盈字皆當作逞。'案：如徐廣説則當時已有改作'盈'者矣。"⑦此條實引自上海圖書館藏批校本錢校："泰吉按：《史記》當避孝惠諱，故'盈'字多作'逞'，此正文'盈'字皆當作'逞'。"（卷三十二，18頁，16行）⑧

在出校脱文、衍文方面，《司馬相如列傳》"五河"《正義》"仙經云"，錢泰吉校："碣度九江而越五河《正義》仙云，案：《漢書》注'仙'下當有'經'字，各本俱脱。"⑨張文虎《札記》從其説："'經'字警依《漢書》注增。"《張耳陳餘列傳》"壽爲樂昌侯"，張文虎《札記》："蔡本、中統、舊刻、毛本無'壽'字。警云據傳末《集

---

① 此爲錢泰吉批校，筆者自上海圖書館藏錢泰吉批校本輯録。

②（清）張文虎：《校刊史記集解索隱正義札記》，452頁。

③ 此爲錢泰吉批校，筆者自上海圖書館藏錢泰吉批校本輯録。

④（清）錢泰吉：《甘泉鄉人稿》卷四，清同治十一年（1872）刻光緒十一年（1885）增修本，葉6a。

⑤（清）錢泰吉：《史記校勘記》，浙江圖書館藏抄本。

⑥（清）張文虎：《校刊史記集解索隱正義札記》，713頁。

⑦ 同上，378頁。

⑧ 此爲錢泰吉批校，筆者自上海圖書館藏錢泰吉批校本輯録。

⑨（清）錢泰吉：《史記校勘記》，浙江圖書館藏抄本。

解》，此句‘壽’字，下句‘佟’字，皆後人所增。”①此條所據乃國家圖書館藏批校本。

在出校倒文方面，《陳涉世家》“趙燕”，錢泰吉校“宋本趙燕作燕趙”（卷四十八，5頁，10行）②。張文虎《札記》：“宋本倒。”③《韓長孺列傳》“前日”，錢泰吉校“宋本前日作日前”（卷一〇八，1頁，10行）④，張文虎《札記》：“宋本倒。”⑤

在出校存疑方面，《蘇秦列傳》“江渭岷江”，錢泰吉校：“江渭岷江渭州，江渭之渭⑥疑謂字之誤。”⑦張文虎《札記》：“‘地里’字疑有誤。警云‘渭’疑當作‘謂’。”⑧類似例證頗多，如《孟子荀卿列傳》“過髡”《集解》“別録曰”，張文虎《札記》：“警云‘曰’字疑衍。”⑨《張耳陳餘列傳》“三縣以封”，張文虎《札記》：“警云‘以’字疑衍。”⑩《張耳陳餘列傳》“車馬二百五十匹”，張文虎《札記》：“警云車馬同以匹計，恐有脱誤。”⑪此條據國圖藏批校本。

四、結語

張文虎充分利用錢泰吉校勘記和校本中涉及的12種《史記》版本，以及他自己見到的各種舊刻古本、時本對《史記》加以考訂，擇善而從，同時廣采衆家之説法，參考程一枝《史詮》、段玉裁《説文解字注》《尚書撰異》、王念孫《讀書雜志》等材料，對《史記》進行了卓有成效的校勘工作，在清代各版本《史記》中無疑當屬上乘之作，是對錢泰吉校勘成果的繼承和超越。

金陵書局本《史記》的優點及學術價值是顯而易見的，卻也使得其缺點隱而不顯。對各本異同反映得不全面，這是張文虎《札記》存在的一大問題，比如《夏本紀》“黑水西河惟雍州”《索隱》“地説”，張文虎《札記》曰：“中統本‘地’，各本訛‘他’。”⑫據張氏所言，他所見的本子除了中統本外均作“他”。而錢泰吉中期《校勘記》謂“引地説，此及各本‘地’訛‘他’，殿本、中統本作‘地’，當依改”⑬，則殿本、中統本均應作“地”，殿本即《札記》卷一之首所列的官本，可見張文虎出校未詳。

---

① （清）張文虎：《校刊史記集解索隱正義札記》，585頁。
② 此爲錢泰吉批校，筆者自國家圖書館藏錢泰吉批校本輯録。
③ （清）張文虎：《校刊史記集解索隱正義札記》，457頁。
④ 此爲錢泰吉批校，筆者自國家圖書館藏錢泰吉批校本輯録。
⑤ （清）張文虎：《校刊史記集解索隱正義札記》，644頁。
⑥ 浙江圖書館抄本中此“渭”字訛作“謂”字，據上文正之。
⑦ （清）錢泰吉：《史記校勘記》，浙江圖書館藏抄本。
⑧ （清）張文虎：《校刊史記集解索隱正義札記》，513頁。
⑨ 同上，533頁。
⑩ 同上，584頁。
⑪ 同上，609頁。
⑫ （清）張文虎：《校刊史記集解索隱正義札記》，18頁。
⑬ （清）錢泰吉：《史記校勘記》，浙江圖書館藏抄本。

此外，張文虎所用的是周學濬"擇善而從"後的過録本，他在校勘時對錢泰吉的校本和校勘記也是擇善而從，出現妄改、誤改、善而未從等主觀性問題也在所難免。因此，全面輯録并研究錢泰吉的校勘成果仍具有必要性和重要意義。

【本文係山東大學科研創新基金項目"《史記》錢泰吉校勘成果整理與研究"（2023213）階段性成果】

（作者單位：山東大學文學院）

金兆蕃參編《清史稿》史實考述

尹偉杰

内容提要： 金兆蕃是《清史稿》的重要參編成員，但學界對其編纂《清史稿》情形的瞭解仍然有諸多不够詳細之處。通過相關信札材料的互證，對比張爾田、金梁、夏孫桐三人的記載，可以厘清金兆蕃與史館諸人討論體例、參與編纂的大致過程。同時，新發現的《〈清史稿〉存目》也能還原金兆蕃撰寫的具體内容。

關鍵詞： 金兆蕃　《清史稿》　列傳　勞乃宣

　　《清史稿》是袁世凱延聘趙爾巽爲館長組織編纂的史籍，記載了有清一代的歷史。自1914年開館，至1928年刻成，歷時15年，共536卷，800餘萬字。因付刻匆忙，故名"史稿"。金兆蕃是爲數不多自始至終參編《清史稿》的成員，爲《清史稿》的編纂付出了巨大心血。可惜的是，雖然學界研究《清史稿》的成果甚夥，如戴逸《〈清史稿〉的纂修及其缺陷》、鄒愛蓮等《〈清史稿〉編纂始末研究》、趙少峰《〈清史稿〉纂修及刊刻》等①，但對金兆蕃本人的編纂實況，還局限于張爾田、夏孫桐等人的回憶②，存在許多模糊、歧异之處，有待澄清。此外，趙晨嶺《〈清史稿·太祖本紀〉編纂過程及失誤原因》以臺北"故宫博物院"藏《清史稿》稿本，考察金兆蕃對《太祖本紀》的修訂過程③。通過筆者發現的金兆蕃《〈清史稿〉序目》、致勞乃宣信札等學界尚未關注的重要材料④，勾連相關記載，不僅能够還原金兆蕃參編《清史稿》的基本過程，也可以厘清《清史稿》中金兆蕃撰寫的主要内容。

---

① 戴逸：《〈清史稿〉的纂修及其缺陷》，《清史研究》2002年第1期；鄒愛蓮、韓永福、盧經：《〈清史稿〉編纂始末研究》，《清史研究》2007年第1期；趙少峰：《〈清史稿〉纂修及刊刻》，北京師範大學碩士論文，2008年。
② 張爾田：《〈清史稿〉纂修之經過》，朱師轍《清史述聞》，上海書店出版社，2009年，212—224頁。
③ 趙晨嶺：《〈清史稿·太祖本紀〉編纂過程及失誤原因》，《清史研究》2011年第2期。
④ 金兆蕃：《安樂鄉人文集》卷六，1951年鉛印本；《勞乃宣檔（四）》，虞和平主編《近代史所藏清代名人稿本抄本》第3輯第7册，大象出版社，2017年，543—586頁。又，金兆蕃《〈續檇李詩繫〉後序》云："辛亥（1911）初夏，勞玉初丈爲江寧提學，使兆蕃亦客陵。"（《安樂鄉人文集》卷3）可知金兆蕃在1911年曾客于勞乃宣府，兩人關係密切。

一、金兆蕃對編纂體例的討論

1914年5月，金兆蕃應財政部之徵前往北京任職，與此同時，清史館也在緊鑼密鼓地籌辦之中。《申報》在2月9日報道"國務院呈請設立編纂清史專局已由袁總統命令批准"①，3月9日正式發布大總統令："應即准如所請，設置清史館，延聘通儒，分任編纂，踵二十四史沿襲之舊例，成二百餘年傳信之專書。"②3月10日，趙爾巽同意擔任清史館總裁③，隨後"近取翰苑名流，遠徵文章耆宿"④；6月，應趙爾巽的邀請⑤，金兆蕃加入清史館⑥。金兆蕃致勞乃宣信札記載其初入清史館的情形：

> 玉初老伯大人尊鑒：前日郵寄一緘，慶荷賜答。夏至漸入炎序，海濱風氣如何，伏冀善護興居，益崇明德，定如企頌。任草擬《修史略例》一通，臆見膚論，謭劣殊甚。繕呈次珊先生，姑備采擇。友人代付油印，敬呈清鑒，伏乞賜誨，并求轉乞晦若先生加以繩削，至禱至禱。印時未親校，頗有刪節字句、更定行款之處，未及改正也。專肅，敬叩崇安。世小任金兆蕃上言。夏至日。⑦

金兆蕃在入京後不久，即6月22日（夏至）前，就草擬了《擬修清史略例》（下文簡稱《略例》）的初稿⑧，不僅準備呈給趙爾巽以備采擇，還請求勞乃宣、于式枚（晦若）兩先生"加以繩削"。于式枚曾聯合繆荃孫、秦樹聲、吳士鑑、楊鍾羲、陶葆廉上《開館辦法九條》（下文簡稱《于目》），亦是討論《清史稿》的體例問題⑨。9月20日，清史館召開第一次修史會議，金兆蕃致勞乃宣信札中記載這次會議"所議者大約克定體例，次及篇目，然後可分任諸人"⑩。最終，編纂體例與目錄仍然以《于目》爲主，兼采金兆蕃《略例》等他人的部分意見。繆荃孫在致吳士鑑信中提及當時討論的情況：

> 《商例》十二分均讀訖，亦成《例商》一篇、《定目》一篇。各位注意在史，注意史料者甚少。兄與向之、籛孫、任公最佳，……交通添志，外交改傳爲志，氏族添志，明遺臣添傳，決不可少，餘仍舊貫，即此已足，不必再議。（1914年10

---

① 《特約路透電》，《申報》1914年2月9日。

② 《政府公報》，"命令"第六百六十號。

③ 《北京電》："趙爾巽已任命爲清史館總裁。"（《申報》1914年3月10日）

④ 韓永福：《清史稿的編修過程》，《歷史檔案》2004年第1期。

⑤ 屈彊《嘉興金籛孫先生行狀》："君負著作才，清史稿初設，襄平趙次珊館長，延君任纂修。"

⑥ 《申報》1914年6月28日報道："清史館定纂修三十，協修四十，郭曾炘將爲總閱。"此時纂修的名單中應該就包含了金兆蕃。

⑦ 《勞乃宣檔（四）》，虞和平主編《近代史所藏清代名人稿本抄本》第3輯第7冊，550—551頁。

⑧ 金兆蕃：《擬修清史略例》，朱師轍《清史述聞》，128—133頁。

⑨ 朱師轍：《清史述聞》，82—91頁。

⑩ 金兆蕃致勞乃宣函稱："館中八月朔開會，所議者大約克定體例，次及篇目，然後可分任諸人，再議如何著手。"陰曆八月朔即1914年9月20日。《勞乃宣檔（四）》，虞和平主編《近代史所藏清代名人稿本抄本》第3輯第7冊，553—554頁。

月19日）①

金兆蕃的《略例》在當時的討論體例的過程中受到了相當的重視，尤其在"志"的設置上補益《于目》爲多，如交通、外教（即宗教）等志，均見于金兆蕃的《略例》而未見于《于目》中。筆者對比《清史稿》和金兆蕃《略例》在志的設置上的差別，列表如下：

表1 《略例》與《清史稿》設志對比表

清史稿	天文	灾异	時憲	地理	樂	輿服	選舉	職官	食貨	河渠	兵	刑法	藝文	交通	邦交		
略例			曆法	輿地	樂			職官	食貨	河渠	兵	刑法	藝文	交通	外交	宗教	民俗

關于金兆蕃本人對于志的看法，需要參照屈彊在《嘉興金籛孫先生行狀》中的記載：

> 清史體例，宜少异于歷代，五行灾异，騰笑鄰邦，四裔屏藩，豈容自大。晚清以來，邦交既設專部，而交通、宗教又動與外交有關，此固前史所無，而爲清代之政要。若夫民俗與内政，息息相通，散見地志，猶嫌未足。凡此均宜特立專志。君草創新例，多所是正。②

首先，金兆蕃具有一定的科學思維，明確提出應當删去《五行》《灾异》一類的志。《清史稿》最終雖然保留了《灾异志》，但是"祇著灾异而削事應之附會，深合史例"③，與金兆蕃破除讖緯迷信的思想相符。其次，金兆蕃提倡設立宗教、外交（《清史稿》稱"邦交"）、交通、民俗諸志，這些都是所謂"前史所無，而爲清代之政要"的部分。金兆蕃在《略例》中説，外交在清代"海通以後，與東西諸國以干戈玉帛相見，國之大事，古所未有"；交通則"舟車以汽行，文語以電達，亦古所未有，自其法入我國，而郵傳、漕運、軍儲、航政皆爲之一變"④。《清史稿》最終設立了《交通志》和《邦交志》，且《交通志》爲《于目》所無，據朱師轍考證，是受到了金兆蕃的影響⑤。唯獨金兆蕃提議的《宗教志》和《民俗志》未被史館採納，可見這是金兆蕃與時人的主要分歧之一。金兆蕃在《略例》中解釋了自己設置《宗教志》的原因：

> 國有宗教，所以齊民俗，堅民志，是其中有權焉。我執其權，則人爲我用，

---

① 陳東輝、程惠新：《繆荃孫致吳士鑑信札考釋》，《文獻》2017年第1期，109頁。時間據該文考證。

② 卞孝萱、唐文權編：《民國人物碑傳集》卷七，鳳凰出版社，2011年，408頁。

③ 傅振倫：《〈清史稿〉評論（下）》，朱師轍《清史述聞》，258頁。

④ 金兆蕃：《擬修清史略例》，朱師轍《清史述聞》，130頁。

⑤ 朱師轍《〈清史稿〉〈明史〉與于氏等擬目比較表》："從'兵志'中之鐵路、輪船、電報、郵政分出爲'交通志'，乃從吳士鑑、金兆蕃等所議。"（《清史述聞》，18頁）又，除金兆蕃外，吳士鑑、袁嘉穀、袁勵準亦提出設立《交通志》，參見朱師轍《清史述聞》所收各家文章。

黄教是也。人执其權，則我爲人用，耶教是也。宜立《宗教志》，略舉其源始，詳
陳其流極，與《魏書·釋老志》陳義固不同科。回教宜附見。①

金兆蕃認爲宗教"所以齊民俗，堅民志"，例如黄教、基督教等均對清代社會產生了
很大的作用。當時，梁啓超、朱希祖等其他七家亦曾建議設立《宗教志》②，然而，由于
《大總統令》將《清史》定義爲"踵二十四史沿襲之例"，史館諸人對于體例仍然采取較
爲保守的態度，正如時人所評價的："清史體例，乃以仿照《明史》，爲天經地義，所見
抑亦隘矣。"③導致最終未能設立《宗教志》。同樣的情形還有《民俗志》。《略例》認爲：

　　　事勢之所趨，意志之所發，在國爲政，在民爲俗。政從俗易治，政違俗易
亂。政變，俗非大治即大亂。前史罕記民俗者：或附于《地理》，失之略；或附
于《五行》，失之誣。皆于政無與。宜立《民俗志》，以年爲經，以地爲緯，博取
而約存之。④

民俗與政治息息相關，"政從俗易治，政違俗易亂"，以往史籍將之附屬于《地理》《五
行》諸志，則難免失之簡略，不足以彰顯其重要地位。金兆蕃是當時諸家中唯一提
議《民俗志》的，現在來看無疑具有開創性，可惜同樣未被史館采用。傅振倫後來作
《〈清史稿〉評論》，對于未收《宗教志》和《民俗志》一事，也認爲"《宗教》《民俗》
竟不采著，其大謬也"⑤。

　　金兆蕃早年積極瞭解時務，曾應"經濟特科"，爲陸元鼎編纂《各國立約始末
記》，被屈彊稱作"轉移風氣，爲時導師"⑥。在討論《清史稿》體例的過程中，不管是
主張刪去帶有迷信色彩的《五行》《災異》兩志，還是設立近代以來日漸重要的《交
通》《外交》《宗教》等志，抑或是設立《民俗志》的創見，都可以看到金兆蕃受維新
思潮影響的痕迹。和當時的史館諸人相比，金兆蕃不爲傳統史書的分類所桎梏，具有
較爲寬闊的學術視野。

二、金兆蕃編纂《清史稿》的過程及内容

（一）金兆蕃在三個階段的大致分工

　　清史館在1914年9月20日召開第一次會議後，初步確定了編纂體例和分工，標志着
《清史稿》編纂工作的正式啓動。金兆蕃在致勞乃宣信札中談到其最開始的工作内容：

---

① 金兆蕃：《擬修清史略例》，朱師轍《清史述聞》，130頁。
② 梁啓超、吳廷燮、袁嘉穀、朱鍾琪、袁勵準、張宗祥、朱希祖七家立有《宗教志》，參見朱師轍
　　《清史述聞》所收各家文。
③ 哀靈：《讀〈清史稿〉回憶補録書後》，《逸經》，1936年第13期。
④ 金兆蕃：《擬修清史略例》，朱師轍《清史述聞》，130頁。
⑤ 傅振倫：《〈清史稿〉評論（下）》，朱師轍《清史述聞》，258頁。
⑥ 卞孝萱、唐文權編：《民國人物碑傳集》卷七，407頁。

章式之兄以《藝文志》及《儒林》《文苑》兩傳自任，侄擬即爲之相助。學術
　　升降即國事興衰，極爲重要。至源流派別，萬戶千門。謭劣如侄，未嘗窺其大概，
　　顧公賜誨。①

　　　侄與絅齋、式之兩同年承擬《儒林》《文苑》二傳，日日到館，先取《國史傳
　　稿》讀一過。已入傳者擬均仍入傳，文字删并補附，及何人當添列、何人當移至
　　他傳，未敢草草。②

據鄧之誠回憶："清史館開館之初，凡經聘請爲纂修、協修的人員必需每日入館編書……
而絕大多數纂修、協修是很少每日按時入館的。"③金兆蕃與吳士鑑（字絅齋）作爲章鈺
（字式之）的助手，仍然按照要求"日日到館先取《國史傳稿》讀一過"，體現了金兆蕃
勤勉篤實的態度。他們以《國史傳稿》爲藍本，編纂了有關"學術升降"的《儒林》《文
苑》二傳初稿，但對于"文字删并補附及何人當添列、何人當移至他傳"，并沒有作較
大的改動。這樣的工作持續了近兩個月，此後，金兆蕃致勞乃宣信札稱：

　　　史館開辦兩月，從事《儒林》《文苑》兩傳。繆小山先生到都，將此兩傳及
　　《孝友》《隱逸》二門并三品以下《臣工列傳》悉歸承辦，并言允在上海纂稿寄都。
　　侄擬約館中門人改認他門。④

《藝風老人日記》記載，1914年11月2日繆荃孫抵達北京；5日，"拜吳絅齋、趙次山，
到清史館會同事諸人"，并在6、11、13日三次會見金兆蕃。此後，繆荃孫借勘34册
《儒林傳》、79册《文苑傳》稿件，最終在12月17日"開筆修《清史》"⑤，今《清史稿》
的《儒林》《文苑》兩傳即其所撰⑥。在此之後，金兆蕃"約館中門人改認他門"。夏孫
桐致張爾田信札中（下文簡稱《夏信》），對《清史稿》編纂過程的三個階段有較爲詳
細的描述，對金兆蕃在三個階段負責的內容也有大致的概括：

　　　竊惟修史經過約分三期，第一期全無條例，人自爲戰，如一盤散沙，後乃議整
　　理，先從列傳着手，是爲第二期。選人任之，始分朝擬定傳目歸卷，柯鳳孫、金篯
　　孫、爽召南任國初，繆藝風、吳絅齋任順、康。絅齋未到，藝風未畢事而作古，執
　　事後至，即加入此段之內。金篯孫獨任雍、乾。……當時議定凡例，而有遵、有不

①《勞乃宣檔（四）》，虞和平主編《近代史所藏清代名人稿本抄本》第3輯第7册，553—554頁。按
　　該信落款"七月廿六日"，即1914年9月15日。
②《勞乃宣檔（四）》，虞和平主編《近代史所藏清代名人稿本抄本》第3輯第7册，580頁。按該信落
　　款"八月廿一日"，即1914年10月10日。
③ 王鍾翰：《清心集》，新世界出版社，2002年，56頁。按，此段鄧之誠回憶由王鍾翰在文中轉述，
　　王鍾翰曾師從鄧之誠。
④《勞乃宣檔（四）》，虞和平主編《近代史所藏清代名人稿本抄本》第3輯第7册，585—586頁。按
　　該信落款"九月二十一日"，即1914年11月8日。
⑤ 張廷銀、朱玉麒主編：《繆荃孫全集·日記》第3册，鳳凰出版社，2014年，343—349頁。按，《藝
　　風老人日記》均采用陰曆紀日，爲便行文，本文直接換算成公曆，下同。
⑥《清史館館員名録》"繆荃孫"下注"任儒林、文苑傳"。朱師轍：《清史述聞》，214頁。

遵，兩年畢事。其中咸、同、光、宣四朝皆不合用，同人公推鳳孫與弟再加整理，鳳老旋又推諉，以籙孫代之。時當時局紛紜，館中議論亦不定，弟與籙孫皆未動手。既而時局益亂，經費不給，遂全局停頓。久之，館長別向軍閥籌款，稍有端倪，于是重加整頓以求結束，是爲第三時期。……列傳弟與金籙孫分任之，籙孫任乾隆以前，弟任嘉慶以後，彙傳則弟任《循吏》《藝術》，章式之任《忠義》，柯鳳孫任《儒林》《文苑》《疇人》，餘皆歸籙孫，預定三年告成。[1]

據此，《清史稿》編纂的三個階段可分別敘述如下：第一階段（1914年—1920年3月），由于沒有明確的分工安排，館員"人自爲戰"，稿件頗有重複及不合體例者。第二階段（1920年3月—1926年秋），遵從繆荃孫"以時代爲段落擇人分任"的意見，修改、補充、整理第一階段的稿件，擬定傳目，編排成卷。第三階段（1926年9月—1928年5月），趙爾巽組織館員校閱稿件，刊刻成書[2]。

金兆蕃在整個過程中承擔的工作，除了夏孫桐函的記載外，尚有兩種材料可以參看：一是金梁在《清史稿》"關外本"所附的《校刻記》（下文簡稱《校記》），二是張爾田過錄的《清史館館員名錄》（章鈺初撰，夏孫桐補寫[3]）（下文簡稱《名錄》）[4]。以上三種材料對金兆蕃參編內容的敘述有所出入，茲將三者對比如下：

表2 《校記》《名錄》《夏信》所載金兆蕃參編內容對比表

類別	《校記》	《名錄》	《夏信》
本紀	本紀自太祖至世宗，爲鄧邦述、金兆蕃原稿。	（未提）	（未提）
列傳	列傳后妃、諸王、鄧邦述、龔良、金兆蕃原稿，金復輯。 諸臣原傳，凡在館諸君多有分纂。開國至乾隆傳，金兆蕃復輯。 孝義、列女，金兆蕃復輯。	任太祖、太宗、順治朝列傳、列女傳，今史稿中后妃傳亦其重纂。夏（指夏孫桐）于順治下添"康熙、雍正、乾隆"六字。	（第二階段）柯鳳孫、金籙孫、奭召南任國初，繆藝風、吳綱齋任順、康，藝風未畢事而作古，執事後至，即加入此段之內，金籙孫獨任雍、乾。咸、同、光、宣四朝皆不合用，同人公推鳳孫與弟再加整理，鳳老旋又推諉，以籙孫代之。 （第三階段審閱）列傳……籙孫任乾隆以前。……餘皆歸籙孫。

① 張爾田：《〈清史稿〉纂修之過程》，朱師轍《清史述聞》，221頁。

② 參見鄒愛蓮、韓永福、盧經：《清史稿編纂始末研究》，86—94頁。

③ 張爾田《〈清史稿〉纂修之過程》云："此《清史館館員名錄》從章式之先生手寫過錄，先生開館時即預擘畫，所錄皆初次敦聘者……斷自民國十年（1921）爲止，復請夏君閨枝看過，中有改補數處，則夏君筆也。"（朱師轍：《清史述聞》，213頁）

④ 金梁：《〈清史稿〉校刻記》，《清史稿》，中華書局，1977年，14737—14740頁；張爾田：《〈清史稿〉纂修之過程》，朱師轍《清史述聞》，212—220頁。

勾連相關材料，可以歸納金兆蕃在三個階段的參編情形如下：

本紀部分，《名錄》《夏信》未提及，《校記》記載金兆蕃與鄧邦述合作完成了太祖至世宗朝本紀。朱師轍《清史述聞》卷三"撰人變遷"中亦記載金兆蕃"第一、二期中曾與鄧邦述合撰太祖各本紀"[①]。臺北"故宮博物院"藏清史館檔案中，《太祖本紀》稿本扉頁有："金兆蕃、鄧邦述分輯。""館長指示各條均已改補。七年（1918）五月第二次修正。兆蕃記。"可見兩人合作概貌[②]。

列傳部分，《名錄》祗提供了大致範圍，而綜合《校記》與《夏信》的說法，第一階段由于"人自爲戰"，故"在館諸臣多有分纂"，金兆蕃亦負責撰寫了后妃、諸王及開國[③]至乾隆朝列傳的一部分，形成了金梁所謂的"原稿"。第二階段經過統籌安排，金兆蕃負責整理后妃、諸王、孝義、列女及開國至乾隆朝列傳的大部分稿件，即金梁所謂的"復輯"、《名錄》所謂的"重纂"（下文統稱"重纂"）。《夏信》認爲國初列傳由柯劭忞、金兆蕃、奭良共同完成，順治、康熙朝列傳由繆荃孫、吳士鑑負責，與《校記》《名錄》的說法不同。實則當以《校記》《名錄》爲准，參見下文分析。第三階段，金兆蕃審閱"乾隆以前"及后妃、諸王、孝義、遺逸、列女、土司、藩部、屬國部分的列傳[④]，三家記載無出入。

1928年11月，《清史稿》甫一刊出，便招致議論紛紛，"因故宮博物院委員會委員有不滿意于稿中之書法叙論對于革命黨有不敬之辭，欲扣留不准發行，乃召集北平學界十六人，中有委員五人，議決發行與否"[⑤]，而朱希祖被推舉爲《清史稿》審查委員會的主任。隨後，朱希祖曾邀請金兆蕃參與《清史稿》的審查工作，朱元曙所藏金兆蕃致朱希祖信札中提及了此事：

> 《清史稿》設會審查，逖先兄爲主任。會中議論如何，可得聞否？弟（按：指金兆蕃）所編次者爲列傳一至一百廿六，年代較遠，或不致發生何等問題。其中錯誤脫漏，□已領到稿本，自己檢查，已得不少，印誤更多。[⑥]

據此函，金兆蕃已經得知朱希祖被推選爲審查委員會主任一事，并關心會議的討論結果，此外需要對信札內容做出三點補充：

第一，金兆蕃被邀請參與列傳第一至一二六即后妃、諸王及開國至乾隆朝的審查

---

① 朱師轍：《清史述聞》卷三"撰人變遷"，39頁。

② 《清史館未刊紀志表傳稿本專輯——本紀》第一冊，臺北沉香亭企業社，2007年，3頁。另參見趙晨嶺《〈清史稿·太祖本紀〉編纂過程及失誤原因》。

③ "開國"指列傳九《阿哈出王杲列傳》、列傳十《萬揚吉砮布占泰拜音達里列傳》、列傳十一《張煌言鄭成功李定國列傳》，由下文可知，三傳均爲金兆蕃所撰。

④ 夏信原文爲"彙傳則弟任循吏、藝術，章式之任忠義，柯鳳孫任儒林、文苑、疇人，餘皆歸籤孫"。故可以排除法將金兆蕃負責審閱的彙傳部分列出。

⑤ 王翠蘭整理：《朱希祖致張元濟書札（再續）》，《歷史文獻》第9輯，上海古籍出版社，2005年，220頁。

⑥ 朱元曙：《關于清史館及清史稿審查委員會二三事》，《萬象》第8卷第5期。

工作，正是因爲這些内容是金兆蕃在第二階段"重纂"的（信中謂"所編次者"）。金兆蕃有《上清史館長書》兩通，隨信上呈太祖朝六册、太宗朝八册①。故太祖、太宗朝列傳的編纂，雖然可能如《夏信》中所説，柯劭忞與奭良曾參與其中，但是最終的編纂工作仍由金兆蕃負責②。同樣，順治、康熙朝列傳，《夏信》記載由繆荃孫、吳士鑑、張爾田完成，但《校記》《名録》和金兆蕃致朱希祖信，均認爲由金兆蕃負責，且由下文可知，順治、康熙兩朝列傳的部分"原稿"及諸多序論由金兆蕃親自撰寫③。因此，學界以往主要依據《夏信》，認爲"繆荃孫、吳士鑑任順、康"④，而不提及金兆蕃，有誤，當以《校記》和《名録》爲準⑤。

第二，金兆蕃致朱希祖信中説自己"已領到稿本"，這些稿本由金問源在中華人民共和國成立後捐贈給上海圖書館⑥，題作"《清史稿》不分卷"（索書號：綫善825016—298），共285册。根據卷前目録，稿本包含后妃、諸王、孝友、孝義、列女、太祖、太宗、順治、康熙、雍正、乾隆朝列傳等部分，更可佐證金兆蕃在第二階段負責"重纂"以上部分。

第三，金兆蕃在1928年退出清史館南歸後，仍然參與了《清史稿》的審查工作，并且"其中錯誤脱漏……自己檢查，已得不少，印誤更多"，這與趙爾巽當時急于事成、匆忙刊刻有關⑦。

綜上所述，金兆蕃初入館時，與吳士鑑作爲章鈺的助手，合作編纂了《儒林》《文苑》二傳的初稿。此後，《夏信》有關金兆蕃在第二階段參編的記載有誤，金兆蕃在第二階段負責"重纂"后妃、諸王、孝友、孝義、列女、開國、太祖、太宗、順治、康熙、雍正、乾隆朝列傳。1928年11月後，又參與朱希祖主持的《清史稿》審查委員會，

① 金兆蕃：《上清史館長第一書》《上清史館長第二書》，朱師轍《清史述聞》，134—137頁。
② 此外，屈彊《嘉興金籛孫先生行狀》亦稱："君任太祖、太宗兩朝諸臣傳，猶屬建州部族，鈎稽舊籍，排次正附，三致意焉。"（《民國人物碑傳集》卷七，408頁）
③ 根據《〈清史稿〉存目》（《安樂鄉人文集》卷六），金兆蕃撰寫的《洪承疇列傳》《沈文奎列傳》屬于順治朝列傳，《武默納［訥］列傳》屬于康熙朝列傳；又爲順治朝《沙爾虎達劉之源巴山喀喀木梁化鳳劉芳名胡有陞楊名高列傳》、康熙朝《賚塔穆占莽依圖佛尼埒畢力克圖阿密達拉哈達根特席卜臣列傳》《張勇趙良棟王進寶孫思克列傳》《姚啓聖吳興祚施琅列傳》《魏裔介熊賜履李光地列傳》《湯斌陸隴其張伯行列傳》《湯若望楊光先南懷仁列傳》《于成龍彭鵬陳璸陳鵬年施世綸列傳》《慕天顔阿山噶禮列傳》《楊方興朱之錫靳輔于成龍張鵬翮列傳》《郎坦朋春薩布素瑪拉列傳》《費揚古馬斯喀佟國綱阿南達吉勒塔布殷化行潘育龍額倫特列傳》《王掞勞之辨朱天保陶彝列傳》《佟國維馬齊阿靈阿揆叙鄂倫岱列傳》撰寫史論。
④ 參見鄒愛蓮、韓永福、盧經：《〈清史稿〉編纂始末研究》。
⑤ 朱師轍《清史述聞》卷三"撰人變遷"認爲金兆蕃"第一、二期中曾與鄧邦述合撰太祖各本紀及清初各傳、康乾列傳"（《清史述聞》，39頁），雖然語焉不詳，但亦接近《校記》《名録》的觀點。
⑥ 孫秉良回憶："平湖金兆蕃之子問源捐獻先人藏書9000餘册，其中有金兆蕃的《清史稿》原稿。"（朱慶祚主編：《上海圖書館事業志》，上海社會科學院出版社，1996年，99頁）
⑦ 參見鄒愛蓮、韓永福、盧經：《〈清史稿〉編纂始末研究》。

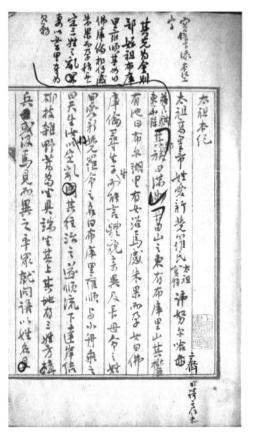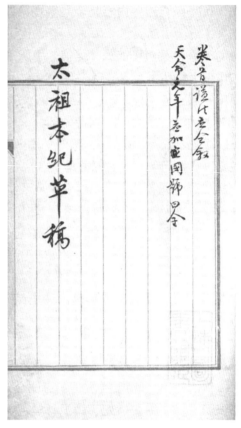

圖1　上海圖書館藏《清史稿·太祖本紀》稿本（金兆蕃舊藏）

檢查《清史稿》稿本開國至乾隆朝列傳等內容，發現訛誤之處甚多。毫無疑問，金兆蕃是參編《清史稿》的重要成員，負責了大量編纂工作。

（二）《〈清史稿〉存目》補充的編纂實況

上文大體確定了金兆蕃在三個階段的工作，不過仍然有幾個懸而未決的問題：一是金兆蕃在第一階段究竟撰寫了哪些"原稿"，二是金兆蕃在第二階段"重纂"時添加了哪些內容，三是除本紀、列傳外，金兆蕃是否參與了志、表部分。幸而，《安樂鄉人文集》中列有《〈清史稿〉存目》（下文簡稱《存目》），據金問源跋文云："先君子自定文目，尚有《〈清史稿〉序論列傳》七十篇，未付印，今謹附存目于後。世之讀《清史稿》者，可以考焉。所撰《清史稿》其他紀傳……為自定文目所未舉者，今不具列。"[①]由此可知，金兆蕃將《清史稿》中由自己親自撰寫的內容列于《存目》，可視爲其代表成果。《存目》按文類分爲序、論、傳："序"即傳前小序，"論"即傳末史論，"傳"即列傳正文。現分別錄在下面：

---

① 金問源：《跋〈安樂鄉人文集〉》，《安樂鄉人文集》卷後。

表3　《存目》分類整理表

類別	内容（括弧中爲列傳序數）
傳	《阿哈出王杲列傳（九）》《萬揚吉砮布占泰拜音達里列傳（一〇）》《張煌言鄭成功李定國列傳（一一）》《吳三桂列傳（二六一）》《洪承疇列傳（二四）》《沈文奎列傳（二六）》《武默納［訥］列傳（七〇）》《舒蘭列傳（七〇）》《謝濟世列傳（八〇）》《年羹堯列傳（八二）》《查弼納列傳（八五）》《宋元俊列傳（一一六）》《柴大紀列傳（一一六）》《彭家屏列傳（一二五）》《常安列傳（一二五）》
論	《后妃列傳論》《諸王列傳論》《額亦都費英東何和禮安費揚古扈爾漢列傳論（一二）》《揚古利勞薩圖魯什覺羅拜山西喇布達音布巴篤理列傳論（一三）》《額爾德尼達海尼堪庫爾纏英俄爾岱滿達爾漢明安達禮列傳論（一五）》《明安恩格德爾鄂齊爾桑阿濟拜布延洛哩列傳論（一六）》《武理堪武納格阿什達爾漢鄂莫克圖吉思哈康喀勒列傳論（一七）》《希福范文程甯完我鮑承先列傳論（一九）》《孔有德耿仲明尚可喜沈志祥祖大壽列傳論（二一）》《洪承疇孟喬芳張存仁列傳論（二四）》《沈文奎李棲鳳馬國柱丁文盛祝世昌列傳論（二六）》《沙爾虎達劉之源巴山喀喀木梁化鳳芳名胡有陞楊名高列傳論（三〇）》《許定國左夢庚田雄張天禄孫可望列傳論（三五）》《索尼蘇克薩哈遏必隆鼇拜列傳論（三六）》《賷塔穆占莽依圖佛尼埒畢力克圖阿密達拉哈達根特席卜臣列傳論（四一）》《張勇趙良棟王進寶孫思克列傳論（四二）》《姚啓聖吳興祚施琅列傳論（四七）》《魏裔介熊賜履李光地列傳論（四九）》《湯斌陸隴其張伯行列傳論（五二）》《湯若望楊光先南懷仁列傳論（五九）》《于成龍彭鵬陳璸陳鵬年施世綸列傳論（六四）》《慕天顔阿山噶禮列傳論（六五）》《楊方興朱之錫靳輔于成龍張鵬翮列傳論（六六）》《郎坦朋春薩布素瑪拉列傳論（六七）》《費揚古馬斯喀佟國綱阿南達吉勒塔布殷化行潘育龍額倫特列傳論（六八）》《覺羅武默納舒蘭圖理琛何國宗列傳論（七〇）》《王掞勞之辨朱天保陶彝列傳論（七三）》《佟國維馬齊阿靈阿揆叙鄂倫岱列傳論（七四）》《鄂爾泰張廷玉列傳論（七五）》《朱軾徐元夢蔣廷錫邁柱田從典尹泰列傳論（七六）》《李紱蔡珽謝濟世列傳論（八〇）》《李衛田文鏡憲德諾岷陳時夏王士俊列傳論（八一）》《隆科多年羹堯列傳論（八二）》《岳鍾琪策棱列傳論（八三）》《查郎阿傅爾丹馬爾賽慶復張廣泗列傳論（八四）》《馬會伯路振揚韓良輔楊天縱王郡宋愛列傳論（八六）》《訥親傅恒列傳論（八八）》《徐本汪由敦來保劉綸劉統勳列傳論（八九）》《曹一士李慎修胡定仲永檀柴潮生儲麟趾列傳論（九三）》《尹繼善劉於義陳大受張允隨陳宏謀列傳論（九四）》《傅清拉布敦班第鄂容安納穆扎爾三泰列傳論（九九）》《兆惠阿里袞舒赫德列傳論（一〇〇）》《策楞玉保達爾黨阿哈達哈永常覺羅雅爾哈善富德薩賴爾列傳論（一〇一）》《阿桂列傳論（一〇五）》《于敏中和珅列傳論（一〇六）》《方觀承富明安周元理李瀚李世傑袁守侗劉峨陸燿管幹貞胡季堂列傳論（一一一）》《李清時李宏何焜吳嗣爵薩載蘭第錫韓鑅列傳論（一一二）》《開泰阿爾泰桂林温福列傳論（一一三）》《宋元俊董天弼柴大紀列傳論（一一六）》《盧焯圖爾炳阿阿思哈宮兆麟楊景素閔鶚元列傳論（一二四）》
序	《公主表序》《外戚表序》《后妃列傳序》《諸王列傳序》《列女傳序》

《存目》祇選録了金兆蕃撰稿的代表内容，還有很多"爲自定文目所未舉者"，但依舊可以補充金兆蕃的編纂實況，如下所示：

其一，確定部分由金兆蕃親自撰寫的列傳。《存目》中的列傳分爲兩種。第一種是完整的列傳，包括《阿哈出王杲列傳》《萬揚吉砮布占泰拜音達里列傳》《張煌言鄭

135

成功李定國列傳》。《藝風老人日記》提到，"閏枝寄金籛孫撰《開國群雄傳》《扈倫四部傳》"（1916年12月6日）①。《開國群雄傳》即《額亦都費英東何和禮安費揚古扈爾漢列傳》，爲金兆蕃所撰而《存目》未載者；《扈倫四部傳》即《萬揚吉瓷布占泰拜音達里列傳》，《存目》已載。金兆蕃完成兩傳的時間，尚在《清史稿》編纂的第一階段。第二種是列傳中的分傳，甚至是同一列傳的分傳，如宋元俊、柴大紀同爲列傳一一六的分傳，彭家屏、常安同爲列傳一二五的分傳。金兆蕃將分傳拆分出來，意味着自己祇撰寫了列傳中的部分分傳。這是因爲《清史稿》編纂初稿時"人自爲戰"，等到第二階段"重纂"時，纔被逐一編排成卷，故金兆蕃撰寫的分傳也不成體系地分散在各個列傳之中。

其二，金兆蕃撰寫了大量傳前小序及傳末史論，包含后妃、諸王及太祖至乾隆朝諸臣列傳等。因序論需要總括整個列傳的內容，故必然是金兆蕃在第二階段將稿件編排成冊後，方纔撰寫的。同時，也可佐證前文考察金兆蕃在第二階段時的負責範圍。

其三，金兆蕃還撰寫了《公主表》和《外戚表》的序，且上圖藏《清史稿》稿本中，亦有《公主表》的"修正稿"。按公主、外戚兩表，金梁《校記》標作"吳士鑑原稿"②，但結合兩種材料可知，金兆蕃亦參與到兩表的編纂工作之中。金、吳二人入館時便是章鈺的助手，此時合作亦屬情理之中。

經過《存目》的補充，我們可以將金兆蕃參編《清史稿》的成果整合如下：1.最初兩月，與章鈺、吳士鑑合作，通過《國史傳稿》編出《儒林》《文苑》二傳初稿，成爲繆荃孫日後編纂的基礎。2.第一階段，撰寫部分列傳"原稿"，如《阿哈出王杲列傳》等，并與鄧邦述合作撰寫了太祖至世宗本紀。3.第二階段，在已有稿件基礎之上，"重纂"后妃、諸王、孝友、孝義、列女、開國、太祖、太宗、順治、康熙、雍正、乾隆朝列傳。其中，太祖、太宗朝與柯劭忞、爽良合作完成，順治、康熙朝與繆荃孫、吳士鑑、張爾田合作完成。4.第二階段"重纂"稿件時，爲開國至乾隆朝列傳及《后妃列傳》《諸王列傳》撰寫史論，爲《后妃列傳》《諸王列傳》《列女傳》撰寫小序。5.幫助吳士鑑編纂《公主》《外戚》二表，并撰寫二表小序。6.第三階段，校閱開國至乾隆朝及后妃、諸王、孝義、遺逸、列女、土司、藩部、屬國列傳等內容。

三、結語

綜上所述，金兆蕃完整參與了《清史稿》的編纂過程，從最初討論體例，到第一階段擬定初稿，第二階段整理稿件、撰寫序論，第三階段校定文字，都發揮了不可或缺的作用。如體例方面，金兆蕃提議設立《交通》《外交》《宗教》《民俗》等志，可視作有別于傳統的創見。同時，筆者辨析《校記》《名錄》《夏信》的不同説法，認爲金

① 張廷銀、朱玉麒主編：《繆荃孫全集·日記》第3冊，471頁。
② 金梁：《〈清史稿〉校刻記》，《清史稿》，14739頁。

兆蕃實際負責的部分不限于《夏信》的記述，并厘清其在三個階段的大致分工情況。更重要的是，新發現的《存目》能夠確定金兆蕃撰寫的諸多內容，進一步還原金兆蕃的編纂實況。目前，學界對《清史稿》列傳的著者大多語焉不詳，從《存目》來看，即使是合傳中的各個分傳和小序、史論，也可能由不同成員撰寫而成，可見《清史稿》編纂過程之複雜。通過梳理和細化這一編纂團隊的分工可知，金兆蕃作爲清史館的重要成員，爲民國時期的清史研究做出了很大的貢獻。

（作者單位：華東師範大學古籍研究所）

存世嘉靖本《永樂大典》書衣現狀調查及中國國家圖書館新入藏"湖"字冊書衣修復

内容提要:《永樂大典》是明永樂年間由官方組織編纂的一部大型類書,隨着歲月的流逝和硝烟戰火的洗禮,現存的《永樂大典》僅剩明嘉靖年間抄録的副本四百餘册,散落在世界各地。由于各册遞藏情況、保存條件和修復手法的差異,嘉靖本《永樂大典》現狀也各不相同,尤其是書衣的保存狀況差異最爲顯著。通過對各地收藏的嘉靖本《永樂大典》圖片資料及實物書衣情況的調查,歸納總結其書衣特點,并簡要叙述國家圖書館藏"湖"字册的修復過程及修復效果。

關鍵詞:《永樂大典》 書衣 古籍修復

圖1 《永樂大典》外觀

《永樂大典》是明永樂年間由官方組織編纂的一部大型類書,全書正文22877卷,目録60卷,裝成11095册[1]。根據最新數據統計,目前確定的存世嘉靖本《永樂大典》册數爲416册,分藏于7個國家的32家機構或個人,其中中國大陸及臺灣地區241册、日本59册、美國53册、英國51册、德國5册、越南4册、愛爾蘭3册[2]。

嘉靖本《永樂大典》爲包背裝,以硬紙板爲封面,所用硬紙板以數十張紙層層托合而成,書衣用黄色絹托一層黄色紙,包裹住封面和書背。書衣的正面貼有兩個和書衣同樣材質、顔色的題簽,下托藍色絹,露出藍色圈框。左側題簽寫有"永樂大典"四個字,下方以雙行小字標明卷數,四周描黑

---

① 李致忠:《略談〈永樂大典〉》,《北圖通訊》1983年第2期,35頁。

② 趙愛學:《〈永樂大典〉現存卷册及遞藏源流表》,《文津流觴》第2輯,廣西師範大學出版社,2022年,28頁。

色雙邊框，外粗内細。右側題簽爲方形，寫有韵目及册數。

一、嘉靖本《永樂大典》書衣情况調查

（一）嘉靖本《永樂大典》書衣情况調查表

現對目前網絡所見海外所藏有高清圖片資料的164册[①]及見到實物的國圖藏162册[②]共計326册嘉靖本《永樂大典》進行書衣情况調查，統計各册書衣的現存及修復情况，總結各册修復方法、特點及修復效果，製成表格附于文章最後（表1）。

（二）嘉靖本《永樂大典》書衣情况

經統計，這326册嘉靖本《永樂大典》中，僅31册未經修復。經修復的289册中有64册確定更換了書衣，另有7册疑似被更換書衣；2册僅剩書心，書衣缺失；2册在修復中改變了裝幀形式，改爲西式裝幀；2册于原件外加裝書皮。具體情况見文末所附表格。

根據統計結果，我發現了以下幾點值得關注。

1. 相似的前人修復痕迹遺留

（1）前人修復遺留

日本京都大學附屬圖書館藏卷910—912與中國國家圖書館藏卷2272—2274有相似的前人修復痕迹，即書衣正、反面上靠近書脊處均粘連黄色絹條，推測其功能是加固和連接封面與書背處。

（2）對封面、書脊的加固

美國國會圖書館藏卷15142、15143有前人修復痕迹遺留，在書衣下靠近書脊處粘連黄色絹條，應是用于加固和粘連前、後封面板。

現存中國臺北"故宫博物院"卷975—976，有前人修復痕迹，書衣靠近書脊處粘連黄色紙條。應是用于加固和粘連前、後封面板。

英國國家圖書館藏卷13498—13499、18244—18245、20850—20851有相似的前人修復痕迹，均在書衣靠近書脊處下粘連褐色絹條，應是原書脊缺失，故而用絹條粘連前、後封面板。

英國倫敦大學亞非學院圖書館藏卷3944—3945、13629有前人修復痕迹，書衣靠近書脊處下粘連褐色皮條或漆布條，應是原書脊缺失，用皮條或漆布條粘連前、後封面板。

---

① 本文所涉及的《永樂大典》除國家圖書館所藏外均來自相關收藏單位在綫公布的書影。
② 本文所涉及的國家圖書館現藏《永樂大典》162册均納入統計，感謝劉炳梅老師的幫助。如有統計錯誤，由本人負責。

圖2　日本京都大學附屬圖書館藏卷910—912

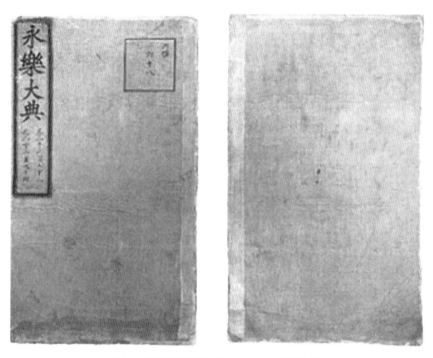

圖3　國家圖書館藏卷2272—2274修復前

140

圖4　美國國會圖書館藏卷15143

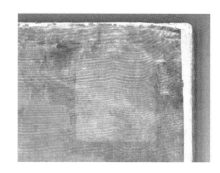

圖5　現存中國臺北"故宮博物院"卷975—976

圖6　英國國家圖書館藏卷13498—13499

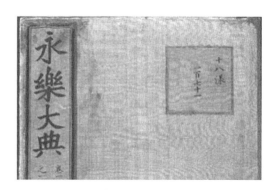

圖7　英國國家圖書館藏卷18244—18245

圖8　英國國家圖書館藏卷20850—20851

圖9　英國倫敦大學亞非學院圖書
館藏卷3944—3945

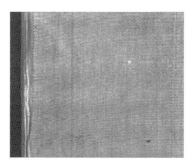

圖10　英國倫敦大學亞非學院圖書館藏卷
13629

圖11　英國國家圖書館藏卷13876—13878

英國國家圖書館藏卷13876—13878有前人修復痕迹，書衣靠近書脊處下粘連褐色皮條，應是原書脊缺損較多，用皮條粘連前、後封面板。

2.裝幀形式與書衣的改變

（1）裝幀形式的改變

美國亨廷頓圖書館藏卷10270—10271，原書衣不存，加裝精裝封面，改裝成西文書裝幀形式。

英國國家圖書館藏卷19789—19790，裝幀改爲西式，外加皮質封面，原書衣改爲内頁，并裝飾有大理石花紋紙。

圖12　美國亨廷頓圖書館藏卷
10270—10271

圖13　英國國家圖書館藏卷
19789—19790皮質封面

圖14　英國國家圖書館藏卷19789—19790書脊

142

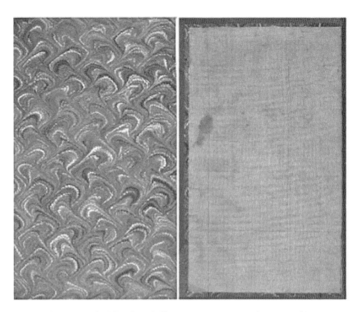

圖15　英國國家圖書館藏卷　　　　　圖16　英國國家圖書館藏卷19789—19790大理石花紋紙
　　　19789—19790封面

（2）額外加裝書皮

　　愛爾蘭都柏林切斯特·貝蒂博物館藏卷19865—19866，僅剩書芯，外加裝紅色皮質封面，但未與書芯相連。

圖17　愛爾蘭都柏林切斯特·貝蒂博　　　圖18　現存中國臺北"故宮博物院"卷20308—
　　　物館藏卷19865—19866紅色皮質封面　　　　　20309書衣外加裝書皮

現存中國臺北"故宮博物院"所藏卷20308—20309，書衣外加裝書皮。上述英國國家圖書館藏卷19789—19790也額外加皮質書皮。

（3）材料的改變

中國臺北漢學研究中心藏卷20478—20479，從圖片上衹看到封面內側爲淡黃色花綾，推測原書衣用絹已被更換，現書衣改爲淡黃色花綾。

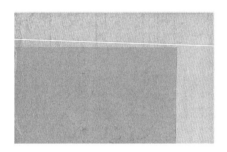

圖19　中國臺北漢學研究中心藏卷20478—20479

（4）顏色的改變

現存中國臺北"故宮博物院"卷489—490、661—662、2257—2259、3001、3141—3142、3143—3144、3147—3149、7856—7857、8025—8026、8339、8526—8527、18207—18209補絹呈淡紅色。

圖20　現存中國臺北"故宮博物院"卷8025—8026

現存中國臺北"故宮博物院"卷2808—2809、2810—2811、3507—3508、3549、6584、7104—7105、7241—7242、7329、8844—8845、8909—8910、8980—8981、19931、20121—20122、20310—20311書衣、題簽全部更換，書衣呈亮黃色。

現存中國臺北"故宮博物院"卷14217—14218書衣更換爲紅色，題簽缺失。

圖21　現存中國臺北"故宮博物院"　　　　圖22　現存中國臺北"故宮博物院"
　　　卷2810—2811　　　　　　　　　　　　卷14217—14218

現存中國臺北"故宮博物院"卷2257—2259、5838—5840、16841—16842、19636—19637、21025—21026書衣、題簽全部更換，變色嚴重，呈淡紅色。

德國柏林民族學博物館藏卷903—904、1033、4908—4909、13189—13190書衣、題簽全部更換。

（5）題簽的改變

中國國家圖書館藏卷7239—7240，題簽缺失，有"永樂大典"四字直接題寫在書衣左側。

現存中國臺北"故宮博物院"卷8339、英國倫敦大學亞非學院圖書館藏卷11312—11313，英國國家圖書館藏卷11887—11888題簽均爲"御題永樂大典"。

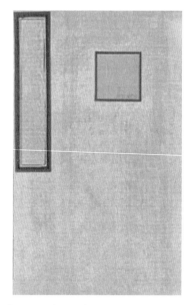

圖23　現存中國臺北"故宮博物院"
卷16841—16842

圖24　德國柏林民族學博物館藏卷
903—904

圖25　中國國家圖書館藏卷
7239—7240

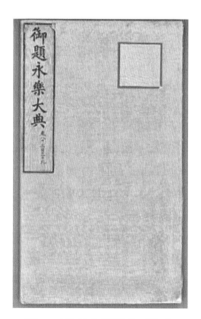

圖26　現存中國臺北"故宮
博物院"卷8339

146

圖27　英國倫敦大學亞非學院　　　　　　圖28　英國國家圖書館藏卷
圖書館藏卷11312—11313　　　　　　　　11887—11888

二、嘉靖本《永樂大典》書衣的特點

　　嘉靖本《永樂大典》書衣爲絹質，在如今的絲織品分類中，絹是采用平紋或平紋變化組織，熟織或色織套染，綢面細密平挺的織物[①]。平紋組織由兩根經紗和兩根緯紗交叉組成一個完全組織，這種組織結構織法簡單，交織點多，結構緊密[②]。因此，絹的織物組織堅牢，外表平整挺括，不分正反面，在古籍、書畫中，多用于製作書衣、包角、題簽、畫心、裝裱材料等。

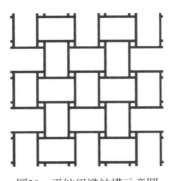

圖29　平紋組織結構示意圖

---

① GB/T 22860-2009《絲綢（機織物）的分類、命名及編號》，1頁。
② 陳維稷：《中國紡織科學技術史》，科學出版社，1984年，103頁。

由于織物原材料、結構以及幅面的整體特點不同，絹也具有各種不同的規格和特性。以國家圖書館藏《永樂大典》卷2272—2274的書衣用絹爲例，從絲綫性質、織物結構和整體特點這三個方面分析嘉靖本《永樂大典》絹質書衣及題簽的特點。

（一）絲綫性質

1.製成工藝

從該册《永樂大典》絹質書衣及題簽放大圖可看出，構成絹的經、緯絲均爲廠絲，是直接將多個完整的蠶繭進行繅絲處理所得到的絲綫。

 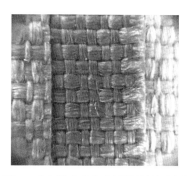

圖30 《永樂大典》絹質書衣放大圖　　圖31 《永樂大典》絹質題簽放大圖

2.經、緯絲細度

從該册《永樂大典》絹質書衣及題簽放大圖可看出，豎向的經絲及橫向的緯絲均較粗，且均爲單根絲綫，不存在并絲現象。緯絲略粗于經絲，部分絲綫粗細不均。

經測量，絹質書衣及黃色題簽的經絲直徑平均每根約0.40毫米，緯絲直徑平均每根約0.50毫米。題簽藍色邊框處的絹，經絲直徑平均每根約0.33毫米，緯絲直徑平均每根約0.50毫米。

3.經、緯絲密度

經測量，絹質書衣及黃色題簽的經絲密度均爲28—30根/厘米，緯絲密度爲18—20根/厘米。題簽下層藍色絹的經絲密度爲24—26根/厘米，緯絲密度爲18—20根/厘米。

4.捻度

經觀察，絹質書衣與題簽的經緯絲均無捻。

（二）織物結構

1.疏密

經觀察，絹質書衣與題簽的織物結構較爲緊密，織物組織幾乎無孔隙。

2.厚度

經測量，書衣用絹的平均厚度爲0.18毫米。

圖32 《永樂大典》絹質書衣表面光澤度一般

（三）整體特點

1.光澤度

經觀察，絹質書衣織物光澤度一般。

2.平整度

經觀察，絹質書衣與題簽因經、緯絲均不加捻，織物表面平整度較好。

三、中國國家圖書館近年新入藏"湖"字册《永樂大典》書衣的修復

（一）修復背景

2002年起，中國國家圖書館修復人員在"整舊如舊"原則的指導下對館藏《永樂大典》開展修復。歷時9個月，除三册《永樂大典》曾整册托裱外，館藏158册均完成修復。[①]

2007年11月，全國古籍普查專家組赴華東核查古籍善本時，意外從袁氏後人（加拿大華僑）手中發現一册《永樂大典》，該册爲《永樂大典》卷2272至2274"模"字韻"湖"字册（以下簡稱"湖"字册）。2009年由文物局動用國家文物徵集經費購回，2013年9月借藏中國國家圖書館[②]，2021年1月正式移交。2022年，由"中國文保基金會字節跳動古籍保護專項基金"支持國家圖書館館藏珍貴典籍和特藏文獻的保護修復工作，封面脱落、書衣缺損、亟待修復的"湖"字册也被列入其中。

---

① 杜偉生：《〈永樂大典〉修復始末》，《國家圖書館學刊》2004年第2期，64頁。
② 趙愛學：《國圖藏嘉靖本〈永樂大典〉來源考》，《文獻》2014年5月第3期，61頁。

圖33　書衣正面　　　　　　　　　　圖34　書衣背面

（二）"湖"字册書衣的修復

1. "湖"字册的破損情况

"湖"字册正、反封面已完全脱落，書脊處書衣與托紙均缺失，書背裸露在外。書衣用絹與托紙有不同程度的脱開現象，尤以四角最爲嚴重。絹質書衣的邊緣與角落磨損較爲嚴重，造成絹的脱絲和缺失現象。書衣的正面右側及背面左側各粘有一條顏色較淺的絹條，爲前人修復遺留，推測是用于加固和連接封面與書背處。各題簽的邊緣有不同程度的磨損及脱絲現象。綜上所述，修復人員需要對破損的書衣、題簽邊緣進行補破，將書背處書衣補全并還原其裝幀。

圖35　原件與復原織造的補絹對比

2.“湖”字册書衣用絹的復原織造

在對“湖”字册書衣用絹的織物結構、經緯絲綫細度、密度、捻度等方面進行檢測分析後，我根據所得數據開展了《永樂大典》書衣用絹的復原織造工作。復原織造具體包括前期打樣、絲綫定製、經緯絲製備、上機織造，到批量定製、後期整理等步驟，最終得到了與原件書衣非常相似的補絹。

3.“湖”字册書衣的修復

“湖”字册書衣大部分牢牢粘在封面紙板上，僅邊緣部分脱開，修復時采取最小干預措施，不將書衣與紙板完全分離。在修補書衣時用起子將書衣邊緣與封面紙板之間起開2cm，在原件背面的邊緣與補絹邊緣塗抹稀澱粉漿糊并粘牢、壓乾。之後在透光補書板上用手術刀將補絹搭口刮窄、刮薄。最後借助高倍放大鏡等儀器設備對原件正面邊緣的絹絲進行微調，即用毛筆蘸清水輕點在書衣正面脱落的絹絲上，用針錐將絲綫毛茬挑撥整齊，使其從正面看達到“經正緯直”的視覺效果。以同樣的方法修復題簽。

根據書心厚度確定書脊處補絹的用量，將正、反封面用補絹以相同的方法粘連起來。最後用植物染料爲補絹全色，使其與原件在色彩上過渡自然，整體和諧。

圖36　刮搭口

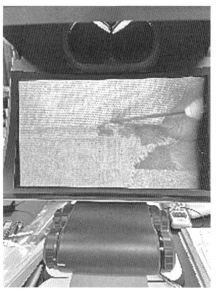

圖37　顯微鏡下調整絲綫位置

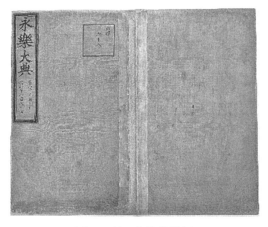

圖38　封面修復後效果

圖39　《永樂大典》“湖”字册修復後

四、結語

《永樂大典》卷帙浩繁，是世界上最大的"百科全書"，也是我國古代最大的類書。它的散佚損毀既是我國古代文化的巨大損失，也是人類歷史的遺憾。如今《永樂大典》的回歸、輯佚、修復和再造等備受關注，希望嘉靖本《永樂大典》書衣情況調查及"湖"字册書衣用絹特點總結和修復經驗，可以爲後續《永樂大典》的研究提供新的思考角度，爲《永樂大典》的保護、修復工作添磚加瓦。

表1　嘉靖本《永樂大典》書衣情況調查

序號	卷次	藏地	原書衣是否破損	原書衣是否修復	原書衣修復方法	原書衣是否更換	題簽情況	備注
1	480—481	中國國家圖書館	是	是	原書衣下粘連補絹	否	原題簽	
2	489—490	中國臺北"故宮博物院"（平館寄存書）	是	是	原書衣下粘連補絹	否	原題簽	補絹變色嚴重
3	538—539	中國國家圖書館	是	是	原書衣下粘連補絹	否	原題簽	
4	540—541	中國國家圖書館	是	是	原書衣下粘連補絹	否	原題簽	
5	551—553	中國國家圖書館	是	是	原書衣下粘連補絹	否	原題簽	
6	623—624	中國國家圖書館	是	是	更換爲新書衣	是	題簽缺失	
7	661—662	中國臺北"故宮博物院"（平館寄存書）	是	是	原書衣下粘連補絹	否	原題簽	補絹變色嚴重
8	665—666	日本京都大學人文科學研究所	是	否		否	原題簽	
9	782—784	中國臺北"故宮博物院"（平館寄存書）	是	是	原書衣下粘連補絹	否	原題簽	
10	803—806	愛爾蘭都柏林切斯特·貝蒂博物館	是	否		否	原題簽	
11	807—808	英國牛津大學博德利圖書館	是	是	原書衣下粘連補絹		原題簽	補絹經緯絲方向與原件相反

序號	卷次	藏地	原書衣是否破損	原書衣是否修復	原書衣修復方法	原書衣是否更換	題簽情況	備注
12	821—823	中國國家圖書館	是	是	原書衣下粘連補絹	否	原題簽	
13	895—896	中國國家圖書館	是	是	前人更換新書衣，下粘連補絹	是	題簽缺失	有前人修復痕迹：新書衣呈橙色，後破損被修復
14	899—900	中國國家圖書館	是	是	原書衣下粘連補絹	否	原題簽	
15	901—902	中國國家圖書館	是	是	原書衣下粘連補絹	否	原題簽	
16	903—904	德國柏林民族學博物館	是	是	更換爲新書衣	是	題簽全部更換	
17	905—907	中國國家圖書館	是	是	原書衣下粘連補絹	否	原題簽	
18	910—912	日本京都大學附屬圖書館	是	前人修復	前人修復痕迹：原書衣靠近書脊處粘連黃色絹條	否	原題簽	有前人修復痕迹：書衣靠近書脊處粘連黃色絹條。其餘未經修復
19	913—914	英國國家圖書館	是	是	原書衣下粘連補絹	否	原題簽	補絹與原件相似度高
20	917—919	中國國家圖書館	是	是	原書衣下粘連補絹	否	原題簽	
21	920—922	中國國家圖書館	是	是	原書衣下粘連補絹	否	題簽缺失	
22	975—976	中國臺北"故宮博物院"（平館寄存書）	是	前人修復	前人修復痕迹：原書衣靠近書脊處粘連黃色絹條	否	原題簽	有前人修復痕迹：書衣靠近書脊處粘連黃色紙條。其餘未經修復
23	978	中國國家圖書館	是	是	更換爲新書衣	是	題簽缺失	

序號	卷次	藏地	原書衣是否破損	原書衣是否修復	原書衣修復方法	原書衣是否更換	題簽情況	備註
24	980	中國國家圖書館	是	是	原書衣下粘連補絹	否	原題簽	
25	981	美國哈佛大學霍頓圖書館	是	否	原書衣	否	原題簽	書衣正面有康有爲題字
26	1033	德國柏林民族學博物館	是	是	更換爲新書衣	是	題簽全部更換	書衣、題簽全部更換
27	1036—1037	英國牛津大學博德利圖書館	是	是	原書衣下粘連補絹	否	原題簽	補絹經緯絲方向與原件相反
28	2217—2218	中國國家圖書館	是	是	原書衣下粘連補絹	否	題簽缺失	
29	2257—2259	中國臺北"故宮博物院"（平館寄存書）	是	是	原書衣下粘連補絹	否	題簽更換	
30	2262—2263	中國國家圖書館	是	是	原書衣下粘連補絹	否	原題簽	
31	2264—2265	中國國家圖書館	是	是	原書衣下粘連補絹	否	原題簽	
32	2268—2269	中國浙江緝熙堂	是	否	原書衣	否	原題簽	
33	2270—2271	中國國家圖書館	是	是	更換爲新書衣	是	題簽缺失	
34	2272—2274	中國國家圖書館	是	是	原書衣下粘連補絹	否	原題簽	有前人修復痕迹：書衣靠近書脊處粘連黃色絹條。2022年修復時按原書衣用絹定製補絹
35	2275	中國國家圖書館	是	是	更換爲新書衣	是	題簽缺失	
36	2276	中國國家圖書館	是	是	更換爲新書衣	是	題簽缺失	
37	2277—2278	中國國家圖書館	是	是	原書衣下粘連補絹	否	原題簽	

序號	卷次	藏地	原書衣是否破損	原書衣是否修復	原書衣修復方法	原書衣是否更換	題簽情況	備註
38	2279—2281	日本國立國會圖書館	是	否	原書衣	否	原題簽	
39	2340—2342	中國國家圖書館	是	是	原書衣下粘連補絹	否	原題簽	
40	2343—2344	中國國家圖書館	是	是	原書衣下粘連補絹	否	原題簽	
41	2345—2347	中國國家圖書館	是	是	原書衣下粘連補絹	否	原題簽	
42	2367—2369	中國國家圖書館	是	是	更換爲新書衣	是	題簽缺失	
43	2401	中國國家圖書館	是	是	前人更換新書衣，下粘連補絹	是	題簽缺失	前人修復痕迹：新書衣呈橙色，後破損被修復
44	2406—2408	中國國家圖書館	是	是	原書衣下粘連補絹	否	原題簽	
45	2535—2536	中國國家圖書館	是	是	原書衣下粘連補絹	否	原題簽	
46	2537—2538	中國國家圖書館	是	是	原書衣下粘連補絹	否	無右側題簽	
47	2539—2540	中國國家圖書館	是	是	原書衣下粘連補絹	否	無右側題簽	
48	2603—2604	中國國家圖書館	是	是	原書衣下粘連補絹	否	題簽缺失	
49	2605—2607	中國國家圖書館	是	是	原書衣下粘連補絹	否	原題簽	
50	2739—2740	中國國家圖書館	是	是	原書衣下粘連補絹	否	無右側題簽	
51	2741—2742	中國國家圖書館	是	是	原書衣下粘連補絹	否	原題簽	
52	2743—2744	中國臺北"故宮博物院"（平館寄存書）	是	是	原書衣下粘連補絹	否	題簽更換	

序號	卷次	藏地	原書衣是否破損	原書衣是否修復	原書衣修復方法	原書衣是否更換	題簽情況	備注
53	2754—2755	中國國家圖書館	是	是	原書衣下粘連補絹	否	無右側題簽	
54	2807	中國國家圖書館	是	是	更換爲新書衣	是	題簽更換	書衣、題簽全部更換
55	2808—2809	中國臺北"故宮博物院"（平館寄存書）	是	是	更換爲新書衣	是	題簽更換	書衣、題簽全部更換
56	2810—2811	中國臺北"故宮博物院"（平館寄存書）	是	是	更換爲新書衣	是	題簽更換	書衣、題簽全部更換
57	2812—2813	中國臺北"故宮博物院"（平館寄存書）	是	是	原書衣下粘連補絹	否	題簽更換	
58	2948—2949	中國臺北"故宮博物院"（平館寄存書）	是	是	原書衣下粘連補絹	否	原題簽	書衣靠近書脊處粘連亮黃色絹條
59	2950—2951	中國臺北"故宮博物院"（平館寄存書）	是	是	原書衣下粘連補絹	否	題簽更換	
60	2952—2953	中國臺北"故宮博物院"（平館寄存書）	是	是	原書衣下粘連補絹	否	題簽更換	
61	2954—2955	中國臺北"故宮博物院"（平館寄存書）	是	否	原書衣	否	原題簽	
62	2972	中國國家圖書館	是	是	書衣下粘連補絹	疑似更換	左側題簽缺失	書衣有明顯竪向紋路，疑似被前人更換過
63	2973	中國國家圖書館	是	是	原書衣下粘連補絹	否	題簽缺失	
64	2978—2980	中國國家圖書館	是	是	原書衣下粘連補絹	否	原題簽	

序號	卷次	藏地	原書衣是否破損	原書衣是否修復	原書衣修復方法	原書衣是否更換	題簽情況	備注
65	2999—3000	中國國家圖書館	是	是	書衣下粘連補絹	疑似更換	原題簽	書衣與其他原件書衣顏色極爲相似，但經緯絲綫密度不同，與題簽亦不相同，推測爲前人更換過。但題簽爲原裝
66	3001	中國臺北"故宮博物院"（平館寄存書）	是	是	原書衣下粘連補絹	否	原題簽	補絹變色嚴重
67	3002	英國國家圖書館	是	是	原書衣下粘連補絹	否	原題簽	補絹與原件相似度高
68	3003—3004	中國國家圖書館	是	是	原書衣下粘連補絹	否	原題簽	
69	3005—3007	中國國家圖書館	是	是	書衣下粘連補絹	疑似更換	原題簽	書衣與其他原件書衣顏色極爲相似，但經緯絲綫密度不同，與題簽亦不相同，推測爲前人更換過。但題簽爲原裝
70	3008	中國國家圖書館	是	是	書衣下粘連補絹	疑似更換	原題簽	書衣與其他原件書衣顏色極爲相似，但經緯絲綫密度不同，與題簽亦不相同，推測爲前人更換過。但題簽爲原裝

序號	卷次	藏地	原書衣是否破損	原書衣是否修復	原書衣修復方法	原書衣是否更換	題簽情況	備注
71	3009—3010	中國國家圖書館	是	是	書衣下粘連補絹	疑似更換	原題簽	書衣與其他原件書衣顔色極爲相似，但經緯絲綫密度不同，與題簽亦不相同，推測爲前人更換過。但題簽爲原裝
72	3133—3134	中國國家圖書館	是	是	原書衣下粘連補絹	否	題簽缺失	
73	3141—3142	中國臺北"故宮博物院"（平館寄存書）	是	是	原書衣下粘連補絹	否	原題簽	補絹變色嚴重
74	3143—3144	中國臺北"故宮博物院"（平館寄存書）	是	是	原書衣下粘連補絹	否	原題簽	補絹變色嚴重
75	3145—3146	中國國家圖書館	是	是	原書衣下粘連補絹	否	原題簽	
76	3147—3149	中國臺北"故宮博物院"（平館寄存書）	是	是	原書衣下粘連補絹	否	原題簽	補絹變色嚴重
77	3150—3151	中國國家圖書館	是	是	原書衣下粘連補絹	否	題簽更換爲花綾	
78	3155—3156	中國國家圖書館	是	是	原書衣下粘連補絹	否	題簽缺失	
79	3507—3508	中國臺北"故宮博物院"（平館寄存書）	是	是	更換爲新書衣	是	題簽更換	書衣、題簽全部更換
80	3518—3519	中國國家圖書館	是	是	更換爲新書衣	是	題簽更換	書衣、題簽全部更換
81	3525—3526	中國國家圖書館	是	是	原書衣下粘連補絹	否	題簽缺失	
82	3527—3528	中國國家圖書館	是	是	更換爲新書衣	是	題簽更換爲花綾	

序號	卷次	藏地	原書衣是否破損	原書衣是否修復	原書衣修復方法	原書衣是否更換	題簽情況	備注
83	3549	中國臺北"故宮博物院"(平館寄存書)	是	是	更換爲新書衣	是	題簽更換	書衣、題簽全部更換
84	3586—3587	中國臺北"故宮博物院"(平館寄存書)	是	是	原書衣未見修復痕迹	否	題簽更換	原書衣未見修復痕迹,但題簽更換
85	3614	中國國家圖書館	是	是	前人更換新書衣,下粘連補絹	是	題簽缺失	
86	3615	中國臺北"故宮博物院"(平館寄存書)	是	否	原書衣	否	原題簽	
87	3944—3945	英國倫敦大學亞非學院圖書館	是	是	原書衣靠近書脊處下粘連褐色皮條或漆布條	否	原題簽	有前人修復痕迹:書衣靠近書脊處下粘連褐色皮條或漆布條
88	4908—4909	德國柏林民族學博物館	是	是	更換爲新書衣	是	題簽更換	書衣、題簽全部更換
89	5244—5245	英國牛津大學博德利圖書館	是	是	原書衣下粘連補絹	否	題簽缺失	補絹經緯絲方向與原件相同
90	5248—5249	中國國家圖書館	是	是	原書衣下粘連補絹	否	無右側題簽	
91	5251—5252	中國國家圖書館	是	是	原書衣下粘連補絹	否	無右側題簽	
92	5296—5297	中國國家圖書館	是	是	原書衣下粘連補絹	否	原題簽	
93	5343	中國國家圖書館	是	是	原書衣下粘連補絹	否	原題簽	
94	5345	中國國家圖書館	是	是	前人更換新書衣,下粘連補絹	是	題簽缺失	

序號	卷次	藏地	原書衣是否破損	原書衣是否修復	原書衣修復方法	原書衣是否更換	題簽情況	備注
95	5453—5454	中國國家圖書館	是	是	原書衣下粘連補絹	否	題簽缺失	
96	5769—5770	中國國家圖書館	是	是	原書衣下粘連補絹	否	左側題簽缺失	
97	5838—5840	中國臺北"故宮博物院"（平館寄存書）	是	是	更換爲新書衣	是	題簽更換	書衣、題簽全部更換，變色嚴重
98	6504—6505	中國國家圖書館	是	是	原書衣下粘連補絹	否	題簽缺失	
99	6523—6524	中國國家圖書館	是	是	原書衣下粘連補絹	否	題簽更換爲花綾	
100	6558—6559	中國國家圖書館	是	是	原書衣下粘連補絹	否	題簽缺失	
101	6564—6565	中國國家圖書館	是	是	原書衣下粘連補絹	否	右側題簽缺失	
102	6584	中國臺北"故宮博物院"（平館寄存書）	是	是	更換爲新書衣	是	題簽更換	書衣、題簽全部更換
103	6641	英國牛津大學博德利圖書館	是	是	原書衣下粘連補絹	否	原題簽	補絹經緯絲方向與原件相反
104	6764—6765	中國臺北"故宮博物院"（平館寄存書）	是	是	原書衣下粘連補絹	否	題簽更換	
105	6766—6767	中國臺北"故宮博物院"（平館寄存書）	是	是	原書衣下粘連補絹	否	題簽更換	
106	6831—6832	美國國會圖書館	是	否	原書衣	否	原題簽	
107	6837—6838	中國國家圖書館	是	是	原書衣下粘連補絹	否	右側題簽缺失	
108	6850—6851	英國國家圖書館	是	是	原書衣下粘連補絹	否	原題簽	補絹與原件相似度高
109	6933—6934	英國國家圖書館	是	是	原書衣下粘連補絹	否	原題簽	補絹與原件相似度高

序號	卷次	藏地	原書衣是否破損	原書衣是否修復	原書衣修復方法	原書衣是否更換	題簽情況	備注
110	7078—7080	德國柏林國家圖書館	是	是	原書衣下粘連補絹	否	原題簽	
111	7104—7105	中國臺北"故宮博物院"（平館寄存書）	是	是	更換爲新書衣	是	題簽更換	書衣、題簽全部更換
112	7159	中國國家圖書館	是	是	原書衣下粘連補絹	否	題簽缺失	
113	7213—7214	中國國家圖書館	是	是	原書衣下粘連補絹	否	右側題簽缺失	
114	7235—7236	中國國家圖書館	是	是	原書衣下粘連補絹	否	原題簽	
115	7239—7240	中國國家圖書館	是	是	原書衣下粘連補絹	否	題簽缺失	有"永樂大典"4字直接題寫在書衣左側
116	7241—7242	中國臺北"故宮博物院"（平館寄存書）	是	是	更換爲新書衣	是	題簽更換	書衣、題簽全部更換
117	7325	中國國家圖書館	是	是	原書衣下粘連補絹	否	題簽缺失	
118	7326	中國國家圖書館	是	是	原書衣下粘連補絹	否	題簽缺失	
119	7328	中國國家圖書館	是	是	原書衣下粘連補絹	否	右側題簽缺失	
120	7329	中國臺北"故宮博物院"（平館寄存書）	是	是	更換爲新書衣	是	題簽更換	書衣、題簽全部更換
121	7378—7379	中國臺北"故宮博物院"（平館寄存書）	是	是	原書衣下粘連補絹	否	原題簽	
122	7385—7386	中國國家圖書館	是	是	原書衣下粘連補絹	否	原題簽	
123	7387—7388	中國國家圖書館	是	是	原書衣下粘連補絹	否	原題簽	

序號	卷次	藏地	原書衣是否破損	原書衣是否修復	原書衣修復方法	原書衣是否更換	題簽情況	備注
124	7389—7390	英國國家圖書館	是	是	原書衣下粘連補絹	否	原題簽	補絹與原件相似度高
125	7391—7392	中國浙江緝熙堂	是	否	原書衣	否	原題簽	
126	7393—7394	中國國家圖書館	是	是	原書衣下粘連補絹	否	左側題簽更換	
127	7449—7450	中國國家圖書館	是	是	原書衣下粘連補絹	否	題簽更換爲花綾	
128	7453—7454	中國臺北"故宮博物院"（平館寄存書）	是	是	原書衣下粘連補絹	否	原題簽	
129	7455	中國國家圖書館	是	是	原書衣下粘連補絹	否	原題簽	
130	7456—7457	中國國家圖書館	是	是	更換爲新書衣	是	題簽更換爲花綾	
131	7458	中國國家圖書館	是	是	原書衣下粘連補絹	否	原題簽	
132	7459—7460	中國國家圖書館	是	是	原書衣下粘連補絹	否	右側題簽換爲花綾	
133	7461—7462	中國國家圖書館	是	是	原書衣下粘連補絹	否	右側題簽換爲花綾	
134	7506	中國國家圖書館	是	是	原書衣下粘連補絹	否	題簽缺失	
135	7507	中國國家圖書館	是	是	原書衣下粘連補絹	否	題簽缺失	
136	7510	中國國家圖書館	是	是	原書衣下粘連補絹	否	原題簽	
137	7513—7514	中國國家圖書館	是	是	原書衣下粘連補絹	否	題簽缺失	
138	7515—7516	英國牛津大學博德利圖書館	是	是	原書衣下粘連補絹	否	題簽藍色邊框缺失	補絹經緯絲方向與原件相反
139	7517—7518	中國國家圖書館	是	是	原書衣下粘連補絹	否	題簽缺失	

序號	卷次	藏地	原書衣是否破損	原書衣是否修復	原書衣修復方法	原書衣是否更換	題簽情況	備注
140	7543	中國國家圖書館	是	是	原書衣下粘連補絹	否	右側題簽缺失	
141	7602—7603	中國國家圖書館	是	是	原書衣下粘連補絹	否	右側題簽缺失	
142	7650—7651	中國臺北"故宮博物院"（平館寄存書）	是	是	原書衣下粘連補絹	否	題簽更換	
143	7677	英國牛津大學博德利圖書館	是	是	原書衣下粘連補絹	否	題簽缺失	補絹經緯絲方向與原件相反
144	7701—7702	中國臺北"故宮博物院"（平館寄存書）	是	否	原書衣	否	原題簽	
145	7756—7757	美國哈佛大學哈佛燕京圖書館	是	是	原書衣下粘連補紙	否	題簽缺失	
146	7856—7857	中國臺北"故宮博物院"（平館寄存書）	是	是	原書衣下粘連補絹	否	原題簽	補絹變色嚴重
147	7889—7890	中國國家圖書館	是	是	更換爲新書衣	是	題簽更換爲花綾	
148	7891—7892	中國國家圖書館	是	是	更換爲新書衣	是	題簽更換爲花綾	
149	7893—7895	中國國家圖書館	是	是	更換爲新書衣	是	題簽更換爲花綾	
150	7960—7962	中國國家圖書館	是	是	原書衣下粘連補絹	否	題簽缺失	
151	7963	中國臺北"故宮博物院"（平館寄存書）	是	是	原書衣下粘連補絹	否	題簽更換	
152	8020	中國國家圖書館	是	是	前人更換新書衣，下粘連補絹	是	題簽缺失	有前人修復痕迹：新書衣呈橙色，後破損被修復
153	8021	英國牛津大學博德利圖書館	是	是	原書衣下粘連補絹	否	題簽缺失	補絹經緯絲方向與原件相反

序號	卷次	藏地	原書衣是否破損	原書衣是否修復	原書衣修復方法	原書衣是否更換	題簽情況	備注
154	8022—8024	英國國家圖書館	是	是	原書衣下粘連補絹	否	右側題簽缺失	
155	8025—8026	中國臺北"故宮博物院"（平館寄存書）	是	是	原書衣下粘連補絹	否	原題簽	補絹變色嚴重
156	8089—8090	英國國家圖書館	是	是	原書衣下粘連補絹	否	原題簽	補絹與原件相似度高
157	8091—8093	中國國家圖書館	是	是	原書衣下粘連補絹	否	右側題簽更換	
158	8164—8165	中國國家圖書館	是	是	原書衣下粘連補絹	否	題簽缺失	
159	8199	中國國家圖書館	是	是	原書衣下粘連補絹	否	右側題簽更換爲花綾	
160	8268—8269	英國國家圖書館	是	否	原書衣	否	原題簽	
161	8275	英國國家圖書館	是	否	原書衣	否	題簽缺失	
162	8339	中國臺北"故宮博物院"（平館寄存書）	是	是	原書衣下粘連補絹	否	題簽更換	補絹變色
163	8413—8414	中國國家圖書館	是	是	更換爲新書衣	是	題簽缺失	
164	8506—8507	中國國家圖書館	是	是	更換爲新書衣	是	題簽更換爲花綾	
165	8526—8527	中國臺北"故宮博物院"（平館寄存書）	是	是	原書衣下粘連補絹	否	題簽更換	
166	8587—8588	中國臺北"故宮博物院"（平館寄存書）	是	是	原書衣下粘連補絹	否	題簽更換	
167	8706	中國國家圖書館	是	是	原書衣下粘連補絹	否	題簽缺失	
168	8841—8843	美國哈佛大學哈佛燕京圖書館	是	是	原書衣下粘連補紙	否	題簽缺失	

序號	卷次	藏地	原書衣是否破損	原書衣是否修復	原書衣修復方法	原書衣是否更換	題簽情況	備註
169	8844—8845	中國臺北"故宮博物院"（平館寄存書）	是	是	更換爲新書衣	是	題簽更換	書衣、題簽全部更換
170	8908	中國臺北"故宮博物院"（平館寄存書）	是	否	原書衣	否	原題簽	
171	8909—8910	中國臺北"故宮博物院"（平館寄存書）	是	是	更換爲新書衣	是	題簽更換	書衣、題簽全部更換
172	8978	中國國家圖書館	是	是	更換爲新書衣	是	題簽缺失	
173	8979	中國國家圖書館	是	是	前人更換新書衣，下粘連補絹	是	題簽缺失	
174	8980—8981	中國臺北"故宮博物院"（平館寄存書）	是	是	更換爲新書衣	是	題簽更換	書衣、題簽全部更換
175	9762—9764	中國國家圖書館	是	是	原書衣下粘連補絹	否	題簽缺失	
176	10110—10112	愛爾蘭都柏林切斯特·貝蒂博物館	是	是	原書衣下粘連補絹	否	原題簽	補絹與原件相似度極高
177	10115—10116	英國倫敦大學亞非學院圖書館	是	是	原書衣下粘連補絹	否	原題簽	
178	10135—10136	英國牛津大學博德利圖書館	是	是	原書衣下粘連補絹	否	題簽缺失	補絹經緯絲方向與原件相反
179	10270—10271	美國亨廷頓圖書館	是	是	不詳	不詳	題簽缺失	原封面不存，加裝精裝封面，改爲西方裝幀形式
180	10286—10287	中國國家圖書館	是	是	原書衣下粘連補絹	否	原題簽	題簽邊框藍色較深

序號	卷次	藏地	原書衣是否破損	原書衣是否修復	原書衣修復方法	原書衣是否更換	題簽情況	備注
181	10309—10310	中國國家圖書館	是	是	原書衣下粘連補絹	否	右側題簽缺失	題簽邊框藍色較深
182	10458—10459	中國國家圖書館	是	是	原書衣下粘連補絹	否	題簽缺失	
183	10460	英國牛津大學博德利圖書館	是	是	原書衣下粘連補絹	否	題簽缺失	補絹經緯絲方向與原件相反
184	10483—10484	中國臺北"故宮博物院"（平館寄存書）	是	否	原書衣	否	題簽缺失	
185	10876—10877	中國臺北"故宮博物院"（平館寄存書）	是	是	原書衣下粘連補絹	否	題簽更換	
186	10888—10889	中國國家圖書館	是	是	原書衣下粘連補絹	否	原題簽	
187	10934—10935	美國國會圖書館	是	否	原書衣	否	題簽缺失	
188	10949—10950	美國國會圖書館	是	是	原書衣下粘連補紙	否	右邊題簽缺失	
189	10998—10999	美國國會圖書館	是	是	原書衣下粘連補紙	否	原題簽	
190	11000—11001	美國國會圖書館	是	是	原書衣下粘連補紙	否	題簽缺失	
191	11076—11077	美國國會圖書館	是	是	原書衣下粘連補紙	否	題簽缺失	
192	11127—11128	中國國家圖書館	是	是	原書衣下粘連補絹	否	原題簽	
193	11129—11130	中國國家圖書館	是	是	原書衣下粘連補絹	否	原題簽	
194	11131—11132	中國國家圖書館	是	是	原書衣下粘連補絹	否	原題簽	
195	11133—11134	中國國家圖書館	是	是	原書衣下粘連補絹	否	原題簽	
196	11135	中國國家圖書館	是	是	原書衣下粘連補絹	否	原題簽	

序號	卷次	藏地	原書衣是否破損	原書衣是否修復	原書衣修復方法	原書衣是否更換	題簽情況	備注
197	11136—11137	中國國家圖書館	是	是	原書衣下粘連補絹	否	原題簽	
198	11138—11139	中國國家圖書館	是	是	原書衣下粘連補絹	否	原題簽	
199	11140—11141	中國國家圖書館	是	是	原書衣下粘連補絹	否	原題簽	
200	11312—11313	英國倫敦大學亞非學院圖書館	是	否	原書衣	否	題簽更換	
201	11618—11619	美國國會圖書館	是	是	原書衣下粘連補絹	否	題簽缺失	
202	11620	中國國家圖書館	是	是	原書衣下粘連補絹	否	題簽缺失	
203	11887—11888	英國國家圖書館	是	否	原書衣	否	題簽更換	
204	11903—11904	英國國家圖書館	是	是	原書衣下粘連補絹	否	原題簽	僅修補書脊處
205	11951—11952	美國國會圖書館	是	是	原書衣下粘連補紙	否	原題簽	
206	11956—11957	美國國會圖書館	是	是	原書衣下粘連補紙	否	原題簽	
207	11958—11959	美國國會圖書館	是	否	原書衣	否	右側題簽缺失	
208	11960	美國國會圖書館	是	是	原書衣完全更換爲紙質	是	題簽缺失	
209	11980—11981	美國國會圖書館	是	是	原書衣下粘連補紙	否	題簽缺失	
210	12015—12016	美國國會圖書館	是	是	原書衣下粘連補紙	否	題簽缺失	
211	12017—12018	美國國會圖書館	是	否	原書衣	否	右側題簽缺失	
212	12043—12044	美國國會圖書館	是	是	原書衣下粘連補紙	否	題簽缺失	

序號	卷次	藏地	原書衣是否破損	原書衣是否修復	原書衣修復方法	原書衣是否更換	題簽情況	備注
213	12071—12072	美國國會圖書館	是	是	原書衣下粘連補紙	否	原題簽	
214	12148	美國國會圖書館	是	是	原書衣下粘連補紙	否	原題簽	
215	12269	美國國會圖書館	是	是	原書衣下粘連補紙	否	右側題簽缺失	
216	12270—12271	美國國會圖書館	是	是	原書衣下粘連補紙	否	原題簽	
217	12272—12274	美國國會圖書館	是	是	原書衣下粘連補紙	否	原題簽	
218	12399—12400	美國國會圖書館	是	是	原書衣下粘連補紙	否	原題簽	
219	12929—12930	日本京都大學附屬圖書館	是	否	原書衣	否	題簽缺失	
220	12963—12965	美國國會圖書館	是	是	原書衣下粘連補紙	否	原題簽	
221	13017	中國國家圖書館	是	是	原書衣下粘連補絹	否	原題簽	
222	13018	中國國家圖書館	是	是	原書衣下粘連補絹	否	原題簽	
223	13019（前半卷）	中國國家圖書館	是	是	前人更換新書衣，下粘連補絹	是	右側題簽缺失	有前人修復痕迹：新書衣呈橙色，後破損被修復
224	13020	中國臺北"故宮博物院"（平館寄存書）	是	是	原書衣下粘連補絹	否	原題簽	
225	13074—13075	中國臺北"故宮博物院"（平館寄存書）	是	是	原書衣下粘連補絹	否	右側題簽缺失	
226	13082—13084	中國國家圖書館	是	是	原書衣下粘連補絹	否	題簽缺失	
227	13135—13136	中國國家圖書館	是	是	原書衣下粘連補絹	否	原題簽	

序號	卷次	藏地	原書衣是否破損	原書衣是否修復	原書衣修復方法	原書衣是否更換	題簽情況	備注
228	13189—13190	德國柏林民族學博物館	是	是	更換爲新書衣	是	題簽更換	書衣、題簽全部更換
229	13193—13194	英國倫敦大學亞非學院圖書館	是	否	原書衣	否	原題簽	
230	13201—13203	英國國家圖書館	是	是	更換爲新書衣	是	題簽缺失	
231	13340—13341	英國國家圖書館	是	是	原書衣下粘連補絹	否	題簽缺失	
232	13450	中國國家圖書館	是	是	原書衣下粘連補絹	否	原題簽	
233	13494—13495	中國國家圖書館	是	是	原書衣下粘連補絹	否	右側題簽缺失	
234	13496—13497	英國國家圖書館	是	否	原書衣	否	右側題簽缺失	
235	13498—13499	英國國家圖書館	是	是	原書衣靠近書脊處下粘連褐色絹條	否	原題簽	有前人修復痕迹：書衣靠近書脊處下粘連褐色絹條
236	13506—13507	中國國家圖書館	是	是	原書衣下粘連補絹	否	原題簽	
237	13629	英國倫敦大學亞非學院圖書館	是	是	原書衣靠近書脊處下粘連褐色皮條或漆布條	否	原題簽	有前人修復痕迹：書衣靠近書脊處下粘連褐色皮條或漆布條
238	13822—13824	中國臺北"故宮博物院"（平館寄存書）	是	是	原書衣下粘連補絹	否	題簽更換	
239	13872—13873	英國牛津大學博德利圖書館	是	是	原書衣下粘連補絹	否	右側題簽缺失	
240	13874—13875	英國牛津大學博德利圖書館	是	是	原書衣下粘連補絹	否	原題簽	

序號	卷次	藏地	原書衣是否破損	原書衣是否修復	原書衣修復方法	原書衣是否更換	題簽情況	備注
241	13876—13878	英國國家圖書館	是	是	原書衣靠近書脊處下粘連褐色皮條	否	原題簽	有前人修復痕迹：書衣靠近書脊處下粘連褐色皮條
242	13991	中國臺北漢學研究中心	是	否	原書衣	否	原題簽	
243	13992—13993	英國國家圖書館	是	是	原書衣下粘連補紙	否	題簽缺失	
244	14046	中國國家圖書館	是	是	更換爲新書衣	是	題簽更換爲花綾	
245	14049—14050	中國國家圖書館	是	是	更換爲新書衣	是	題簽更換爲花綾	
246	14051—14052	中國國家圖書館	是	是	更換爲新書衣	是	原題簽	
247	14053—14054	中國國家圖書館	是	是	原書衣下粘連補絹	否	題簽缺失	
248	14055—14056	美國國會圖書館	是	否	原書衣	否	原題簽	
249	14131	美國國會圖書館	是	是	原書衣下粘連補紙	否	原題簽	
250	14217—14218	中國臺北"故宮博物院"（平館寄存書）	是	是	更換爲新書衣	是	題簽缺失	書衣更換爲紅色
251	14219—14220	英國國家圖書館	是	否	無書衣		題簽缺失	封面缺失，無書衣、題簽
252	14380—14381	中國國家圖書館	是	是	原書衣下粘連補絹	否	原題簽	
253	14382—14383	中國國家圖書館	是	是	原書衣下粘連補絹	否	原題簽	
254	14384	中國國家圖書館	是	是	前人更換新書衣，下粘連補絹	是	題簽缺失	有前人修復痕迹：新書衣呈橙色，後破損被修復

序號	卷次	藏地	原書衣是否破損	原書衣是否修復	原書衣修復方法	原書衣是否更換	題簽情況	備注
255	14385	英國牛津大學博德利圖書館	是	是	原書衣下粘連補絹	否	題簽缺失	補絹經緯絲方向與原件相反
256	14461—14462	中國國家圖書館	是	是	更換爲新書衣	是	題簽更換爲花綾	
257	14463—14464	中國國家圖書館	是	是	原書衣下粘連補絹	否	題簽缺失	
258	14536—14537	中國國家圖書館	是	是	原書衣下粘連補絹	否	題簽缺失	
259	14544—14545	中國國家圖書館	是	是	原書衣下粘連補絹	否	原題簽	
260	14574—14576	中國國家圖書館	是	是	前人更換新書衣，下粘連補絹	是	題簽缺失	
261	14607—14609	英國牛津大學博德利圖書館	是	是	更換爲新書衣	是	題簽缺失	書衣更換爲亮黃色
262	14620—14621	中國國家圖書館	是	是	原書衣下粘連補絹	否	左側題簽缺失	
263	14622	英國牛津大學博德利圖書館	是	是	原書衣下粘連補絹	否	題簽缺失	補絹經緯絲方向與原件相反
264	14624—14625	中國國家圖書館	是	是	原書衣下粘連補絹	否	原題簽	
265	14626	中國國家圖書館	是	是	前人更換新書衣，下粘連補絹	是	題簽缺失	有前人修復痕迹：新書衣呈橙色，後破損被修復
266	14627	英國牛津大學博德利圖書館	是	是	原書衣下粘連補絹	否	題簽缺失	補絹經緯絲方向與原件相反
267	14707—14708	中國國家圖書館	是	是	書衣下粘連補絹	不詳	題簽缺失	書衣呈亮黃色，無法判斷是否爲前人更換新書衣或是原書衣變色所致

序號	卷次	藏地	原書衣是否破損	原書衣是否修復	原書衣修復方法	原書衣是否更換	題簽情況	備注
268	14837	中國臺北"故宮博物院"（平館寄存書）	是	是	原書衣下粘連補絹	否	題簽缺失	
269	14838	中國臺北"故宮博物院"（平館寄存書）	是	是	原書衣下粘連補絹	否	題簽缺失	
270	14948	中國國家圖書館	是	是	原書衣下粘連補絹	否	題簽缺失	
271	14949	美國普林斯頓大學葛思德東亞圖書館	是	否	無書衣	否	題簽缺失	封面無書衣，僅剩原書衣托紙
272	14998	中國國家圖書館	是	是	前人更換新書衣，下粘連補絹	是	右側題簽缺失	有前人修復痕迹：新書衣呈深色，後破損被修復
273	14999	中國國家圖書館	是	是	原書衣下粘連補絹	否	題簽缺失	
274	15073—15075	英國牛津大學博德利圖書館	是	是	原書衣下粘連補絹	否	右側題簽缺失	補絹經緯絲方向與原件相反
275	15138—15139	中國國家圖書館	是	是	原書衣下粘連補絹	否	右側題簽更換爲花綾	
276	15140—15141	中國國家圖書館	是	是	原書衣下粘連補絹	否	題簽缺失	
277	15142	美國國會圖書館	是	是	原件下書脊粘絹條	否	題簽缺失	有前人修復痕迹：原件下書脊粘絹條
278	15143	美國國會圖書館	是	是	原件下書脊粘絹條	否	題簽缺失	有前人修復痕迹：原件下書脊粘絹條
279	15873—15875	中國國家圖書館	是	是	原書衣下粘連補絹	否	原題簽	
280	15950—15951	美國國會圖書館	是	否	原書衣	否	原題簽	
281	15955—15956	英國國家圖書館	是	否	原書衣	否	原題簽	

序號	卷次	藏地	原書衣是否破損	原書衣是否修復	原書衣修復方法	原書衣是否更換	題簽情況	備注
282	16217—16218	英國牛津大學博德利圖書館	是	是	原書衣下粘連補絹	否	原題簽	補絹經緯絲方向與原件相反
283	16343—16344	英國劍橋大學圖書館	是	否	原書衣	否	原題簽	
284	16841—16842	中國臺北"故宮博物院"（平館寄存書）	是	是	更換爲新書衣	是	題簽更換	書衣、題簽全部更換，變色嚴重
285	18207—18209	中國臺北"故宮博物院"（平館寄存書）	是	是	原書衣下粘連補絹	否	題簽更換	補絹變色嚴重。
286	18222—18224	中國國家圖書館	是	是	更換爲新書衣	是	題簽缺失	新書衣呈亮黃色
287	18244—18245	英國國家圖書館	是	是	原書衣靠近書脊處下粘連褐色絹條	否	原題簽	有前人修復痕迹：書衣靠近書脊處下粘連褐色絹條
288	18402—18403	中國國家圖書館	是	是	原書衣下粘連補絹	否	右側題簽缺失	
289	18764—18766	中國國家圖書館	是	是	更換爲新書衣	是	題簽更換	新書衣呈淺棕黃色
290	18767—18769	中國國家圖書館	是	是	更換爲新書衣	是	題簽更換	新書衣呈淺棕黃色
291	18770—18771	中國國家圖書館	是	是	更換爲新書衣	是	題簽更換	新書衣呈淺棕黃色
292	19636—19637	中國臺北"故宮博物院"（平館寄存書）	是	是	更換爲新書衣	是	題簽更換	書衣、題簽全部更換，變色嚴重
293	19735	英國牛津大學博德利圖書館	是	是	原書衣下粘連補絹	否	原題簽	
294	19737—19739	英國劍橋大學圖書館	是	是	原書衣下粘連補絹	否	原題簽	補絹與原件相似度高
295	19740—19741	英國國家圖書館	是	是	原書衣下粘連補絹	否	原題簽	

序號	卷次	藏地	原書衣是否破損	原書衣是否修復	原書衣修復方法	原書衣是否更換	題簽情況	備注
296	19742—19743	美國國會圖書館	是	是	原書衣下粘連補紙	否	原題簽	
297	19785—19786	美國國會圖書館	是	是	原書衣下粘連補紙	否	原題簽	
298	19789—19790	英國國家圖書館	是	是	改裝爲西文書，原書衣改爲內頁	是	原題簽	改裝爲西文書，外加皮質封面，原書衣改爲內頁，并粘有大理石花紋紙
299	19792	美國國會圖書館	是	是	原書衣下粘連補紙	否	原題簽	
300	19865—19866	愛爾蘭都柏林切斯特·貝蒂博物館	是	是	無書衣		題簽缺失	僅剩書心，外加裝紅色皮質封面，未與書心相連
301	19931	中國臺北"故宮博物院"（平館寄存書）	是	是	更換爲新書衣	是	題簽更換	書衣、題簽全部更換
302	20121—20122	中國臺北"故宮博物院"（平館寄存書）	是	是	更換爲新書衣	是	題簽更換	書衣、題簽全部更換
303	20139	英國牛津大學博德利圖書館	是	是	原書衣下粘連補絹	否	原題簽	
304	20181—20182	英國國家圖書館	是	是	原書衣下粘連補絹	否	原題簽	
305	20197	中國臺北"故宮博物院"（平館寄存書）	是	是	原書衣下粘連補絹	否	題簽更換	
306	20204—20205	中國國家圖書館	是	是	原書衣下粘連補絹	否	題簽更換爲花綾	
307	20308—20309	中國臺北"故宮博物院"（平館寄存書）	是	是	書衣外似加裝書皮	否	原題簽	

序號	卷次	藏地	原書衣是否破損	原書衣是否修復	原書衣修復方法	原書衣是否更換	題簽情況	備注
308	20310—20311	中國臺北"故宮博物院"（平館寄存書）	是	是	更換爲新書衣	是	題簽更換	書衣、題簽全部更換
309	20353—20354	中國國家圖書館	是	是	原書衣下粘連補絹	否	原題簽	
310	20424—20425	中國國家圖書館	是	是	原書衣下粘連補絹	否	原題簽	
311	20426—20427	中國臺北"故宮博物院"（平館寄存書）	是	否	原書衣	否	原題簽	
312	20428	中國臺北"故宮博物院"（平館寄存書）	是	是	原書衣下粘連補絹	否	題簽更換	
313	20478—20479	中國臺北漢學研究中心	是	是	更換爲新書衣	是		從圖片上僅看到封面内側爲亮黄色花綾，推測原書衣已被更換
314	20573	美國普林斯頓大學葛思德東亞圖書館	是	否	原書衣	否	題簽缺失	
315	20648—20649	中國國家圖書館	是	是	原書衣下粘連補絹	否	右側題簽缺失	
316	20850—20851	英國國家圖書館	是	是	原書衣靠近書脊處下粘連褐色絹條	否	原題簽	有前人修復痕迹：書衣靠近書脊處下粘連褐色絹條
317	21025—21026	中國臺北"故宮博物院"（平館寄存書）	是	是	更換爲新書衣	是	題簽更換	書衣、題簽全部更換，變色嚴重
318	21029—21031	中國國家圖書館	是	是	原書衣下粘連補絹	否	題簽缺失	
319	21983—21984	中國國家圖書館	是	是	更換爲新書衣	是	題簽缺失	

續表

序號	卷次	藏地	原書衣是否破損	原書衣是否修復	原書衣修復方法	原書衣是否更換	題簽情況	備注
320	22180—22182	中國國家圖書館	是	是	更換爲新書衣	是	題簽缺失	
321	22536—22537	中國國家圖書館	是	是	原書衣下粘連補絹	否	左側題簽缺失	
322	22570—22572	中國國家圖書館	是	是	原書衣下粘連補絹	否	題簽缺失	
323	22576—22578	中國國家圖書館	是	是	原書衣下粘連補絹	否	原題簽	
324	22749—22750	中國國家圖書館	是	是	更換爲新書衣	是	題簽缺失	
325	22760	中國國家圖書館	是	是	原書衣下粘連補絹	否	題簽缺失	
326	22761	中國臺北"故宮博物院"（平館寄存書）	是	是	原書衣下粘連補絹	否	題簽更換	

（作者單位：國家圖書館古籍館）

陸元大本《李翰林集》源流及與當塗本系統關係譾論
——兼述宋本李白文集流傳譜系

周瑋璞　楊理論

内容提要：明正德陸元大刊十卷《李翰林集》爲李白文集單行本，學界公認其所據母本爲南宋淳熙年間刻本。"淳熙本"實應爲南宋高宗年間初刻的當塗本，此本紹熙元年（1190）趙汝愚曾有補刻。比證可見，陸元大本是對"淳熙本"較爲忠實的影刻，保留了樂史手編《李翰林別集》的大致面貌。李白集當塗—咸淳本系統的文集部分與陸本高度一致，同源特徵明顯，而不同之處則多源于咸淳本的校改。故而，陸元大本是現存最爲接近當塗本乃至樂史《李翰林別集》古貌的版本。後世國内外大多數李集版本，雖然詩集部分承襲宋蜀本系統，但文集部分却直承未經宋敏求校改的樂史本系統，而與宋蜀本文集編次頗有差異。

關鍵詞：李白文集　淳熙本　當塗本　咸淳本　版本源流

現存宋本李白別集主要分爲兩大版本系統。一種是題名《李太白全集》的蜀刻三十卷本（即宋蜀本）系統，中國國家圖書館與日本静嘉堂文庫各藏一部。該本流傳最廣，後世如元刊楊齊賢注、蕭士贇補注《分類補注李太白詩》，繆曰芑影宋刻本《李太白全集》，王琦《李太白全集》等，皆出于此本。另一種題名《李翰林集》的三十卷系統則罕有傳播，且宋本原本已不存，僅有明影宋咸淳五年（1269）刻本《李翰林集》，及據此本再影刻的兩種清刻本存世。明正德八年（1513）鮑松亦取此影宋本刻入《李杜全集》。學界普遍認爲咸淳本《李翰林集》是源于南宋初當塗刊刻的一種李白集，故亦可將該系列諸本稱爲當塗本系統。

另外還有一種李白文集的單行本[①]，明正德十四年（1519）陸元大影宋淳熙間刻本《李翰林集》十卷，中國國家圖書館有藏（本文所述陸本皆指此本），收錄李白文七大類（記頌銘文未單列目錄，合算一類），計70篇。卷首有樂史《李翰林別集序》，書末有袁翼後記，又有何焯康熙戊戌（1718）校記。又，此本尚有清嘉慶八年（1803）王芑孫淵雅堂重修本，有王氏二跋。此外，高儒《百川書志》著錄："《李翰林集》十卷，

[①] 古代文獻中，"文集"既可指稱詩文合編的別集，也可以指稱狹義的文章雜著之集，如無特别注明，本文所使用的"文集"均指不包含詩歌的文章雜著之集。

翰林供奉李白也。賦八，文六十三。"①所記分卷、款識與陸本全同，應即是此本，但高氏所記共71篇，或是誤多計一篇雜文。

明清學者認爲陸元大本淵源于樂史《李翰林別集》。詹鍈《〈李白集〉版本源流考》也認同此本編次"可能是根據樂史所編咸平原本"，并認爲其所據的淳熙本"疑即周必大《二老堂詩話》所稱當塗本"②。但歷代學者僅對其版本來源進行推測，陸元大本與樂史《別集》本及當塗本系統的源流關係尚待詳辨。

一、陸元大本版刻來源及對樂史《李翰林別集》古貌的留存

學界普遍認同陸元大本來源于宋淳熙本，且保留了樂史《李翰林別集》面貌，甚至徑以樂史原本目之。王芑孫直指此書來源于"樂氏子正編《李翰林別集》十卷"③，孫星衍《廉石居藏書記》也認爲此本是罕見的"樂史所編"本④。劉世珩更直言"淳熙本自用樂子正別集本刊行"⑤。陸元大本卷末袁翼題記，大致敘述了該本的刊刻過程及版本來源：

> 太白文集十卷，宋樂史所編，即所謂《李翰林別集》者也。史既因李陽冰《草堂集》校勘補戢，定爲詩二十卷。復于三館中得賦、序、表、贊、書、頌諸篇，定爲別集。于是太白之文盡于是矣。……予家故有淳熙間刻本，今歸之元大，元大因重刻之家塾云。正德己卯鄉進士吳郡袁翼記。⑥

由上述跋記可見，陸元大本是據袁翼家藏宋淳熙年間刻本重新翻刻而成的。且袁翼認爲這個淳熙舊本是樂史所編《李翰林別集》本。但從樂史本到南宋淳熙本，再到陸元大本，期間經歷了數次翻刻。則陸本是否保留了淳熙本原貌，又多大程度上保留了樂史本面貌，還需逐次勘考。

首先，陸本是對袁翼家藏本的忠實影刻，且袁翼家藏本確爲南宋初年刻本，但非袁氏所謂淳熙間刻本。勘察陸本，可見其凡遇宋諱皆缺筆，完整保留底本面貌。所避者爲"玄""朗""敬""境""鏡""殷""貞""楨""徵""樹""購""構"等，避諱至南宋高宗趙構，其底本爲南宋初年刊本無疑。淳熙爲南宋孝宗年號，孝宗趙昚名諱嫌

---

① （明）高儒：《百川書志》卷十二，中國國家圖書館藏清道光二十八年（1848）東武劉氏嘉蔭簃抄本。

② 詹鍈：《〈李白集〉版本源流考》，詹鍈校注《李白全集校注彙釋集評》，百花文藝出版社，1996年，4598頁。

③ 清嘉慶八年（1803）王芑孫淵雅堂重修明陸元大影宋淳熙本《李翰林集》王芑孫跋，中國國家圖書館藏本（書號00268）。

④ （清）孫星衍：《廉石居藏書記》內編上，清道光十六年（1836）江寧陳宗彝刻《獨抱廬叢刻》本。

⑤ 玉海堂景宋咸淳本《李翰林集》，清光緒三十四年至宣統元年（1908—1909）貴池劉世珩刊本，卷末附劉世珩札記。

⑥ 明正德年間陸元大影宋淳熙本《李翰林集》卷末袁翼題記，中國國家圖書館藏本（書號02182）。

名"慎"字，于理應諱，但陸本數見"慎"字，皆不諱，故此本當刊刻於孝宗前的高宗時期。袁翼言其底本爲淳熙間刻本，當是因此本無版識而誤判。爲免叙述混亂，本文暫依舊例以淳熙本稱之。另外，陸本《大獵賦》避宋真宗諱，改"岱恒"爲"岱常"，與宋蜀本同。

陸本也忠實再現了淳熙本的版式特徵，甚至對淳熙本刊刻疏誤也完全保留。陸本中數見正文雙行書寫的特例，應是緣於刊刻時漏字，而後期挖版相鄰一字，再將此二字刻爲雙行小字補足。這種補刻痕迹凡有四處。分別爲卷五《虞城縣令李公去思頌碑》"仰其敬而俗讓"中的"敬而"，"易其里曰大忠正之里"中的"大忠"；卷五《溧陽瀬水貞義女碑銘》"邑宰滎陽鄭公名晏"中的"名晏"①；卷六《爲宋中丞祭九江文》"照海色于旌旗"中的"照海"。李白文集其他版本皆未出現此現象。這類補刻形式應是淳熙本原貌，陸本爲不打亂原版式而原樣影刻，而非陸本影刻時的疏誤，否則陸本整體排版皆會受影響，原有布局會因之打亂。

從文本以外看，陸元大也以影刻宋本精工著稱。吳昌綬記載陸元大據宋本影刻的《花間集》云："晁跋後有'正德辛巳吳郡陸元大宋本重刻'一行，他印本多鏟去以充宋槧。"②時人剗去陸元大題記而以之冒充宋刻，可見陸氏影宋刻的精良，由是可佐證陸本忠實保留了淳熙本原貌，基本可視爲淳熙原本。

繼而須論證，袁翼家藏淳熙本對樂史《李翰林別集》的翻刻情況。

淳熙本書首收錄樂史序文，可明證其翻刻自樂史本。此外，還可從淳熙本收錄的具體篇目及數量予以佐證。現存宋本李白文集有兩大系統，收錄篇目總數分別爲：宋蜀本系統66篇，淳熙本系統70篇（咸淳本亦屬此系統，但又經校改，詳見後文）。其中，宋蜀本較淳熙本少收《春于南浦與諸公送陳郎將歸衡陽序》《泛沔州城南郎官湖詩序》《答族侄僧中孚贈玉泉仙人掌茶序》《贈嵩山焦鍊師詩序》四篇序文，而皆隨詩附于詩集部分。

樂史自序未言其所收李白文章的篇目總數，宋敏求則詳細説明其所編本篇目情況：

> 沿舊目而厘正其彙次，使各相從。以別集附于後，凡賦、表、書、序、碑、頌、記、銘、贊、文六十五篇，合爲三十卷。③

---

① "邑宰滎陽鄭公"下的雙行小字"名晏"似應是注文而非漏字補刻的正文。此處樂史原本或爲雙行注文，陸本更好地保留了樂史本原貌，而宋蜀本、咸淳本誤校改爲正文。因文獻缺乏，此處暫依學界傳統認知，將其作爲補刻的正文論述。

② 民國吳昌綬雙照樓影明正德十六年（1521）陸元大影宋紹興十八年（1148）晁謙之校刻本《花間集》卷首吳昌綬題記。

③ 宋蜀刻本《李太白文集》卷末宋敏求後序，日本静嘉堂文庫藏本。另，宋蜀本有篡改曾鞏序的情況，將《元豐類稿》曾鞏原序的"《李白詩集》二十卷，舊七百若干篇，今九百若干篇者"，改爲"《李白集》三十卷，舊歌詩七百七十六篇，今千有一篇，雜著六十五篇者"。因此，宋蜀本亦有篡改宋敏求序的可能，因無明確證據，此處仍從蜀本記載。

宋蜀本共收録李白文章66篇，與宋敏求所言65篇基本相合①，應即源于宋敏求本。王芑孫認爲二系統篇目不同是由于淳熙本較宋蜀本“文字篇目增多”②，但這一差異的產生應不是淳熙本在宋蜀本基礎上增收，而是宋蜀本系統相較于淳熙本所本的樂史原本，删定了篇目。“樂史在整理李白作品時，有些詩佚序存的作品被當作雜著歸入了文集中”③，宋敏求或在增廣樂史本的過程中，新輯入《送陳郎將歸衡陽》《答族侄贈玉泉仙人峰茶》《贈焦鍊師》三首佚詩，便依體例將舊在文集的對應序文提至詩前，納入詩集，而在文集部分予以删除；又依以序從詩的體例，把樂史本誤收入文集的《泛沔州城南郎官湖詩序》連詩帶序提至詩集部分。這也是篇目差異全部出現在序類的原因：其他文類皆是獨立存在，衹有序類與詩關聯，會因詩歌輯補產生動態變化。由是，宋蜀本66篇文的面貌應源于宋敏求對樂史原版的删改，而以淳熙本爲代表的70篇則是樂史原本，樂史本有頗多詩序誤置、校勘不精的原始特徵，淳熙本翻刻時也保留了其面貌。

綜上所述，陸元大本雖相較樂史《別集》原本已經過數次翻刻，但應基本保留了樂史本的大致面貌。但須注意，淳熙本并非忠實影刻樂史本，現所知翻刻過程中的修改至少有二：其一是避諱字的增補，淳熙本恪守避諱要求，對于咸平後至淳熙前的諱字同樣謹避。其二是對樂史本題名的修改。袁翼在跋首特別表出“太白文集十卷，宋樂史所編，即所謂《李翰林別集》者也”，可見其家藏淳熙本，或題名爲《太白文集》，或另有別題，因此袁翼纔特意解釋此十卷本即是樂史《李翰林別集》，以厘清版本源流，否則徑曰“《李翰林別集》十卷，宋樂史所編”即可。淳熙本應保留了樂史本的内容與編次原貌，但亦小有調整。

宋蜀本文集部分來源則與淳熙本不同。何焯在陸本卷末手跋稱“晏本（筆者按，即宋蜀本之母本）經曾子固編次，與此微有不同”④，認爲淳熙本與宋蜀本篇目差異源于曾鞏編次，應屬誤判。雖然二本篇目差異源于宋敏求對樂史本的改動，但曾鞏是否對宋敏求本又有調整，宋蜀本文集保留的是宋敏求本原貌還是曾鞏修改後的面貌，尚待考證。

宋蜀本詩文體例明顯不統一，有不同來源的拼合特徵。其一，蜀本總目録置于全書之首，具列各卷所録篇題。在此基礎上，詩歌各卷不再另置目録，題名卷次後徑接正文；文章各卷前則又列細目，臚列本卷收録文章的篇題，再接正文。二者編次體例

① 二本之間雖有一篇之差，但應具有淵源關係。宋蜀本卷十六詩集《江夏送倩公歸漢東》一篇序附詩前，而卷二十七雜著又重收《江夏送倩公歸漢東序》，或是版刻時誤收，由此與宋敏求所記出現一篇的差異。

② 清嘉慶八年（1803）王芑孫淵雅堂重修明陸元大影宋淳熙本《李翰林集》王芑孫跋，中國國家圖書館藏本。

③ 胡俊：《唐宋〈李白集〉編纂過程中的詩、文分合及相關問題》，《中國李白研究集萃（下）》，黃山書社，2017年，767頁。

④ 明正德年間陸元大影宋淳熙本《李翰林集》卷末何焯校跋，中國國家圖書館藏本。

不同，而蜀本文集該體例却與陸本同。其二，蜀本詩文的卷首標識也有所不同。詩歌部分款式爲每卷首行題“李太白文集卷第×”，第二行題“歌詩××首”，第三行題類別。文集部分款式則爲首題“李太白文集卷第×”，第二行上題類別，下題“學士贈右拾遺李白”（第二十七卷漏刻）。陸元大本款式爲首行題“李翰林集卷第×”，第二行末題“翰林供奉李白”，第三行題類別。對比可見，蜀本文集款式與詩集明顯不同，却與陸本頗爲相近（見下圖1）[①]。

既證知蜀本詩文來源不同，結合其“宋公編類之勤，而曾公考次之詳”[②]的版本脉絡，可見差異的産生應源于曾鞏編次。《元豐類稿·李白詩集後序》云：

> 《李白詩集》二十卷，舊七百若干篇，今九百若干篇者，知制誥常山宋敏求字次道之所廣也。[③]

可見曾鞏編年的應是宋敏求的二十卷詩集單行本，而未改動宋敏求本的文集部分，現見宋蜀本僅詩集部分有所編年，也佐證了這一記載[④]。由此，晏處善刊刻時應是詩集部分使用曾鞏編次本，而文集部分使用宋敏求原本。曾鞏編次時改變了詩集的款式特徵，這纔造成詩集文集間編次體例的差異，翻刻自晏本的宋蜀本也保留了這一特徵。而宋敏求本文集基于樂史本删改，款式與樂史本系統相近，也在情理之中。但應注意，晏本刊刻時曾將樂、宋、曾三本一脉相傳的“二十卷詩歌、十卷雜著”重編爲“一卷序碑、二十三卷詩歌、六卷雜著”[⑤]，因此，宋蜀本文集也祇是一定程度上保留了宋敏求本文集的體例特徵，而非原貌。

二、陸咸二本同源與當塗本系統版本來源勘證

前文已述及，陸元大本翻刻自宋淳熙本，而淵源于咸平間樂史《李翰林別集》。那麽淳熙本是否直接翻刻自樂史原本？宋代同樣題名爲《李翰林集》的當塗——咸淳本三十卷詩文集系統，其文集部分與陸元大本又是否具有同源關係？兩個問題亦值得關

---

① 另，蜀本文集將文類與“學士贈右拾遺李白”同題第二行，類別題于上而作者題于下，不合常理。蜀本文集時有一卷收多種文類的情況，如圖中“碑”與“學士贈右拾遺李白”題于一行，而其後的“文”單獨成行，如此題寫易生歧義。此或是刊刻排版疏誤，依常規體例似應于第三行再題文類，陸本即如此。

② 宋蜀刻本《李太白文集》卷末毛漸跋，日本静嘉堂文庫藏本。

③（宋）曾鞏：《李白詩集後序》卷十二，《南豐先生元豐類稿》，明曾思彦、曾思儀等刻本。

④ 相關論證可參胡俊：《唐宋〈李白集〉編纂過程中的詩、文分合及相關問題》，《中國李白研究集萃（下）》，2017年，第768頁。亦可參楊理論、周瑋璞：《李白集咸淳本、宋蜀本樂府編次差異與來源考察——兼論李集當塗刊本》第四節相關辨證（《文獻》2024年第3期）。

⑤ 胡俊：《唐宋〈李白集〉編纂過程中的詩、文分合及相關問題》，《中國李白研究集萃（下）》，773頁。

注。詹鍈考證淳熙本"疑即周必大《二老堂詩話》所稱當塗本"①，爲學界所認同。詳勘可見，袁翼所謂淳熙本，實即南宋高宗年間刊行的當塗本，正可坐實詹鍈的推測。但袁翼此本或因年代久遠而殘闕，僅保留了當塗本的文集部分。

　　當塗本久已不傳，祇有源于該系統的明影宋咸淳本存世。學界普遍認同咸淳本翻刻自當塗本，且保留其大致面貌。咸淳本書末戴覺民跋記述其刊刻過程：

　　　　予一日與同舍劉辰翁會孟評詩，至太白，會孟曰：'且止，當塗稱太白，太白且其詩安在？'予于是曉然愧于其言。蓋舊刻之不存，雷電取將久矣。……明日以告古心公，公喟然曰：'歲晚矣奈何？吾成子之志，亟爲之。'則禪凡費集眾工，不足則布之諸郡，不兩月而集，集成而公亦召矣。……是集多趙同舍崇鑒養大所校正。咸淳己巳（1269）三月望天台戴覺民希尹書。②

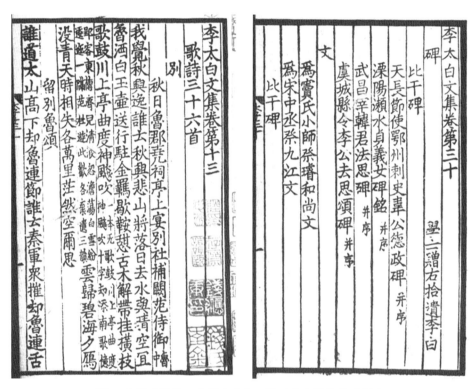

圖1　宋蜀本詩集、宋蜀本文集、陸元大本卷首款式對比

據戴跋可知，當塗地區曾刊刻有一種李白集，但"舊刻之不存，雷電取將久矣"，原刻板早已被雷電擊毀，學界考證這個當塗舊刻即是周必大等人所記之當塗本。據劉辰翁

① 詹鍈：《〈李白集〉版本源流考》，詹鍈校注《李白全集校注彙釋集評》，4598頁。
② 明影宋咸淳本《李翰林集》卷末戴覺民跋，中國國家圖書館藏本。

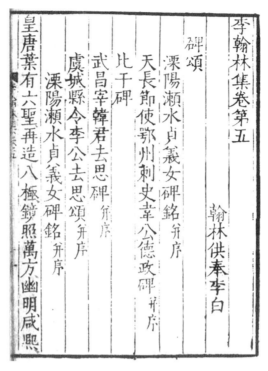

圖1 宋蜀本詩集、宋蜀本文集、陸元大本卷首款式對比（續）

的詰問，可見當時不惟刻板損毀，所刊出的紙本也極爲罕見，乃致劉辰翁一直未得寓目。感于此言，戴覺民亟請知州江萬里（號古心公）重刻李集。但由于江萬里即將離任，咸淳本不到兩月便刊刻完成，刊刻如此倉促，必然不及重新編次，故而咸淳本應是參照當塗本重新雕版翻刻而成的，僅由趙崇鉴予以校改。

　　咸淳本翻刻自當塗本，祇略作校改，故整體仍保存了當塗本面貌[①]。而明影宋咸淳本"刊刻精工，字體仿宋刻本，與一般明刻本字體不同。估計它保存了宋本面貌，一般稱它爲咸淳本還是可以的"[②]，可見明影宋咸淳本（爲論述方便，以下如非必要，徑稱咸淳本）基本保存了當塗本面貌。

（一）陸本與咸淳本體例内容相近，與當塗本系統爲同源關係

　　通過對比陸本與咸淳本的文集部分，可見二本無論是版式體例還是文字内容都有極高相似度，由此可證陸本與當塗本系統爲同源關係。

　　首先，二本編次體例高度一致。從版式來看，二本皆爲半葉十行。從編次格式來

① 詳參楊理論、周瑋璞：《李白集咸淳本、宋蜀本樂府編次差异與來源考察——兼論李集當塗刊本》，39—42頁。
② 詹鍈：《題名〈李翰林集〉的三種不同板本》，《文獻》1987年第2期，28頁。

看，二本皆題作《李翰林集》，文章皆編爲十卷，每卷目録在前，連屬正文。各卷首題"李翰林集卷第×"，次行偏下題"翰林供奉李白"，第三行題類別，第四行起爲目録，體例完全相同。

其次，二本的分類、分卷情況及具體篇目排列順序也完全一致。二本分類與分卷情況一致，十卷依次爲：古賦、表、書、書、碑頌、記銘頌文、贊歌、序上、序中、序下。其分類標準纏雜齟齬，如"序"標上中下而"書"未標、"頌"重出、"記銘頌文"合列等，符合樂史本首次整理李白文集時，無可借鑒、分類不精的草創特徵，與宋蜀本系統的完備頗爲不同。陸咸二本在這方面完全一致，可見其來源于同一母本。二本具體篇目的數量與排列順序也完全一致，咸淳本後期校改删除的篇目也在各卷首目録保留篇題，并在其下予以注明，保持了與陸本順序、排版的一致。

再次，文章内容方面，二本也表現出高度一致與同源特徵。文字相似無需繁述，二本還有一些特殊的相同之處。其一，二本時有與他本迥異的異文。如《趙公西候新亭頌》二本作"天憲作程"（陸本卷六、咸淳本卷二十六），蜀本作"天憲作保"（卷二十九）；《爲宋中丞祭九江文》二本作"而况參列雄藩"（陸本卷六、咸淳本卷二十六），蜀本作"若思參列雄藩"（卷三十）；《師猛贊》二本作"謂大厦"，下注"一作有夏"（陸本卷七、咸淳本卷二十七），蜀本則題爲《方城張少公廳畫師猛贊》，作"謂有夏"（卷二十八），等等。其二，二本出校異文的形式與内容也幾乎全同。二本異文，多出以"一作""一本作""一本云"等形式，用雙行小字注于正文下，出校之處一一對應。其三，二本還出現了相同的脱文現象。《上安州裴長史書》中，二本皆作"又昔與蜀中友人吳指南死于洞庭之上"，錯訛難通，又皆在篇尾注明"吳指南下脱'同游于楚指南'六字"，可見其母本刊刻時脱文，校勘時以雙行小字補刻于篇末。二本皆保留了母本原貌，而其他李集版本皆無脱文。由上述内容對比可見，陸咸二本應同源于一版本，而與其他版本不同。

最後，二本均有某字在本書不同處寫爲不同異體字的情況，而二本對應處却保持了字體一致，恐非巧合。雖然二本都是翻刻本，但這些一致的異體字，或是二本翻刻時同一母本的原貌遺存。兹舉數例：①《溧陽瀨水貞義女碑銘》兩見"死"字，二本前皆作死 死（前爲陸本，後爲咸淳本，下同），後皆作死 死。②"辰"及相關字的書寫，三見于《虞城縣令李公去思頌碑》，陸本與咸淳本皆作 振 振、振 振、宸 宸，寫法一致；《趙公西候新亭頌》中則皆作 振 振。此類例證頗多，不再具列。

綜上所述，陸咸二本無論是版式體例還是具體内容都高度一致，雖少數字詞與注文有所差異，也多是咸淳本後期校改補充造成的。因此，陸本與當塗本系統文集部分，有着明確的同源關係。

（二）淳熙本即是當塗本，陸本是當塗本文集單行的翻刻本

陸咸二本文集部分同源，由此淳熙本與當塗本的文集部分也屬同源關係。那麼，是否如詹鍈先生所推測，淳熙本即是當塗本文集部分，還需詳細考察當塗本面貌與編

纂過程。

爲此，須先考定當塗本具體刊刻時間。現見關于當塗本的記載僅有周必大、陸游、洪邁三家，集中出現在南宋初年，且陸游特意表出"今當塗本"[1]，可見此時當塗本應剛刊刻不久。此外，周必大《二老堂詩話》曾記述：

> 有太白《瀑布》詩云，……余兄子中守舒日，得此于宗室公霞。……當塗《太白集》本，元無此詩，因子中録寄，郡守遂刻于後。然皆從蔡絛誤本，子中爭之不從，僅能改"敕"爲"赤"而已。[2]

明影宋咸淳本即于書末附録刻載《題司空山瀑布》佚詩，且後有時任當塗郡守趙汝愚題記："右李太白《題司空山瀑布》詩，得之東里周子中，附于卷末。紹熙元年七月開封趙汝愚題。"[3]與上述周必大記載吻合。陸游爲必大從兄周必正（字子中）所作《監丞周公墓志銘》云："會益公參知政事，公請外，知舒州。"[4]詳考可見，"周必大任參知政事在淳熙七年（1180）五月，周必正即在此時出任舒州知州"[5]。周必正出知舒州，必已閱目當塗《太白集》，故後文云"元無此詩"。"遂刻於後"，表明此時當塗本業已刻板完成，那麼趙汝愚并非刊刻，而是補刻[6]。因此，刊刻時間便可限定於題記所言的紹熙元年以前；據周必大記録，又可前推爲周必正出知舒州的淳熙七年之前；再據前云由淳熙本影刻而來陸本不避宋孝宗嫌諱"慎"，可定淳熙本實非淳熙年間刊刻，而應刊刻於孝宗隆興元年（1163）之前的高宗年間。陸游、洪邁均曾寓目當塗本，并予以了記載。袁翼家藏自云之淳熙本，實即爲當塗本，但應僅存文集，故陸元大據當塗本文集部分影刻之本，最大程度上的保存了當塗本的原貌。

雖然當塗本今已不傳，但仍可見諸文獻記載。陳振孫曾記載了其家藏的一種《李翰林集》（簡稱家藏本），版式體例與今見明影宋咸淳本完全一致，學界普遍認同咸淳本即翻刻自該本，且該本"極有可能就是周必大所說的當塗本"[7]。既然如此，《直齋書録解題》所記載的家藏本刊刻體例也即當塗本原貌：

> 《李翰林集》三十卷……家所藏本不知何處本，前二十卷爲詩，後十卷爲雜著，首載陽冰、樂史及魏顥、曾鞏四序，李華、劉全白、范傳正、裴敬碑志，卷末又載《新史》本傳，而《姑孰十咏》《笑矣》《悲來》《草書》三歌行亦附焉，復

① （宋）陸游撰，馬亞中、涂小馬校注：《渭南文集校注》第4冊，浙江古籍出版社，2015年，39頁。

② （宋）周必大：《二老堂詩話》，《宋詩話全編》，鳳凰出版社，1998年，5914頁。

③ 明影宋咸淳本《李翰林集》卷末趙汝愚題記，中國國家圖書館藏本。

④ （宋）陸游撰，馬亞中、涂小馬校注：《渭南文集校注》第4冊，167頁。

⑤ 楊理論、周瑋璞：《李白集咸淳本、宋蜀本樂府編次差異與來源考察——兼論李集當塗刊本》，40頁。

⑥ 拙文《李白集咸淳本、宋蜀本樂府編次差異與來源考察——兼論李集當塗刊本》曾據趙汝愚題記定當塗本刊刻於紹熙元年（1190），本文略作修正，認爲趙汝愚是補刻而非刊刻。

⑦ 郁賢皓：《咸淳本〈李翰林集〉源流和名稱簡論》，《唐代文學研究》第11輯，廣西師範大學出版社，2006年，374頁。詹鍈等學者論述略同。

著東坡辨證之語，其本最爲完善。①

據陳氏對家藏本的記載，當塗本體例與陸本微有不同：其一，當塗本詩文合編爲三十卷，其中卷一至卷二十爲詩集，卷二十一至卷三十爲文集；陸本則爲十卷文集單行本，標爲卷一至卷十。其二，當塗本樂史序在全書之首、詩集之前，與李陽冰等三序及前人碑志并列，且誤置于魏顥序之前；陸本則僅收樂史序，并置于文集卷首。其三，當塗本書末錄《新唐書·李白傳》及部分疑僞詩作，爲陸本所無。

此外，陳振孫對家藏本的記載詳細備盡，却唯獨未提及此本多收一篇佚詩，因此其家藏之本，很可能是未經趙汝愚補刻的南宋初年所刻之當塗本。因此本無版識標記，陳振孫"不知何處本"，而袁翼更判之爲"淳熙本"。"淳熙本"之稱，即是始於袁翼，後世著錄頗罕，明高儒《百川書志》著錄但未明言其爲淳熙本，清代王芑孫重修此本，跋引袁翼之言稱之"宋淳熙舊本"②。

還可補充的是，陳振孫所記當塗本的題名爲《李翰林集》，周必大、洪邁言及當塗本時則皆稱《太白集》；而觀袁翼所記"《太白文集》十卷"，可見其所謂的淳熙本似題爲《太白文集》，今見陸本則於版心題《李翰林集》。由此推斷，當塗本或題簽爲《太白集》（袁翼藏本僅存文集，故稱《太白文集》），而版心題《李翰林集》。由是便可解釋陳振孫與周、洪二人所記書名有異。而書名的相同，也可以作爲袁翼家藏爲當塗本的佐證。

在此基礎上，可以基本厘清當塗本系統特別是其文集部分的版本脉絡：當塗本文集部分基本承襲了樂史本《李翰林別集》古貌，又分化爲兩個版本系列。其一爲陸元大本，該本爲當塗本文集的單行影刻本，明正德十四年（1519）陸元大影刻，相對忠實的保留了當塗本文集的部分版式原貌。其二則爲咸淳本，該本翻刻了當塗本三十卷詩文合集，但改變了版式體例，并參照別本有所校改，現有明影宋刻本存世。咸淳本對當塗本內容與版式的改動，使之在保存當塗本古貌方面遜於影刻的陸本，亦形成其文集部分與陸本間明顯同源又有所差異的特徵。

三、陸咸二本較异與當塗本系統校改過程考辨

陸本保留了當塗本文集部分的大致面貌，明影宋咸淳本源于當塗本又經數次校改，因此，通過對比陸本與明影宋咸淳本，再結合文獻記載，即可大致推定當塗本以降，諸次翻刻各自對所據底本的改動情況。

（一）從當塗本到陸本：編次體例的調整

陸本取袁翼家藏當塗殘本的十卷文集部分單行，但因當塗本爲詩文合編的三十卷

---

① （宋）陳振孫:《直齋書錄解題》卷一六，上海古籍出版社，1987年，469頁。
② 清嘉慶八年（1803）王芑孫淵雅堂重修明陸元大影宋淳熙本《李翰林集》王芑孫跋，中國國家圖書館藏本。

本，故陸本翻刻時對部分體例予以修改，具體修改包括：①改變當塗本卷次標目，將當塗本文集第二十一至第三十卷原目重新標爲第一至十卷，但并未重厘，保持原有編次不變。此外，陸本的版心仍題作“李翰林集”而非“李翰林別集”，應是當塗本原版心題名的遺存。上文已述及當塗本原題名應作《李翰林集》，陸本版心題名與之相同，亦可證明陸本翻刻所用的母本“淳熙本”即是當塗本。②將當塗本位於全書前的樂史序單獨置於文集之前，蓋是取樂史“十卷”“《李翰林別集》”之言增加身價，以彰顯自己是對樂史《李翰林別集》本的忠實翻刻。值得一提的是，陸本樂史序“范傳正撰”以下“新墓碑，亦略而詳矣，史又撰”十一字脫文，應是淳熙本翻刻當塗本時因兩“撰”字位置相近而漏刻，咸淳本則未漏刻。

（二）從當塗本到咸淳本：行字增加與文辭校改

由戴覺民跋可知，咸淳本是參照當塗本重新雕版翻刻而成的，并非影刻，因此已失當塗本原貌。對比明影宋咸淳本與陸本，再結合同時期文獻，可見咸淳本翻刻當塗本時至少做了兩類校改。

其一，版式體例方面，咸淳本相對當塗本每行字數有所增加。陸游記載當塗本有“字大可喜”[①]的特徵，如今陸本爲行十八字，較他本明顯字號偏大，字形方正，排版疏朗，符合陸游相關記載，當是當塗本版式舊貌。咸淳本則與宋蜀本一樣，爲行二十字的小字本，受版框高度限制，字形整體偏于扁寬，且字間距極小。由此可見，今所見咸淳本與陸游“字大可喜”的記載不符，很可能是刊刻過程中改易當塗本行十八字爲行二十字。

其二，具體內容方面，咸淳本對當塗本字句進行頗多校改。陸游還曾特別指出當塗本“極多謬誤，不可不知也”[②]，陸本訛誤亦多，應是沿襲了當塗本舊誤。經對比，陸本所見的大部分謬誤都在明影宋咸淳本中得到校改，再結合咸淳本“是集多趙同舍崇鑒養大所校正”的跋語，可見咸淳本在翻刻當塗本時，由趙崇鑒對舊誤予以校改。

咸淳本對當塗本的校改，主要體現在以下諸方面：

首先是對篇目具體位置的調整，將部分詩序分離的篇目，以序從詩提至詩集中。咸淳本的校改形式爲，將序移至詩前，但仍在文集卷首目錄中保留序題，并于其下出注，注文格式略有不同。陸本卷八的《春于南浦與諸公送陳郎將歸衡岳序》，咸淳本卷二十八目錄序題下無注，在卷十詩歌正文標題《送陳郎將歸衡陽》下注“并序，一作春于南浦與諸公送”，此即是以小注形式保留的舊序題，又在序末注“舊在別集，今入于此”。陸本卷九的《答族侄僧中孚贈玉泉仙人掌茶序》與《贈嵩山焦鍊師詩序》，咸淳本在卷二十九目錄序題下分別注出“已見第十二卷”“已見第八卷”，而在詩題下補注“并序”[③]。

---

① （宋）陸游撰，馬亞中、涂小馬校注：《渭南文集校注》第4冊，39頁。
② 同上。
③ 咸淳本對舊本序的校改存在兩種略異的體例，或因《送陳郎將歸衡陽》詩序題目不同，而出注之法異于詩序同題的《答族侄僧中孚贈玉泉仙人掌茶》與《贈嵩山焦鍊師》。

咸淳本以序從詩的調整也有不完全的痕迹。陸本卷八的《泛沔州城南郎官湖詩并序》，誤將詩、序同刻入文集部分，依校改體例，咸淳本應以序從詩歸入詩集部分，却詩序分置，于卷十八末刻《泛沔州城南郎官湖》詩，題下注"序載二十八卷"，又于卷二十八末刻《泛沔州城南郎官湖序》，題下注"詩載十八卷"，且序文後有大片挖版痕迹。據此推測，咸淳本刊刻時很可能沿襲了當塗本詩序合刻于文集的舊誤，發現時已然付梓，不得已用題下注互見的方式彌補。序文後半葉空白處或即是挖去詩歌正文留下的痕迹。而詩歌刻在卷末，也表明其很可能是刊版後補刻。詹鍈還注意到："宋蜀本在卷十六有《江夏送倩公歸漢東（并序）》，在二十七卷又有《江夏送倩公歸漢東序》，二者是一樣的。咸淳本在詩集部分就没有收《江夏送倩公歸漢東（并序）》。"[1]其實二本皆爲校改疏漏：依咸淳本校改樣例，應以序從詩刻入詩集部分，而僅在文集處保留序題。但咸淳本沿襲當塗本舊誤，詩序合刻于文集，且序文末作"李白辭曰"，直接詩歌正文，詩序不分，或爲李白手稿原貌。宋蜀本詩文合刻入詩集無誤，但依體例也應在文集部分删除序文。由此亦可證，咸淳本校删當塗本的篇目雖與宋蜀本大致相同，但校改體例不同，且咸淳本與宋蜀本異文頗多，二本爲分別校改，無直接聯繫，咸淳本文集并非來源于宋蜀本乃至宋敏求本。

其次是以小注形式標出對异文的增補。如陸本卷七《師猛贊》篇末，二本均有雙行小字注，陸本作"舊本無'永觀厥容神駿不歇'二句"，咸淳本則作"舊本附第二十卷，無'永觀厥容神駿不歇'二句"，有所增補。陸本卷八《暮春江夏送張祖監丞之東都序》"趣逸天半"下，咸淳本多注文"一作外"。陸本卷九《答族侄僧中孚贈玉泉仙人掌茶序》"顏色如桃花"下，咸淳本多注文"一作李"，"發乎中孚禪子及青蓮居士李白也"下，咸淳本多注文"一作發乎中孚及李白也"等。可見，咸淳本校正過程中，曾參考了其他版本，但對比可見其異文并非源于宋蜀本系統。

最後是對正文中誤字、异體字、脱文等問題的校改，皆直接在正文中予以校改，而不出校記。這類校改最爲普遍，粗略統計即有七十餘處。其中有的是對形近誤字的校改，如"傅""傅"、"出""山"、"雷""電"、"炭""岸"等；有的是异體字的改换，如"瑣""瑣"、"枡""析"、"憩""憩"等。也有少量對脱文的增補，如陸本卷八《江夏送林公上人游衡岳序》中"如牛之一毛"，咸淳本校補爲"如九牛之一毛"等。

咸淳本校改當塗本時也偶有訛誤。如陸本卷一《大獵賦》，序與正文間有分段，而咸淳本序尾"其辭曰"後不分段，直接正文，應是刊刻失誤。陸本卷七《李居士贊》"從白得衰"，咸淳本"衰"字未刻，或是因母本此字漫滅難識而留下一枚墨丁；陸本"默然不滅"，咸淳本因形近而誤刻爲"然然不滅"。可見咸淳本校改當塗本時，亦有少量校刻不精處，但整體而言，其對當塗本絶大部分謬誤都有所校改完善。此外，咸淳本雖對當塗本文句多有校改，但涉及文段的大改皆出校記，整體仍沿襲了當塗面貌，"雖然校正重刊的過程必然帶來了文本的進一步變化，但當塗本主要的面貌特色實賴此

---

① 詹鍈：《〈李白集〉版本源流考》，詹鍈校注《李白全集校注彙釋集評》，4560頁。

舉得以保存"①。

（三）從咸淳本到明影宋咸淳本：取消避諱

今見明影宋咸淳本，學界普遍認同"此本字體仿宋刻本很精工，可能較好地保存了宋咸淳本《李翰林集》的面貌"②，清代丁丙、劉世珩、吳隱等藏書家，甚至誤以爲此本就是宋咸淳原本，詹鍈亦云"一般稱它爲咸淳本還是可以的"③。但勘考該本，宋本應有諱字皆不避，應是明代影刻時校改宋本的結果。

洪邁即已言及："本朝尚文之習大盛，故禮官討論，每欲其多，廟諱遂有五十字者。……一或犯之，往往暗行黜落。"④可見當時避諱的嚴格，陳垣亦有"宋人避諱之例最嚴"⑤之論。因此，宋版書中不避諱現象極少。雖然咸淳本刊刻時的南宋末年因時局動亂，避諱略有放鬆，但也僅限於家刻、坊刻，而官刻本諱法仍嚴。作爲當塗郡守主持編纂的官刻，咸淳本應不可能不避諱。且據陸本可知，當塗本嚴格避諱，據此翻刻的咸淳本，也不應不避諱。

與宋人避諱最盛對應，明代"前期避諱較寬，天啓、崇禎之後逐漸苛嚴"⑥。明影宋咸淳本被收入正德年間鮑松的《李杜全集》，其刊刻時間必早于正德，此時避諱要求頗寬，明人影刻時，很可能依時代慣例校改了所據咸淳本的所有宋諱。因此，簡單地直接將明影宋咸淳本稱爲咸淳本是不够嚴謹的。

綜上所述，當塗本系統諸本在歷次翻刻時都或多或少對所據母本有所校改。陸元大本改動較少，而今見明影宋咸淳本雖仍大致保留了當塗本面貌，但在諸多方面已有所不同。

四、宋本李白文集的流傳譜系

通過文本對勘與文獻分析，可大致梳理各宋本李白集中文集部分的來源。其中當塗本及從屬於該系統的陸元大本、咸淳本、明影宋咸淳本的文集部分來源於樂史咸平元年手編的十卷本《李翰林別集》，并在歷次翻刻過程中有所校改。宋蜀本文集則來源于宋敏求本，而與樂史本編次體例略有差异。宋蜀本對宋敏求本、宋敏求本對樂史本均有所改動，已難詳細區分；陸本則基本保留了樂史本文集的編次原貌，約可視爲樂史本（下文爲論述方便，不再稱陸本，而徑稱樂史本）。因此，對勘宋蜀本與陸本，

① 任雅芳：《中唐范傳正再編李白集及其流傳推考》，《復旦學報（社會科學版）》2021年第4期，37頁。
② 郁賢皓：《咸淳本〈李翰林集〉源流和名稱簡論》，372頁。
③ 詹鍈：《題名〈李翰林集〉的三種不同板本》，28頁。
④（宋）洪邁：《容齋隨筆·容齋三筆》，上海古籍出版社，1978年，541頁。
⑤ 陳垣：《史諱舉例》，中華書局，1962年，16頁。
⑥ 馬劉鳳、曹之著：《中國古書編例史》，武漢大學出版社，2015年，126頁。

即可考見宋蜀本對樂史本的改動。

整體來看，樂史本與宋蜀本分類一致，但樂史本分卷體例混亂，既有多種文類合一卷者，如“記頌銘文”，又有一種文類入多卷且體例不一者，如“書”兩卷不標序號，“序”三卷則分標上中下。宋蜀本爲求體例統一，將樂史本“碑頌”改題“碑”，“贊歌”改題“贊”，合樂史本“表”“書”“書”三卷爲一卷，“序”三卷爲一卷，且拆分樂史最後一卷“記銘頌文”合列的四類，并單獨標類列目錄，合樂史本“頌”“銘”“記”爲一卷，“碑”“文”爲一卷。

具體到類目内部，二本表、書、贊（歌）、記、銘、頌、文七類，内部篇目順序完全相同，其餘三類則有不同。首先是“古賦”類，樂史本以《大鵬賦》爲首，符合唐代李白賦的接受情況。而宋蜀本將《明堂賦》《大獵賦》提至卷首，應是受政教觀影響，將《劍閣賦》移至《大鵬賦》後則不知所據①。其次，“碑（頌）”類，宋蜀本將《比干碑》與《貞義女碑銘》調換位置，置於首篇，或是出于景仰大賢的考慮。最後，“序”類，宋蜀本除刪除四序外，還調換了樂史本部分順序。具體爲：將樂史本卷十的全部七篇序，整體插入卷九的《秋日太原南栅餞陽曲王贊賈少公石艾尹公應舉赴上都序》之後，再接本位于該序後的《送戴十五歸衡岳序》以下三篇。其他序篇排列順序則與樂史本一致。此外，宋蜀本對樂史本文集的標題也有所精簡。

樂史、宋蜀二本文集部分在宋以後的接受情況也與普遍認知不同。雖然楊齊賢注、蕭士贇補注的《分類補注李太白詩》以及源于此的王琦《李太白全集》，詩歌部分皆來源于宋蜀本系統，但雜著部分却應來源于樂史本系統。《分類補注李太白詩》祇收“古賦”一類，篇目順序即全同于陸本。明嘉靖二十二年（1543）郭雲鵬寶善堂刻本則補足了其他文類，題“郭雲鵬編次”，并跋稱“恨其文之不載，更以別集編次五卷，附于詩後”②。郭氏編次雖“卷數及分卷次序與《李翰林別集》亦有不同”③，但該本除刪除隨詩在前的四序外，各類内部篇目順序、題目與陸本全同，且觀其校改情況，及行十八字的樣例，所據底本或即是陸本。王琦《李太白全集》文集部分應來自郭雲鵬本，分類、篇目順序、内容皆與郭本同，唯分卷略異。此外，王琦本目錄有爲適應一行兩題的版式而刪減標題文字的現象，正文處各篇標題則不作刪減，而與郭本乃至樂史本同。

特需指出的是，巴蜀書社2018年出版的《李太白集版本薈萃》中還影印了兩種朝鮮的李白單行文集舊刻本。此二本與陸本有諸多相似，其來源當是陸本之母本當塗本。一種是明正統十二年（1447）朝鮮慶尚道刻本《唐翰林李太白文集》六卷，編校混亂，

① 李白賦在唐宋時期接受度最高的無疑是《大鵬賦》，魏顥《李翰林集》便將其作爲除二人唱和之作外的首篇，唐宋文獻也多有記載與稱述，李白對此篇也頗爲重視。將該賦作爲文集之首，合于常理。而《明堂賦》《大獵賦》仿漢大賦，頌美政教意味明顯，以之爲首，更符别集慣例，蜀本或因此改竄。

② 楊齊賢集注、蕭士贇補注《分類補注李太白詩》卷末郭雲鵬後跋，中國國家圖書館藏明嘉靖二十二年（1543）郭雲鵬寶善堂刻本。

③ 詹鍈：《〈李白集〉版本源流考》，詹鍈校注《李白全集校注彙釋集評》，4583頁。

且“贊歌”類闕失。但其分類亦與陸本同，唯“碑頌”作“碑銘”。該本删除隨詩在前的四序，但察其異文，與陸本同源而非咸淳本。此外，該本大幅删削當塗本原注，造成不少訛誤。另一種是《李太白文集》不分卷本，與陸本全同，僅極少數字詞有校改。雖未分卷，但正文處仍保留當塗本分卷特徵。如“書”的文類標識兩見；“序上”被改爲“序”，但“序中”“序下”皆未校改，且各類所收與陸本對應篇目一致。此二舊刻本前者早於陸本，後者刊刻時地不詳，但都與陸本相似，應在一定程度上保留了當塗本乃至樂史本面貌，頗具版本價值。

由此可見，與詩集部分多源于宋敏求—宋蜀本系統不同，後世李白集文集部分多源于未經宋敏求編次的樂史—當塗本系統。其版本源流與參互成因，尚待深入研究。

【本文係2023年度重慶市研究生科研創新項目“宋蜀刻本唐人文集刊刻風貌流變研究”（項目編號：CYS23169）、國家社會科學基金重大項目“日韓藏唐詩選本研究”（項目編號：18ZDA249）、國家社會科學基金後期資助項目“日本大典禪師《杜律發揮》本源發覆”（項目編號：20FZWB011）階段性成果】

（作者單位：西南大學文學院）

《梅花易數》明代版本考辨
——兼論此書的成書演變過程

楊勝祥

內容提要：《梅花易數》書所謂"明抄真本"，其實源自德聚堂刻本，由此知通行的五卷本早在明崇禎二年以前就已問世。新見朝鮮刻本和日本抄本則源自劉剡刻本，也可知一卷本問世于明景泰五年。一卷本的內容對應五卷本的一卷半，而一卷本的文本則要早于五卷本。《梅花易數》的成書并非從一開始就已定型，而是迭經後人校改增補，最後纔固定成如今通行的樣貌。

關鍵詞：《梅花易數》 邵雍 劉剡 夏昂 海外漢籍

托名邵雍所著的《梅花易數》，是《周易》術數學中的名著，至今仍舊廣爲流傳。前人關于此書的托名問題已有定讞，劉大鈞[①]、劉光本[②]、鄭萬耕[③]等學者都有過討論。受限于當時的研究條件，學者多據通行的五卷本及其內容立論，無法更進一步知道《梅花易數》的成書演變過程。近年來，隨着海外漢籍的回流和古籍普查的深入，一些不同尋常的新版本重現于世，爲討論《梅花易數》的成書演變帶來新的契機。這些版本的性質如何，尚待澄清與揭示。本文試從這些版本入手，對《梅花易數》的明代版本進行考證和辨析，并兼論此書的成書演變過程。

一、五卷本《梅花易數》問世于崇禎二年以前

清代以來《梅花易數》版本較多，如清光緒五年（1879）書業堂刻本、清光緒十二年掃葉山房刻本、清光緒十二年校經山房刻本、清宣統二年（1910）上海鑄記書局石印本等，現今各大出版社出版的今人的標點、譯注本，內容基本一致，卷數都是

---

① 劉大鈞：《〈梅花易數白話解〉序》，劉光本、榮益《梅花易數白話解》，山東人民出版社，1993年，1頁。
② 劉光本：《〈梅花易數〉與邵雍》，劉大鈞主編《象數易學研究》第1輯，齊魯書社，1996年，322—332頁。此文又附錄于劉光本、榮益《梅花易數白話解》。
③ 鄭萬耕：《關于〈梅花易數〉的幾個問題》，朱伯崑主編《國際易學研究》第3輯，華夏出版社，1997年，41—56頁。

五卷，可歸之于通行的五卷本系統。但最早的五卷本刊刻于什麼時候，學界關注不多。實際上，這是討論《梅花易數》成書演變及書籍真偽的關鍵性一步，值得予以重視。現存五卷本中還存在一些版本，祇因書中并未標識刊刻年代，被籠統歸于清代，需要對其進行考辨，確定刊刻年代。

（一）所謂 "明抄真本"《梅花易數》并非刻書底本辨

韓國國立中央圖書館收藏有一種抄本《梅花易數》，該本 "地" 册 "封底注有 '崇禎二年' 字樣"（該書影印本《出版説明》），被認定爲明崇禎抄本。九州出版社2013年據以影印，稱爲《明抄真本梅花易數》。出版者又將此抄本稱爲 "秣陵聚德堂抄本"，《出版説明》稱："古代刻書程式，凡書籍編輯校正後，先要寫定稿本，刻工據此而開刻。經相關專家推斷，此書的體例格式，一如刻本，書法精工，序後題 '秣陵聚德堂'，當是聚德堂刻本的定稿本，爲開刻而寫定。但現在存世的版本中，已經查不到聚德堂的刻本。"[①]

此《出版説明》以該崇禎抄本爲刻書前寫定的、刻工據以開刻的版本，即以該抄本爲刻書底本或寫樣本。寫樣本是用于上版刊刻的寫本，字體規整，采用專門格紙，以保證刻本整齊美觀。但該崇禎抄本却無欄格，字體與雕版常用的軟體字和硬體字相去甚遠，且不甚規整，不符合寫樣本之特徵，故絶非寫樣本。那麼此抄本是否爲刻書的底本呢？崇禎抄本存在一些明顯錯誤，但并無任何校改痕迹，這説明崇禎抄本并非刻書底本。比如，崇禎抄本前《新鐫增定相字心易梅花數序》末署 "秣陵聚德堂謹訂"，而《目録》首葉則署 "秣陵德聚堂訂正"。"聚德堂" 和 "德聚堂" 這個重要出版信息之間必有一誤。再如，崇禎抄本《目録》中有《六十甲子納音歌》標目，但崇禎抄本正文中却無《六十甲子納音歌》，這説明崇禎抄本抄自另外一個更爲完整的原本。

（二）崇禎抄本《梅花易數》其實源出德聚堂刻本

德聚堂刻本《梅花易數》，《故宮珍本叢刊》已影印。經對比，除少量不同外，崇禎抄本《梅花易數》與德聚堂刻本《梅花易數》内容完全相同。二者之間的區別是：

1. 崇禎抄本序末署 "聚德堂"，《目録》首葉署 "德聚堂"。但在德聚堂刻本中，《新鐫增定相字心易梅花數序》末署 "秣陵德聚堂謹訂"，《目録》首葉署 "秣陵德聚堂訂正"。説明崇禎抄本序末所署 "聚德堂" 有誤，當作 "德聚堂"。由此可知崇禎抄本與德聚堂刻本關係密切。

2. 崇禎抄本在書前比德聚堂刻本多出一部分内容，即：邵康節像以及 "無極" "太極" "河圖" "洛書" "伏羲八卦次序" "伏羲八卦方位" "伏羲六十四卦次序" "伏羲

① 佚名：《明抄真本梅花易數　韓國國家圖書館館藏秣陵聚德堂抄本》，九州出版社，2013年，2B頁。

六十四卦方位""文王八卦次序""文王八卦方位"這些基礎知識，凡7葉。但這7葉置于《新鐫增定相字心易梅花數序》和《目録》之前，可見應屬後來補入，并非抄寫底本的内容。

3. 崇禎抄本的《目録》末尾有包括《六十甲子納音歌》在内的10個條目的標目，但該抄本正文缺《六十甲子納音歌》内容，正文卷五中間位置有其餘9個條目。這10個條目在《目録》末尾而非對應位置，説明是補標，知崇禎抄本依據的原本的《目録》中没有這10個條目。但崇禎抄本正文缺《六十甲子納音歌》，却能在《目録》中補上，説明崇禎抄本依據的原本正文有《六十甲子納音歌》。德聚堂刻本正文卷五有包括《六十甲子納音歌》在内的10個條目，《目録》未標出，符合作爲崇禎抄本所依據底本的條件。

因此，崇禎抄本《梅花易數》應直接或間接源出于德聚堂刻本《梅花易數》，是源出刻本的抄本，而非刻本的底本或寫樣本。九州出版社將其稱爲"秣陵聚德堂抄本"不確。

（三）德聚堂刻本刊刻于崇禎二年以前

有關德聚堂刻本《梅花易數》的刊刻年代，之前一直籠統稱爲清代，其實并不準確。筆者認爲此本爲明末刻本。理由如下：

1. 崇禎抄本源出德聚堂刻本。崇禎抄本的抄寫時間是崇禎二年，故德聚堂刻本的刊刻時間應在崇禎二年以前。

2. 清代避諱嚴格，德聚堂刻本"玄"字出現多次，"曆"字凡兩見[①]，均不避諱。可證明此本并非康熙朝及以後的刻本。

3. 明代前期避諱較寬，天啓、崇禎以後漸嚴，但不如清代嚴格[②]。德聚堂刻本"校"字凡3見，"檢"字1見，"由"字2見[③]，均不避諱。故此本的刊刻可能在天啓、崇禎以前。

4. 山東省圖書館藏寶杶堂刻本《梅花易數》五卷，一函五册，《易廬易學書目》著録[④]。該本内封有"寶杶堂梓行"字樣，標識此書出版者。此外，書中内容、題名均與德聚堂刻本相同。《新鐫增定相字心易梅花數序》末亦署"秣陵德聚堂謹訂"，《目録》

---

① 參見佚名《梅花易數》，故宮博物院編《故宮珍本叢刊》第415册，海南出版社，2000年，1、24頁。

② 《明熹宗實録》卷五天啓元年（1621）正月甲戌條："禮部奏准，凡從點水加各字者，俱改爲'雉'字；凡從木旁加交字者，俱改爲'較'字。惟督學稱較字未妥，改爲學政，各王府及文武職官有犯廟諱、御名者悉改之。"（《明熹宗實録》卷五，"中研院"史語所，1962年，葉1b）。《日知録》卷二三："崇禎三年（1630），禮部奉旨，頒行天下，避太祖、成祖廟諱，及孝、武、世、穆、神、光、熹七宗廟諱，正依唐人之式。惟今上御名亦須回避。"（顧炎武著，黄汝成集釋，欒保群校注：《日知録集釋》，浙江古籍出版社，2013年，1341頁。）

③ 參見佚名《梅花易數》，《故宮珍本叢刊》第415册，30、54、55、56頁。

④ 盧松安：《易廬易學書目》，齊魯書社，1999年，1頁。

首葉亦署"秣陵德聚堂訂正"。但二本版式有異：寶樹堂刻本半葉九行二十四字，德聚堂刻本半葉九行二十字。說明二本不是同一套書版，寶樹堂刻本應翻刻自德聚堂刻本。寶樹堂刻本不避"玄""曆"，則翻刻行爲發生在康熙朝以前，也可證德聚堂刻本并非康熙朝及以後的刻本。

綜上所述，德聚堂刻本《梅花易數》的刊刻時間是明末崇禎二年以前。"秣陵"是南京的別稱，德聚堂是明末清初南京著名書坊。著名的刻本有明末金陵德聚堂刻本《雙紅記》，明末清初"十卷上圖下文本《封神演義》，單行一百十五回本《水滸》，朱琦序本《雲合奇蹤》"，"或題金陵德聚堂，或題古吳"[①]。又有明崇禎間金陵德聚堂刻本《小青娘風流院傳奇》二卷[②]。

二、景泰五年一卷本《梅花易數》

（一）新見兩種一卷本《梅花易數》

通行的《梅花易數》都屬五卷本系統。筆者近見韓國國立中央圖書館和日本慶應義塾大學圖書館分別收藏有一卷本《梅花易數》，與五卷本有別，現予介紹，并確定其性質。

韓國國立中央圖書館藏一卷本，係刻本（索書號：한고조03-16）。封面題"梅花數"，前有景泰五年（1454）劉剡《邵康節先生心易梅花數序》、《家傳邵康節先生心易卦數序》，序後直接正文，無卷端題名，版心鐫"觀梅"及葉數，卷末鐫"家傳邵康節先生心易卦數終"。版式爲：四周雙邊，半葉九行十七字，對魚尾。此本無明確標識刊刻時間、地點的刊記等信息。但此本手寫體上版，字體扁方，魚尾帶花紋，五眼裝訂，具有典型的朝鮮王朝時期刻本特徵，可據以判定爲朝鮮刻本。

日本慶應義塾大學圖書館藏一卷本，係抄本（索書號：132X@32/4@1）。封面題"家傳邵康節先生心易梅花數""古寫本"，前有景泰五年劉剡《邵康節先生心易梅花數序》、《家傳邵康節先生心易卦數序》，序後直接正文，無卷端題名，卷末書"家傳邵康節先生心易梅花數終"。版式爲：四周單邊，半葉十行二十四字，無魚尾。烏絲欄。此本前後亦無明確標識傳鈔時間、地點的題跋信息。阿部隆一《日本現存漢籍古寫本類所在略目錄》著錄爲室町寫本[③]。室町時代起於1336年，迄於1573年，相當于我國元朝後至元二年到明朝萬曆元年。此本雖如朝鮮本有五眼裝訂，但部分日本江戶時期刊本也曾仿朝鮮本用五眼裝訂[④]。且其開本略方，爲25.0厘米×18.6厘米，縱橫比接近日本版

---

① 鄭騫：《從詩到曲》，商務印書館，2017年，798頁。

② 武潔：《明代金陵刻劇研究》，廣西師範大學碩士學位論文，2015年，26—27頁。

③ ［日］阿部隆一撰，王曉平譯：《日本現存漢籍古寫本類所在略目錄》，王曉平主編《國際中國文學研究叢刊》第4集，上海古籍出版社，2016年，84頁。

④ 陳正宏：《東亞漢籍版本學初探》，中西書局，2014年，27頁。

本常見的1.4:1，而非中國和朝鮮版本常見比例1.6:1。字旁有訓讀符號。應是日本抄本。

二本前所冠的景泰五年劉剡《邵康節先生心易梅花數序》，叙述景泰五年夏昂編輯、劉剡刻書事（詳後）。此事并非發生在朝鮮和日本，朝鮮刻本和日本抄本《梅花易數》應是劉剡刻本流傳到朝鮮和日本後的翻刻和抄寫。

（二）景泰五年夏昂編輯、劉剡刊刻《梅花易數》

一卷本比五卷本多出的劉剡《邵康節先生心易梅花數序》，是探究景泰五年夏昂編輯、劉剡刊刻《梅花易數》這段史事的第一手資料。

據落款"大明景泰甲戌仲冬日南至屏山後人京兆劉剡書"，知此序寫作時間爲景泰五年冬至（日南至）。序言作者劉剡是明代一位亦"士"亦"商"的建陽刻書家，相關研究已多有涉及[1]。據麻沙元利二房合修《劉氏族譜》和書坊《貞房劉氏宗譜》記載，建陽劉氏始祖爲京兆萬年人劉翱[2]，故劉剡署名多用"京兆劉剡"。崇安劉氏宋時有劉子翬，號屏山，有《屏山集》傳世。劉子翬的先祖爲劉翱之弟劉翔[3]，劉剡的先祖爲劉翱，可見劉子翬并非劉剡的直系祖先。此本劉剡署名的"屏山後人"，未見學者提及。蓋因朱熹曾師事劉子翬，而劉剡師事朱子七傳松塢王逢（劉剡又號"松塢門人"），故劉剡以族中先祖劉子翬爲榮。

序文稱："惟《觀梅易數》，自邵子殁于神宗熙寧丁巳，至大明景泰甲戌，凡三百七十八年，得之者靳，秘而不傳。順天府通州太守會稽餘姚夏公昂，字廷舉，當衝要之州，撫綏治化，政事偉然，洋溢遠近。太宗伯胡公輩以詩文贈之。公暇又能以此《易數》芟繁去謬，校正歸一。"[4]表明《梅花易數》在當時流傳很少，夏昂得到此書後，曾對其做過編輯校正的工作。

序文又稱："遣伻以書，命剡序之，俾繡諸梓。"[5]夏昂派人將書稿遠致劉剡，請劉剡作序并刻版。刻版地應在建陽。作爲建陽刻書家，劉剡多次爲各地學者刻書。如朱公遷《詩經疏義會通》，"正統庚申葉君景達促付梓，乃重加增訂，付京兆劉剡刻之"。[6]方彦壽評價劉剡是"接受外地學者刻書最具代表性的建陽刻書家"[7]。另外，

① 比較有代表性的是方彦壽《建陽劉氏刻書考（下）》，載《文獻》1988年第3期，217—218頁；朱治《明代建陽書商劉剡的編刊活動與歷史影響》，載《人文論叢》第32卷，武漢大學出版社，2019年，307—316頁。

② 方彦壽：《建陽劉氏刻書考（上）》，《文獻》1988年第2期，197頁。

③ 王利民、曹愛華：《劉子翬家世考》，《贛南師範學院學報》2006年第1期，66頁。

④（明）劉剡：《邵康節先生心易梅花數序》，韓國國立中央圖書館藏朝鮮刻本，葉1b。

⑤（明）劉剡：《邵康節先生心易梅花數序》，葉2a。

⑥ 傅增湘：《藏園群書經眼錄》，中華書局，2009年，34頁。

⑦ 方彦壽：《福建歷代刻書家考略》，中華書局，2020年，330頁。

《［嘉靖］建陽縣志》卷五記《書坊書目‧雜書》，有《梅花數》①。這是《梅花數》曾在建陽書坊刊刻過的記錄。

但吊詭的是，劉剡在序中稱頌的這位通州太守夏昂，史籍記載頗少，《［乾隆］通州志》謂“政迹未詳”②。據《明英宗實錄》，景泰五年通州知州夏昂任期將滿，“囑州民奏保”，遭到“吏科劾其奔競”，却“又賂民奏保以升任京職”。景泰五年五月，夏昂獲罪下獄，七月降職湖廣：“降順天府通州知州夏昂爲湖廣靖州會同縣典史。”③可見，夏昂編輯校正《梅花易數》至晚在景泰五年五月之前，劉剡在是年十一月冬至爲此書寫序，建陽與北京懸隔千里，尚未得知夏昂獲罪降職。

三、一卷本和五卷本《梅花易數》之間的關係

如上所述，景泰五年劉剡刊刻一卷本《梅花易數》，五卷本《梅花易數》則問世于崇禎二年以前，一卷本和五卷本《梅花易數》之間有何异同？景泰五年劉剡刻本《梅花易數》已不存，僅有源出于劉剡刻本的朝鮮刻本和日本抄本。通行的五卷本用德聚堂刻本作爲代表。現將三者進行對比，列其主要内容對應情况如下：

表1 一卷本和五卷本《梅花易數》主要内容對比表

	德聚堂刻本（五卷本）	朝鮮刻本（一卷本）	日本抄本（一卷本）
		劉剡《邵康節先生心易梅花數序》	劉剡《邵康節先生心易梅花數序》
	《新鐫增定相字心易梅花數序》	《家傳邵康節先生心易卦數序》	《家傳邵康節先生心易卦數序》
卷一	“周易卦數”條	“周易卦數”條	“周易卦數”條
	“五行生克”條至“玩法”條		
	“卦以八除”條至“驗色占”條	“卦以八除”條至“色占”條	“卦以八除”條至“色占”條
	“八卦所屬内外動静之圖”條，“八卦萬物類占”條		
卷二	“心易占卜玄機”條至“卦斷遺論”條	“心易占卜玄機”條至“卦斷遺論”條	“心易占卜玄機”條至“卦斷遺論”條

① （明）馮繼科修，（明）朱凌纂：《［嘉靖］建陽縣志》卷五，明嘉靖三十二年（1553）建陽縣刻本，葉29b。
② （清）高天鳳修，（清）金梅纂：《［乾隆］通州志》卷六，清乾隆四十八年（1783）刻本，葉60b。
③ 《明英宗實錄》卷二四一景泰五年（1454）五月丙辰條、《明英宗實錄》卷二四三景泰五年七月辛未條。見《明英宗實錄》卷二四一，“中研院”史語所，1962年，葉3b。《明英宗實錄》卷二四三，“中研院”史語所，1962年，葉8a。

續表

	德聚堂刻本（五卷本）	朝鮮刻本（一卷本）	日本抄本（一卷本）
卷二		"八卦所屬內外動靜之圖"條（與五卷本同），"八卦萬物類占"條（與五卷本同）	"八卦所屬內外動靜圖"條（與五卷本不同）
	"八卦心易體用訣"條至"天時占第一"條再至"家宅占第三"條	"心易八卦體用訣"條至"天時占第一"條再至"家宅占第三"條	"心易八卦體用訣"條至"天時占第一"條再至"家宅占第三"條
	"屋舍占第四"	"婚姻占第四"	"婚姻占第四"
	"婚姻占第五"		"入學占第五"
	"生產占第六"條至"墳墓占第十八"條	"生產占第五"條至"墳墓占第十七"條	"生產占第六"條至"墳墓占第十八"條
	《三要靈應篇》等		
卷三			
卷四			
卷五			

根據此表，結合具體對比情況，可以得出如下認識：

首先是一卷本之間的關係。朝鮮刻一卷本和日本抄一卷本內容幾乎完全一致，祇有少許差別：一是，二者的"八卦所屬內外動靜之圖"不同，且朝鮮刻一卷本有"八卦萬物類占"條，日本抄一卷本沒有。二是，從"天時占第一"到"墳墓占"，朝鮮刻一卷本有17條，末云："右體用之訣，姑以十七章占測。"[①] 日本抄一卷本則有18條，多"入學占第五"1條，末云："右體用之訣，姑以十八章占。"[②] 這表明二本之間的少許差別不是無意造成，而是有意的改動。景泰五年劉剡刻一卷本《梅花易數》，經過翻刻和抄寫，直接或間接產生了朝鮮刻一卷本和日本抄一卷本，在流傳過程中，內容有過少許改動。

其次，要討論的是五卷本和一卷本之間的關係。

一卷本內容對應的是五卷本的一卷半。在這一卷半之外，是五卷本獨有的內容。在一卷半以內，二者也有一些區別："八卦所屬內外動靜之圖"條與"八卦萬物類占"條的位置不同。一卷本"人事占"末有"又看全卦中有生體者是何卦……"一大段，在五卷本中則置于"體用總訣"條之末，五卷本在"人事占"對應處云："人事之占，則以前《體用總章》同訣吉凶。"[③] 一卷本有劉剡《邵康節先生心易梅花數序》，五卷本無。在"周易卦數"條與"卦以八除"條之間，五卷本多出"五行生克"條至"玩法"

---

① 佚名：《梅花易數》，韓國國立中央圖書館藏朝鮮刻本，葉60a。
② 佚名：《梅花易數》，日本慶應義塾大學圖書館藏日本抄本，葉32b。
③ 佚名：《梅花易數》，《故宮珍本叢刊》第415冊，26頁。

條。從"天時占第一"到"墳墓占"，朝鮮刻一卷本有17條，日本抄一卷本有18條，五卷本有18條，但日本抄本多出的是"入學占"，五卷本多出的是"屋舍占"。"天時占""婚姻占""求財占""疾病占"各條下五卷本分別比一卷本多出整段内容。

至此，我們可以判定，一卷本和五卷本在内容對應的一卷半内關係非常密切。那麼，在相對應的内容裏，二者的文本孰先孰後？换言之，是一卷本删減五卷本成爲一卷本，還是五卷本增補一卷本成爲五卷本？

1. 五卷本的行文更爲簡潔文雅。如"夜叩門借物占"，一卷本作"先生同子擁爐而坐"①，五卷本作"先生方擁爐"②。再如"牛哀鳴占"，一卷本作"有牛哀于坎方，聲極哀"③，五卷本作"有牛鳴于坎方，聲極悲"④。二者行文區别大體如此。一卷本的《家傳邵康節先生心易卦數序》，即是五卷本的《新鎸增定相字心易梅花數序》，五卷本序言簡潔文雅的特徵更爲突出。

2. 五卷本的表達更爲準確明白。如講"物數占"，一卷本作："凡見物有可數之數，即以起數，就作上卦，以時數配作下卦。却以卦數、時數總除取爻。"⑤五卷本作："比見有可數之物，即以此數起作上卦，以時數配作下卦。却以卦數并時數，總除六，取動爻。"⑥又，"枯枝墜地占"末有小結，一卷本作："已上諸卦例，并後天數，以卦起數，所謂後天也。"⑦五卷本作："已上諸占例，并是先得卦，以卦起數，所謂後天之數也。"⑧五卷本文字增加不多，但頗爲明晰。

3. 五卷本比一卷本更强調"邵雍"。（1）五卷本中"玩法"一詩，前人指出係引自邵雍《擊壤集》中的"觀易吟"而稍作改動⑨。此詩不見于一卷本。（2）一卷本《家傳邵康節先生心易卦數序》序言開頭祇寫"先生隱居山林"，五卷本《新鎸增定相字心易梅花數序》添作"康節邵先生隱處山林"。講陶枕中預言文字，一卷本祇提及擊鼠枕破，五卷本更加上"此枕賣與賢人康節"之語。（3）"牡丹占"中，一卷本叙"先生偶在洛中，與客共觀牡丹"，占卜預言"此花明日午時當爲馬所踐毁"，及期，"有貴官游

---

① 佚名：《梅花易數》，韓國國立中央圖書館藏朝鮮刻本，葉13a。佚名：《梅花易數》，日本慶應義塾大學圖書館藏日本抄本，葉9a。

② 佚名：《梅花易數》，《故宫珍本叢刊》第415册，11頁。此本標題作"鄰夜叩門借物占"。

③ 佚名：《梅花易數》，韓國國立中央圖書館藏朝鮮刻本，葉17a。佚名：《梅花易數》，日本慶應義塾大學圖書館藏日本抄本，葉11b。

④ 佚名：《梅花易數》，《故宫珍本叢刊》第415册，12頁。

⑤ 佚名：《梅花易數》，韓國國立中央圖書館藏朝鮮刻本，葉4b。佚名：《梅花易數》，日本慶應義塾大學圖書館藏日本抄本，葉3a。

⑥ 佚名：《梅花易數》，《故宫珍本叢刊》第415册，7頁。此本標題作"物占數"。

⑦ 佚名：《梅花易數》，韓國國立中央圖書館藏朝鮮刻本，葉18b。佚名：《梅花易數》，日本慶應義塾大學圖書館藏日本抄本，葉12b。

⑧ 佚名：《梅花易數》，《故宫珍本叢刊》第415册，13頁。此本標題作"枯花墜地占"。

⑨ 劉光本：《〈梅花易數〉與邵雍》，載《象數易學研究》第1輯，齊魯書社，1996年，327頁。

觀”，馬驚馳毀花①。五卷本改作“先生與客往司馬公家共觀牡丹”②，更與《墨莊漫錄》所載邵雍在司馬光家占牡丹一事相應③，但未變動“貴官觀牡丹”的結局，似與在司馬光家中矛盾。（4）五卷本在“疾病占”下多出整段內容，即有“堯夫曰”之語。可見五卷本對作者“邵雍”的刻意強調。

從上述特徵來看，一卷本的文本當早于五卷本。《梅花易數》的成書順序，是從一卷本到五卷本。

四、《梅花易數》的成書演變過程

明確從一卷本到五卷本這一演變脈絡，爲還原《梅花易數》的成書演變過程補足了重要的一環。從現存諸本題名來看，《梅花數》《觀梅易數》《觀梅》等書名都可能指稱《梅花易數》。零星散亂的史料，有助于豐富演變過程的還原。

據劉剡序言，景泰五年夏昂校正一卷本前，《梅花易數》已有流傳。考諸史料，最早記載來自《永樂大典目録》，稱《永樂大典》卷一〇〇三至卷一〇〇一〇收有《觀梅數》④。《永樂大典》這八卷已佚，但可説明永樂六年（1408）《永樂大典》成書前《觀梅數》已行世。宣德五年（1430），藩王朱有燉作《誠齋梅花百咏詩》，中有“道人參透《觀梅數》”之語⑤。同年，《朝鮮世宗實録》卷四七世宗十二年三月戊午條載：“詳定所啓諸學取才經書諸藝數目。”于陰陽學列有《觀梅數》⑥。説明宣德年間《觀梅數》已有一定程度的傳播，并流傳到朝鮮。有關《觀梅數》的規模，《文淵閣書目》著録“《觀梅數》一部一册”⑦，分量在一卷左右。《文淵閣書目》係正統六年（1441）楊士奇等人編定，其中不乏修《永樂大典》所采書籍。此《觀梅數》或即《永樂大典》所采者。此外，《文淵閣書目》著録“《康節心易》一部一册”“《先天觀梅數》一部一

① 佚名：《梅花易數》，韓國國立中央圖書館藏朝鮮刻本，葉12a。佚名：《梅花易數》，日本慶應義塾大學圖書館藏日本抄本，葉8b。

② 佚名：《梅花易數》，《故宮珍本叢刊》第415册，10頁。

③《墨莊漫録》：“康節邵先生堯夫在洛中，嘗與司馬溫公論易數，推園中牡丹云：‘某日某時當毀。’是日，溫公命數客以觀。日向午，花方穠盛，客頗疑之。斯須，兩馬相踶，絶銜斷轡，自外突入，馳驟欄上，花果壞焉。嘗言天下可傳此者，司馬君實、章子厚耳，而君實不肯學，子厚不可學也。臨終，焚其書不傳，祇以《皇極經世》行于世。”（張邦基《墨莊漫録》，中華書局，2002年，65頁。）

④ 郝慶柏：《永樂大典書目考》，載張升《永樂大典研究資料輯刊》，北京圖書館出版社，2005年，578頁。

⑤（明）朱有燉：《誠齋梅花百咏詩》，齊魯書社，2014年，778頁。

⑥《李朝世宗實録》卷四七，日本學習院東洋文化研究所，1953—1967年，葉28a。

⑦（明）楊士奇等：《文淵閣書目》，《景印文淵閣四庫全書》第675册，臺灣商務印書館，1986年，194頁。

册”①，或亦與《梅花易數》相關②。

此外，明人季本曾在嘉靖三十三年（1554）成書的《説理會編》中論及《梅花易數》，從此書的内容、邵雍的易學、宋以來諸儒未曾引用提及三方面進行分析，認爲“《觀梅》之書，其必元末人所爲，而假康節以爲重者歟”③，《梅花易數》形成于元末，與今所見史料相符。因此，《梅花易數》最初文本的形成時間，應該在元末明初。

景泰五年劉剡刊刻一卷本《梅花易數》後，《梅花易數》的傳播更爲廣泛。《楳讀先生存稿》《寄園寄所寄》《客座贅語》《文海披沙》《田間易學》等書紛紛提及弘治至萬曆間有人修習《梅花易數》。私人藏書家書目中也有著録。如，成書于嘉靖時期，隆慶、萬曆間有續添的《晁氏寶文堂書目》既載有《梅花數》，也載有《邵康節心易梅花數》《康節心易梅花數》④。此時所能見到的文本，嘉靖間季本《易學四同別録》部分引用《梅花數》⑤，文本近于一卷本。萬曆間陳繼儒輯的《邵康節先生外紀》中收入《家傳邵康節先生心易數序》⑥，文本與一卷本的《家傳邵康節先生心易卦數序》同。説明此時五卷本應尚未產生或流行開來。這一時期，有特別值得注意的現象，萬曆四十八年（1620）編定的《澹生堂藏書目》著録：“《觀梅數》二卷，一册。《梅花數》二卷，一册。”⑦表明有二卷本《梅花易數》行世。

由此可見，《梅花易數》并非從一開始就已定型，而是迭經後人校改增補，最後纔固定成如今通行的樣貌。《梅花易數》最初的文本應該形成于元末明初。景泰五年，經夏昂編輯校正、劉剡刊刻，形成本文所討論的一卷本《梅花易數》，萬曆間有二卷本《梅花易數》流傳的蹤迹，最遲至崇禎二年，如今通行的五卷本《梅花易數》也已問世流傳。

（作者單位：北京大學中國語言文學系）

---

① （明）楊士奇等：《文淵閣書目》，《景印文淵閣四庫全書》第675册，臺灣商務印書館，1986年，194頁。

② 術數類古籍《萬法歸宗》中有《邵康節先生觀梅數》片段，未見于一卷本和五卷本《梅花易數》。但《萬法歸宗》史源、年代皆未明晰，謹附于此，以備考證。見佚名《增補秘傳萬法歸宗》，中醫古籍出版社，2012年，224—227頁。

③ （明）季本：《説理會編》卷一五，《四庫全書存目叢書》子部第9册，齊魯書社，1997年，393頁。此觀點又見于季本《易學四同別録》卷二及卷四。

④ （明）晁瑮：《晁氏寶文堂書目》，馮惠民等選編《明代書目題跋叢刊》，書目文獻出版社，1994年，778、718、780頁。

⑤ （明）季本：《易學四同別録》卷四，《四庫全書存目叢書》經部第3册，692—695頁。

⑥ （明）陳繼儒輯：《邵康節先生外紀》卷四，明萬曆繡水沈氏刻《寶顏堂秘笈》本，葉8a。

⑦ （明）祁承爍：《澹生堂藏書目》，上海古籍出版社，2015年，557頁。

《兵要望江南》的版本源流與傳播特徵

冷加冕

内容提要：《兵要望江南》現存古籍版本不少于30種，各版本的目次、門類、詞作順序、詞作數量存在較大差異，詞作數量有700首、500首之別，門類亦有26、30、32門之异。該詞集的版本流傳情况複雜，古籍中的題名有5種基本類型，在各時代顯示出不同的變化特徵。版本的卷次、序跋、异文顯示出了各版本的因承關係。該詞集功能性質相對單一，在流傳過程中顯示出以下特徵：傳播範圍漸廣但接受重點各异、被視作兵家要略但略有差异、傳播者身份相對固定。

關鍵詞：《兵要望江南》　版本源流　傳播特徵

　　《兵要望江南》是一組以《望江南》爲詞調、以行軍作戰時自然物象占驗結果爲主要内容的兵法詞集。關于該詞集的真僞考辨、産生時代、作者歸屬等問題，學界已有部分研究成果。《四庫全書總目》、張心澂《僞書通考》等認爲“李衛公”爲後人僞托。作者和産生時代有初唐李靖説、任半塘的初唐佚名作、晚唐易静説、宋人作、世代纍積而成等五種觀點[1]，其中晚唐易静説較爲可信。版本源流問題，王兆鵬《〈兵要望江南〉考》曾有過相關的論述。這組詞的整理本已有4種[2]：張璋、黄畬等主編的《全唐五代詞》（稱“張黄本”），任半塘、王昆吾編著的《隋唐五代燕樂雜言歌辭集》（稱“任王本”），陳尚君主編的《全唐詩補編》（稱“陳本”），曾昭岷、王兆鵬等主編的《全唐五代詞》（稱“曾本”）。這些整理本共涉及到《兵要望江南》的辛本、東北本、京本、川本、首本等5種古籍版本，載詞720首。本文結合8種古籍版本及任王本、陳本、曾本3種整理本，整理出736首詞，并對該詞集的版本源流、傳播特徵進行討論。

---

[1] 詳情可參饒宗頤《李衛公望江南》（新文豐出版公司，1990年）序録，任半塘、王昆吾編著《隋唐五代燕樂雜言歌辭集》（巴蜀書社，1990年）卷三，王兆鵬《〈兵要望江南〉考》（《唐宋詞史論》，人民文學出版社，2003年）、蔣雯《從〈兵要望江南〉的押韵特徵看作者所屬時代》（《合肥師範學院學報》2010年第5期）、葉曄《第三條道路：詞樂式微與格律詞的日用之道》（《蘇州大學學報》2018年第1期）等文。

[2] 周振甫主編的《唐詩宋詞元曲全集·唐宋全詞》（黄山書社，1999年）亦有收録，通過對比，發現與張黄本相同，故不納入。

一、現存版本概述

最早記載《兵要望江南》的目録書分別是宋代的《崇文總目》和《郡齋讀書志》："《神機武略兵要望江南》一卷，武安軍左押衙易静撰。"①"《兵要望江南》一卷，右題云：'黄石公以授張良者。'按，其書雜占行軍吉凶，寓聲于《望江南》詞，取其易記憶。《總目》云：'武安軍左押衙易静撰。'蓋唐人也。"②史志、詞話、府志也有記載，如：

> 《神機武略兵要望江南詞》一卷，易静撰。③（《通志·藝文略第六》）
>
> 易静《神機武略歌》一卷。④（《宋史·藝文志》）
>
> 《兵要望江南詞》一卷，易静。⑤（《國史經籍志》）
>
> 《兵要望江南》一卷。⑥（《兗州府志》）
>
> 易静《兵要》，寓聲于《望江南》……選者于此不幸極矣。⑦（《古今詞話·詞品》）
>
> 《李衛公望江南歌》一册，寫本。⑧（《浙江采集遺書總録》）

記載該詞集的典籍有30種，從記載來看，《兵要》自宋代始便一直有傳本流于世間。該詞集版本流傳情况複雜，古籍記載和現存版本難以進行一一對應，現就《中國古籍善本書目》《日藏漢籍善本書目》等古籍叢書目録及各圖書館藏書目録信息進行整理對比，發現《兵要望江南》現存版本應不少于30種⑨，具體如下：

國家圖書館藏有5種：明萬曆十年（1582）保定府刻本三册（稱"辛本"），題作《李衛公望江南》；清抄本一卷一册，題《李衛公白猿奇書望江南詞》；清朱絲欄抄本一册，題《李衛公天象占候秘訣歌》；清刻本一册，題《兵要望江南詞》（稱"京本"）；清末抄本二册，題作《李衛公兵法望江南》。

地方圖書館12種：首都圖書館藏王垂綱清抄本二册⑩，題作《李衛公望江南》。臺北"漢學研究中心"2種——清道光十九年（1839）抄本一卷一册，題作《兵要望江南詞》；抄本《李衛公望江南》二卷二册（稱"中本"）。天津圖書館藏清抄本二册，題

---

① （宋）王堯臣等編，（清）錢東垣輯釋：《崇文總目》卷三，商務印書館，1939年，169頁。

② （宋）晁公武撰，孫猛校證：《郡齋讀書志》卷十四，上海古籍出版社，1990年，645頁。

③ （宋）鄭樵：《通志》卷六八，中華書局，1987年，988頁。

④ （元）脱脱等撰：《宋史·藝文志》卷二百七，中華書局，2013年，5280頁。

⑤ （明）焦竑輯：《國史經籍志》卷四，商務印書館，1939年，189頁。

⑥ 《［萬曆］兗州府志》卷五十藝文部，明萬曆刻本。

⑦ （清）沈雄撰：《古今詞話》，上海古籍出版社，2009年，182頁。

⑧ （清）沈初等撰，杜澤遜、何燦點校：《浙江采集遺書總録》，上海古籍出版社，2010年，477頁。

⑨ "不少于"指有記載并且現階段可查的有編號的版本，古籍整理工作更完善、更全面後，可能會有更多的版本出現，故稱"不少于"。

⑩ 稱"首本"或"王本"，因哈佛本、中本皆有王垂綱序言，故本文稱"首本"。

作《李衛公望江南》。重慶圖書館藏清綠欄格抄本四卷四冊（稱"渝本"），題作《增訂李衛公兵法望江南》。吉林圖書館藏清抄本四冊，題作《白猿兵法雜占象辭象星圖不分卷》。内蒙古自治區圖書館藏清抄本四冊，題作《白猿奇書秘本兵要望江南詞》（稱"秘本"）。遼寧省圖書館藏明抄本《望江南》一卷一冊。蘇州圖書館藏清抄本《望江南詞》一冊。四川省圖書館藏明抄本《李衛公望江南集》（稱"川本"）。上海圖書館藏清抄本《李衛公兵法》不分卷一冊（稱"滬本"）[①]。

　　國内高校/研究所圖書館藏9種：東北師範大學圖書館藏明抄本不分卷一冊（稱"東北本"），題作《白猿奇書兵法雜占象詞不分卷》。山東大學圖書館藏明天啓二年（1622）刻本（稱"山大本"），題作《白猿奇書》。軍事科學院圖書館藏2種——清抄本《李衛公兵法望江南》四卷，抄本《唐李衛公望江南》。北京大學圖書館藏3種——日本慶安四年（1651）刻本一卷一冊，題作《白猿奇書兵法雜占象辭望江南》；清抄本四卷四冊，題作《李衛公兵法望江南》；清抄本不分卷二冊，題作《李衛公兵法望江南》。西南大學圖書館藏清抄本一卷一冊，題作《李衛公望江南》；臺北傅斯年圖書館藏《李衛公望江南》一冊。

　　國外4種：日本藏有3種——内閣文庫藏《白猿奇書兵法雜占象辭》明刊本不分卷二冊；國會圖書館藏明萬曆十年（1582）刊本不分卷一冊，題作《李衛公望江南集》；陽明文庫藏明天啓年間（1621—1627）刊本一卷一冊，題作《李衛公天象占候秘訣歌》。美國哈佛燕京大學圖書館藏清道光八年（1828）抄本二卷二冊（稱"哈佛本"），題作《李衛公望江南》。

二、《兵要望江南》各版本在門類、收詞數量、詞作順序方面的差異

　　王兆鵬《〈兵要望江南〉考》曾分析對比辛本、首本、中本、川本、東北本、京本及任王本、陳本的目次、存詞數量情況。在對辛本、東北本[②]、山大本[③]、哈佛本、渝本、中本[④]、京本、滬本8種古籍以及4種整理本進行整理、對比、分析之後，發現以下差異。

（一）正文實載與目録序言所載數量的差異

　　下表是幾種古籍版本序文記載、目録記載、正文標題和實載數量的對比表：

① 上海圖書館另藏有影印本一種，此本據國家圖書館藏萬曆十年（1582）保定府刻本影印，故不另計爲一種。

② 東北師範大學圖書館編：《中國古籍珍本叢刊·東北師範大學圖書館卷》49，國家圖書館出版社，2017年。

③ 劉心明主編：《子海珍本編·大陸卷》第1輯兵家類15，鳳凰出版社，2014年。

④ 此本另有臺北新文豐出版公司1990年影印本，饒宗頤作序，將中本與京本做了异文、异序對比。

表1 《兵要望江南》8種版本收録數量對比

	辛本	哈佛本	中本	渝本	山大本	東北本	京本	滬本
序文	700	700	700	700	500	500	500	500
目録	701	697	717	680	500	500	500	500
正文標題	704	700	700	680	500	480	508	484
實載	692	707	707	679	503	479	500	473

　　此表顯示出各版本正文實載數量與序文、目録、正文標題所記數量的差异，這表明《兵要》在流傳過程中增佚情况很複雜。從序文所載來看，該組詞大致可分爲700首和500首兩個系統。就總量來説，陳本、曾本皆將詞的數量匯總至720首①。在以辛本爲底本、餘本參校的基礎上，删其重複，共輯録出736首②。其中辛本692首（有4首重複，實爲688首），據山大本、京本補“占雷第九”7首（餘本皆無），據滬本補風角1首、占霞1首、占日1首、占月1首、占星8首、占北斗1首、占獸3首、占鳥1首，據山大本補占鳥3首，據哈佛本補占六壬21首。

（二）門類名稱、數量及排列次序的差异

　　首先，門類方面，有兩點不同。一是名稱差异。“委任第一”類，700首系統作“委任”，500首系統作“占委任”，滬本作“占任人”，國家圖書館藏《李衛公兵法望江南》作“論將”。類似情况還有：“風角”與“占風”、“占虹霓”與“占虹”、“占北斗”與“占斗”、“占日”與“占太陽”、“占月”與“占太陰”、“占蜂”與“占蜂蟻”、“占鳥”與“占飛禽”、“占怪”與“占怪像”、“禳厭”與“占禳厭”。二是門類數量差异。500首系統有26門，依次是占委任、占雨、占風、占斗、占星、占日、占月、占霧、占虹、占鼠、占蜂、占水族、占夢、占怪象、占地、占樹、占六壬、占牛馬、占禳厭、占飛禽、占蛇、占獸、占氣、占雲、占雷、占霞。“占牛馬”一門與“占獸”所收詞皆與700首系統中“占獸”門相同。700首系統有30門，多“占天”“周易占候”“太乙式”“人藥方”“馬藥方”五門。此外，秘本是上述版本中唯一衹有28門的本子，這或許與其藏地是道觀有關，疑爲抄寫者略去最末二章“人藥方”“馬藥方”所致。北京大學圖書館藏文選樓藏本作32門，在“人藥方”和“馬藥方”之後還有一門“雜占”。

---

① 陳本“風角第二”第49首注釋，將京本異文别作一首，本文不另作一首，衹算作異文。“占雲第三”末又多補入2首，所以排除重複的詞，當是720首。
② 辛本與諸本合計總數爲740首，但第85首和第101首衹有一字之异，第229首與第253首衹有四字相异，任王本認爲或爲同一首（見于任半塘、王崑吾編著《隋唐五代燕樂雜言歌辭集》，86頁、105頁），本文依此觀點。又第198首與第391首衹有三字之异，第433首與第501首衹有一字之异，故爲736首。後文所述詞序，乃以辛本爲底本，參校餘本而得。

其次，排列次序方面，500首系統和700首系統除了委任第一、占地第十五、占樹第十六名稱相同外，餘者皆不同。同爲500首系統的滬本與山大本、東北本、京本，又是兩個類別，除了委任、占地、占樹次序相同外，其餘也都不同。除了門類次序的不同，每一門類內部所收詞的順序也因版本的不同存在較大的差異，體現在兩個方面：一是跨門類的不同，如前所述"占牛馬"在東北本、山大本、京本、滬本單列一門，而在其餘版本中，這6首都收于"占獸"一門，其收錄順序是"占牛馬"6首+"占獸"25首。又如"占霞第二十六"一門內，山大本有6首①在700首系統內歸屬于"占委任"門。二是同一門內詞的排列次序不同，這種差異并非僅僅由于人爲出錯導致錯序②，如"占鳥第二十二"門，東北本、山大本、京本共有20首詞的順序與辛本等版本微有差異。

就每一門內部收錄的詞的數量來說，各本也存在較大的差異③："委任"門辛本、哈佛本、中本皆在目錄題爲27首，但實際數量仍爲26首；辛本等皆作26首，而山大本、東北本、京本、滬本皆爲13首，加上"占霞"門內的收詞情況，東北本缺7首，山大本、京本、滬本缺6首。"風角"門哈佛本正文記爲35首，中本目錄記爲22首，正文記爲35首，皆實收32首；東北本、山大本、京本作29首，少3首，滬本作28首，少6首，增1首。陳本多一首，在于其將"風來處"的京本異文別作一首，并認爲是該首詞的別本④。"占雲"一門，辛本等皆作24首，且收錄詞作相同。東北本、山大本、京本、滬本雖爲23首，但是缺4首，并將"雲氣門"3首納入其中。陳本"占雲"一門將"雲氣門"中2首補入，故作26首；同時，又將"雲氣門"3首納入"占氣"，其"占氣"一門缺1首，故作31首，但不應納入。曾本第四門亦缺1首，與陳本所缺同，故作28首。

三、《兵要望江南》版本源流

《兵要望江南》的版本名稱在流傳過程中發生較大變化，以關鍵詞爲標準可以逆推出五條傳播路徑，通過卷次、序跋、异文等方面的差异和相似情況可以梳理出版本間

---

① 東北本開頭分別是"量强弱""賞與罰""水與陸""狂寇定""鋒城壘""太平世"，即第16、18、19、23—25首。山大本、京本則有7首，第17首亦屬于"占霞"門。

② 此處指抄寫者漏頁、錯行等原因造成的錯序，如哈佛本、中本第399、400—407，408—415首就因爲抄寫者連續翻漏兩頁，造成了較爲嚴重的錯序。滬本中有不少地方都顯示上下兩首順序錯置。

③ 以下分析無川本、首本情況，因川本、首本未見原本，亦未在已經出版的整理本中完整查閲到有無某首詞的記載，故未納入分析對比。

④ 此首辛本等作："風來處，如遇作泥人。葦箭挑弓披髮向，望空搭箭射來蹤。禳厭禍消鎔。"東北本作："泥人子，手管絮桃弓。披髮仰頭風上指，望空搭箭射來蹤。禳厭禍消鎔。"山大本第二句作"手執木枕弓"，京本作"手執木桃弓"。據曾昭岷等編《全唐五代詞》（207頁）該詞注釋，川本有此首，與京本同，川本將此有异文的詞算作二首。陳尚君先生認爲"僅見京本"，有誤。陳先生觀點見于《全唐詩補編》卷三十七，中華書局，1992年，1260頁。

的遞傳關係。

（一）題名、序跋、异文顯示的版本源流

在没有明確的綫索指明版本間的傳遞關係的情況下，版本的題名、序跋、行款、鈐印、編次、卷次、异文、收詞情況可以爲梳理版本的源流和傳播路徑提供綫索。

1. 從版本題名看版本的傳播路徑

版本的源流與傳播路徑不絕對重合，但同源者一定有相同的傳播路徑。一般来说，不管是抄本還是刻本，在傳播過程中古籍的題名一般會保持穩定。由此可以假設，名稱相同的古籍或許有相同的傳播路徑。《兵要望江南》的題名可以分爲5類："神機武略"類、"兵要望江南"類、"李衛公望江南"類、"白猿奇書"類、"李衛公天象占候秘訣歌"類。

（1）"神機武略"

《崇文總目》卷三"兵家類"載有"神機武略兵要望江南詞一卷"[①]，《通志》卷六"兵家類"載"神機武略兵要望江南詞"一卷，《宋史·藝文志》卷二百七載"易静《神機武略歌》一卷"，其共同點在于有"神機武略"四字，但南宋晁公武《郡齋讀書志》并無此四字。或有兩種可能：或爲晁公略去"神機武略"四字，或爲原本便無此四字。若爲前者，則宋元時期傳本爲同一本的可能性頗大；若爲後者，則説明在晁公武時期已有別名存在，但版本是否是同一本，尚存疑，這就爲該書在宋元時期便形成了不同的傳播路徑提供了可能性。《兵要望江南》在晁公武以前的目錄書中并無記載，但成書更早的《崇文總目》中却有這一記載，故此處爲晁公略去四字的可能性更大，即至少在晁公武生活的時期，此本或仍祇有一條傳播路徑。

"神機武略"本指軍事謀略出衆、匠心獨運，將其加之于"兵要"之前，意在突出該書在軍事戰争中强大的應用性和重大意義。南宋尤袤《遂初堂書目》"兵書類"載"神機武略"，專門以此爲兵書之名，亦是相同的命名意圖。以"神機武略"来命名《兵要望江南》，《崇文總目》最早，但後世祇有兩例。明人晁瑮《晁氏寶文堂書目》載有"李衛公神機武略詞"[②]，又載有"李衛公望江南"，不知此二者是否爲同一種書。清人錢曾《讀書敏求記》中也有"神機武略望江南一卷"[③]，無"詞"字，該本屬于《郡齋讀書志》《崇文總目》《通志》所記録的該詞集的傳本系統的可能性極大。但現存版本的題名，皆無"神機武略"。

（2）"兵要望江南"

《郡齋讀書志》《文獻通考》《大明一統賦》《世善堂藏書目録》《兗州府志》載爲"兵要望江南"，《文淵閣書目》《國史經籍志》《明書》《鄭堂讀書記》《持静齋藏書記

---

① （宋）王堯臣編，錢東垣輯釋：《崇文總目》卷三，商務印書館，1939年，169頁。

② （明）晁瑮撰：《晁氏寶文堂書目》不分卷，明抄本。

③ （清）錢曾著，章珏、管庭芬校訂：《讀書敏求記校證》卷三，上海古籍出版社，2007年，265頁。

要》《藝風藏書續記》《蕙風詞話》載爲"兵要望江南詞",《古今圖書集成》二者皆有,《四庫全書總目》載爲"兵要望江南歌"。這些記載存在"歌""詞"的有無和相異。除《古今圖書集成》從《文獻通考》輯錄而成,其餘典籍皆爲對書籍實際留存情況的記錄,其題名雖小有異同,但可以判定:這些版本的爲同一傳播系統的可能性較大。

在現存版本中,題名爲"兵要望江南"的有兩種,國家圖書館藏有一清刻本,一卷一冊;臺北"漢學研究中心"藏道光己亥年刻本《兵要望江南歌》一冊,有蘇茂相序。

（3）"李衛公望江南"或"李衛公兵法望江南"

著錄爲"李衛公望江南"的典籍有10種,《文淵閣書目》《籙竹堂書目》《明書》《絳雲樓書目》《傳是樓書目》《佳趣堂書目》《鐵琴銅劍樓藏書目錄》載爲"李衛公望江南",《浙江采集遺書總錄》《文選樓藏書記》《藝風藏書續記》載爲"李衛公望江南詞"。楊士奇《文淵閣書目》最早著錄其題名爲"李衛公望江南",可見至明代"李衛公"之名始加入書名。按照王兆鵬的説法,"'李衛公'係明初人僞托"[1]。現存不少版本以"李衛公望江南"爲題,如辛本、哈佛本、中本等,但也不乏題爲"李衛公望江南集"或"李衛公望江南歌"者。它們雖有"集""歌"二字之異,但從冊數、卷數相同的角度來看,可能是同一源流,或者延續以此命名的版本而續傳其名。

又有題名爲"李衛公兵法望江南"者,如國家圖書館藏清末抄本,北大（不分卷本）、軍科院所藏的清抄本以及渝本。按卷次來説,渝本、北大（四卷本）及軍科院所藏皆爲四卷/冊,或有可能是同一源流。以此爲題名者,皆爲清代版本,典籍中亦無此名的記載,故"兵法"二字或爲清人所加,其原由或與詞集的兵法功能有關。此外,滬本題爲"李衛公兵法",亦爲清抄本,但因屬500首系統,當是另一傳播路徑。

此外,有題名爲"望江南"者,如首都圖書館、蘇州圖書館有兩種抄本。另《澹生堂書目》子部三兵家載有"望江南占一卷","兵家"下有"將略兵政"字樣,"望江南占"或爲該組詞。

（4）"白猿奇書"

以"白猿奇書"爲題名核心詞的現存版本可分爲三種類別:一是直接以此爲名者,如山大本、滬本;二是以此爲題名之首者,如"白猿奇書兵法雜占象辭"（東北本、内閣文庫本）、"白猿奇書日月風雲占候圖説一卷"（浙圖藏本）、"白猿奇書秘本兵要望江南詞"（内蒙秘本）;三是包含這一關鍵詞的題名,如"李衛公白猿奇書望江南詞"（國圖藏清抄本）、"白猿兵法雜占象辭象星圖"（吉林省圖書館藏本）。在歷代藏書目錄中,僅明人祁承爜《澹生堂書目》有一條記載:"《白猿奇書》,三十六篇,一冊,唐李靖。"[2]巧合的是,現存版本中,東北本、山大本、内閣本皆爲明本,不知祁承爜所載爲

① 王兆鵬:《〈兵要望江南〉考》,王兆鵬《唐宋詞史論》,人民文學出版社,2003年,234頁。
② （明）祁承爜撰:《澹生堂藏書目》子部三兵家,清宋氏漫堂抄本。

何種版本，但從歷代的記載及現存版本情況可知：至明代始以"白猿奇書"命名。東北本、山大本收詞皆爲26門，東北本亦作"二十六卷"，不知《澹生堂書目》"三十六"是否是"二十六"之誤。

（5）"李衛公天象占候秘訣歌"

此題名僅見于現存版本之中，日本陽明文庫明天啓年間（1621—1627）刊本、浙圖明刻本、國圖清朱絲欄抄本、國圖清末民初抄本皆以此爲名。明代已有這一題名，諸本皆爲一册或一卷，爲同一流傳鏈上的可能性較大。

上述五種名稱類別顯示出《兵要》在傳播過程中的變化歷程：宋元稱爲"神機武略兵要望江南"；明始有"李衛公望江南"之名，"白猿奇書"之名亦始入題名；"兵法望江南"之名始于清人；宋至清皆有"兵要望江南"之名。需要指出的是，具有相同題名的不同版本，或許存在彼此借鑒、融合、交叉的情況。因此，從書名的角度衹能逆推出可能的傳播路徑，爲版本源流的判定提供一種思路和可能性。

2.從卷次、序跋、异文等看各版本的因承

通過綜合對比辛本、川本、山大本、東北本、京本、哈佛本、中本、渝本的卷次、序跋、异文、收録作品的具體情況，可以發現辛本與川本，山大本、東北本與京本，哈佛本、中本與首本之間有許多相同的地方。結合已有研究成果，可以明確判定三組版本内部有明確因承關係。

（1）辛本與川本

辛川二本同源，理由有七：第一，异文少。經過校勘，川本原文與辛本僅有94處相异。第二，收詞詞序幾乎相同，衹有兩首詞次序互易（第502與503首），當是抄寫錯序。第三，二本缺字、錯字、錯序情況相同。辛本所缺漏文字，川本亦缺，如第172首"營郡邑"皆缺"郡"字、第319首"定主逆臣謀國主"皆缺"國"字，此類例子共有10處。錯字情況如第24首"鋒城壘"，二本皆作"蜂"。錯序乃據任王本而得，第225首詞二本皆錯簡[①]。第四，缺詞情況相同，如"占六壬"一門，"行軍課"（哈佛本等皆載）及之後的21首詞，二本皆無。此外，"雲氣門"二本亦皆單列一門而不計入總門類次序。衹有"占雨"和"人藥方""馬藥方"三門存詞數量不同，川本皆少于辛本。第五，川本爲明抄本，辛本亦爲明本，這增加了二者同源的可能性。第六，二者題名皆爲"李衛公望江南"，或屬于同一傳播路徑。第七，王兆鵬在《唐宋詞史論》中亦考得川本"出自辛本或與辛本同源"[②]。

（2）山大本、東北本與京本

山大本（刻本）、東北本（抄本）皆爲天啓二年版本，京本不知年代，判定三者同源，理由有五：第一，三本題名相同，附識相同，屬于同一傳播路徑，這是基本前

---

① "辛本、川本'火星傍'下原接二三四'水作爲鷄'云云，再接二三五等九首，係錯簡。"任半塘、王昆吾編著：《隋唐五代燕樂雜言歌辭集》，101頁。
② 王兆鵬：《唐宋詞史論》，人民文學出版社，2003年，221頁。

209

提。第二，三本有相同的序跋。卷首有李靖序，卷末有劉剡跋，山大本、東北本在李靖序後又有蘇茂相序，京本雖無蘇茂相序，但劉剡跋後有傳抄者手跋，表明京本是從蘇茂相校本抄録而得。東北本是蘇茂相校本，所以，東北本是京本之源。王兆鵬還認爲，繆荃孫《藝風藏書續記》中提及的《兵要望江南詞》即爲京本，周中孚《鄭堂讀書記》中所提及版本或爲京本，或爲依京本傳抄之本。[①]第三，三本收詞數量相近。三本皆爲26門，雖實際收詞數量有差異，但皆爲500首系統，且山大本、東北本所載《原序》皆記爲"五百首"，京本雖未見原本，但實載亦爲500首。第四，三本漏收詞的情況大致相同。和辛本相比，三本同時未收的詞有62首，比如同時缺第7、8、13首，第166—172首，前三首詞皆爲第一門"占委任"中的詞，後者爲"占雷"門的詞，且漏收後的詞序相同。又如占風角、占霧、占霞、占虹霓、占雨、占雷、占日、占月、占北斗、占鼠、占鳥、禳厭門，每門前一首或二首，三本皆無。還有一些門類，三本同時缺掉末尾幾首詞。第五，和辛本相比，三本有350餘處異文相同。

需要説明的是，相比于東北本，山大本與京本的關聯性更强。第一，存詞方面，山大本、京本數量更接近，一爲500首，一爲503首，祇有3首之差，東北本實載479首，與二者相差甚多。

第二，詞序方面，以辛本爲參照物，可以發現山大本和東北本在委任、占氣、占霞、占日、占鳥這幾門中，東北本與後二者在詞序上差異較大，如第17首（屬"委任"門），東北本無，而山大本、京本却有。又第18、19首山大本、京本屬于"占霞"門，而東北本第18首置于第16首之後，第19首置于第129首之後。又如山大本、京本第435和第436次序互易，東北本却并没有改變。又如第442—450首（"占鳥"門），東北本置于第467首之後，而山大本、京本則置于443首之後……諸如此類。

第三，异文方面，與辛本相比，東北本的异文比山大本、京本更少，且訛誤更少。如第236首"忠臣遭戮又妖興"句，"興"山大本、京本作"兵"，東北本原文相同；第237首"奸凶懷恨作妖祥"句，"恨"東北本作"憾"，山大本、京本作"詐"。更有甚者，在同一首詞中，東北本與山大本、京本兩者存在多處不同，且東北本與辛本差異更少，如第240首（太陽畔，舉手若兩分。或作掃形居兩手，君王帝位欲分更。不散決然成。氣現久不散，其殃必應）中，"兩"山大本、京本作"雙"，"掃"山大本、京本作"箒"，注釋"殃"山大本、京本作"灾"。這都説明京本與山大本關聯更密切。最關鍵的一條理由是京本書後跋稱："詞從明督撫江都御史晋江蘇茂相校本録出，題作'白猿奇書兵法雜占象辭唐開府儀同三司衛公三原李靖著'。"[②]後又謂"蘇刻有劉剡跋一篇，亦置于後，以備异文"[③]，其關鍵詞"蘇刻"更是直接顯示此京本源頭當爲蘇茂相刻本，而非抄本。因此，綜合來説，山大本是京本的源頭。

---

① 《唐宋詞史論》，224—225頁。
② 國家圖書館藏清刻本《兵要望江南詞》跋。
③ 同上。

（3）哈佛本、中本與首本

三者來源于同一種版本或其傳抄本，主要通過目録、异文、收詞情况體現出來。

第一，《兵要望江南》700首系統中，目録的名稱差異不大，且各門類次序相同。此外，三本都有王垂綱序、李靖原序、劉剽跋，卷次皆爲2卷2册，末尾都附有五音姓氏。

第二，三本有300餘處异文相同。如第76首（戊巳日，前面有雲青。急止勿行權住在，軍人須語審詳聽。施惠得中旌），第三句哈佛本、中本、首本作"忽止忽行權且住"，末句哈佛本、中本、首本作"施德惠于兵"。又如第83首"占氣法"句，"法"哈佛本、中本、首本作"色"。還有一些可能存在訛誤的异文也是相同的，如第316首"金臨木"句，"木"哈佛本、中本、首本作"水"，"水""木"二字，對于占卜來説，意思截然不同，故此處必有形訛；又如第347首"田地上"句，"地上"哈佛本、中本、首本作"上地"，此處當爲"地上"，倒文三本相同。連訛誤、倒文都相同，説明幾個版本來源相同。

第三，收詞包括收詞順序、缺漏某首詞的情况。首先看收詞順序，如第495首（占飛鳥）與第496首（城營内）兩首詞位置互倒；對于"雲氣門"的歸屬，三本將這三首詞歸入"占氣"門，而東北本、山大本、京本却歸于"占雲"門。其次看缺漏情况，如第211、218、501首，三本皆無。"占壬"一門有20首從《白猿奇書》（東北本）補入，三本收録次序皆完全相同。

三個版本中，哈佛本、中本的關係更爲緊密。因爲二本内容幾乎完全相同，祇有少量形近字字形、异體字、注釋數量存在差異。

（4）哈佛本、中本與東北本

哈佛本、中本均存有劉剽的跋，題名之下均有注"考《白猿奇書》補入"，"占六壬"第二十八門目録下亦有注釋"舊載二十四首，考《白猿奇書》補入，共四十五首"，説明東北本或許是哈佛本、中本的源頭。這個源頭包含幾種可能性，一是東北本本身作爲參校本，二是東北本的傳本，或是其他署名"白猿奇書"者。除此以外，許多注釋也可以證明此點。如第654首，三本下均有相同的注釋："月將加所得之時，看支干，上見鬼罡星者，主驚清；將帥行年上見魁罡者，宜穰之。"

（5）其他版本源流推測

前文已經從异文、詞序、收録情况、注釋等方面辨别出了具有明確源流關係的版本，但是在傳播過程中，各個版本之間也存在相互影響的情况。

a.山大本或爲哈佛本、中本的參考版本

哈佛本、中本、山大本有不少相同的异文、注釋，尤其是"占鳥"一門，更是如此，推測山大本在流傳過程中對其餘三者產生影響，如第16首："看課上，與下要相生。上克下兮須損失，逢占惡將必須驚。喜將喜無争。""喜將"之"喜"中本有旁批"吉"，東北本、山大本、秘本作"吉"。又如第661首詞："兵行次，四季獄神凶。春卯順雷居震主，辰年艮上忌相逢，臨著失勳功。"哈佛本、中本第三句下皆有注"此句一

作'春卯夏午順四季'，下又多'來居震位'四字";"辰年艮上"下三本皆有注"一作
'日辰年上'";"辰年艮上"山大本作"日辰年上"，山大本原文與前二本注釋同。由此
可以推測，哈佛本、中本的抄寫者曾見過山大本，或者其所依憑版本曾以山大本或其
傳本爲參考版本。

b.辛本存在兩個版本

前文所使用的辛本一爲國家圖書館藏辛本，一爲任半塘、王昆吾《隋唐五代燕
樂雜言歌辭集》所述辛本。通過對比任王本的校勘記中所提及的辛本與國圖辛本原
文，發現二者存在較多異文（异體字除外，不少于50處），由此判定可能存在兩個辛
本。二本的差異主要體現在張振先《跋》以及詞的異文中，跋文"即愚下卒能耳授而
通其詞""當于籍末，替片言而稽于掜掌"二句，任王本下皆有注釋："授"字下言"一
本下有'而'字"，"籍"作"篇"，"篇"下言"一作'籍'"，"掜"下言"一本'掜'
字下有'掌'字"，[①]可見任王二人校勘時曾見過不同的辛本。在現存的可查閱的版本
中，日本國會圖書館藏有萬曆十年辛自修刻本，不知任王本所言辛本是否是此本，又
或者任、王二位學者所見爲另一辛本。任王本與國圖所藏辛本相比，有54首詞存在異
文，這種异文或爲形訛，如第637首"戍怕坤宮申在艮"句，國圖本作"戍"，另一本
作"戍"；或爲倒文，如第71首"黑雲中赤亦徒然"句，國圖藏本作"雲中"，另一辛
本作"中雲"。

c.東北本與山大本二者的疑慮

山大本和東北本都是天啓二年的本子，一爲刻本，一爲抄本。如前所述，相比辛
本，東北本的異文比山大本少，這説明東北本與辛本更接近，雖然它們同爲天啓二年
蘇茂相的版本，或許東北本時間更早一些。東北本上有一些旁批的異文，與山大本完
全相同，不知是抄寫者的校勘，還是後來傳播過程中的校勘對比。如果是前者，那麼
不管是抄寫時還是後世，山大本一定曾經作爲校本使用。如果是後來校勘，兩本之間
存在的不少異文差異，爲何沒有標注出來？

山大本占鳥、占獸的部分，詞的順序與東北本、辛本、渝本、哈佛本、中本的順
序有很大的差異。尤其是占雷的部分，8首中有7首與其他本完全不同，其餘本皆無。
山大本許多注釋與異文又與東北本相同，所以二者的關係到底如何，也還有待于進一
步確認。

四、《兵要望江南》的傳播特徵

（一）版本名稱：傳播範圍漸廣，接受重點各异

仔細推究《兵要》流傳過程中的幾種名稱，可以發現關鍵詞"神機武略"漸亡，

---

① 任半塘、王昆吾編著：《隋唐五代燕樂雜言歌辭集》，71頁。

而"白猿奇書"漸興。整個變化歷程顯示出各時代獨特的接受特徵。明代始有"李衛公望江南""白猿奇書"之名，表明人們逐漸認識并突出、强調作者和書的神秘性。清代雖始有"兵法望江南"的記載，但現存版本中，名"李衛公望江南"者較多，由此可以推知，"作者+詞牌名"的這一更客觀的命名方式更普遍，更爲清人所接受和認同。

名稱的變化反映出人們對該書的接受認知的變化。該詞集在傳播過程中，作者、內容逐漸被突出，對內容的認知逐漸豐富，但重點却逐漸在改變。最初使用"神機武略"，突出兵法的實效性；稍後使用"李衛公"則逐漸突出創作者，因作者係僞托，可見名將效應的推舉；其後的"白猿奇書""占候""天象""秘訣歌""雜占象辭"等題名，逐漸突出該詞集內容的占卜性質和神秘性質，把行軍作戰經驗總結轉變爲戰事秘典。但也有不變的內核，即從宋元時期的"神"到明清之際的"奇"，都顯示出該詞集在軍事領域被推崇，反映了人們崇拜神秘力量和神秘文化的心理特徵。

典籍記載的數量和頻率可以看出一種書的流傳範圍，題名的更迭歷程和變化頻率也可以得出相同的結論。一般來說，"一部典籍的影響越大，關注度越高，流傳範圍越廣，其產生同書異名的幾率就越大"[①]。《兵要》流傳至明代已有四種名稱，清代又多了一種，由此可知，該書在明清時期流傳的範圍較宋元時期廣泛得多。這是由於使用範圍逐漸擴大，接受者愈發崇尚神秘力量的心理導致的。

（二）典籍記載：視作兵家要略但略有差异

《兵要望江南》在古代典籍中被記載、提及、收錄共有30種，其中具有目錄性質的占三分之二，以私家藏書目爲主，而且大多被著名收藏家所藏。由此可以推知，《兵要望江南》的傳播大多以個人行爲爲主。

《兵要望江南》雖是詞集，但幾乎不被視作文學作品，而是視作兵書，被納入子部兵家類。這種認識并不因《兵要》名稱的更迭而發生改變，祇是在具體的分類上顯示出差別。有的目錄將其納入"兵陰陽"一類，《通志》《國史經籍志》《傳是樓書目》即是如此。究其原因，或與本書大量的占卜內容相關，占卜屬于陰陽家的活動，故如此歸類。此外，記載該書的目錄多爲私家藏書目，書籍數量不够時，分類往往不會太細，而祇保留大類，因此大部分藏書目錄都祇將此書列入兵家而沒有更細的歸類。而《通志》《國史經籍志》所收書籍遠超于私家藏書，提供了進一步分類的條件。《中國古籍總目》將《兵要》納入"術數類"，屬"占卜之屬·兵占"，這是其他書目中沒有的現象。術數自《七略》首設門類，其下包括天文、曆譜、五行、蓍龜、雜占、形法六類，《中國古籍總目》將其細分至"兵占"一類，主要突出其兵家占卜的性質。值得一提的是，錢謙益《絳雲樓書目》將此書納入"天文類"，與其"占日""占月""占星"涉及五行知識有關。

《兵要》因內容被視作兵書，但清代詞家從文學角度注意到了該書。清初沈雄《古

<hr>

① 黄威：《同書异名、同名异書現象新探》，《古籍整理研究學刊》2021年第3期，6—12頁。

今詞話・詞品》"選詞"條將《兵要》與其他詞作進行對比，論述選詞的標準："《詞綜》曰：'填詞風雅。'無過石帚一集，草堂之選不等其隻字。胡浩然吉席之作，僧仲殊咏桂之章，亟載卷中，甚而易静《兵要》，寓聲于《望江南》；《悟真》篇什，按調爲《西江月》。選者于此不幸極矣。"①此論將《兵要》納入詞體範疇討論，但是却被當做反例。清末況周頤《蕙風詞話》也提及此集："詞雖不工，具徵天水詞學之盛。下至方伎曲士，亦觕諳宮商。"②他認爲《兵要》顯示出了宋詞繁榮的面貌。這種説法雖然肯定了《兵要》的詞體性質，但是認爲它産生于宋代則是不恰當的。

（三）鈐印與署名：接受者身份相對固定

鈐印和抄本的署名情況可以反映出典籍的傳播與收藏群體的身份和類別，東北本、渝本、中本有不少鈐印，它們反映了該版本的遞藏情況和流傳途徑。印的主人和署名信息顯示出《兵要》的受衆群體包括文人學士、兵將、皇室成員、藏書家、金石家。

東北本蘇茂相序首葉鈐印有"齊召南印""次風"，表明曾經清人齊召南收藏。他是雍乾年間官員、地理學家，"次風"是他的字；鈐"宗室盛昱之印""聖清宗室盛昱伯義之印"，表明曾經盛昱收藏；鈐"長白羅崇恩仰之氏收藏印"，表明曾經清宗室崇恩（字仰之）收藏；鈐閒章"好書到手不論錢"，或爲清人方功惠之印，方功惠是著名藏書家，藏書樓爲碧琳琅館；所鈐"文瀾""郭文瀾印""雅亭"等，皆爲郭文瀾之印，"雅亭"爲其字；所鈐"登東皋以舒嘯"，或爲清人吳隱之印，此人爲西泠印社創始人之一。

渝本的抄寫者李紹昉是嘉慶年間進士，去世前一年抄完《增訂李衛公兵法望江南》四卷。渝本目録首葉有"怡蘭堂"（唐鴻學印）、"唐友耕印"（唐鴻學之父的印）。唐鴻學編有《怡蘭堂叢書》，曾任四川官印印刷局局長。另外鈐有"王瓚緒印"、"西充王三"印，皆是王瓚緒之印。王瓚緒有長達四十年的軍政生涯，與四川淵源深厚。

此外，北京大學圖書館藏《兵法秘書》鈐有"愛吾鼎齋藏書印"，愛吾鼎齋是清代李璋煜書室名，此人乃著名金石學家。國家圖書館藏《李衛公兵法望江南》序言首葉鈐有"文選樓""揚州阮氏琅嬛仙館藏書印"，阮元是清代名儒，其文選樓藏書宏富，該詞集正是《文選樓藏書記》著録之書。國家圖書館藏《兵要望江南詞》有"小重山館藏""當湖小重山館胡氏篷江珍藏""蒼蘚盈階"等印，小重山館乃清代藏書家胡惠孚的藏書閣，其《小重山館書目》已亡佚。國家圖書館藏《李衛公白猿奇書望江南詞》卷末有"知止齋珍藏"印，知止齋是清人翁心存（翁同龢之父，晚清大臣）齋號。

以上所列鈐印爲可以確定身份或有綫索可查詢者。從某個版本來看，東北本經過宗室、收藏家之手，而渝本則經過文人、近現代將領之手。綜合多個版本來看，《兵要》進入了藏書家、文人學士的視野。此外，其受衆身份還可從抄寫者署名、序跋署

---

① （清）沈雄：《古今詞話》，上海古籍出版社，2009年，182頁。

② （清）況周頤：《蕙風詞話》，上海古籍出版社，2009年，209頁。

名中找尋綫索。

哈佛本的署名有抄寫者身份和姓名，哈潤亭、廣喜、年長阿、馬甲德玉、西林太皆爲軍中將士。將士或以此書作爲行軍指導，突出了其功能性。

將鈐印和署名綜合來看，《兵要》的傳播者、遞藏者的身份群體雖然有皇室、兵將、藏書家、金石家、文人學士幾種，但是從遞傳目的來分析，《兵要》的傳播與接受群體相對集中。藏書家看重的是該書内容與版本有一定的收藏價值，并非爲了實用價值。文人學士也有相同的心理動機，此外還有傳播知識、使其廣爲人知的心理期待，這在一些序言裏有所體現。將士則將其視爲圭臬，以期在行軍作戰中發揮實效。一定程度上可以説，《兵要》的傳播群體和受衆群體相對集中和固定。

（作者單位：四川大學中國俗文化研究所）

徽州善本家譜中木戳的主要作用與考訂價值

鮑國强

内容提要：木戳在徽州善本家譜的初版組成、防僞標記、圖文補遺和勘核簽署等方面有着重要作用，在善本家譜的著者、版本類型、出版年以及配本等方面的考訂中也有着重要價值。

關鍵詞：木戳　徽州　善本　家譜　纂修　編目　版本

本文所論木戳主要指鈐蓋在徽州善本家譜上，與纂修、發行和保護等直接相關的木質印記圖文，不含收藏傳承過程中一般意義的藏書章。筆者在編校國家圖書館與法國遠東學院合作項目《徽州善本家譜印刷資料數據庫》所涉286種（部）家譜著録表時[①]，發現有125種（部）家譜中具有此類木戳圖記，占比近二分之一。可見，木戳鈐蓋圖文在徽州善本家譜中是較常見現象，其蘊涵的主要作用和考訂價值值得探討。

一、主要作用

縱觀125種（部）家譜中木戳圖文，按其在家譜中出現的大致先後順序歸納，其主要作用及所涉家譜種（部）數如下表：

表1　木戳功能統計表

主要作用			所涉家譜數	占比（％）
初版組成			5	4
防僞標記	關防		3	2.4
	纂修	譜局	35	28
		纂修者	9	7.2
	頒領		32	25.6

[①] 本文引用了國家圖書館《徽州善本家譜印刷資料數據庫》相關圖文，特此致謝。

主要作用	所涉家譜數	占比（％）
圖文補遺	12	9.6
勘核簽署	2	1.6
兼兩種及以上主要作用	27	21.6
小計	125	100

表中"主要作用"既指木戳在家譜中所承擔的重要責任，亦是指某一家譜中全部木戳所擔當的主要責任。"兼兩種及以上主要作用"是指某一家譜中全部木戳具有了"防僞""補遺"等若干主要責任。所涉家譜種（部）數不重複計算。

由上可知，防僞是家譜中木戳的最常見主要作用，所涉家譜79種（部），占63.2%；用于補遺的木戳次之，有12種（部），占9.6%；"兼兩種及以上主要作用"的木戳涉27種（部）家譜，占21.6%，其中多由防僞與補遺等方面木戳構成，即前述防僞與補遺木戳占比更高，也説明家譜中木戳應用往往是多方面的。

按木戳在家譜中出現的先後順序，還可分爲三個階段：一是家譜圖文纂修階段，即木戳是家譜初版圖文的組成部分；二是家譜發行防僞階段，木戳成爲官府印信、修纂權益和頒領簽署等方面重要内容；三是家譜遞藏傳承階段，木戳則是圖文補遺和譜牒核查的重要手段。須説明的是，家譜圖文補遺木戳有可能是頒領前鈐蓋的，即家譜剛成書就發現遺漏内容，祇好用木戳補全後再予發行，但此情形占補遺木戳中的少數，故將補遺木戳統歸家譜遞藏傳承階段。

下面具體分述之：

（一）初版組成

此間初版指抄稿本家譜成書、印本家譜刷印裝訂竣工時的圖書形態。木戳圖文成爲家譜初版組成部分的情況比較少見，多見于抄稿本家譜。家譜付刻底本中所鈐印章一般都會隨整版圖文鐫刻刷印，印文顔色與印本墨色一致，多爲黑色，稱之爲原鐫印章。若木戳構成家譜初版圖文，往往有特殊原因。

例1：潛口西山汪氏流芳世譜十卷　（明）汪文斌，（明）汪景芝纂修　明潛口西山汪氏西麓堂藍絲欄朱墨抄本　14230（國家圖書館善本古籍索書號，下同）

此譜卷五（譜序、宗系）末鈐"持節總管歙宣杭睦婺饒六州諸軍事記"陽文方形朱印（圖1）。此印文記唐越國公、歙州刺史、總管六州軍政汪華（586—649）官銜事迹，以示潛口西山汪氏由來。

例2：梅溪汪氏宗譜十二卷　（明）汪應泰纂修　明崇禎梅溪汪氏抄本　14374

此譜卷四（誥敕）第五葉正面剪貼"持節總管歙宣杭睦婺饒六州諸軍事記"陽文方形朱印（圖2）。經比對，此剪貼朱印與前印不同，未知孰先孰後，但兩者屬仿刻關係。剪貼印之上有兩枚朱筆據此摹繪印，上印字體相同，下印爲楷體。兩摹繪印時間

圖1　　　　　　　　　　　　　　　　圖2

不同，下印當抄譜時與剪貼印同時，占據譜葉正中位置，以便識讀，筆力較好；上印朱墨顏色稍深，位置偏上，摹繪時間較下印晚，筆力稍差。

　　上述兩譜均將傳説中唐越國公汪華印信鈐蓋于譜牒正文，以示崇敬正統之意。汪氏始祖之三十一世漢汪文和始遷江南，四十四世唐汪華歸唐後守六州，後裔散居江南各地。安徽、浙江和江西三省多地汪氏往往以汪華爲始遷祖。

　　例3：陳氏支譜三卷　（清）陳以柏，（清）陳有選重編　清康熙稿本　1118

　　此譜版式界欄及版心譜名係刻印。卷一至三世系裏有黑色陰文木戳：“無傳”“續”“存派”“待年”“蚤世”（圖3），分別表示“無行傳”“行傳待續”“僅存派系”“年份待補”“早逝”等義。

　　此間黑色陰文木戳表示世系纂修體例與行傳相關説明。之所以如此，是此類文字重複較多，用木戳鈐蓋比較規整醒目。

　　（二）防僞標記

　　防僞是家譜纂修與傳承過程中的重要課題，由此引發的家族糾紛也經常出現，故木戳中防僞標記較爲普遍。

圖3

1.關防防偽

家譜關防是指當地官府認可家譜纂修正宗權威地位後鈐蓋在新修家譜中的府衙印信。此類官府關防比較少見，可知家譜纂修多爲民間自發事務，官府過問不多。

例：清華胡氏族譜六卷 （明）胡從政，（明）胡禮道重修；（明）董榮纂書 明天順二年（1458）刻本 12129

此譜每葉騎縫鈐印"婺源縣印"陽文朱印，印文模糊。

2.纂修防偽

纂修防偽是要表明家譜纂修的正統權威地位。此類木戳可分爲譜局與纂修者兩種。

（1）譜局木戳

譜局木戳印文類型較多，有稱"關防""圖印""圖書"（義爲印章）等，亦有徑稱"宗譜""堂""印"和"記"等。

例1：徽婺紫陽朱氏正宗重修統譜九卷 （明）朱德洪重修；（明）朱德淳續總；（明）朱蔚然，（明）朱邦相等修撰；（明）朱邦校編録 明天啓四年（1624）刻本 14269

此譜首序前鈐"闕里朱氏牒照關防"陽文長方朱印（圖4）。

例2：竦塘黃氏統宗譜十卷附録一卷 （明）方信編 明嘉靖四十一年（1562）刻本 14416

此譜卷首、序後葉、凡例前葉等處騎縫鈐"歙竦塘黃氏統宗譜圖書"陽文長方朱印（圖5）。

例3：休寧西門汪氏宗譜十四卷 （清）汪澍等纂修 清順治十年（1653）刻本 12675

此譜末領譜號"信纂圖"鈐"休寧西門汪氏宗譜"陽文長方朱印。其《凡例》第

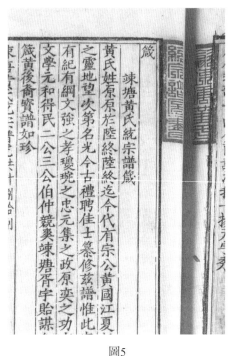

圖4　　　　　　　　　　　　　　　圖5

十四條云："譜凡十四卷，共計伍百壹拾五葉，裝作二册，散給後原板隨削，以防私僞。每譜一部，必編其號，注付某支某世某裔孫收執，名上用圖印，仍合各支挨號，總編領譜諸名于譜後。日後如有圖印昏錯及總號內無名者定係假譜。"

例4：休寧戴氏族譜十五卷　（明）戴堯天重編　明崇禎五年（1632）刻本　11576

此譜所附領譜條鈐"重修休寧戴氏族譜辨僞圖畫"陽文大方朱印（圖6）。

戴堯天明崇禎四年（1631）進士登科，回家省親期間纂成此譜。戴一美撰《後序》云："儀陶（按戴堯天字）叔登第歸來，聚族而謀兹譜，謂文獻攸關，顯承允藉，慨然以輯修爲己任，遂條十則，以示倡于，其禁紛囂，分董率、表通顯、防私僞、寓勸勉，兢兢然以史法立譜法，蓋其慎哉！"

譜內附有《儀修族譜約言十款》1紙，十款標題爲禁紛囂，分董率、斂貲費、表通顯、嚴印刷、謹出納、戒遲緩、防私僞、求贊襄、寓勸勉。

其"嚴印刷"條云："每譜一部，紙料工匠等項俟算明總需銀數，另帖通聞。前所斂者止足刻譜之費，勢不能人予一書。今議：凡族中願得譜者，照數輸銀，銀封上寫某門某人印譜一部，親交領頭兑取。收票收銀者亦須詳核其人果係本門，然後發票，不得慢易。如誤，罰銀十兩公用，乃詰涸買族譜之人。"

"防私僞"條云："譜成之日，每部殼面編號注名，致期給散。須本人親詣會館，執票取書。散完集衆面看焚板，不留片木。"（圖7）

此譜防僞措施頗爲嚴格。每部每册書衣（殼面）均要求貼領譜條（銀封，實即粘貼于每册書衣左上角的書籤），然本部家譜的1張實寫領譜條（上左圖）及3張空白領譜

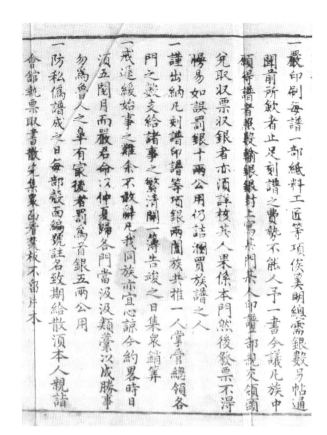

圖6　　　　　　　　　　　　　　　　圖7

條均未貼在書衣上，僅夾入譜册内。

　　上述《儀修族譜約言十款》亦是另印1紙，版式尺寸與譜册不同，折疊夾在譜册内。

　　（2）纂修者木戳

　　纂修者（含有關與修者）木戳防僞有直接使用私章，也有特意刻製修譜專用木戳。下面舉兩例修譜者專用木戳：

　　例1：績溪周氏族譜七卷首一卷終一卷　（明）周文化重編　明嘉靖二十年（1541）刻本　14234

　　此譜中多處騎縫鈐蓋"圖已盡人，書已盡意，譜以永存，爰及苗裔"陽文長方九疊篆朱印，騎縫章左右兩行印文中間下方爲"草窗文化圖書"陽文仿宋體朱字。周文化字仲弘，號草窗，又號雪溪，一名文元，習《書經》，爲邑庠廪生。

　　例2：凌氏宗譜不分卷　（明）凌坤元纂修　明崇禎刻本　12763

　　此譜多處鈐有"本堂坤元公編刊宗譜"陽文方形宋體朱印。

　　3.頒領防僞

　　家譜頒領防僞木戳常由領譜號通用章、名號戳及各葉騎縫章等構成。

例1：祁門金吾謝氏宗譜四卷墓圖一卷 （明）謝鎰纂修 明嘉靖九年（1530）刻本 12740

此譜末寶和鐘中墨書"仲宗蕙友派汝器領"，字面鈐"忠毅後裔"陽文長方朱印（圖8）。

《凡例》中有關于辨偽的第10條云："給譜俱于寶和鐘圖內填寫領譜之人名目及用本宗給譜圖書，如無并係偽譜。"上述"忠毅後裔"即"本宗給譜圖書"領譜號通用章。

例2：徽城楊氏宗譜七卷 （明）楊仲源原纂修；（明）楊貞一續纂修 明崇禎三年（1630）刻本 13905

此譜多處騎縫鈐"能守家風"陰文方形朱印。領譜號末鈐有領譜名氏墨色木戳：如"精字一至五號"下的5位藏譜者"昼初、大仕、日光、自榮、錫穀"（圖9）。

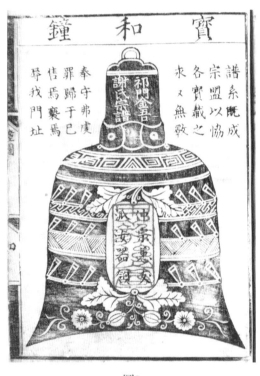

圖8　　　　　　　　　　　　　　　　　　圖9

例3：左臺吳氏譜圖續編一卷 （明）吳欽儀等續編；（明）吳萱重修 明萬曆二十八年（1600）刻三十三年（1605）四十五年（1617）增修萬曆末年補刻本 14386B

此譜在天頭及騎縫多處鈐蓋"歙邑白洋執譜吳積延記"陽文長方朱印，係專門製作的騎縫章，左右兩行印文中間爲空行，便于騎縫鈐蓋。

（三）圖文補遺

家譜的圖文補遺須鈐蓋木戳，往往是全部複本家譜需要統一補遺的內容，以便達到權威、快捷和規整的效果。

例1：休寧金氏族譜二十六卷卷首一卷　（清）金門詔纂修　清乾隆十三年（1748）木活字暨刻本　14364

此譜選舉志第9葉反面鈐蓋"國學茂才以下皆廷棟編輯，世次無序，姑存其名，以俟再訂"陽文長方朱印。

卷一至十八世系版心多處有分卷房派朱印，如卷一有"南陽派　九世起"、卷十有"堂下關派"等木戳文字，系原活字版版心遺漏內容，嗣後補全。

此例説明用木戳鈐蓋遺漏的修譜體例內容。

例2：休寧范氏族譜九卷　（明）范淶纂修　明萬曆三十三年（1605）刻本　13141

此譜范守己撰《休寧范氏宗譜序》第16葉反面"唐觀察使公二十五世孫檟謹錄"陽文楷字爲木戳鈐蓋（圖10）。

卷九譜考第13葉反面"檢核遺文圖產裔孫"（分列與修出力名單）條中"二十五世孫邑庠生檟兼書范督學新序"陽文楷字亦爲木戳鈐蓋（圖11）。

此譜纂修者范淶所訂譜例十分周詳嚴密，前後呼應，全譜鎸印精良，首尾數十萬楷體字均署寫版者名氏，如五篇新序分別由三子范科、范槲、范檟和詹光裕等五人寫版，其他舊序和圖文均由次子范槲顏體字獨力寫版，却百密一疏，遺漏范守己（前提

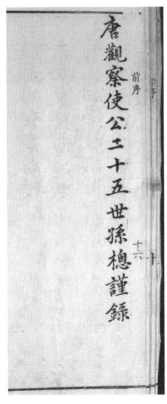

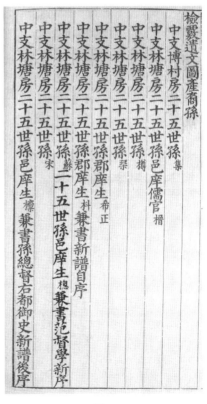

圖10　　　　　　　　　　　　　圖11

督山西學校）撰《休寧范氏宗譜序》寫版名氏：范樅，衹得補鎸兩枚木戳，分鈐28部家譜的對應兩處。

例3：新安歙北徐村徐氏宗譜不分卷 （明）徐槐芳等修緝；（明）魏一鳳補裁 明萬曆三十年（1602）刻本 14274

此譜扉頁反面鈐有陽文大方墨印《領譜號》，其前爲徐槐芳識語，末有"萬曆年月日 收譜 本徐字號"字樣。其上爲圓形三鼎朱戳，外圓圈爲鳥蟲篆體"鑄于荆山，封于青州，移于彭城，立于東海，遷于新安，傳于歙北"24字，再右爲朱色木戳鈐《叔子焕綸説鼎》，全文："古迹之遺，《六經》尚矣！其次彝鼎款識，是舍靡剩物也。徐出柏翳之嬴姓後，因氏國封翳，軒轅裔也。帝鑄三鼎于荆山之陽，款識相沿，孰其昉焉，謂徐氏之故物可也。以是衍文：首言曰鑄于荆山，次左曰封于青州，次右曰移于彭城，更次左曰立于東海，更次右曰遷于新安，末揭之曰傳于歙北，鏤以鳥章，擬秦斯也。庶于古鼎之制，稱是耳。"（圖12）

第2葉及其後多處鈐"太二公支下裔孫私派印記以警日後遺變 字 號 收貯"四周雙邊長方形領譜朱戳。即此譜黄字肆號爲明徐伯佐首藏（萬曆叁拾年拾月捌日 徐字貳拾叁號）。（圖13）

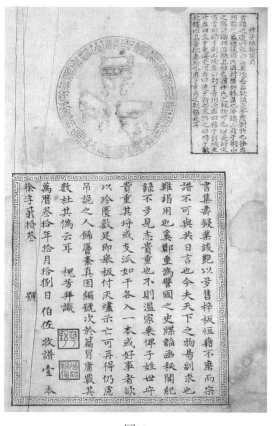

圖12

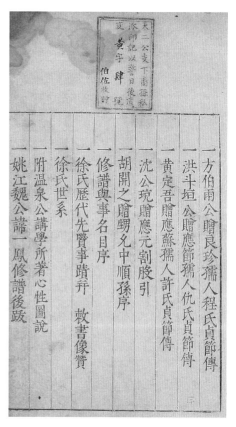

圖13

224

上述領譜號、圓形三鼎朱戳及《叔子煥綸説鼎》應屬譜內圖文，後鈐蓋于扉頁，長方形領譜朱戳亦屬補鎸，鈐蓋并填寫譜號與領譜名氏于天頭位置。

例4：續溪黄氏重修族譜六卷　（明）黄槐纂集；（明）黄琯重編　明隆慶刻本　14296

此譜卷一世系第20葉反面"嵩"下同欄內鈐蓋"生子廷賢"（占右側單行）墨色陽文木戳；"嵩"下子嗣欄鈐蓋"廷賢"（占雙行）墨色陽文木戳。

卷二行狀行實第51葉反面"十八世"下鈐蓋"附"墨色陽文木戳；其左行鈐蓋"廷賢一名晚誠，嵩子，生隆慶戊辰十月二十五日巳時"墨色陽文木戳。

上述黄廷賢世系與行實爲木戳鈐蓋補全譜牒正文內容。

（四）勘核簽署

譜牒被領藏以後，爲保證各家能够妥善收藏傳承，祭祖時或定時安排勘核譜册，仔細查驗，不致遺失損壞，或販賣牟利。爲達此目的，修譜者在頒譜前後往往爲日後的勘核工作預作準備，要求核查時嚴格執行，便與木戳鈐蓋內容有關。

如本文末例：婺源桃溪潘氏宗譜二十一卷（13169），其《續修給譜議》載："其分給譜本，編字排號，書領者名字于下，每丁壬二歲查點。不到者罰做，鬻與他族者鳴官追出，并出族不叙，永爲定規。"即全部家譜每5年查驗一半，每10年查驗1次，有問題嚴厲追究。

1.備查

家譜頒領之時，即已在譜中蓋上了以後查驗時要用到的木戳圖記，并在譜中作了明確的條文規定。

例1：營前鄭氏家譜五卷　（明）鄭周世編集；（明）鄭繼世修述　明萬曆九年（1581）刻本　13070

此譜葉宗春撰《營前鄭氏家譜序》首鈐"營前鄭氏工部尚書延光世家"陽文長方朱印。鄭周世撰《重修家譜序》末鈐"營溪野史"陽文方朱印。每葉騎縫章爲"鄭氏家譜"陽文方印。卷一卷端下方鈐"惟文""欽甫""惟善"，均陽文方朱印。編譜字號，陽字號武陵二十七世孫"玉珊"鈐"忠孝傳家國□□□□□"陰文長方朱印。《營前鄭氏家譜後序》末鈐："營溪野史"（鄭周世號）、"紫泉逸士"（鄭守訓號）、"養所山人"（鄭繼世號），均陽文方朱印。《重修家譜後跋》首鈐"道宗亞聖"陽文長方朱印。

明鄭周世撰《重修家譜序》云："雖有圖記，皆可偽爲。此舊譜之不能以無疑也。況舊譜二十捌宿，未足其數。尤以二拾捌宿爲記，每譜雖填一宿，而無揔（古同總）目。此尤啓偽録之端，而謄録固不可考矣，安可據以盡信乎！……欲舉始祖選公統派而新之，則限于不及。惟將延光公本支，究其根源，察其居止，是者雖貧而不弃，非者雖富而不録。序訂世次，考別尊卑，鳩工鎸梓，以《千字文》編號，通刊譜後，分注某號，即付某裔，使偽造者不得以混其傳，射利者不得以售其奸。則向之偽與貲者，不惟不得叨其派，反爲無用而彰其偽矣！"

《凡例》倒數第2條載："按舊譜未事刊刻，惟取紙字雷同，以致非派和沙鄭者俱以詐僞冒譜，遂使异姓亂宗，玉石混沌，可不懼哉？兹鑒前弊，願領譜者先期開名，以《千字文》編號，通刊各領譜後，曰：天字號付某處某裔領，地字號付某處某裔領。本局周世、守訓、繼世三人取執者，以仁、義、信三字爲號。揭于者，譜之首名曰：宗譜，凡領譜者將所領本譜名下空白中揭合于仁、義、信三譜本名下一樣空白處，刷印三人圖書鉗記。少有不合者，則係僞本；又于裝合處用一會同鉗記，以防插添。稍有小分則係僞插。給盡所領字號，無名再不復給。將見斯譜一出，即矯僞無托，舊日之弊不攻而自廢矣！"

此條《凡例》中有別字及俗語。如"圖書"即"私印"，"鉗記"即"鈐記"，"揭"疑即"摺"，"揭合于"即"摺對于"。其防僞規定亦可參見《編譜字號》首載文字，其中即有"摺"無"揭"。仔細體會其譜牒防僞勘核做法，與今銀行出納對摺印文鑒別支票真僞如出一轍，可見譜中所鈐此三人字號戳記極其重要。

例2：潭渡黃氏族譜十卷卷首一卷卷末一卷 （明）黃玄豹重編；（清）黃景琯參補；（清）黃臣槐補注 清雍正九年（1731）刻本 14291

此譜8冊，首冊黃文煒撰《序》第1葉第1行有木戳鈐蓋"孝字第（廿伍）號頒送（萬安）派（懋頌/退齡）宗長收貯 元上連殼紙計叁拾叁頁"陽文宋體朱印。"廿伍、萬安"爲手書朱字，"懋頌/退齡"爲手書墨字（圖14）。

第2冊卷一第1葉第1行有木戳鈐蓋"孝字第（廿伍）號 元上連殼紙計叁拾肆頁"陽文宋體朱印。"廿伍"爲手書朱字。

第3—8冊第1葉第1行各有木戳鈐蓋"亨上連殼紙計陸拾貳頁、亨下連殼紙計玖拾叁頁、利上連殼紙計伍拾壹頁、利下連殼紙計陸拾陸頁、貞上連殼紙計柒拾頁、貞下連殼紙計柒拾叁頁"陽文宋體朱印。

以上"殼紙"即指上下書衣各一葉。

第1冊第1葉正面與扉頁反面之間、第2冊世系古圖第9—11葉之間鈐騎縫章"惠宗惇叙"陽文方形朱印。

第8冊黃鉞撰《書後》第1葉第1行有木戳鈐蓋"兹譜共計肆百捌拾貳頁并部面戳壹頁如無圖記即係僞譜"陽文宋體朱印。

此"部面戳"即指第1冊扉頁反面木戳鈐蓋陽文宋體長方朱印："譜之係于宗祊也甚大，凡在支下各宜珍藏。如所給之譜，或有油墨點污及傷損者議定罰銀二兩；或有遺失卷帙者議定罰銀十兩；俱交宗祠收用，下注某人爲某事罰；甚至有以宗譜爲漁利之物，得財轉售者，則是紊亂宗祊，誠爲祖宗之罪人，議定永逐出祠，削名譜系。"（圖14）

第6冊卷七家傳第24葉木戳鈐蓋"後廿五頁廿六頁缺"陽文宋體朱印。

由上看木戳文字記載，除藏譜名號、日後勘核規矩及懲罰條款外，連每冊帶書衣分別有幾葉，哪冊中缺了兩葉，都用木戳記錄得清清楚楚。此等家譜備查設計是很嚴密了。

例3：休寧厚田吳氏重修宗譜六卷　（清）吳騫輯　清乾隆五十三年（1788）刻本03866

此譜領譜號鈐蓋"敬宗收族"陰文方形朱印。

備對勘領譜單有半行手書墨字"第貳號宗譜壹部給三十七世如江收藏"，每字僅留右半，"三十七世如江"字面鈐陽文方形朱印"休寧吳氏□□"（疑宗譜），亦留右半"休寧"兩個整字"吳氏"兩個半字，蓋屬日後勘合宗譜、防止仿冒之措施，類似古代虎符（圖15）。當時應有1紙豎摺墨在備對勘領譜單上書寫并鈐朱印，本紙訂入家譜，摺紙集中，另存他處（如宗祠），以備日後比對勘合，即上文之"揭于"。

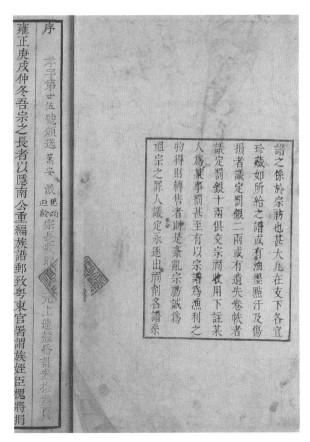
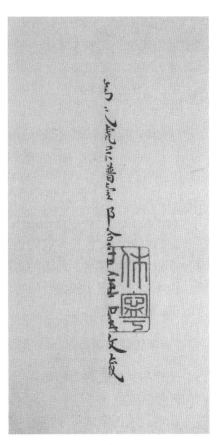

圖14　　　　　　　　　　　　　　　　圖15

2.對同

對同就是勘核所藏家譜，是否假冒偽譜，有無損毀遺失，確認無誤，便可鈐蓋"對同"等木戳，表示勘譜合格，若有出入誤差，就要采取相應懲罰措施。

例：西溪汪氏先塋便覽不分卷義約一卷定例一卷附錄二卷　（明）汪仲潛纂錄　明嘉靖抄本12538

此譜領譜單左下方等多處木戳鈐蓋"對同"陽文長方朱印。

（五）兼兩種及以上主要作用

即指所鈐蓋木戳非單一用途，而兼具防偽、補遺，或譜局防偽、纂修者防偽等若干個主要作用，其各義上已詳盡。舉1例如下：

新安洪氏統宗譜不分卷　（明）洪烈纂修　明嘉靖四十四年（1565）刻萬曆增刻本14213

此譜洪垣撰《休邑遠富家乘序》末鈐"壬辰進士""御史洪垣"陽文方形朱印；洪烈撰《新安洪氏統宗譜後序》末鈐"左源洪烈"陽文方形朱印；《官源世系圖》首鈐蓋"洪氏世家"陽文方形朱印；多處騎縫鈐"洪氏正本統譜"陽文長方朱印。

《新安洪氏統宗譜字號簿數》載："其世系先婺，次休，次祁，次歙，次績，以地之遠近爲先後，而各派之上，以天地玄黃字號拘之。後因失去譜書一箱，難免妄認非族之弊。今復以貳拾捌宿字號更之，又以'洪氏正本統譜'圖書鈐之，共計伍拾叁簿。如無更改字號及圖書者即是假偽。"

此含譜局防偽木戳"洪氏正本統譜""洪氏世家"和纂修者防偽木戳"壬辰進士""御史洪垣""左源洪烈"。

二、考訂價值

爲了考證和辨析古籍的版本價值與遞藏源流，古籍中藏書章（含木戳）是需要逐一著錄的。筆者在審校國家圖書館藏徽州善本家譜的編目數據時，發現除一般意義的藏書章外，家譜書葉上鈐蓋的木戳圖文，若能予以重視，再結合家譜內外其他版本特徵，往往也能發揮比較獨特的考訂價值，解決相關重要問題。下面依筆者經歷按編目著錄項目順序擇要述之：

（一）佐證著者

家譜中鈐有纂修者防偽戳記，再細檢散布于譜內各處的纂譜信息，往往可以確定新的著者結論。

前例：凌氏宗譜不分卷　（明）凌坤元纂修　明崇禎刻本　12763

《中國古籍善本書目》（史部，上海古籍出版社，1991）第605頁第6562號著錄：無著者。

《中國家譜總目》（上海古籍出版社，2008）第2273頁第308-0037號著錄：（明）凌坤元纂修。

此譜僅國家圖書館有藏。《中國家譜總目》著錄源于筆者提供的編目信息。

此譜多處鈐蓋"本堂坤元公編刊宗譜"朱印木戳（圖16）。譜中有凌坤元署名撰傳狀若干篇。凌坤元撰《明迪功郎四川順慶府經歷夢雲先生（凌子儀）行狀》云："坤元今續輯家乘，述諸所聞，以紀其大略云。"其所撰《邑庠生見甫先生行述》起首云："崇禎丙子（九年，1636），余心怦怦忡忡，以家乘未竣，先志之謂何敢委諸半塗而已乎！乃詢黃髮，采輯舊聞，亦井然備觀矣。"可證凌坤元即此譜纂修者。

譜中世系載：凌坤元字幼文，更名放，字寧一，萬曆二十六年（1598）四月三十日生人，業儒，修譜前著《羈黔紀略》《代對錄》。至崇禎九年，他年近四十，正是實踐先輩修譜宏願的大好之時。

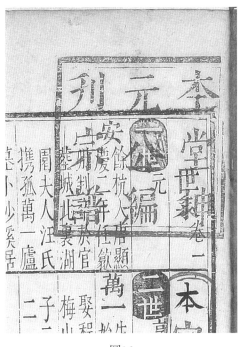

圖16   圖17

（二）佐證版本類型

抄本與稿本等版本類型的界線比較微妙。如抄本與稿本的著錄，除著者戳記真實性外，譜內有關筆跡異同、時間吻合、修改性質、作者履歷以及初始唯一等方面亦需重點考察。

例：程氏祖塋疆理圖不分卷　（明）程夢稷纂　明萬曆三十六年（1608）稿本11562

《中國古籍善本書目》（史部）第630頁第6878號著錄：抄本。

《中國家譜總目》第5113頁第611-1030號著錄：同上。

此譜僅國家圖書館有藏。程夢稷撰《祖塋疆理圖序》："……余因仿其遺制，取先祖塋摩諸印譜，補其闕略，疆之，理之，而且圖之。"序末鈐蓋"齋善最樂""春野"均陽文方形朱印，"少傅孫""程印夢稷"均陰文方形朱印。程夢稷字春野。

書中内容雖較整齊，但修改亦多。正文筆迹及數處"夢稷"字樣係出一人之手。

正文記安徽歙縣程氏墳塋地理形狀、丈尺及事由，勘理紀事最晚爲"萬曆三十六年（1608）二月十八日"。次月即三月（季春）程夢稷撰《祖塋疆理圖序》，并在《序》前書"萬曆叁拾陸年（1608）歲次戊申季春月　立"，完稿時間均吻合。

因祇此一部書稿，故數度被族親抄録應用：萬曆三十六年季春完稿，夏侄孫來抄；秋長子程充國録入《程氏慶源家乘》；天啓五年（1625）春抄録一本，因會里十三府君墳地被黃應乾侵占狀告本縣（打官司證據）；崇禎十二年（1639）春抄録一本。綜上，可知此本爲稿本。

（三）佐證版本年

將木戳圖文所記時間作爲版本年佐證，須同時詳考譜中紀事至、版式字體以及序跋內容等方面的版本特徵。

例：婺源澧溪吕氏續修舉要世譜十卷卷首一卷　明萬曆刻本　13097

《中國古籍善本書目》（史部）第596葉第6444號著録：明。

《中國家譜總目》第504頁第083-0188號著録：同上。

此譜目前裝訂凌亂，次序顛倒。如《編號》訂入卷一，《目録》分訂兩處。譜中原版記事至明隆慶五年（1571），但有6處世系爲墨色木戳鈐蓋，如卷四第30葉正面第4欄鈐"大津　璞長子生萬曆丁丑十一月寅時"，同卷第31葉反面第4欄鈐"大鴻　瑀長子生萬曆壬午六月十二日午時"（圖17）。丁丑爲萬曆五年（1577），壬午爲萬曆十年（1582）。此若干木戳當是刊版已竣，世系內容日後有所補入，即本譜約刊于明萬曆初年。

（四）佐證配本

由于遞藏傳承情況複雜，古籍中出現相同版本乃至不同版本的配本，屬于常見現象。依據木戳鈐蓋文字辨析配本構成細節是可能的途徑。而下例所述配本則是頒譜之初就存在缺冊少卷現象，其拼配需求尤爲明顯。

例：婺源桃溪潘氏宗譜二十一卷　（明）潘文儁等纂修　明崇禎九年（1636）刻本13169

此譜多處騎縫鈐蓋"桃溪潘氏族譜之印"陽文長方朱印，多葉鈐有"衍""倫""真"陽文方形所領譜字號朱印，《續修給譜議》末鈐蓋"杞公下""應圻""大著""復泰"領譜名氏陽文墨戳。

全譜印裝60部，按《給譜字號詩》60字每字1部，每全部5冊，半部3冊。

《給譜字號詩》："一脉數村衍，相傳世代真。流長源共派，枝茂貴同根。禮義家風舊，功名業日新。鳳毛聲譽顯，麟趾子孫群。勵志能光祖，忠君始孝親。永懷敦睦意，恪守彝倫箴。"

此譜第1冊《凡例》葉上方鈐朱印"衍"字號，第3冊末領譜字號鈐"倫"字號，第5册領譜字號真字部下鈐"真"字號，且書中另有幾處鈐"真"字號，卷五中鈐"倫"字號，即第1册卷首及卷一至二爲"衍"字號譜，第3册卷五至六爲"倫"字號譜，第2册卷三至四及第4、5册卷七至二十一爲"真"字號譜，乃三部不同字號家譜拼合配成現在整部譜，且造成第3册和第5册後各有《續修給譜議》和潘文炳撰《續修族譜跋》兩份。

即現藏本由衍字號（潘應陛領第五部全譜）、真字號（潘大年、潘大梓領第十部全譜）和倫字號（潘大著領第五十九部半譜）三部譜拼合而成。

由上"全譜""半譜"情形可知，造成如此拼合配譜亦與該譜局議定頒譜辦法有關：

《續修給譜議》載："其録梓世系資費，以新入譜丁計名輸銀，或壹錢，或柒分，或伍分，以貧富爲差。其文獻闡揚，各自備貲。"意思是，某家若僅領家譜的世系部分，按新入譜人丁計，出資多少均可，若欲領文獻部分，則須再按印裝成本出資，因爲前3册世系卷一至五，墳墓卷六，後2册文獻卷七至二十一，即領全譜有5册，領半譜僅前3册。《續修給譜議》説得很清楚："全本宗支圖、文獻録，半本宗支圖。"包括上述潘大著在内，有10家（支）領了半譜。其餘50家（支）領了全譜。

（作者單位：國家圖書館古籍館）

明代江防總圖繪製譜系初探

張盼盼

内容提要：明代江防建設備受重視，產生了數量可觀的江防總圖。其中鄭若曾的23幅"江防圖"開明代江防總圖繪製之先河，且深刻地影響了後世，對鄭氏"江防圖"不同的繼承與發展使得明代江防總圖呈現出不同的譜系，即"江防圖"系、"江營新圖"系以及"江防全圖"系。

關鍵詞：江防總圖　江營新圖　譜系研究　繪製思想　明代

明之江防，始于洪武，太祖朱元璋崛起于江、淮之間，對長江中下游地區的戰略形勢自有深刻見解，又以國初定都南京，爲拱衛京都，于新江口置營，操練水兵萬餘人，造戰船四百艘。又于江北浦子口屯陸兵，互爲犄角。其時，江南已成國家錢糧重地，故上至安慶、九江，下抵蘇、松、通、泰沿海府州，均被納入長江防禦體系①。可以説，明廷對江防建設之重視，遠超前代。後朱棣北遷，南京遂成留都，然江防體系并未因此廢弛，反而由于漕運任務的加重愈受重視②。至嘉靖時期，江防制度漸趨完備。隆、萬以後，王朝愈發衰微，江防亦隨之廢弛，但江防建設的思想却得以存續。

明清兩朝都遭遇了嚴重的海防危機③，與海防互爲表裏的江防體系亦面臨着同樣的問題。早在洪武二年（1369），倭寇就已頻繁侵擾沿海府州④，因此，明代江防設立之初，不僅要巡捕沿江的"寇盜鹽徒"，更有着"兼以防倭"的重任。嘉靖之後，軍備廢弛，倭患猖獗，江防問題愈加突出，"江防總圖"的繪製便由這一時期開始⑤。延至清朝初期，面對鄭氏水軍對沿海地區與長江中下游的嚴重威脅，江防建設與"江防總圖"的繪製再一次成爲國防重點，其江防體系之建構與前代基本一致，反映在"江防總圖"的繪製上，亦表現出鮮明的繼承性。

---

① （清）龍文彬：《明會要》卷六十三《江防》，中華書局，1956年，1230頁。

② 林爲楷：《明代的江防體制——長江水域防衛的建構與備禦》，明史研究小組，2003年。

③ 成一農：《明清海防總圖研究》，《社會科學戰綫》2020年第2期，137頁。

④《明太祖實録》卷四十一洪武二年四月戊子條："倭寇出没海島中，數侵略蘇州、崇明，殺傷居民、奪財貨，沿海之地皆患之。"（臺北"中研院"史語所，1962年，824頁）

⑤ 本文"江防總圖"指的是反映明代江防體系構建的長江地圖，其繪製範圍涵蓋整個長江中下游地區。

目前學界鮮有對明代"江防總圖"整體的研究，亦缺少對"江防總圖"的對比分析、譜系梳理以及特徵研究等。故此，本文將以明代史籍所附"江防總圖"爲着力點，同時兼顧部分清初彩繪地圖，力求展現明代"江防總圖"繪製傳承之全貌。

一、明代"江防總圖"的繪製背景與留存情況

明代江防體系的建設早在洪武朝就已經開始，且頗受重視，而明代"江防總圖"的繪製却始自嘉靖後期，其間相隔近兩百年，究其原因，筆者認爲可能有以下兩個方面：

第一，江防體制建設逐漸完善。明初，太祖定鼎金陵，江防建設的首要任務就是拱衛京都，其軍事布置自然是作爲南京防衛體系的一環而存在，并未形成單獨的系統，也沒有專設江防官員的必要[①]。後成祖北遷，政治中心的北移讓明廷對長江中下游地區的控制力減弱，而嚴屬的海禁和頻繁的漕運則讓許多"頑民"與"無藉之徒"鋌而走險[②]，導致這一地區的治安情况急劇惡化。永樂時期雖專設操江武臣總領江防事務，但沿江之事頗多，非一人之力所能顧全，建立一套完整的職官體制勢在必行。于是，自成化開始增設了許多江防官員，最終形成了操江都御史、巡江御史→兵備副使→江防治中、同治和各營守備、把總等這樣一套從南京到地方府州的文武兼備的職官體系。江防職官體系的完備爲"江防總圖"的繪製提供了必要的人才條件，不少"江防總圖"的繪製中都有江防官員的身影，如附有"江營新圖"的《江防考》一書，正是由時任南京操江都御史吴時來主持編纂的。而江防範圍的不斷擴大與沿江各信地劃分的逐漸清晰，也在一定程度上促進了"江防總圖"的産生。

第二，倭患頻仍與江海聯防正式形成。明代倭患早已有之，尤以嘉靖朝最爲嚴重，據《中國軍事史》統計，有明一代發生較大規模的倭患以及禦倭戰争共60次，其中嘉靖朝占據一半之多。另舉一例，明代南直隸江海交會地區共發生倭寇劫掠113次，而嘉靖一朝占據了其中的94次，占比高達83.2%[③]。

在這種背景下，南直隸地區的江防和海防却因爲長期存在轄區重疊、權責不明等問題，導致雙方争功諉過、相互塞責，在面臨倭寇侵犯時往往防禦不力，人民深受其害。爲徹底解決這一問題，雙方經歷了長久的争論，最終在嘉靖四十二年（1563）前後正式形成江海聯防[④]。江海聯防的確立讓江防海防并重的思想更加深入人心，因此一

---

① 夏强：《明代江防體制演變略論——以〈明史·江防〉考釋爲中心》，《西南大學學報》（社會科學版）2022年第3期，243頁。

②《明仁宗實錄》卷八洪熙元年三月乙未條："聞蘇松等府頑民以取魚爲名，用船往來江上行劫，又揚州各縣無藉之徒，每二三十人共一舟，載私鹽于鎮、常等處發賣，并殺人劫財。"（臺北"中研院"史語所，1962年，266頁）

③ 林爲楷：《明代的江海聯防——長江江海交會水域防衛的建構與備禦》，501頁。

④ 同上，87—88頁。

些海防圖的編繪者或主動或被動地開始了"江防總圖"的繪製，其中最著名的便是鄭若曾。嘉靖四十年（1561）《籌海圖編》撰成之後，時任應天兵備副使王道行便向鄭若曾陳説編纂《江南經略》一書的構想，并在人力、財物等多方面爲其提供了支援[1]。鄭若曾也很快意識到江防建設的重要性，于是，携二子遍訪江南江防情況，編繪了許多江防圖與湖防圖，後結成《鄭開陽雜著》《江南經略》二書。《鄭開陽雜著》中的23幅"江防圖"可能爲明清時期繪製最早的"江防總圖"，成爲後世摹繪借鑒的底本。

總之，明代"江防總圖"的繪製是在江防體制不斷完善之後逐漸開始的，并且這個過程與海防建設密不可分。現存明代"江防總圖"主要爲史志中的附圖，清初亦有部分繪製精美的彩圖，現將筆者搜集到的"江防總圖"彙總如下：

表1 "江防總圖"留存情況彙總表

地圖名稱	圖幅數量	古籍名稱	書籍編纂者或地圖繪製者	成書年代或繪製年代[2]	古籍版本或古地圖館藏地
《江防圖》	23幅	《鄭開陽雜著》	鄭若曾等	嘉靖四十五年至隆慶四年（1566—1570）	民國二十一年（1932）陶風樓石印本
《江營新圖》	47幅	《江防考》	吳時來、王篆	萬曆初年	明萬曆五年（1577）刻本
《江營新圖》	47幅	《南京都察院志》	施沛等	天啓三年（1623）	明天啓刻本
《江防圖》	23幅	《登壇必究》	王鶴鳴	萬曆二十六年（1598）	明萬曆刻本
《萬里長江圖》	23幅	《圖書編》	章潢	萬曆四十一年（1613）	《四庫全書》本
《江防圖》	23幅	《武備志》	茅元儀	天啓元年	明天啓元年（1621）刻本
《江防圖》	20餘幅[3]	《輿地圖考》	程道生	天啓年間	明天啓刻本
《江防圖》	22幅	《兵鏡》	吳惟順等	天啓年間	明天啓刻本
《江營新圖》	47幅	《南樞志》	范景文等	崇禎年間	明崇禎八年（1635）刻本
《江防信地營圖》	20幅	《皇明職方地圖》	陳組綬	崇禎九年（1636）	明崇禎刻本
《大江全圖》	23幅	《師律》	范景文	崇禎十二年（1639）	明崇禎刻本
《江防全圖》	36幅	《地圖綜要》	吳學儼	崇禎年間	明崇禎刻本
《防江圖》	19幅	《心略地利》	施永圖	弘光年間	明末刻本
《防江圖》	19幅	《武備地利》	施永圖	明末清初	清初刻本

---

① 宋澤宇：《鄭若曾〈江南經略〉研究》，安徽大學碩士學位論文，2013年，7頁。
② 部分古籍成書時間和地圖繪製年代難以考證，暫據其版本時間劃定大致的時間範圍以供參考。
③ 書非全帙，故圖幅數量不詳，筆者初步查檢估計爲20餘幅。

地圖名稱	圖幅數量	古籍名稱	書籍編纂者或地圖繪製者	成書年代或繪製年代	古籍版本或古地圖館藏地
《江防海防圖》[①]（部分）	一卷	/	繪製者不詳	可能繪于清康熙二十四年（1685）[②]	中國科學院文獻情報中心
《長江江防圖》	一卷	/	可能爲操江提督蔣國柱	可能繪于清順治十六年（1659）前[③]	甘肅省博物館
《長江地理圖》	一卷	/	繪製者不詳	清順治十八年至康熙六年（1661—1667）[④]	臺北"故宮博物院"

二、明代"江防總圖"的譜系劃分

所謂譜系，即事物發生變化的系統。對于古地圖譜系，李新貴認爲，祇有在繪製時間上具有先後承接性，内容上具有可辨認的共同特徵，以及這些特徵背後隱藏着繪製者的共同思想與該思想的繼承性，纔能稱爲一個圖系[⑤]。而韓昭慶在"多維度、多角度下的明清輿圖研究"學術論壇會議報告中也提出了地圖譜系的定義，即由于同源性產生的，在内容和繪製風格上具有相似特點而構成的地圖系列。總而觀之，明至清初"江防總圖"的繪製無一例外地受到了鄭若曾23幅"江防圖"的影響，但在承繼發展的過程中又產生了諸多新變，據此，筆者將其初步劃分爲"江防圖"系、"江營新圖"系和"江防全圖"系三類（見表2）。

表2　"江防總圖"譜系表

譜系名稱	譜系特徵	所含地圖
"江防圖"系	由鄭若曾"江防圖"摹繪而來，繪製内容及思想未有明顯創新之處。按上南下北、左東右西的方位，自西向東呈"一"字展開。繪製範圍上起江西九江，下至江海交會處。對沿江地物做了細緻描繪，畫面上方存在大量注文，記載各地江防戰守備禦情况。	《鄭開陽雜著》"江防圖"
		《武備志》"江防圖"
		《登壇必究》"江防圖"
		《兵鏡》"江防圖"
		《輿地圖考》"江防圖"
		《心略地利》"防江圖"

---

① 此圖起初并未標注圖名，後曹婉如先生據其繪製内容和主要地理信息擬題爲"江防海防圖"。參見曹婉如等編：《中國古代地圖集·明代卷》，文物出版社，1995年，圖版説明6—11。

② 李孝聰、陳軍：《中國長城志·圖志》，江蘇鳳凰科學技術出版社，2016年，72—73頁。

③ 秦明智：《甘肅省博物館藏清順治〈長江江防圖〉》，《文物》1996年第5期，85頁。

④ 盧雪燕：《"國立故宮博物院"藏〈長江地理圖〉考》，《新生學報》2013年第3期，120頁。

⑤ 李新貴：《明萬里海防圖之全海系探研》，《史學史研究》2018年第1期，40頁。

譜系名稱	譜系特徵	所含地圖
"江防圖"系		《武備地利》"防江圖"
		《皇明職方地圖》"江防信地營圖"
"江營新圖"系	以吳時來及其繼任者爲代表的南京江防官員編繪的"江營新圖"在繪製思想上雖未脱鄭氏之窠臼，但在繪製内容、繪製精度上有著顯著提升，且以全新的繪製技法、風格使得圖畫面貌爲之一新。	《江防考》"江營新圖"
		《南京都察院志》"江營新圖"
		《南樞志》"江營新圖"
		《師律》"大江全圖"
		甘肅省博物館藏《長江江防圖》
		臺北"故宫博物院"藏《長江地理圖》
		中科院藏《江防海防圖》（江防部分）
"江防全圖"系	按上南下北、左東右西的方位繪製，自西向東呈"一"字形展開。繪製範圍上起四川岷山江源一帶，下至南直隸江海交會處。其内容上部分明顯借鑒鄭氏"江防圖"，但其成圖思想却顯示出了極大地不同，因而自成一系。	《地圖綜要》"江防全圖"

（一）"江防圖"系

嘉靖後期，倭患漸息，已經完成《籌海圖編》編繪工作的鄭若曾開始將目光轉向江防，《鄭開陽雜著·江防圖考》一卷共收録23幅"江防圖"，這些圖也成爲了明代"江防總圖"繪製之發端。

首先，此23幅"江防圖"的繪製者是鄭若曾并無异議，《四庫全書總目》稱其"江防海防形勢皆所目擊，日本諸考皆咨訪考究，得其實據，非剽掇史傳以成書"[1]。鄭氏《江南經略》一書序文也記述了他携二子操舟遍訪江防形勢之事[2]。其次，關于這23幅"江防圖"的繪製時間，宋澤宇在《〈鄭開陽雜著〉的文獻價值研究》中認爲鄭若曾散著的成書時間大致與《籌海圖編》相同，二者皆比《江南經略》成書要早[3]。就此來看，此23幅"江防圖"的繪製似乎當在《江南經略》成書之前，然而，在《鄭開陽雜著·江防圖考》内有"嚴説見海防圖論籌海圖編""詳説見江南經略"一類的注釋文

---

① （清）永瑢等：《四庫全書總目》卷七十《史部·地理類三》，中華書局，1965年，617頁。

② （明）鄭若曾《江南經略》卷八："遂携二子應龍、一鸑分方祗役，更互往復，各操小舟遨游與三江五湖間，所至辨其道里通塞，録而識之，形勢、險阻、斥堠、要津，令工圖之。"（文淵閣《四庫全書》本，2—3頁）

③ 宋澤宇：《〈鄭開陽雜著〉的文獻價值研究》，《大學圖書館情報學刊》2017年第4期，127頁。

字，可見宋澤宇的結論并不嚴謹，由此我們可以將鄭若曾"江防圖"的編繪時間定在《江南經略》成書之後至其逝世之前。而《江南經略》刻于隆慶二年（1568），鄭若曾卒于隆慶四年，那麼是否可以説《江防圖考》編繪于隆慶二至四年之間呢？顯然這一時間下限没有問題，但需要格外注意的是，隆慶二年祇是《江南經略》一書付梓刊刻的時間，而非成書時間。而在《江南經略》撰成之後，耿隨卿、蔡國熙和林潤等人先後取觀參訂[1]，"嘉靖四十五年陽月既望"日，時任南京工部右侍郎汪鏜亦爲此書作序。據此可知，《江南經略》的成書時間至少在嘉靖四十五年（1566）十月之前，進而可以將鄭若曾"江防圖"的繪製時間推定爲嘉靖四十五年至隆慶四年之間。

今見《鄭開陽雜著》版本有四，即康熙三十二年（1693）刻本、民國二十一年（1932）陶風樓石印本、清光緒至宣統年間抄本以及《四庫全書》本。孫靖國在《明清沿海地圖研究》的結項報告中"考證出民國陶風樓影印的《鄭開陽雜著》是清光緒、宣統時期的摹繪本，係根據康熙三十年（1691）鄭若曾的五世孫鄭起泓及其子鄭定遠刊刻之《鄭開陽雜著》抄録或轉抄，除少數缺失内容外，基本能反映康熙刻本原貌，而文淵閣四庫本則有多處竄改"[2]。據此可以大致認爲《鄭開陽雜著》一書出現了康熙本

圖1　《鄭開陽雜著》"江防圖"康熙本（左）與四庫本（右）卷首部分對比

---

① 宋澤宇：《鄭若曾〈江南經略〉研究》，安徽大學碩士學位論文，2013年，7頁。
② 成一農：《明清海防總圖研究》，《社會科學戰綫》2020年第2期，139頁。

和四庫本兩大版本流變。現對兩者中的《江防圖》作比較如下：

康熙本《鄭開陽雜著・江防圖考》中的23幅"江防圖"圖名位于圖版右上角，該圖陸上部分按上南下北的方位繪製，江海交會處則按陸地在上、海洋在下的方位繪出，整體自西向東沿江流呈"一"字形展開，至"東南大海洋"處爲止，是圖描繪了自江西九江府瑞昌縣至長江入海口的沿江河渠、山川、沙洲、湖泊、城邑、寺廟、港灣以及沿江的巡司、墩臺等。從繪製內容上看，江防部分顯然是繪製者表現的重點，圖中不僅對沿江各衛所、巡司、營、堡、墩都做了標注，對于各江防信地的轄區範圍、江程里數、兵力部署、船隻數量以及盜寇情況等也做了詳細的文字注釋。

四庫本《鄭開陽雜著・江防圖考》中的"江防圖"僅15幅，該圖亦按上南下北的方位繪製，繪製範圍上起四川岷山江源地區，下至江蘇蘇州府崇明縣"大海"處。內容方面，僅對沿江城邑、山川、河湖、沙洲、寺廟、古迹等做了標注，亦有少量文字說明。對于沿江衛所、營地等雖然用相應的圖形符號標示，但大都未標出具體名稱，更無文字注釋。由此推測，四庫本《鄭開陽雜著》中的"江防圖"可能由他圖雜糅刪改而成，筆者初步判斷四庫本《鄭開陽雜著》"江防圖"是由章璜《圖書編》"萬里長江圖"刪改雜并他圖而來，在此暫不多加論述。

鄭若曾生長于蘇州，嘉靖倭患給沿海人民帶來的嚴重危害深深地刺激了他，成爲他投身抗倭事業、編繪地圖的一個重要契機。考慮到鄭若曾的個人經歷和江海聯防的時代背景，《江防圖考》的編纂無疑受到其海防思想的影響。如果說"禦海洋"和"固海岸"是鄭氏海防思想的核心，那麼其江防思想的核心可以概括爲"守門戶"和"正官聯"。

所謂"守門戶"，是就長江下游軍事意義而言，"長江下流乃海舶入寇之門戶也。溯江深入，則留都、孝陵爲之震動，所繫豈小小哉。故備禦江之下流，乃所以保留都、護陵寢至要至切之務也"[①]。然而江南地廣千里，水系發達，四面出擊自然是不合理的，扼守"地勢之至要者"方爲上策，這也是當時通行的做法。但鄭若曾却對當時公認的"京口"這一地區的戰略地位提出了質疑，他認爲："京口雖係江南諸郡咽喉，然從古寇犯金陵，未有由此而進者，以沿江南岸疊嶂如屏，而潤州、秣陵之間夾岡險陂無港可達故也。若從通泰登陸，循江北內地而行，屯兵六合，分師渡蕪湖、采石，走太平而北，豈非地勢之至要至要者歟？"[②]因此，他提出沿江備禦的重點應當是江北，而非江南。

而"正官聯"的提出則是針對江防體制中的最大弊病，即官員之間的各自爲戰、推諉塞責。各江防信地的劃分存在遺漏和交叉，而江防官員們"各自打掃門前雪"的行爲無疑又放大了這一問題，導致看似嚴密繁複的江防體系內形成了許多"盜寇淵藪"，以至于江防雖密，但"寇不聞息"。鄭若曾直切其弊："今操巡專管江中之寇，寇

① （明）鄭若曾著，傅正、宋澤宇、李朝雲點校：《江南經略》，黃山書社，2017年，68頁。
② 同上。

若登陸，則讓曰：此巡撫之事也。巡撫專管岸上之寇，寇若入江，則讓曰：此操巡之事也。一江南北，胡越頓分，同握兵符，爾我相遜，何惑乎江寇弗除也哉？"①因此他提出江防之策："莫若先正官聯。官聯者，聯屬四人爲一，利害休戚，异形而同心，戰守賞罰，會謀而齊舉。如江寇而登陸也，操巡督發江船進港內協捕之；陸寇而入江也，巡撫督發哨船出外江以策應之。庶乎寇計窮而無所容，江中其永清矣②。"可以看出，鄭若曾試圖建立一套海防—江防—陸防三位一體的多層次立體防禦機制。

鄭若曾的"江防圖"誕生于倭患頻仍的時代，雖然此後海寇漸息、邊患四起，明廷的防禦重點已不在江海，但以其首創之功，"江防圖"依然成爲官方與民間著述爭相借鑒的底本，茅元儀《武備志》、王鶴鳴《登壇必究》、吳惟順《兵鏡》、程道生《輿地圖考》、施永圖《心略地利》及陳組綬《皇明職方地圖》等幾乎完全照搬鄭氏23幅"江防圖"，因而將其歸爲鄭氏"江防圖"系。對于這類鮮少創新的抄襲之作，本文祇做譜系劃分，其餘皆不涉及，僅對各譜系最具代表性的部分"江防總圖"加以比較研究。

（二）"江營新圖"系

1.《江防考》"江營新圖"

吳時來編撰，王篆增補的《江防考》共六卷，萬曆五年刻成，今國內所見版本均缺卷一和卷四，而書中所附47幅"江營新圖"正是卷一所載，其善本今藏于臺北傅斯年圖書館和日本內閣文庫，國內學者如孫靖國等雖然早已注意到此書，但囿于史料之殘闕，地圖相關信息僅從林爲楷《明代的江防體制——長江水域防衛的建構與備禦》所附部分插圖和書影中獲取，實爲有限。筆者得見《江防考》善本之全貌，今對其中"江營新圖"略作介紹。

吳時來所編繪的"江營新圖"共47幅，編號位于每幅圖版正中，以方框小字注出。圖名"江營新圖"位于卷首圖版右上角，有"此處通湖廣等處"注文位于卷端正中，卷末圖版左下刻"游擊把總王如璧奉委重校"③。是圖按上南下北、左東右西的方位繪成，圖幅自西向東從江西九江府瑞昌縣開始，沿"洋子大江"呈"一"字形展開，至"東南大海洋"與"海內諸山"處爲止。

《江防考》"江營新圖"所繪沿江地物與《鄭開陽雜著》"江防圖"大體相仿，鄭氏"江防圖"中的幾處訛誤亦見于此。首先便是兩圖江西段南湖營信地南岸部分有"青草湖"一處。此地名"青草湖"實爲誤記。《[嘉靖]湘陰縣志》載："青草湖，在縣北百里，北與洞庭相連。"④兩圖所繪湖泊均位于江西彭澤縣境內，與湖南湘陰縣洞庭之濱的"青草湖"相去其遠。另一處筆誤則在兩圖安慶營信地的南岸，兩圖均有"李陽河巡司

① 《江南經略》，68頁。

② 同上。

③ 筆者所見吳時來《江營新圖》卷末署名，并非孫靖國《〈江防海防圖〉再釋——兼論中國傳統輿圖所承載地理信息的複雜性》所稱的"游擊把總濮朝宗奉委重校"。

④ （明）張燈撰：《[嘉靖]湘陰縣志》卷上，明嘉靖四十四年（1565）增修本，葉8。

圖2 "江營新圖"卷首（右）卷末（左）詳情

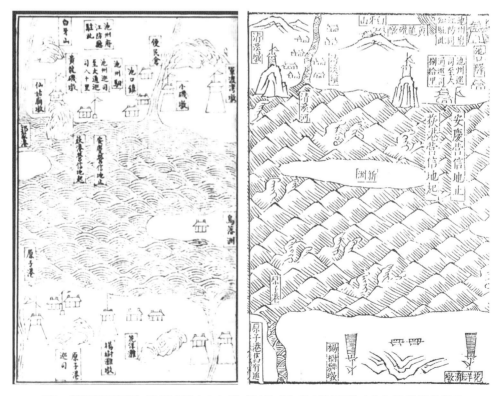

圖3 《鄭開陽雜著》"江防圖"（左）與《江防考》"江營新圖"（右）池州部分對比

至池口巡司六十里"和"池州巡司至大通巡司八十里"的注釋,此處"池州巡司"顯係筆誤。由此可見,此二圖必定存在較爲緊密的聯繫。如前所述,鄭若曾從嘉靖四十年(1561)以後開始考察江南各地海防、江防以及湖防形勢,着手編撰《江南經略》,"江防圖"的繪成時間約在嘉靖四十五年到隆慶四年之間,那麼《江防考》"江營新圖"成于何時呢?

王篆《續刻江防考序》稱:"江防考,悟齋吳公創刻于穆廟之三年。"[1]可見吳時來于隆慶三年(1569)已經完成了"江營新圖"的繪製,另據吳時來作《江防考序》的時間可將此圖的繪製下限定于隆慶三年六月[2],而其上限亦不早于吳時來就任南京右僉都御史,即隆慶二年三月[3]。由此觀之,吳時來《江防考》"江營新圖"的成圖時間應在隆慶二年三月至隆慶三年六月之間。查考吳時來生平,其此前并無編繪地圖的經歷,亦未主事江防,其編繪"江營新圖"借鑒鄭氏"江防圖"是很有可能的。因此筆者認爲吳時來的47幅"江營新圖"是鄭若曾23幅"江防圖"的借鑒翻新之作,隨後其"江營新圖"逐漸成爲南京兵部官員編繪新圖的底本。

2.《南京都察院志》"江營新圖"

關于《南京都察院志》一書的編撰過程,《四庫全書總目》有載:

> 南京都察院志四十卷,兩淮馬裕家藏本,明施沛撰,沛始末未詳,其修此書時則爲南京國子監生,時董其事者爲操江副都御史徐必達。[4]

經查,徐必達于天啓元年(1621)八月以右僉都御史提督操江,不久晉右副都御史。天啓二年十一月,升南京兵部左侍郎[5]。由此推斷,《南京都察院志》的成書時間當在其間,書中"江營新圖"的繪製時間也在此間,即天啓元年八月至天啓二年十一月。

《南京都察院志》"江營新圖"在圖幅數量、繪製範圍以及繪製內容上和《江防考》"江營新圖"相當,但在繪圖風格和具體地物要素上卻有明顯差異。

就兩圖卷首來看,二者差異頗爲明顯。首先是文字注釋上,《江防考》"江營新圖"注釋內容明顯少于《南京都察院志》"江營新圖",如兩圖最左端均有繪製起點說明,前者僅以"此上通湖廣等處"寥寥幾字概述了所繪"洋子大江"的上界,而後者卻分南北兩岸對此處以上接界情況進行了簡要說明。其次在繪製視角上,《南京都察院志》"江營新圖"所繪長江兩岸的地物景觀均爲正置,而《江防考》"江營新圖"卻爲南岸正置,北岸倒置,這是以長江主航道爲觀察視角的結果。此外,二者在河流、山川和城邑的繪製技法上亦有明顯差異,前者多用勾法,而後者在勾的基礎上又加入了"皴"

---

① (明)吳時來撰,王篆增補:《江防考》卷一,明萬曆五年(1577)刻本,葉4。

② (明)吳時來《江防考序》:"隆慶三年六月吉旦,差提督兼管巡江南京都察院右僉都御史,仙居吳時來書。"(同上,葉8)

③ (明)談遷《國榷》卷六五記載:"(隆慶二年)三月丙辰……順天府丞吳時來爲南京右僉都御史,提督操江。"(中華書局,1958年,4082頁)

④ (清)永瑢等撰:《四庫全書總目》卷八十"史部·職官類存目",中華書局,1965年,691頁。

⑤ 事見《明熹宗實錄》天啓元年八月乙酉條和天啓二年十一月辛酉條。

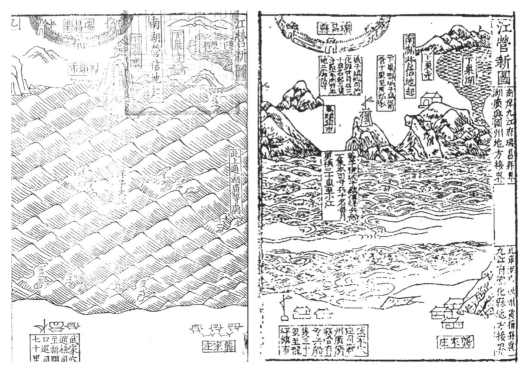

圖4 《江防考》"江營新圖"（左）與《南京都察院志》"江營新圖"（右）卷首部分對比

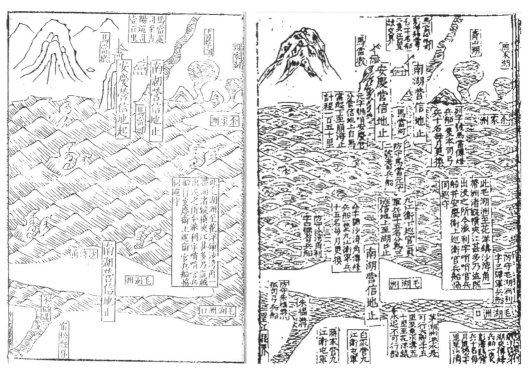

圖5 《江防考》"江營新圖"（左）與《南京都察院志》"江營新圖"（右）江西部分對比

這一山水畫法。如《江防考》"江營新圖"的山岳繪製較爲簡潔，僅以幾條曲綫勾出山形，而《南京都察院志》"江營新圖"的山岳繪製得更加精細，除了勾出山形，更以皴法繪出山石紋理，使之更富立體感。再如《江防考》"江營新圖"的江流爲堆疊式的波紋，多以短直綫勾出，而《南京都察院志》"江營新圖"在繪製上既有堆疊式波紋，也有連續波紋，多以曲綫條繪出，且在曲綫之中加入了許多皴點。

　　以上兩圖內容高度一致，考慮到吳時來和徐必達曾先後主事操江，後者以前者爲鑒自是情理之中，借鑒之餘亦有許多翻新。其更新之處除了內容上的增補和風格上的變化之外，更重要的是對部分訛誤的糾正。如《江防考》"江營新圖"江西段南岸所繪"青草湖"一處，到《南京都察院志》"江營新圖"就變成了"青山湖"。《［嘉靖］湘陰縣志》載："青草湖，在縣北百里，北與洞庭相連。"①《［嘉靖］九江府志》記載："青山湖，在太平鄉，大江之濱，可泊舟楫。"②兩幅圖所繪湖泊均在江西境內，而青草湖却在湖南湘陰縣洞庭湖濱，故標注"青草湖"顯然錯誤。此外，位於"青山湖"西邊的"周家湖"在《［嘉靖］九江府志》中亦有記載③，這足以説明《南京都察院志》"江營新圖"改"青草湖"爲"青山湖"確爲糾謬之舉，這在范景文《南樞志》"江營新圖"中得到了繼承。

　　以吳時來、施沛等爲代表的南京江防官員所繪製的"江營新圖"在思想上與鄭若曾、唐順之等人并無二致，具有鮮明的繼承性，依然是以南京爲重點防禦對象，兼顧防海。但在"江防總圖"的圖幅數量、繪製內容以及繪製風格上却有明顯差異，其中以內容上的更新最爲明顯，現將其中部分匯總如下：

表3　《鄭開陽雜著》"江防圖"與《南京都察院志》"江營新圖"江西段相異地物要素表

序號	江防圖	江營新圖	備註
1	玉橋港	土橋港	形近而异，"土"字誤作"玉"
2	戴官營	戴家營	形近而异
3	何總旗營	胡總旗營	音近而异
4	駝鵝洲	陀鵝洲	形近而异
5	未繪出	接泥灣洲	位于下官湖墩以北江心
6	茭口巡司	茭石巡司	形近而誤，"石"誤作"口"
7	青草湖	青山湖	"青草湖"爲誤記，實爲"青山湖"
8	未繪出	筆架山④	位于湖口縣西北

①（明）張燈撰：《［嘉靖］湘陰縣志》卷上，明嘉靖四十四年（1565）增修本，葉8。

②（明）馮曾修，（明）李汛撰：《［嘉靖］九江府志》卷二，明嘉靖九年（1530）刻本，葉17。

③《［嘉靖］九江府志》卷二載："周家湖，在新興鄉，大江之濱。"

④（清）達春布、歐陽燾、黃風樓纂修《［同治］九江府志》卷四云："筆架山，以形名，距（湖口縣）城門四里。"（清同治十三年［1874］刻本，葉28）

續表

序號	江防圖	江營新圖	備注
9	未繪出	余家湖	夾于青山湖和周家湖之間
10	未繪出	姚湖汊	夾于回風磯墩和白石磯墩之間
11	未繪出	鏡子山[①]	位于彭澤縣西北
12	朱福港	朱福溝	形近而异

由上表可見《南京都察院志》"江營新圖"對《鄭開陽雜著》"江防圖"在内容上的更新，大體可分爲糾繆和增補兩類。前者如改"玉橋港"爲"土橋港"[②]，改"菱口巡司"爲"菱石巡司"[③]，改"青草湖"爲"青山湖"等；後者主要體現在沿江建置的增革和自然景觀的補繪，由于兩圖繪製時間相差50餘年，其間自有部分建置的裁撤和增設，在自然景觀方面，亦可能有個別湖泊、沙洲的形成，但更多的是《江營新圖》對鄭氏《江防圖考》諸多未能繪出的地物要素的補繪。

（三）"江防全圖"系

吳學儼《地圖綜要》一書外卷共收有"江防全圖"36幅，由李釜源所作序文可知該書成于南明弘光元年（1645）春，故"江防全圖"的編繪時間當在此之前。

"江防全圖"之"全"首先體現在繪製範圍的擴大，是圖按上南下北的方位繪製，自西向東沿江流呈"一"字展開，圖名位于圖版右上角，圖名下有注文説明圖繪範圍，即"自四川岷山發源起"，終于"東南大海洋"與"海内諸山"。與鄭氏23幅"江防圖"相比，此圖的繪製重點不僅在于江西九江府瑞昌以下，對于瑞昌以上，直至江源地區也進行了較爲細緻的刻畫，包括沿江城邑、山川、河渠、湖泊、寺廟、灘峽等。

其次，"江防全圖"之"全"更是一種全面防禦思想的體現。吳學儼在《地圖綜要・凡例》中直言：

> 我國家懷柔震疊、中外帖靖，故江防無事。間有紀録，亦祇詳自潯陽以下……自荆襄而抵蘄黄三流，悉稱要害。兹遠采前史，博綜吳宋綢繆之策，較之往牒，當爲獨周。[④]

由此觀之，吳學儼等人繪製"江防全圖"有意識地打破嘉靖以來以唐順之、鄭若曾爲代表的舊有的江防思想，即以拱衛留都、守護陵寢和協助海防作爲江防的主要任

---

① （清）穆彰阿等：《欽定大清一統志》卷二四四云："鏡子山，在彭澤縣西北隅，南接西山，北瞰大江，石峰磷峋，崖有圓石，其鏡如光。"（葉10）

② （明）秦金撰：《安楚録》卷三云："江西强賊三四千人，船隻百號，馬匹數多，自稱寧府旗校……縶住本鎮對江土橋港，安營九江府，衛縣官軍民兵人等俱各逃走。"（明刻本，葉34—35）

③ 《［嘉靖］九江府志》卷二云："菱石磯，在縣北十五里，有菱石鎮巡檢司。"（明嘉靖九年［1530］刻本，葉15）

④ （明）吳學儼等：《地圖綜要・凡例》，明末朗潤堂刻本，葉7。

務。唐、鄭二人的江防思想誕生于倭患頻仍的背景下，且二人長期投身抗倭事業，所形成的江防思想不免代入海防意識。同時，二人又繼承了拱衛留都、守護陵寢這些明初以來的江防傳統，反映在二人的江防論述上，即"門户""關鍵""留都"以及"陵寢"等詞頻繁出現，其所論重點止在南京及其周邊[①]。對于江西段之江防鮮有提及，更遑論以上湖廣、四川等處。故此，筆者認爲唐、鄭二人的江防觀始終是一種在海防思想鉗制下的局部防禦或者重點防禦的戰略觀，是特殊時代背景下的產物，而"江防全圖"的出現則標志着一種新的全面防禦的江防思想的誕生，是應對清軍大舉南下產生的思想變革。

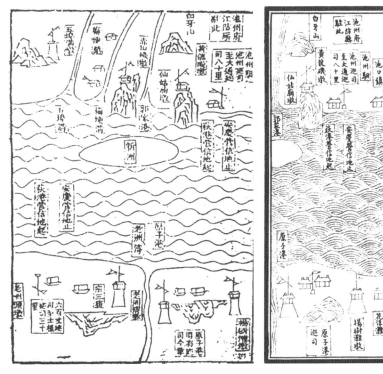

圖6　《地圖綜要》"江防全圖"（左）與《鄭開陽雜著》"江防圖"（右）池州府部分對比

回到地圖本身，我們很容易發現《地圖綜要》"江防全圖"中江西瑞昌縣以下的部分與《鄭開陽雜著》"江防圖"高度一致，這種一致首先體現在二者相同的圖幅數量，即自江西瑞昌以下均爲23幅。其次在內容上，幾乎整個采録了鄭氏《江防圖考》中的文字內容，如前述"青草湖"這一地名訛誤也原原本本地呈現在《江防全圖》中。《鄭開陽雜著·江防圖考》中的幾處筆誤亦留載于"江防全圖"，如兩圖南湖營信地部分均將"土橋港"誤作"玉橋港"，"池口巡司"誤記爲"池州巡司"等。總之，《地圖綜

① （明）鄭若曾：《海防論江防論湖防論》，臺灣學生書局，1987年，27—32頁。

圖7 《地圖綜要》"江防全圖"（左）與《圖書編》"萬里長江圖"（右）荊州部分對比

要》"江防全圖"瑞昌以下部分的繪製借鑒了《鄭開陽雜著》"江防圖"當無疑問，至于其在繪圖風格上的差異，如波浪的表示方式、北岸景觀的正置與倒置、城堞繪製細節上的差異等等不一而足。

而《地圖綜要》"江防全圖"瑞昌縣以上的部分則與章璜《圖書編》"萬里長江圖"具有諸多相似之處，主要表現在圖幅數量都是13幅，沿江地物要素標注完全一致，繪製風格和地物表現手法高度相似，注釋內容上除了"江防全圖"有少數增補外其他完全一致。綜上筆者推測《地圖綜要》"江防全圖"可能是由章璜《圖書編》"萬里長江圖"和《鄭開陽雜著》"江防圖"删改拼合而成，但這并不妨礙它以一種全新的江防思想自成一系。

三、清初部分彩繪"江防總圖"

由明入清，倭患雖息，然而面對彼時強大的鄭氏水軍，剛剛奪取政權的女真人尚未建立足够的水軍力量與之相抗，祇得一面以懷柔政策試圖拉攏招安，另一面則是重新重視海防與江防的建設，故此，清初順治、康熙二朝出現了一批繪製精美的彩色"江防總圖"，留存至今的有甘肅省博物館藏《長江江防圖》、臺北"故宮博物院"藏《長江地理圖》以及中科院文獻情報中心藏《江防海防圖》（部分）等，暫對其分述如下：

246

（一）甘肅省博物館藏《長江江防圖》

甘肅省博物館藏《長江江防圖》一幅，爲彩繪長卷，縱59.7cm、横1340cm，絹基錦緞裝裱，原收藏者馬良貴題簽"長江營汛圖"。該圖繪製方位采取上南下北向，以傳統山水畫法繪製了上起江西九江府，下至江蘇鎮江千里範圍内的城邑、河渠、山川、港口、舟車、村落、人物、旗幡以及其他各種軍事設施，皆以立體形象呈現，并以不同色彩區分。此外，圖中各營地也附有金書大榜題，介紹各營地理位置、兵力分配、江程裏數等情況。秦明智和林健考證出該圖的"繪製時間應在順治十六年（1659）之前，其繪製者可能爲時任操江巡撫蔣國柱"。[①]

（二）臺北"故宫博物院"藏《長江地理圖》

臺北"故宫博物院"藏《長江地理圖》編號爲平圖020878，彩繪絹本，其縱61.5cm，横1425.5cm，繪製方位爲上南下北，自西向東以長江爲中心綫，采取俯視角度，從右向左呈"一"字展開，其繪製内容、繪圖風格等均與上述《長江江防圖》高度相似。臺灣學者盧雪燕考證出《長江地理圖》所據底本爲《長江江防圖》，繪製年代應在清順治十八年（1661）至康熙六年（1667）之間。[②]

關于其祖本之考證，目前學界并無研究，然就筆者目前所見，其在繪製内容和繪製風格上與吳時來的《江防考》"江營新圖"聯繫更加密切。首先在繪圖風格上，兩圖均采取上南下北，左東右西的繪製方位。同時，在具體地物要素的繪製上，兩者也存在很多共同點，如兩者都繪出了《鄭開陽雜著》"江防圖"中漏繪的"姚湖汊""筆架山"等處，另在安慶府、蕪湖縣等城池的繪製細節上，兩者亦保持了高度一致，如城墙的形狀，城門的數量、朝向等等。當然，這一推測并不十分準確，《長江地理圖》繪製之祖本有待進一步考證。

與《江防考》"江營新圖"相比，作爲絹本彩繪地圖的《長江地理圖》在圖像的呈現内容上做了較大幅度的精簡。在繪製範圍上，《長江地理圖》卷首略去了《江營新圖》九江府以上的一段，即從瑞昌縣下巢湖至城子鎮巡司處，在卷末亦略去了《江營新圖》中圌山和三江口以下的部分。此外，《長江地理圖》的注文也頗爲簡略，僅在部分江防重地注明江防布置等情況，其餘各處僅記地物名稱。

（三）中科院藏《江防海防圖》（部分）

"《江防海防圖》收藏于中科院文獻情報中心，也即國家科學圖書館中，編號爲264456，彩繪長卷，縱41.5cm，横3367.5cm，紙基錦緞裝裱。"[③]原圖本無圖名，後曹婉

① 秦明智：《甘肅省博物館藏清順治〈長江江防圖〉》，《文物》1996年第5期，85頁。

② 盧雪燕：《"國立故宫博物院"藏〈長江地理圖〉考》，《新生學報》2013年第3期，99頁。

③ 孫靖國：《〈江防海防圖〉再釋——兼論中國傳統輿圖所承載地理信息的複雜性》，《首都師範大學學報》（社會科學版）2020年第6期，22頁。

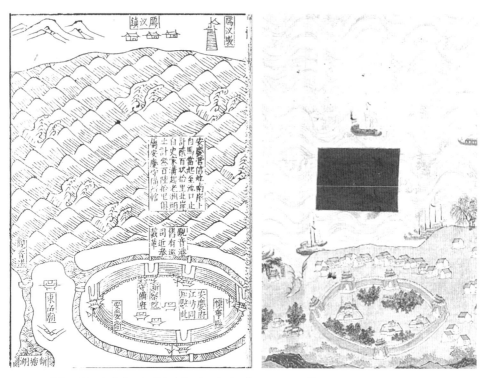

圖8 《江防考》"江營新圖"（左）與《長江地理圖》（右）安慶府部分對比

如先生據其內容與蘊含信息擬爲"江防海防圖"。其江防部分整體方位爲上南下北，自西向東沿江流展開，上起自江西瑞昌縣，下至金山衛及浙閩交界處。

關于此圖，孫靖國考證出其江防部分繪製的祖本可能爲吳時來《江防考》"江營新圖"，囿于史料殘闕，孫靖國尚未對二者進行全圖比勘，導致其考證過程稍顯簡略，但就目前而言，其所作的祖本推測依然是相對正確的。至于《江防海防圖》具體的成圖時間，學界目前暫無定論，以往學者認爲此圖繪製于明代後期，但孫靖國却在圖中發現了諸多清朝相關的地理信息，從而將其繪製時間定爲清初。

四、結　語

明代"江防總圖"的繪製始于鄭若曾的23幅"江防圖"，并隨時間的推移發展出3種不同的地圖譜系，即"江防圖"系、"江營新圖"系和"江防全圖"系。鄭氏"江防圖"自誕生之初便深刻影響了後世的"江防總圖"，茅元儀、王鶴鳴和施永圖等人的著述幾乎原封不動地挪用了鄭氏"江防圖"，思想上也延續了明初以來"禦倭防海"和"拱衛留都"的傳統。而先後就職于南京兵部，主事操江的吳時來、王篆、徐必達和范景文等人重新編繪的47幅"江營新圖"極大程度上提升了"江防總圖"的繪製精度和軍事功用，但其在繪製思想上未脫鄭氏窠臼。明清易代之際，吳學儼、李釜源等學人編繪的36幅"江防全圖"一改前圖舊貌，以一種全新的江防思想自成一系。清初，江防建設沿襲明制，誕生于這一時期的一些"江防總圖"，其在內容和思想上也存在着較爲明顯的繼承性，有待學界深入探索。

（作者單位：中央民族大學歷史文化學院）

國家圖書館藏攝影本《春秋穀梁傳》價值考述

樊長遠

内容提要:《春秋穀梁傳》有南宋紹熙建安余仁仲萬卷堂刻本,臺北"故宫博物院"收藏有宋刻初印本之殘本,日本阿波國文庫曾收藏修版後印本。日本藏本已毁于火,狩谷望之等曾影抄一部,影抄本輾轉爲楊守敬所得,楊氏據以刊入《古逸叢書》中。影抄本今已不存于世。國家圖書館收藏有一套楊守敬據影抄本用西洋寫真法製成的攝影本。攝影本可以厘清大多數《古逸叢書》本在覆刻過程中文字存真與失真的複雜情况,具有不可替代的文獻價值。同時,攝影本也是清末傳統雕版印刷與新興照相技術相結合的難得實物。

關鍵詞:《古逸叢書》《春秋穀梁傳》 楊守敬 余仁仲

一、照相本概况

《春秋穀梁傳》有南宋紹熙建安余仁仲萬卷堂刻本,日本金澤文庫曾收藏一部,江户時期爲學士柴邦彦(栗山,1736—1807)所得,入阿波國文庫收藏,明治維新後,由德島縣立光慶圖書館保管,1950年毁于該館之火灾中[1]。今僅可見《金澤文庫本圖録》所收兩幅書影(《春秋穀梁傳序》首半葉、何休序後半葉)[2]及長澤規矩也《阿波國文庫燒亡貴重書目録》所收四幅書影(卷一卷端、卷六末半葉、何休序後半葉、卷十二末半葉)[3],可知書中鈐有"金澤文庫""阿波國文庫"兩方楷書長方印。文政年間,狩谷望之(椒齋,1775—1835)與松崎明復(慊堂,1771—1844)倩人影寫一帙,據稱"毫髮盡肖,宛然如宋槧"[4],藏于狩谷氏之求古樓。影寫本輾轉歸向山黄村(名榮,1826—1897)收藏,由黄村轉歸楊守敬(1839—1915)插架。此外,臺北"故宫博物院"藏另一部宋余仁仲刻本《穀梁傳》,係瞿氏鐵琴銅劍樓舊藏,存卷七至十二。經學

---

① [日] 長澤規矩也:《阿波國文庫燒亡貴重書目録》,《書志學》復刊新21號,1971年;收入《長澤規矩也著作集》第四卷,汲古書院,1983年,465頁。

② [日] 關靖編輯:《金澤文庫本圖録》,1935年南學社印本。

③ [日] 長澤規矩也:《阿波國文庫燒亡貴重書目録》,《書志學》復刊新21號,1971年;收入《長澤規矩也著作集》第四卷,汲古書院,1983年。

④ [日] 澀江全善、森立之等撰:《經籍訪古志》卷二,上海古籍出版社,2014年,43頁。

者比較研究，知臺北本爲余氏初刊本，阿波國文庫本爲修版後印本①。

　　阿波國文庫所藏宋刻原本已燒毀，楊守敬所得求古樓影寫本下落不明②，欲見余氏修版後印本之文字面目，惟賴《古逸叢書》本而已，學者惜之。而楊氏當年在日本曾拍攝一套照片帶回國内，今藏于國家圖書館普通古籍庫中（索書號：766）。國家圖書館古籍中的楊守敬觀海堂藏書主要來自松坡圖書館③，而此套攝影本并非松坡圖書館所藏觀海堂舊物。據普通古籍組采訪卡片記載，此本是民國十九年（1930）國立北平圖書館自文禄堂書肆購得者，當是楊氏去世後從其家中散出之物。全套照片被裱成册頁，分裝四巨册，每册前後用木板作封面。册頁每頁裝裱原書一葉，可以想見是拆開原書逐葉拍攝的。全部照片爲反字，黑底白字。（圖1）

　　第一册爲卷一至三；第二册爲卷四至六；第三册爲卷七至卷九第十四葉；第四册爲卷九第十五葉至卷十二。《春秋穀梁傳序》四葉誤裱在第二册，卷四僅二葉，誤裱在

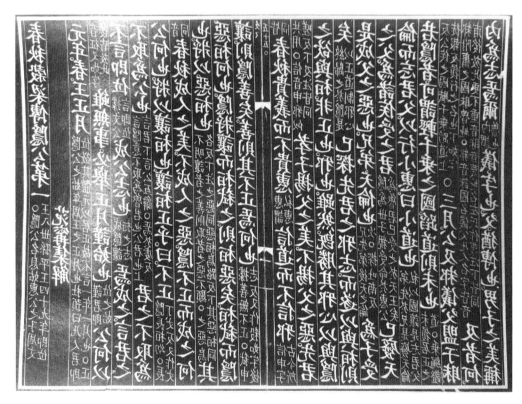

圖1　影抄本照片原樣

① 張麗娟：《南宋建安余仁仲刻〈春秋穀梁傳〉考》，沈乃文主編《版本目録學研究》第1輯，國家圖
　　書館出版社，2009年，107—108頁。
② ［日］阿部隆一：《（增訂）中國訪書志·“國立故宮博物院”藏楊氏觀海堂善本解題》，汲古書院，
　　昭和58年（1983），37頁。
③ 楊氏藏書之流轉，詳參魯穎：《觀海堂藏書流傳考》，《故宮博物院院刊》，2014年第3期。

《序》第二葉之後；何休序誤裱在卷十二末葉之前①；卷十二後多四葉：卷二第十葉、卷五第十七葉、卷七第二葉、卷八末葉。

第一册上夾板之內襯頁上有楊氏墨筆題記云：

> 余仁仲萬卷堂《穀梁傳》，唯康熙間長洲何煌見之，然自宣公以前皆缺。至阮文達作《十三經》校勘時，并殘本不得見，僅據何氏校本入錄，已稱爲希世之珍。此本爲日本阿波所藏，無一字損失，因從森立之假得，用西洋影照法摹之。以校何氏所説，有應有不應，則以何氏所見爲初印本，此則余氏重校改正，故凡何氏所舉余本脱誤之處，此本顯有挖補擠入之痕。然則此爲余氏定本，何氏所見猶未善也。此本余初擬重刊之，後因所見日本古書甚多，傾囊購之，力遂不能兼。謹藏之篋中，以俟好事君子。壬午正月，荆州楊守敬記。（末鈐“星吾東瀛訪古記”印）

> 此書第五册後別有複葉數翻，因西洋紙厚，若刻之，當先試之，用極堅牢紙先糊其正面，而後翻轉，以水擦之使薄，總以反面見字明析②爲度，不俟其乾，即以上木，而後揭起新紙。若擦之不以時用，他日上木，仍必先用水浸透方可。

題記云“此本爲日本阿波所藏，無一字損失，因從森立之假得，用西洋影照法摹之”，意似從宋刻原本拍照，但觀摩全套照片，固然極似宋刻，持之與《金澤文庫本圖錄》等所收原本書影及臺北所藏殘卷比對，點畫却并不完全相同，且照片之文字非常清晰，版面殊爲清朗，絶無模糊之處，也與刻本古籍拍照後之面貌不同，知并非拍自宋刻原書，當係拍自影寫本，蓋即狩谷氏等倩人影寫之本。“第五册後別有複葉數翻”當指卷十二後多出之四葉，但卷二第十葉與正文字體略有不同，上魚尾下之“穀二”二字亦爲複葉所無，不知何故。

題記署“壬午”，爲光緒八年（1882），楊氏得影寫本在此之前。據《清客筆話》載，辛巳年（1881），楊守敬與森立之筆談云：“弟好書成癖，頗以公諸世爲藏書。此《穀梁傳》本向山秘物，彼聞我欲刻之，即欣然相讓。”③《古逸》本《穀梁傳》書末後附楊氏所作《余仁仲萬卷堂〈穀梁傳〉考異》，《考異》之前言亦談及獲得抄本《穀梁傳》之事：“（余仁仲）原本舊爲日本學士柴邦彦所藏，文政間，狩谷望之使人影摹之，纖豪畢肖，展轉歸向山黃村。余初來日本時，即從黃村求得之。”④考《翁同龢日記》光緒九年十月初七日載：“何子峨來辭。以唐人寫經一卷爲贈，并日本洋照余仁仲《穀梁注》，皆妙，惜照書字皆反耳。”⑤何子峨即何如璋（1838—1891，字子峨），光緒三年出任首任出使日本國欽差大臣，光緒八年任滿回國，楊守敬于光緒六年應何氏之召赴日本。頗疑何氏贈予翁同龢之“日本洋照余仁仲《穀梁注》”與今國圖藏本相同，皆係楊守敬照自影寫本，

---

① 《春秋公羊傳》《穀梁傳》之宋余仁仲刻本係合刻，故《穀梁傳》末有何休序。
② “析”字原書作此，當作“晰”。
③ 陳捷整理：《清客筆話》，《楊守敬集》第13册，湖北人民出版社、湖北教育出版社，530頁。
④ 阿部隆一《日本訪書志》卷一《春秋穀梁傳》條與《余仁仲萬卷堂〈穀梁傳〉考異》前言大同小异。
⑤ （清）翁同龢撰，翁萬戈編，翁以鈞校訂：《翁同龢日記》第4卷，中西書局，2012年，1820頁。

蓋因何氏歸國，乃拍攝若干珍本古籍作爲分贈友朋之禮品。楊氏題記所謂"此本爲日本阿波所藏，無一字損失，因從森立之假得"，恐是欺人之談。不知翁氏所得尚存世與否。

二、西洋寫真法

楊守敬輯刻《古逸叢書》時，曾與日本著名刻工木村嘉平研究利用西洋照相技術翻刻古書，其方法是將需要覆刻的古書拍成照片，然後將這些照片上版刻成版木，按木版印刷的工序刷印。《古逸叢書》中的《玉篇》、《莊子注疏》的大部分、《太平寰宇記》、《重修廣韻》就是用這種照相法刊成的[①]。前揭楊守敬題記表明，彼時楊氏已經熟練掌握了用相片上版刊刻的方法。一般認爲，《古逸叢書》本《穀梁傳》是據影寫本覆刻的。若是將影寫本直接上版刊刻，則刻成而影寫本已毀，後來自然無由得見；若是據影寫本再次影寫而上版，則距宋刻原本已是三度轉錄矣；考慮到照片可以複製多份，《穀梁傳》似亦有用照相法覆刻的可能，但目前尚未發現相關證據。而此套攝影本，爲我們瞭解傳統雕版印刷與新興照相技術結合的技術細節提供了難得的實物。（圖2：影抄本之照片；圖3:《古逸叢書》影刻本）

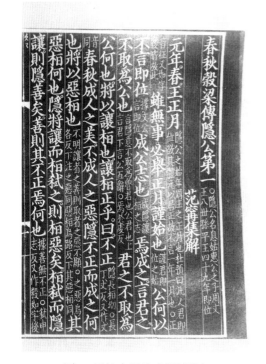

圖2　影抄本照片（翻轉後）

圖3　《古逸叢書》影刻本

---

① 楊氏與木村嘉平的照相法，詳見陳捷《關于楊守敬與日本刻工木村嘉平交往的考察》，《中國典籍與文化論叢》第7輯，北京大學出版社，2002年。

三、校勘價值

木村嘉平刊刻《古逸叢書》本《穀梁傳》技藝之精湛，極爲楊氏贊許，如楊氏爲木村嘉平的畫像所題贊語有云："余爲遵義黎氏刻《古逸叢書》，中有影宋本《穀梁傳》，最難措手，乃以屬之嘉平。逾年刻成，意出原本上，潘伯寅司寇稱爲自有天地以來未有如此之精者。"[①] 楊氏自撰《鄰蘇老人年譜》中亦稱："日本刻書手爭自琢磨，不肯草率，尤以木村嘉平爲最精。每一字有修改補刻至數次者。《穀梁傳》一部，尤無一筆異形。"[②] 從形式上看，《穀梁傳》確實摹刻甚精，保存了宋槧面貌，但《古逸叢書》存在校改文本的現象，幾爲學者共識，相關討論很多[③]，《穀梁傳》對原書的校改有多少呢？宋刻原本已不存世，無從比對。學者王天然曾通過臺北所藏余仁仲初刊殘本來考察古逸本《穀梁》的存真與失真[④]，將對勘所得異文大致歸爲三類：第一類存真之異文21條，是臺北本作爲後印本在《古逸》本源出之余本基礎上進行重校修訂的内容，這些異文同樣也出現在楊守敬《考異》中；第二類失真之異文13條，是余氏重校本原書歷經影寫、覆刻，輾轉失真之例；第三類異文7條，是較爲複雜的情況。

國圖所藏《穀梁傳》影抄本照片較之臺北殘本，更接近宋刻初印本之原貌，可以算是刊刻《古逸》本中間環節之一，與《古逸》本比勘可見：

（一）存真之异文

共21條，影抄本與《古逸》本全同。這些异文皆係初印、後印本之差異。康熙間何煌曾校余本之後印本，校記爲阮元《春秋穀梁傳注疏校勘記》所采，楊氏主持刊刻《古逸》本時曾參考何煌校記，并在《考異》中將何氏所見余本（初印本）與《古逸》底本（求古樓本）不應之處注出。以宋刻殘本與影抄本、《古逸》本及其《考異》比勘，可知這些存真之异文在影抄本、《古逸》本皆予保留。

（二）避諱字問題

①宋諱字。宋刻諱字采用缺末筆的形式，有些諱字影抄本不避，《古逸》本反而避諱，如：

---

① 轉引自陳捷《關于楊守敬與日本刻工木村嘉平交往的考察》。
② 楊守敬撰，郗志群整理：《鄰蘇老人年譜》，《楊守敬集》第一册，湖北人民出版社，1997年，18頁。
③ 詳參［日］長澤規矩也撰，陳捷譯：《關于〈古逸叢書〉的可信性》，沈乃文主編《版本目錄學研究》第3輯，國家圖書館出版社，2012年（原文最早發表于1974年）；賈二强：《〈古逸叢書〉考》，黄永年主編《古代文獻研究集林》第1集，陝西師範大學出版社，1989年；蘇芃：《原本〈玉篇〉殘卷國内影印本述評》，《中國典籍與文化》2008年第4期；馬月華：《〈古逸叢書〉研究》，北京大學出版社，2015年；蔣鵬翔：《〈古逸叢書〉編刊考》，花木蘭文化出版社，2014年。
④ 王天然：《〈古逸叢書〉本〈穀梁〉的存真與失真》，《中國出版史研究》2021年第3期。

影抄本不諱"竟"字，而卷一P8A8^①"至此服竟"、卷二P1B11"非鄭竟內"、卷八8B11"竟音境"之"竟"字，《古逸》本皆缺末筆。

影抄本"恒"字避諱不謹嚴，而卷三P6A4"恒星"，影抄本不諱而《古逸》本諱；卷三P6A11兩"恒星"，影抄本上諱下不諱，《古逸》本皆諱。

影抄本"貞"字避諱不謹嚴，而卷三P17A10"他貞反"、卷七P10A10"尹貞反"、卷九P7A1"公子貞"之"貞"字，影抄本不諱而《古逸》本皆諱。

影抄本"徵"字避諱不謹嚴，而卷七P7A2"據徵舒陳大夫"、P7A3"夏徵舒"，卷十P4A7"干徵師"，卷十P5B9、P5B10"夏徵舒"之"徵"字，影抄本不諱而《古逸》本皆諱。

影抄本不諱"桓"字，而卷三P10B2"桓公"、卷九P15A7"泰曰桓"，兩"桓"字《古逸》本皆諱。

影抄本"慎"字避諱不謹嚴，而卷一P10B7"許慎"之"慎"字，影抄本不諱而《古逸》本諱。

以上見于臺北宋刻殘卷者，"竟""徵""桓"等字，皆不避諱，可推知宋刻初印本亦如是。《古逸》本反而缺筆諱，實屬妄改。

②清諱字

凡清代諱字"玄（弦）""丘""胤""泓""寧""淳"各字，影抄本不避諱，《古逸》大多避諱缺筆，但不謹嚴。

王天然所列失真之异文13條，前3條皆係《古逸》本避清諱而有意修改底本之例。

（三）影抄本與《古逸》本之异文

①卷一P11B6"殷覜以除邦國之慝"，《古逸》本"覜"字不從"目"，而從"目"，字形作覜。

②卷二P7A1"尚韭卵"，影抄本"卵"誤作"卯"，《古逸》本作"卵"。

③卷二P13A1"所以勸善而懲惡"，《古逸》本"勸"字誤作"勤"。

④卷三P20B10"諸侯之尊，弟兄不得以屬通"，《古逸》本"兄"誤作"也"。

⑤卷五P12B6"公會齊侯、宋公、陳侯、衛侯、鄭伯、許男、曹伯于咸"，影抄本"于"誤作"十"，《古逸》本作"于"。

⑥卷五P24B9"歸之于陽"，影抄本"于"誤作"十"，《古逸》本作"于"。

⑦卷六P12A3"視朔"，影抄本"朔"缺兩橫，《古逸》本不缺。

⑧卷九P15A5"但有言燕者"，"言"下影抄本空一字，《古逸》本作框圍"□"。

⑨卷九P9B11"親而奔逐之"，《古逸》本"逐"誤作"遂"。臺北殘宋本作"逐"，與影抄本同。此係《古逸》本誤刻。

---

① 爲便查找，以下用"P8A8"的形式表示异文的位置，即第8頁A面第8行，而不再指出具體是某公某年之經、傳、注或釋文。

⑩卷十P4B3"挂，戶卦反，又音封"，《古逸》本"封"作"卦"。臺北殘宋本作"封"，與影抄本同。此係《古逸》本誤刻。

⑪卷十一P7B3"壇，徒丹反，封土曰壇"，《古逸》本"土"誤作"上"。臺北殘宋本作"土"，與影抄本同。此係《古逸》本誤刻。

⑫卷十二P7B2"不如冠有差等，唯欲好冠"，《古逸》本"如"作"知"。臺北殘宋本作"如"，與影抄本同。此係《古逸》本誤刻。

以上12條，第⑧是表示空格之方式不同，可不作異文看。第①條當係《古逸》本字形之誤刻。第②⑤⑥⑦疑底本模糊，以致"卯"缺兩點、"于"缺上橫、"朔"缺兩橫，影寫時忠實照抄，刻《古逸叢書》時皆予以校正。第③④⑨⑩⑪⑫則屬于《古逸》本刊刻時致誤。

（四）所謂"失真之异文"

王天然所列失真之异文第4至13條，有文字之訛誤，有字形之略異，推測"很可能是余氏重校本原書歷經影寫、覆刻，輾轉失真"，"其中有些异文尚難獲知究竟產生于影寫、覆刻哪個環節"。以影抄本對照，可以瞭然。如文字之訛誤例：

①"臺北本卷七宣公元年傳'與聞乎故也'下釋文作'與聞，音豫'，《古逸》本'聞'作'門'。"按：影抄本作"門"（P1A4）。

②"臺北本卷九襄公二十年傳'親而奔之，惡也'下集解作'親而奔逐之'，《古逸》本'逐'作'遂'。"此係《古逸》本誤刻，見上第⑨。

③"臺北本卷十一定公六年傳'三家張也'下釋文作'張，如字，一音丁亮反'，《古逸》本'丁'作'下'。"按：影抄本作"下"（P6A3）。

④"臺北本卷十一定公九年經'鄭伯薑卒'下釋文作'薑，丑邁反'，'丑'作'囲'形，《古逸》本'丑'作'田'。"按：影抄本作"田"（P7A2）。此字宋刻元修本《監本附音春秋穀梁注疏》作"田"[①]，元刻《十三經注疏》本亦作"田"，唯《經典釋文》作"丑"。臺北宋本暫無法獲得清晰圖片，此據《四部叢刊》影印本。疑宋本初印即作"田"。

⑤"臺北本卷十一定公十年傳'兩君就壇，兩相相揖'下釋文作'壇，徒丹反，封土曰壇'，《古逸》本'土'作'上'。"按：此係《古逸》本誤刻，見上⑪。

⑥"臺北本卷十一定公十年傳'二三子獨率我而入夷狄之俗何爲'下釋文作'遼，七旬反'，《古逸》本'七'作'一'。"按：影抄本作"一"（P7B9）。

以上6條，存疑者一條（④），《古逸》本誤刻兩條（②⑤），另外三條《古逸》本與臺北殘宋本之異文（①③⑥），乃承自影抄本，非但不屬于失真之異文，反而應視爲存真之異文。這些异文何煌失校，《考异》亦無體現。

另外字形之异四條，表列如下：

---

① 國圖善本A05419。《中華再造善本》所用爲國圖善本A00021，此葉爲抄配，亦作"田"。

256

表1　金澤本、臺北本、影抄本、《古逸》本字形對比表

	原文	金澤本	臺北本	影抄本	《古逸》本	備註
1	范寧《春秋穀梁傳序》"則《小弁》之刺作"下釋文"《谷風》在《邨風》"之"邨"字	邨	邨	邨	邨	《古逸》本誤刻
2	卷八成公十六年經"雨木冰"下集解"木介甲冑"之"冑"字（P10A11）		冑	冑	冑	此非字形之誤
3	卷八成公十七年傳作"言公之不背柯陵之盟也"之"背"字（P11B11）		背	背	背	《古逸》本字形承自影抄本
4	卷十二哀公十三年傳"夫差未能言冠而欲冠也"下釋文作"夫差，音扶，下初佳反"之"佳"字（P7B2）		佳	佳	佳	此非字形之誤

此外，卷三莊公十四年傳"舉人，衆之辭也"（P10A9）之"衆"字，影抄本作"衆"《古逸》本作"衆"

以上5條，有并非《古逸》本字形之誤者（2、4），有誤刻者（1），有淵源有自者（3），有《古逸》本校改者（"衆"字）。

（五）複雜情況的异文

王天然所列第三類比較複雜的情況，共7條：

① "臺北本卷七宣公十二年傳作'日，其敗事也'，《古逸》本'敗事'作'事敗'。"（P7B3）按：影抄本作"事敗"。

② "臺北本卷九襄公十一年經'同盟于京城北'下集解作'京城北，鄭者'，《古逸》本'者'作'地'。"（P6A11）按：影抄本作"地"。

③ "臺北本卷十昭公八年傳'不得入'下釋文作'挂，戶卦反，又音封'，《古逸》本'封'作'卦'。"（P4B3）按：此係《古逸》本刊刻致誤，見前⑩。

④ "臺北本卷十昭公十八年經'冬，許遷于白羽'下集解作'白羽，許也'，《古逸》本'也'作'地'。"（P9B11）按：影抄本作"地"。

⑤ "卷十一定公四年傳'數年然後得歸，歸乃用事乎漢'，臺北本不重'歸'字，《古逸》本重'歸'字。"（P4B8-9）按：影抄本重"歸"字。

⑥ "臺北本卷十二哀公四年傳'不以上下道道也'下集解作'若衛祝吁稱其君完之類'，《古逸》本'稱'作'弒'。"（P3B11）按：影抄本作"弒"。

⑦ "臺北本卷十二哀公十三年傳'夫差未能言冠而欲冠也'下集解作'不如冠有差等，唯欲好冠'，《古逸》本'如'作'知'。"（P7B2）按：此係《古逸》本誤刻，見上第⑫。

這些异文爲何煌校記所無，故楊守敬《考異》中亦無體現。馬月華認爲大多可用余本初印、後印來解釋，"但楊守敬在《考異》中既没有交代，則這些异文也有可能是《古逸叢書》刊刻時對底本作了校改所致"①。王天然推測有些可能是《古逸》本覆刻過程中修訂文本所致，有些則可能是余本重校時產生，蓋何煌未出校或後人轉録何校失收，《考異》無由體現，此類异文屬古逸本存真之例。今按，7條异文中，有兩條屬于《古逸》本刊刻致誤（③⑦），另外5條均可視作余仁仲本初印、後印之差異，亦屬存真之异文，蓋何煌失校，故楊氏《考異》無從體現。

此外，馬月華另校出兩條：

①卷七P9A5"甲氏、留吁，赤狄別種"，《古逸》本同赤，臺北本作"亦狄"。字形作亦。按：此當是版面殘損所致。

②卷11P2A9"冬，禾稼既成"，《古逸》本同冬，臺北本"冬"作"各"。

長澤規矩也曾指出一處异文："因原本已經燒毁，無法進行比較。然就我手邊保存的四張原本的照片看，内容没有改動的痕迹。如果一定要指出的話，何休序末後半葉第一行'胡毋生'宋刊本原本很明顯是作'母'。"②兹截圖比較：

表2　求古樓本、影抄本、《古逸》本字形對比表

求古樓本	影抄本	《古逸》本

《古逸》本并不作"毋"，各本均作"母"（臺北本缺何休序），其實并無差異。

四、小結

綜上所述，《古逸叢書》本《穀梁傳》誤刻者有10條，校改底本者5條，存真之异文30條（《考異》21條，其餘何煌失校）。對底本最大的改動是清代諱字。總體而言，《古逸》本在極大程度上保存了余氏重校本原貌。通過對勘影抄本，可以厘清大多數《古逸》本在覆刻過程中文字存真與失真的複雜情况。影抄本作爲覆刻過程的中間環節，具有不可替代的文獻價值。《古逸叢書》是傳統雕版印刷與新興照相技術結合的產物。影抄本的照片是這種新興出版方式的珍貴孑遺，爲我們瞭解這種新出版方式的技術細節提供了難得的實物。

（作者單位：國家圖書館古籍館）

---

① 馬月華：《〈古逸叢書〉研究》，北京大學出版社，2015年，177頁。

② ［日］長澤規矩也撰，陳捷譯：《關于〈古逸叢書〉的可信性》，40頁。

張勃《吳録·地理志》考論

夏四達

內容提要：張勃《吳録·地理志》是撰成于東晉時期的正史地理志，體例編排仿自《漢書·地理志》。其書另以《吳地記》之名存目，但不是《通志·藝文略》著録的《吳都記》。《吳録·地理志》亡佚于北宋。唐宋文獻的反復徵引、《吳地記》的存目與明清輯本的詳備在存續其地理知識的同時，透露出該書與傳統區域地理著作的故事性、文學化書寫全然不同，展現出取材嚴謹、崇尚實用的地理觀念。《吳録·地理志》的出現與佚失不僅展示出書籍的消亡與地理知識的重生過程，也折射出魏晉地理文獻衍變歷程中的複雜面相。

關鍵詞：張勃 《吳録·地理志》 地理文獻 政區沿革 山川形勝

班固創立《漢書·地理志》以來，正史修地理志的傳統便得到長期延續，《後漢書·郡國志》《晉書·地理志》《宋書·州郡志》等至明清正史均仿其體例，惟獨東漢末分裂時代闕如。雖有清人洪亮吉作《補三國疆域志》，參以《後漢書》《宋書》《晉書》諸志，互證旁通，正其訛失，但因年代久遠，或難窺其時地理原貌。而傳世文獻中頻密引用的《吳録·地理志》可對這一缺憾稍作彌補。該書爲今天長江以南地區較早的地理文獻，久已亡佚于歷史長河之中，但零圭斷璧，尤顯珍貴。古往今來，前賢們或辨其性質以徵諸史，或集其散佚考述地理，或仿其體例采摭佚文。觀今人研究，對張勃《吳録》的研究主要集中在其書編纂體例及史觀形塑以及對《吳録》的提要式介紹[①]，對《吳録·地理志》則較爲忽視，相關研究還不充分[②]。趙莉的碩士學位論文

[①] 關于張勃《吳録》的研究，相關研究參見〔日〕松本幸男：《張勃〈吳録〉考》，《學林》第14、15合并號（1990年7月）；〔日〕松本幸男：《續張勃〈吳録〉考》，《學林》第16號（1991年2月）；唐燮軍：《張勃〈吳録〉對孫吳國史的重構及其邊緣化》，《史林》2015年第4期；趙莉：《張勃〈吳録〉考論——重構孫吳國史的嘗試》，寧波大學碩士學位論文，2013年。提要式介紹如：張國淦：《中國古方志考》，中華書局，1963年，52頁；劉緯毅：《漢唐方志輯佚》，北京圖書館出版社，1997年，52—53頁。

[②] 目前研究僅是在討論吳地舊志時簡要述及《吳録·地理志》，相關研究參見趙榮：《魏晉南北朝時期的中國地理學研究》，《自然科學史研究》1994年第1期，69頁；牟發松：《〈吳地記〉考》，湯勤福主編《歷史文獻整理研究與史學方法論》，黃山書社，2008年，62—81頁；華林甫：《中國地名學源流》，人民出版社，2010年，88—89頁；李芸鑫：《〈吳地記〉四庫提要辨析及源流、版本考》，《江蘇地方志》2015年第6期，56—57頁；祖胤蛟：《中古蘇州三種方志考論》，《知識文庫》2019年第2期，19—20頁。

《張勃〈吳録〉考論——重構孫吳國史的嘗試》是爲數不多涉及《吳録·地理志》徵引、著録情況的，但該部分的研究不够詳細，且述而不論，深度略顯不足。總體來看，前人對于《吳録》的研究已取得一定成績，但對該書的著録、徵引、文本等諸面均涉及不深，相關研究不充分；而《吳録·地理志》的研究幾乎處于空白狀態，且因大量存在佚文，所以有進一步深入研究的餘地。筆者不揣譾陋，遍檢史籍，從成書年代、文本辨析、文獻徵引、著録流傳、佚文内容等角度對《吳録·地理志》進行較爲詳細的考述，廓清《吳録·地理志》的出現、流布、散佚等基本問題。透過文獻傳衍過程中的文本差异與内容保留，從一個側面觀察魏晋地理文獻的衍變及地理知識的存續，庶幾能對相關問題有所發覆。

一、張勃其人與《吳録》成書年代

張勃其人，史無專傳，生卒不詳。鈎沉史料，僅見幾條，得以略窺其生平。《史記》卷六六《伍子胥列傳》集解引"張勃曰：'子胥乞食處在丹陽溧陽縣。'司馬貞《索隱》載：按：張勃，晋人，吳鴻臚嚴（儼）之子也，作《吳録》，裴氏注引之是也"[1]。由此可知，張勃爲三國名士張儼[2]之子、張翰兄弟。張勃《吳録》究竟撰于何時，歷來史家莫衷一是，未有確論。不過，《宋書·州郡志》采摭《吳録·地理志》用以考述鄉邦地理沿革者甚多，或可以此爲中心，推測《吳録》的具體成書時間。

表1 《吳録·地理志》所載部分縣建置本末

縣名	建置時間	存續時間	縣名	建置時間	存續時間
懷安令	東漢末	吳、西晋	都龐長	吳	東晋
平山令	吳	西晋	西安長	吳	西晋、東晋
始定令	西晋	東晋	利陽縣	西晋	東晋
興道令	吳	西晋	新平縣	西晋	東晋
寧浦令	吳	西晋	邵陵縣	西晋	東晋
高安令	西晋	東晋	巴陵縣	西晋	東晋
常樂縣	吳	西晋、東晋	郴縣	吳	西晋、東晋
贛縣	吳	西晋、東晋	零陵縣	西晋	東晋
羅陽縣	吳	西晋、東晋	始安縣	吳	西晋、東晋

---

[1]（漢）司馬遷著，（南朝宋）裴駰集解，（唐）司馬貞索隱，（唐）張守節正義：《史記》，中華書局，1959年，2173頁。

[2] 按：《三國志》卷四八《孫皓傳》注引《吳録》載："儼字子節，吳人也。弱冠知名，歷顯位，以博聞多識，拜大鴻臚。"參（晋）陳壽：《三國志》，中華書局，1959年，1166頁。

縣名	建置時間	存續時間	縣名	建置時間	存續時間
新城令	西晉	東晉	始陽縣	西晉	東晉
武康縣	西晉	東晉	臨沅縣	東漢末	吳、西晉、東晉
零陽縣	吳	西晉、東晉	桐廬縣	吳	西晉、東晉
連道令	東漢末	吳、西晉、東晉	長城令	西晉	東晉
富春縣	東漢	吳、西晉	句容縣	吳	西晉、東晉

説明：表中諸縣均出自《宋書·州郡志》引《吳録·地理志》，另有交、廣二州部分郡屬縣建置及沿革未附表中，蓋因篇幅有限，且自漢至南北朝變化不大，故缺。表中各縣建置時間（上限爲東漢）及存續時間（下限爲南朝）的斷定基本以《宋書·州郡志》[1]《晋書·地理志》[2]爲主，并參考胡阿祥編著《〈宋書·州郡志〉匯釋》[3]，胡阿祥、孔祥軍、徐成著《中國行政區劃通史·三國兩晋南北朝卷》[4]等。

由表1諸縣本末大致可將《吳録·地理志》所載諸縣分成兩類：

一爲東漢或孫吳時建置，兩晋因之。此蓋因其書本爲記述孫吳境内疆域地理，涉及吳縣之本末實乃情理之中的事，這部分縣的參考價值不大。不過，從《宋書·州郡志》的引文來看，沈約所參考的《吳録·地理志》中有部分吳縣缺載，如："懷安令，何志吳改，未知先何名。《吳録·地理》無懷安縣名。"另"寧浦令，《晋太康地記》本名昌平，武帝太康元年更名。《吳録》有此縣，未詳。"[5]按昌平縣，三國吳永安年間置，屬合浦北部都尉[6]，即《吳録》有晋時寧浦令而不載吳時昌平縣。部分吳縣的缺載説明，其書可能撰于吳亡以後較長一段時間内，以致于張勃也記不清部分吳縣沿革。

二爲西晋滅吳後于太康二年（281）新置，東晋時略有省并。如上表中始定令、高安令、利陽縣、新平縣、邵陵縣、巴陵縣、武康縣等諸縣，皆是西晋新置而載于《吳録》，則其書撰成于西晋太康以後，或有根據。清人王謨《漢唐地理書抄》輯"吳地理志"一卷有"臨水，晋改爲臨安"[7]一條可資旁證。按：臨安令，吳分餘杭爲臨水縣，晋武帝太康元年更名[8]。另外，《宋書·州郡志》卷三五"吳郡太守"條下論述"新

① （南朝梁）沈約：《宋書·州郡志四》，中華書局，1974年。

② （唐）房玄齡等：《晋書·地理志》，中華書局，1974年。

③ 胡阿祥編著：《〈宋書·州郡志〉匯釋》，安徽教育出版社，2006年。

④ 胡阿祥、孔祥軍、徐成：《中國行政區劃通史·三國兩晋南北朝卷》，復旦大學出版社，2014年。

⑤ （南朝梁）沈約：《宋書》卷三八《州郡志四》，1196、1203頁。

⑥ 胡阿祥、孔祥軍、徐成：《中國行政區劃通史·三國兩晋南北朝卷》，585頁。

⑦ （清）王謨：《漢唐地理書抄》，中華書局，1961年，154頁下欄。

⑧ （南朝梁）沈約：《宋書》卷三五《州郡志一》，1033頁。

城令”的建置本末謂“張勃云：‘晋末立’”，又言“晋成帝咸和九年又立”①，且《吴録》也記有晋惠帝永寧年間（301—302）事②。由此推知，《吴録》可能撰于西晋亡國以後。但“晋成帝咸和九年（按：334年）又立”新城令一事張勃并不知曉，否則沈約也不會并列出新城令“張勃云晋末立”與“晋成帝咸和九年又立”兩條史料。此外，王謨輯：“富陽縣，本漢富春縣也，屬吴郡。晋康帝（按：晋康帝爲“東晋孝武帝”之訛誤）太元中避簡文鄭太后諱改富陽縣。”③該條輯自《太平寰宇記》富陽縣條：“《吴録·地理志》云，屬吴郡。晋孝武太元中避簡文鄭太后諱改富陽縣。”④按“富陽令”避諱改稱一事，《宋書·州郡志》載：“晋簡文鄭太后諱‘春’，孝武改曰富陽。”⑤而《吴録·地理志》的佚文有：“吴富春縣有沙漲”“宜春縣出美酒，每歲上貢，封酒親付計吏。”⑥顯然張勃在撰寫《吴録》時，并不知道“避諱改稱”一事。而王謨所輯“晋康帝太元中避簡文鄭太后諱改富陽縣”當爲《太平寰宇記》之注文，也由此認爲《吴録》的成書時間斷不會晚于東晋孝武帝太元中（約394）⑦，那麼金毓黼、郭鋒謂張勃生于南朝一説⑧，以及華林甫視《吴録》爲西晋著作⑨，或皆不足信。

綜上，張勃《吴録》的成書時間應在東晋時期。其時間上限當不早于西晋亡國，其時間下限或早于東晋成帝咸和九年（334），或在東晋成帝咸和九年（334）至東晋孝武帝太元中（約394）之間。

二、《吴録·地理志》爲體例仿自
《漢書·地理志》的正史地理志

《隋書·經籍志》史部正史類環濟《吴紀》條下注：“晋有張勃《吴録》三十卷，

---

① （南朝梁）沈約：《宋書》卷三五《州郡志一》，1032頁。
② 唐爕軍據《吴志·妃嬪傳》注引《吴録》“（孫）亮妻惠解有容色，居侯官，吴平乃歸，永寧中卒”，認爲《吴録》的成書時間不當早于晋惠帝永寧年間（301—302）。參唐爕軍：《張勃〈吴録〉對孫吴國史的重構及其邊緣化》，55頁。
③ （清）王謨：《漢唐地理書抄》，154頁下欄。
④ （宋）樂史：《太平寰宇記》卷九三《江南東道五》，中華書局，2007年，1868頁。
⑤ （南朝梁）沈約：《宋書》卷三五《州郡志一》，1032頁。
⑥ （宋）李昉等撰：《太平御覽》卷六九《地部三十四》，中華書局，1960年，326頁下欄；卷一七〇《州郡部十六》，830頁下欄。
⑦ 按《晋書》卷九《孝武帝紀》載：“（太元）十九年夏六月壬子，追尊會稽王太妃鄭氏爲簡文宣太后”，則即東晋孝武帝太元十九年（394）改富春爲富陽。參（唐）房玄齡等：《晋書》卷九《孝武帝紀》，240頁。
⑧ 參見金毓黼：《中國史學史》，山東畫報出版社，2019年，87頁；郭鋒：《唐代士族個案研究——以吴郡、清河、范陽、敦煌張氏爲中心》，廈門大學出版社，1999年，49頁。
⑨ 華林甫：《中國地名學源流》，人民出版社，2010年，89頁。

亡。"① 劉知幾説："原夫司馬遷曰書，班固曰志，蔡邕曰意，華嶠曰典，張勃曰録，何法盛曰説。名目雖異，體統不殊。亦猶楚謂之檮杌，晋謂之乘，魯謂之春秋，其義一也。"② 所以《吴録》名稱雖異于他史，但其體例當如《史記》《漢書》等均爲正史類著作，則《吴録》爲孫吴正史應無疑議。又，章宗源進一步考證其體例稱：

> 愚按《水經·浿水注》、《左傳·宣公》正義、《文選·生賦》注、謝靈運《登臨海嶠》詩注、張衡《七命》注、《初學記·獸部》引文，并題《吴録·地理志》。《藝文類聚》《太平御覽》《寰宇記》所引題《地理志》者尤夥。是知《史通》之言，誤以《吴録》總名相混，不知録内分篇，實仍名志也。《世説·賞譽篇》注引《吴録·士林》曰：吴郡有顧、陸、朱、張，三國之間，四姓盛焉。士林二字未詳，或其列傳標目，如《魏略·儒宗》。稱有志、有傳，其體不似編年類。③

細繹文句，史家徵引多題以《吴録·地理志》，蓋因《吴録》本爲紀傳體史書，有紀、志、傳。諸書徵引"吴録地理""吴録地理志"乃《吴録》内之分篇，即《吴録·地理志》，其説當確④。然而傳世文獻中的《吴録·地理志》佚文散亂無序，難以完整復原其體例結構，但其佚文内容所涉地理要素頗多，或可據此對其體例編排稍作探討。

表2 《吴録·地理志》有關内容分類

門類	内容	出典	門類	内容	出典	門類	内容	出典
郡縣沿革	合浦北部尉	S38	湖泊	洞庭湖	SZ6	物産	荔枝	T971.8
	平山縣	S38		雷池	W12		餘甘	T973.10
	興道縣	S38		太湖	Y8		孔雀	T924.11
	寧浦縣	S38	城邑	苦酒城	T866.24		鼈	T943.15
山岡	胥山	SJ40		廣陵城	T188.16		象	C29.2
	始興山	T71.36	物産	栟櫚木	T959.8		牛	T898.10
	大庾山	T170.16		桃榔	T960.9		翡翠	T924.11
	九嶺嶠	T170.16		欀	T960.9		石鐘乳	T987.4
	梅根山	TP150		木綿	T960.9		石首魚	N15
	湛山	S36		文木	T960.9	墳陵	尉佗墓	T172.18
	括蒼山	T47.12		古度	T960.9		廣陵諸塚	T188.16
	禺山	T170.18		菁茅	Y82	礦産	安閩王冶	S36
	松梁山	T348.79		冬筍	B2		梅塘冶	TP150

① （唐）魏徵等撰：《隋書》，中華書局，1982年，955頁上欄。
② （唐）劉知幾：《史通》卷八《内篇》，上海古籍出版社，2015年，51頁。
③ （清）章宗源：《〈隋書·經籍志〉考證》，《二十五史補編》（第4册），中華書局，1955年，4948頁。
④ 唐燮軍進一步認爲，《吴録》内除地理志外，至少尚置有《祥瑞志》。參見唐燮軍：《張勃〈吴録〉對孫吴國史的重構及其邊緣化》，56頁。

門類	内容	出典	門類	内容	出典	門類	内容	出典
河川	天門溪	T47.24	物産	檳榔	T971.8	祠廟	禹廟	Y38
	桐溪	T75.40		劉	T973.10			
湖泊	青草湖	W12		甘蔗	T974.11			

説明：表中内容取自傳世文獻徵引《吳録·地理志》。表中字母爲書名簡稱，之後的數字爲所在卷數。其中，B:《北户録》①，C:《初學記》②，N:《能改齋漫録》③，S:《宋書·州郡志》，SJ:《水經注》④，SZ:《SH正義》⑤，T:《太平御覽》，TP:《太平寰宇記》，W:《文選注》⑥，Y:《藝文類聚》⑦。

《宋書·州郡志》引《吳録·地理志》考述合浦北部都尉屬縣沿革稱:"《吳録》孫休永安三年，分合浦立爲合浦北部尉，領平山、興道、寧浦三縣。又云晋分平山爲始定，寧浦爲澗陽。"⑧此類較爲完整的政區沿革信息在其引文中并不多見，蓋因《宋書·州郡志》援引《吳録·地理志》過于簡易，其記載疏漏或欠缺，雖還涉及較多縣級政區沿革，也不過是《吳録·地理志》有與無的簡單臚列。《漢唐地理書抄》也輯有一些郡縣沿革的情況，如"贛縣屬廬陵郡""羅陽今安固縣""永安今武康縣""銅陵縣晋立""臨水晋改爲臨安""潯陽縣屬武昌""將樂縣屬建安郡"⑨。由輯佚之隻言片語，很難得知疆域與政區沿革之消長。也有一些地理信息的缺失，如郡名未附屬某州，且郡名之後也不見總户數與總口數。但可認爲，《吳録·地理志》主要以疆域政區爲框架來記録相關信息。

政區沿革之下，則是各種具體信息的展開，如表2附列山崗、河川、湖泊、物産、城邑、祠廟、墳陵等。此外，還涉及地名設置的來歷及名稱的先後更改，可能爲郡縣沿革下的小注。如秣陵本爲楚武王所置金陵，秦始皇時"望氣，故掘斷連崗，改名秣陵"；因谷陽縣地有天子氣，"始皇使赭衣徒三千人鑿坑敗其勢"而改稱丹徒縣；同條下又稱:"吳王時，此地本名長水，秦改曰由拳。"諸如此類，蓋因政治變革而在秦時掀起的改名風潮。還有經濟因素催生的地名更動，如海鹽縣名因"吳王煮海水爲鹽"而來，"吳王築城以貯醞醯"而使吳縣有"苦酒城"之別稱。也有以山崗、河川爲名者，《吳録·地理志》云:"（於晉）縣西晉山，蓋因山以立名。"另《御覽》卷七五引《吳

① （唐）段公路:《北户録》，《叢書集成初編》，商務印書館，1935年。

② （唐）徐堅等:《初學記》，中華書局，1962年。

③ （宋）吳曾:《能改齋漫録》，中華書局，1960年。

④ （北魏）酈道元著；陳橋驛校證:《水經注校證》，中華書局，2007年。

⑤ （漢）司馬遷著，（南朝宋）裴駰集解、（唐）司馬貞索隱、（唐）張守節正義:《史記》。

⑥ 周勛初纂輯:《唐鈔文選集注匯存》，上海古籍出版社，2000年。

⑦ （唐）歐陽詢:《宋本藝文類聚》，上海古籍出版社，2013年。

⑧ （南朝梁）沈約:《宋書》卷三八《州郡志四》，1202頁。

⑨ （清）王謨:《漢唐地理書抄》，154—155頁。

録》述及“桐廬縣”以“吳大帝時有浦通浙江至廬及桐溪”而得名①。

因而，《吳録·地理志》是以政區沿革爲綱，以山岡、河川、湖泊、物産等爲目的正史地理志，其體例當與《漢志》“記天下郡縣本末，及山川奇異，風俗所由”②類似。實際上，在《漢志》以後，相繼有十五部正史仿其體例編排自己的地理志，已成爲學界共識。《吳録·地理志》也很難不受《漢志》影響。

三、《吳録·地理志》與吳地其他舊志考辨

遍檢歷代書目，與《吳録·地理志》成書年代相近的吳地舊地志繁多。牟發松《〈吳地記〉考》一文已從作者、體例、篇幅、出典等角度對部分著述進行詳考③，但仍有一些吳地舊志散見于各書目內，詳見下表。

表3　吳地其他舊志考辨補録

作者及書名	篇幅	體例	文獻出處
韋昭《三吳郡國志》	不詳	地理類	未著録，《太平寰宇記》《輿地紀勝》引
韋昭《吳興録》	1卷	地理類	《補後漢書藝文録》
張勃《吳地記》	1卷	地理類	兩《唐書》志、《册府元龜》
顧長生《三吳土地記》	不詳	地理類	未著録，《太平寰宇記》《輿地碑記目》引
《分吳會丹陽三郡記》	3卷	地理類	兩《唐書》志
顧歡《吳地記》	不詳	地理類	未著録，陸羽《遊慧山寺記》引
虞仲翔《吳郡緣海四縣記》	不詳	地理類	未著録，《文選》《太平御覽·地部》引
虞仲翔《吳郡臨海記》	不詳	地理類	未著録，《太平御覽·地部》引
《吳都記》	1卷	地理類	《通志·藝文略》《國史經籍志》

説明：表中所列吳地舊志主要出自史能之《［咸淳］重修毗陵志》④、姚振宗《〈隋書·經籍志〉考證》⑤、侯康《補後漢書藝文録》⑥、章宗源《〈隋書·經籍志〉考證》⑦、劉緯毅《漢唐方志輯佚》⑧等。

---

① 以上地名更易均出自《太平御覽》引《吳録·地理志》，分見卷一七○《州郡部十六》，827—828頁；卷八六五《飲食部二十三》，3838頁下欄；卷八六六《飲食部二十四》，3842頁上欄；卷一七○《州郡部十六》，827—828頁；卷七五《地部四十》，352頁下欄。

②（南朝宋）范曄：《後漢書》卷九十《郡國志》，中華書局，1965年，3385頁。

③ 牟發松：《〈吳地記〉考》，《歷史文獻整理研究與史學方法論》，62—81頁。

④（宋）史能之：《［咸淳］重修毗陵志》，四川美術出版社，2005年。

⑤（清）姚振宗撰，劉克東等整理：《〈隋書經籍志〉考證》，王承略、劉心明等主編《二十五史藝文經籍志考補萃編》，清華大學出版社，2014年。

⑥（清）侯康：《補後漢書藝文志》，《叢書集成初編》，商務印書館，1939年。

⑦（清）章宗源撰，（清）王頌蔚批校，黃壽成點校：《〈隋書經籍志〉考證》，中華書局，2021年。

⑧ 劉緯毅：《漢唐方志輯佚》，北京圖書館出版社，1997年。

以上著作均有作者、篇幅、體例等方面的考證，與《吳録·地理志》殊異，不易混淆。另有與《吳録》同名异書的個例，略作説明。《崇文總目》著録："《吳録》二十卷，徐鉉等撰。（錢）繹按唐志作三十卷張勃撰。"[①]按《新五代史·吳世家第一》注："《吳録》徐鉉等撰，《運歷圖》龔潁撰，二人皆江南故臣，所記宜得實。"[②]徐鉉等所撰《吳録》記載從楊行密割據淮南至其子楊溥爲止的史事。蓋因楊氏割據淮南，盡有江東之地，并加封吳王，故稱《吳録》。

也有同書异名的情況值得關注。兩《唐書》志于雜史類著録"張勃《吳録》三十卷"，復于地理類存目"張勃《吳地記》一卷"[③]。有學者認爲，兩《唐書》志所著録張勃《吳地記》，或是張勃《吳録·地理志》的單行本，或是《吳録·地理志》的輯佚本，蓋因輯佚本而非全篇，故另題名《吳地記》[④]。此説確有一定道理。清人王謨也説："（《吳録》）本三十卷，全書已亡……後人或得其地志一卷，遂以傳世，非别有《吳地記》也。"[⑤]但諸書引證，或祇稱《吳録》，或簡稱《吳録地理》，或兼稱《吳録地理志》，不曾徵引"張勃《吳地記》"，似説明張勃《吳地記》并未對後世産生多大影響，僅存目于載籍。

《通志·藝文略》地理類著録："《吳都記》一卷，張勃撰。《吳地記》一卷，張勃撰。"[⑥]明人焦竑《國史經籍志》卷三史類郡邑鈔自《通志》并存目"《吳都記》一卷，張勃"[⑦]。清人丁國均論斷："《通志》載張勃《吳地記》一卷，又載張勃《吳都記》一卷，蓋本一書，訛地爲都也。"[⑧]即認爲《吳都記》是張勃《吳地記》之衍訛或别名。然而，"地"與"都"字形相差甚遠，且《吳録·地理志》輯本（或單行本）《吳地記》似乎并不流行，何以另取"吳都"别名？丁氏之説存疑。劉緯毅説《吳都記》因"吳都"而疑爲三國吳人所作[⑨]，據何而來未有詳細説明，不得而知。揆諸史籍，除徐堅《初學記》卷八《州郡部》江南道第十條下引《吳都記》外，再不見他書徵引：

"扈瀆、鹽田"引《吳都記》曰：松江東瀉海口，名曰扈瀆。《輿地志》曰：扈業者，濱海漁捕之名。插竹列于海中，以繩編之，向岸張兩翼。潮上即没，潮

① （宋）王堯臣等編次，（清）錢東垣等輯釋：《〈崇文總目〉附補遺》卷二《僞史類》，《叢書集成初編》，商務印書館，1936年，71頁。

② （宋）歐陽修：《新五代史》卷六一《吳世家第一》，中華書局，1974年，762頁。

③ 分見《舊唐書》卷四六《經籍志上》，中華書局，1975年，2014頁；《新唐書》卷五八《藝文志二》，中華書局，1975年，1504頁。

④ 牟發松：《〈吳地記〉考》，66—67頁。

⑤ （清）王謨：《漢唐地理書抄》，152頁下欄。

⑥ （宋）鄭樵：《通志》卷六六《藝文略四》，浙江古籍出版社，2000年，781頁。

⑦ （明）焦竑：《國史經籍志》卷三，馮惠民等選編《明代書目題跋叢刊》，書目文獻出版社，1994年，289頁。

⑧ 張國淦：《中國古方志考》，199頁。

⑨ 劉緯毅：《漢唐方志輯佚》，52頁。

落即出。魚隨潮礙竹不得去，名之雲扈。

    "若下、峴中"引《吳錄》云：長城若下酒有名，溪南曰上若，北曰下若。并有村，村人取若下水以釀酒，醇美勝雲陽。[1]

徐堅的徵引可作如下解讀。第一，東晋顧夷《吳地記》云："松江東北行七十里，得三江口，東北入海爲婁江，東南入海爲東江，并松江爲三江。"[2] 故《吳都記》或曾參考過顧夷之書。第二，"扈瀆、鹽田"下引《吳都記》及《輿地志》，或可認爲兩書年代較爲接近[3]。第三，同條"若下、峴中"下引《吳錄》，説明其與《吳都記》蓋本爲兩書，且唐時尚存。據此，《吳都記》或爲東晋南朝時作品，但非爲張勃所撰。

    限于資料，似乎很難解決《吳都記》不存唐宋書目而獨著録于《通志·藝文略》這一問題。可能的解釋是，魏晋以來，吳地舊志繁雜，久經歲月早已難復原貌，後人著書立説難免有所混淆，且著録書籍不求其確，惟求其全。故《通志·藝文略》著録"張勃《吳都記》"，或係本有是書而鄭樵附益之，假托爲張勃所作，也未可知。

四、《吳録·地理志》的亡佚時代與輯佚情况

    就徵引張勃《吳録》的情况來看，南北朝時期以正史爲主。裴松之《三國志注》引用頗豐，多達80餘處，用來考訂孫吳國史，如劉知幾所言：

    先是，魏時京兆魚豢私撰《魏略》，事止明帝。其後孫盛撰《魏氏春秋》，王隱撰《蜀記》，張勃撰《吳録》，异聞錯出，其流最多。宋文帝以《國志》載事傷于簡略，乃命中書郎裴松之兼采衆書，補注其闕。由是世言《三國志》者，以裴《注》爲本焉。[4]

    此外，《史記集解》《後漢書》《世説新語》亦引數條。同時，地理書的徵引也有不少，《水經注》引兩條，《宋書·州郡志》采摭頗多。《齊民要術》亦引兩條。

    入隋後，以類書、地理書的徵引爲主，徵引内容多涉其地理志部分。類書方面，《北堂書鈔》引兩條，《藝文類聚》山水部、草部各引數條，《初學記》天部、地部也有少量引用《吳録·地理志》。尤以《太平御覽》徵引《吳録·地理志》頗豐，所涉地部、州郡部、居處部、禮儀部、飲食部、兵部、果部、木部、獸部、藥部、羽族部、

---

① （唐）徐堅：《初學記》卷八《州郡部》，187頁。

② （漢）司馬遷著，（南朝宋）裴駰集解，（唐）司馬貞索隱，（唐）張守節正義：《史記》卷二《夏本紀》，59頁。

③ 據筆者觀察，《初學記》州郡部所引書有一大致順序，"叙事"部分一般先引《尚書》《漢志》，"事對"部分再按古典目録學經、史、子、集依次引述，若"事對"子目下僅引史部地理類著作，則大致按先早後晚的順序徵引。另據陸帥考證，《輿地志》的成書時間應在天嘉元年（560）後。參陸帥：《顧野王〈輿地志〉的著録、徵引與内容——以唐宋文獻爲中心的考察》，《中國歷史地理論叢》2016年第1輯，87頁。

④ （唐）劉知幾：《史通》卷十二《外篇》，上海古籍出版社，2015年，315頁。

鱗介部等，可謂包羅萬象。地理書方面，《太平寰宇記》引用頗多，《吳地記》（陸廣微）、《北户録》各引一條。文集方面也有少量地理內容的徵引，如《文選注》《能改齋漫録》均引。《尚書正義》亦引一條。北宋以後徵引此書者甚少，所引內容幾乎不出前文所引。

從歷代目録的著録情況來看，《隋書·經籍志》、兩《唐書》藝文志均著録"張勃《吳録》三十卷"，《册府元龜》存目"張勃撰《吳録》三卷"①。囿于資料，卷帙遺失詳情已難考知，但若以"三卷"爲"三十卷"抄寫之訛誤，似不甚妥帖。《隋志》稱"張勃《吳録》已亡"，兩《唐書》志又存目《吳地記》，則《吳録·地理志》北宋或仍存世。而《御覽》《寰宇記》的廣徵博引說明，它們更可能直接摘自《吳録》原書，那麼其殘存三卷中包括地理志的可能性較大。另外，鄭樵《通志·藝文略》、尤袤《遂初堂書目》、晁公武《郡齋讀書志》、陳振孫《直齋書録解題》、馬端臨《文獻通考》等均不著録《吳録》②。由此可見，張勃《吳録》自東晋後廣泛流傳，并爲多方徵引，散見于諸家史籍，至隋唐時逐漸佚失，僅有地理志數卷存世，卒亡佚于北宋③。

南宋以後，《吳録·地理志》已佚，但諸家輯本詳備，令人贊嘆。明陶宗儀《説郛》輯得數條。清王仁俊據《寰宇記》輯得一卷，收入《玉函山房輯佚書續編》。清杜文瀾從《御覽》采得數條，收入《曼陀羅華閣叢書》。王謨《漢唐地理書抄》是諸本所輯最詳者，凡采《水經注》《宋書·州郡志》《初學記》《藝文類聚》《御覽》《寰宇記》等衆條，輯得"張勃吳地理志一卷"。④以上輯本內容多摘自他書徵引的《吳録·地理志》，《吳録》僅以空名寓于載籍。然而輯録之家多存而不論，以王謨輯本爲例，另有不少失采之處。筆者不揣譾陋，茲録之如下：

    1.丹陽江乘縣有湯山，出温泉三所；

    2.馬援至荔浦，見冬筍，名曰苞筍，其味美于春夏筍也；

    3.南朱桐縣有文木，材堅黑，如水牛角，作馬鞭；

    4.廣州有木，明迖度，不華而實；

---

① （北宋）王欽若等編：《册府元龜》卷五五五《國史部采撰一》，中華書局，1960年，6669頁。

② 諸書目版本信息如下：（宋）鄭樵：《通志》，浙江古籍出版社，2000年；《崇文總目》，《叢書集成初編》，商務印書館，1936年；趙士煒：《〈中興館閣書目〉輯考》，《〈宋史·藝文志〉補附編》，商務印書館，1957年；（宋）晁公武：《郡齋讀書志》，《四部叢刊》本；（宋）尤袤：《遂初堂書目》，《叢書集成初編》，商務印書館，1936年；（宋）陳振孫：《直齋書録解題》，上海古籍出版社，1987年；（元）馬端臨：《文獻通考》，華東師範大學出版社，1985年。

③ 牟發松根據宋人吳曾《能改齋漫録》卷十五石首魚條"余偶讀張勃《吳録·地理志》，載吳婁縣有石首魚"，認爲張勃《吳録·地理志》似乎至南宋時猶存。參見牟發松：《〈吳地記〉考》，67頁。但孤證難以成立。

④ 諸輯本書籍版本信息如下：（明）陶宗儀：《説郛三種》，上海古籍出版社，2012年；（清）王仁俊：《玉函山房輯佚書續編三種》，上海古籍出版社，1989年；（清）杜文瀾：《曼陀羅華閣叢書》，清光緒十八年（1892）上海掃葉山房刻本；（清）王謨：《漢唐地理書抄》，中華書局，1961年。

5.吳王煮海水爲鹽，今海鹽縣是也；

6.交趾西于縣多孔雀，在山草中，郡内及朱崖皆有之；

7.余偶讀張勃《吳録·地理志》，載吳婁縣有石首魚。①

　　王謨輯本更有一些錯訛值得注意②。除前引"富陽縣"一條訛誤外，另有："黔陽，屬武陵郡。今辰州三亭縣西黔陽故城，即漢之黔陽縣城也。"③輯自《御覽》引《吳録·地理志》曰："黔陽，屬武陵郡。黔陽，今辰州三亭縣西故城是也。"④"辰州三亭縣"爲隋唐之際的政區⑤，所以"今辰州三亭縣西黔陽故城，即漢之黔陽縣城也"當爲唐宋人引《吳録·地理志》時修改或添加的注解，非其原文，《吳録·地理志》應僅存有"黔陽，屬武陵郡"。相同的訛誤也見于"於潛（按當作"晉"）縣西晉山，蓋因山以立名，故晉字無水"⑥。輯自《御覽》所引《吳録·地理志》："縣西晉山，蓋因山以立名。舊晉字無水，至隋加水。"⑦那麽"故晉字無水"也是王謨對《吳録·地理志》的誤輯。

五、唐宋文獻所見《吳録·地理志》的地理價值

　　魏晉時期，國家四分五裂，政權更迭頻繁，由此帶來政區的頻繁變化及人口的大範圍遷徙。這場"3—6世紀的地理大交流"催生出一大批地理學者及區域地理著作⑧。在此背景下，時人增擴了故土以外的新的地理知識，逐漸將安土重遷的黎民之性轉換成文本上的故土之思。有學者指出，魏晉六朝區域地理著作頻出的原因，主要在于地方勢力的崛起及地區觀念的增强⑨。同時，漢唐間地理學發展的一個重要背景是，古代

---

① 以上所列分見《初學記》卷七《地部下》，145頁;《北户録》卷二《斑皮竹筍》，33頁;《太平御覽》卷九六〇《木部九》、卷八六五《飲食部二十三》、卷九二四《羽族部十一》，4261頁下欄、4262頁上欄、3842頁下欄、4103頁上欄;（宋）吳曾:《能改齋漫録》卷十五，446頁。

② 王勇考訂王謨輯本"張勃吳地理志一卷"訛誤有"吳王築城以貯醢醯，今俗人呼若酒城"，按"若"當作"苦"。參見王勇:《〈漢唐地理書鈔〉訛誤考訂》，《古籍整理研究學刊》2012年第1期，47頁。實際上該輯本訛誤遠不止此。

③（清）王謨:《漢唐地理書抄》，154頁。

④（宋）李昉等撰:《太平御覽》卷一七一《州郡部十七》，835頁上欄。

⑤ 按《元和郡縣圖志》載:"陳文帝于此置沅陵郡，開皇九年（589）改爲辰州，取辰溪爲名"，又"三亭縣，本漢遷陵縣，屬武陵郡，隋入大鄉縣。貞觀九年（635），分大鄉縣置，因縣西五十里有三亭古城爲名。"參（唐）李吉甫撰:《元和郡縣圖志》卷三〇《江南道六》，中華書局，1983年，746、752頁。

⑥（清）王謨:《漢唐地理書抄》，153頁上欄。

⑦（宋）李昉等撰:《太平御覽》卷一七〇《州郡部十六》，828頁下欄。

⑧ 胡阿祥等:《史書地志》，南京大學出版社，2009年，240頁。

⑨ 參見王衛婷:《魏晉南北朝州郡地記與地域意識略述》，《南京曉莊學院學報》2007年第5期；王琳:《六朝地記：地理與文學的結合》，《文史哲》2012年第1期，94—97頁。

學術體系由王官、家法向私著轉變①。那麽，作爲孫吳後裔的張勃，既知亡國不可以復存，死者不可以再生，内含深切戀吳、尊吳情結②而撰成《吴録》一書，用以矜誇孫吳地理之美、人物之盛、物種之阜，自然也在情理之中。可以説，《吴録·地理志》也是具有區域地理性質的地理文獻③。根據其散見于唐宋文獻中較爲豐富的珍稀物産、山川地理等内容，或許能更好地理解其地理價值所在。

（一）异物記載所見其取材之嚴謹

從《水經注》、唐宋文獻的徵引來看，《吴録·地理志》涉及荆、交、廣等地的奇异動物、植物頗多，不妨以其异物記載爲中心，進一步探究《吴録·地理志》的性質。首先來看《水經注》卷三七浪水條。

> 浪水又東徑懷化縣，入于海。水有鰡魚，裴淵《廣州記》曰：鰡魚長二丈，大數圍，皮皆鱸物。生子，子小隨母覷食，驚則還入母腹。《吴録·地理志》曰：鰡魚子，朝索食，暮入母腹。《南越志》曰：暮從臍入，旦從口出。腹裏兩洞，腸貯水以養子。腸容二子，兩則四焉。④

就引文内容而言，《水經注》受《山海經》等著作影響較深⑤，所記异物頗涉虚誇怪誕。引文取自《廣州記》《吴録·地理志》《南越志》。或許在酈道元看來，《吴録·地理志》也兼有地志記述异物的一面。不過，取材于《吴録·地理志》中的鰡魚不似《廣州記》《南越志》着意于鰡魚怪誕習性的描寫，其本意或僅在于"浪水有鰡魚"的地理記載。

除上例外，唐宋文獻更是廣引《吴録·地理志》中的异物記載，諸如"合浦徐聞縣多牛，其項上有特骨，大如覆斗，日行三百里"，"九真郡（都）龐縣多象，生山中，郡内及日南饒之"，交趾郡屬縣有孔雀、鷩、桄榔、欀樹、木棉樹、檳榔樹、劉子樹、甘蔗等异于中原的動植物⑥，不勝枚舉。就著作源流而言，《吴録·地理志》中南方地區的异物或多取自東漢三國時期的地記、地志作品，如楊孚《异物志》（或名《交州异物志》）、三國吳朱應《扶南异物志》、三國吳萬震《南州异物志》、三國吳沈瑩《臨海异

---

① 潘晟：《中國古代地理學的目録學考察（二）——漢唐時期目録學中的地理學》，《中國歷史地理論叢》2008年第1輯，131頁。

② 參見唐燮軍：《張勃〈吴録〉對孫吳國史的重構及其邊緣化》，《史林》2015年第4期，55頁。

③ 趙榮認爲，張勃《吴録·地理志》受國别史等因素的影響，其内容中又更多地增加了與地理無關的人文因素，使之類似于後代的地方百科全書——地方志。由此可見，《吴録·地理志》的區域性特徵較爲明顯。參見趙榮：《魏晋南北朝時期的中國地理學研究》，《自然科學史研究》1994年第1期，69頁。

④（北魏）酈道元著，陳橋驛校證：《水經注校證》，中華書局，2007年，874頁。

⑤ 參見王成組：《中國地理學史》，商務印書館，2015年，290—293頁；胡寶國：《魏晋南北朝時期的州郡地志》，《中國史研究》2001年第4期，23頁，後收入氏著《漢唐間史學的發展（修訂本）》，北京大學出版社，2023年，148—158頁；王琳：《六朝地記：地理與文學的結合》，《文史哲》2012年第1期，101頁。

⑥ 以上諸例出自《藝文類聚》《北户録》《初學記》《太平御覽》等，表2已注明出處，故此處從略。

物志》(或名《臨海水土异物志》《臨海水土志》)、三國吴薛瑩《荆揚已南异物志》,等等。張勃在取材時有意剔除其中怪誕浮誇的成分,而着意保留异物的地理方位及自身屬性,其“某地有某物、某物質何如”的撰述方式,凸顯“去僞存真”“去怪誕尚實用”的著述風格,也在一定程度上爲六朝地記圍繞异物展開的故事性書寫提供了頗爲廣闊的地理空間及想象維度。兹略舉兩例,以作説明。

《御覽》卷九六〇《木部九》“古度”條下引:

> 《吴録·地理志》曰:廣州有木,明迕度,不華而實。
>
> 裴淵《廣州記》曰:古度,葉如栗,伍陌。枝柯皮中生子,子似櫨而酢,煮以爲粽。數日不煮,化作飛蟻。①

《吴録·地理志》言及“廣州有古度樹”,并簡述其特徵。而裴淵《廣州記》細化古度樹特徵,并在其“不華而實”的基礎上,附以“煮子成蟻”的怪誕故事。劉欣期《交州記》的描述則更顯誇誕。

> 古度樹,不花而實,實從皮中出,大如安石榴,色赤可食。其實中如有蒲梨者,取之爲粽,數日不煮,皆化成蟲,如蟻有翼,穿皮飛出,著屋正黑。②

進一步臆想出“不華而實、實自皮出、煮子成蟻”的動態過程,使古度樹衍變爲富有故事性、趣味性的奇聞軼事。顧微《廣州記》以古度樹“不華而實”而賦予其神祇化色彩,衍生出“求子”的社會功能③,甚是離奇。

另一例取自“孔雀”。

> 《吴録·地理志》曰:交趾西于縣多孔雀,在山草中,郡内及朱崖皆有之。
>
> 《南越志》曰:義寧縣杜山多孔雀,爲鳥不必匹合,止以音影相接,便有孕。《异物志》曰:孔雀,其大如雁,而足高,毛皆有斑文彩。捕得畜之,拍手則舞。④

關于“孔雀”的記載,《南越志》雖關注到“義寧縣多孔雀”,但側重于孔雀特异的結合方式;《异物志》祇記孔雀形態、尚舞,而缺乏地理方位的記載;《吴録·地理志》則輕孔雀特徵之描寫而重其地域分布之詳細,雖劉欣期也説“孔雀色青,尾長六七尺。能舒舞,足爲節。出嶺南諸處”⑤,但其所謂“嶺南諸處”倒不及《吴録·地理志》“交趾西子縣、朱崖”具體深入。

(二)以致用爲宗旨記述山川地理及形勝險要

《吴録·地理志》政區沿革之下附列的山岡、河川,往往圍繞其實用功能展開,幾乎不見秀美綺麗的景物描寫,這種取材方式顯然不同于地志、地記作品偏重文學的特

---

① (宋)李昉等撰:《太平御覽》卷九六〇《木部九》,4262頁上欄。
② 同上。
③《廣州記》載“熙安縣有孤古度樹生,其號曰古度。俗人無子,于祠炙其乳,則生男,以金帛報之”,參(北魏)賈思勰:《齊民要術》卷十,《國學基本叢書簡編》,商務印書館,1936年,117頁。
④ (宋)李昉等撰:《太平御覽》卷九二四《羽族部十一》,4104頁。
⑤ 同上。

點，如"括蒼山，登之俯視雷雨也"，"始興縣有始興山，山出溫泉，可以瀹雞"①。也有關于嶺南通道的記載，《御覽》卷一七〇《州郡部十六》江南道上虔州條下引"《吳録》：南野縣有大庾山、九嶺嶠，以通廣州"②。礦產資源也有所涉及，但例證較少。如《宋書·州郡志》建安太守條下引張勃《吳録》云："閩越王冶鑄地，故曰安閩王冶。此不應偏以受名，蓋勾踐冶鑄之所，故謂之冶乎？閩中有山名湛，疑湛山之爐鑄劍爲湛爐也。"③另《寰宇記》卷一五〇《江南西道三》池州銅陵縣條："梅根山，《吳録·地理志》曰：晋立梅塘冶。"④

同時，《吳録·地理志》也注重保存山川道里、形勝等實用性地理信息，如《水經注》卷四〇漸江水引《吳録》云："胥山在太湖邊，去江不百里，故曰江上。"⑤而關于"夷陵""秣陵"的記載，則反映得更爲直接。《御覽》卷一六七《州郡部十三》峽州條：

> 《吳録》曰：蜀昭烈皇帝立宜都郡于西陵（按西陵，即夷陵也）。《宜都記》曰：郡城即陸抗攻步闡于此。《荆渚記》曰：夷陵郡，居大江之上，即西通全蜀，故夷陵有安蜀古城。《吳志》曰：陸遜上疏：夷陵要害，實國家之關限。若失之，非損一郡，荆州亦可憂也。⑥

《御覽》述及峽州沿革及形勝所徵引的四則材料，其原文應不止于此，所選取的多是最具代表性的部分。《宜都記》《荆渚記》作爲六朝地記材料，側重于夷陵築城史的概述。而《吳録》《吳志》的取材則頗具深意，去除文獻之間相互重合的部分，裁取蜀國置郡于夷陵以强化控制，以及吳人陸遜關于"夷陵形勝"深中肯綮的奏疏，用以言明夷陵實爲形勝險要、兵家必爭之地。

另有兩節引文涉及孫吳遷都建業這一歷史事件，則更能體察出《吳録·地理志》對于山川形勝的關注尤切：

> 《吳録》曰：張紘言于孫權曰："秣陵，楚武王所置，名爲金陵。秦始皇時，望氣者云金陵有王者氣，故掘斷連岡，改名秣陵。有別小江，可以貯舡，宜爲都邑。"劉備勸都之，自京口遷都焉。
>
> 《吳志》先亂時童謠云："寧飲建業水，不食武昌魚；寧歸建業死，不就武昌居。"乃遷都建業。案：《吳録》劉備曾使諸葛亮至京，因睹秣陵山阜，嘆曰：鐘山龍盤，石頭虎踞，此帝王之宅。⑦

《御覽》主要徵引《吳録·地理志》的相關記載，從山川形勝之便及水道通達之利來解

---

① 分見《太平御覽》卷四七《地部十二》，228頁下欄；卷七一《地部三十六》，334頁下欄。
②（宋）李昉等撰：《太平御覽》卷一七〇《州郡部十六》，830頁下欄。
③（梁）沈約：《宋書》卷三六《州郡志二》，1092頁。
④（宋）樂史：《太平寰宇記》卷一五〇《江南西道三》，2089頁。
⑤（北魏）酈道元著，陳橋驛校證：《水經注校證》，936頁。
⑥（宋）李昉等撰：《太平御覽》卷一六七《州郡部十三》，813頁。
⑦（宋）李昉等撰：《太平御覽》卷一五六《州郡部二》，758頁。

讀孫吳遷都建業的史實。先以張紘上疏引出"始皇因金陵王者之氣而改稱秣陵"一事，言及建業具備定都的風水條件；又借蜀人口吻論及建業群山環繞、地形險要的自然地理環境；最後立足于"有別小江，可以貯舡，宜爲都邑"，即水道遍布、航運極佳纔是遷都建業的決定性條件。關于此點，張勃論句容縣沿革也說："大皇時，使陳勳鑿開水道，立十二埭以通吳會諸郡，故船行不復由京口"①。按，據《吳錄》可知，明孫吳遷都建業，風水及地形條件俱佳是基礎，而"不就武昌居"之關鍵實爲遷就彼時經濟中心揚州，并積極興修建業水道以加强對吳、會諸郡的控制。

結合《吳錄·地理志》佚文所涉郡縣沿革、异物記載、山川形勝等地理要素，我們認爲，《吳錄·地理志》雖可視作區域性的地理著述，但其質與魏晋六朝時期的地志、地志類作品迥异。相較於地志、地志、地記類作品注重山川景物描寫和軼事傳聞記述，《吳錄·地理志》地理信息的呈現遠比此類作品更切實際、更具有地理價值，并展現出取材嚴謹、崇尚實用、切實可信的地理觀念，爲今人瞭解魏晋地理提供了寶貴的史料。

六、結 語

通過對《吳錄·地理志》出現、流布、散佚等方面的考察不難發現，該書展示出古代地理文獻流變的一個側面，也爲我們理解古代地理知識的消亡與存續提供一些認識。一方面，從書目著錄來看，隋唐書目著錄《吳錄》從正史類轉入雜史類，再到兩《唐書》藝文志于地理類著錄張勃《吳地記》。宋代以降，或不著錄《吳錄》，或僅在地理類存目張勃《吳地記》。另一方面，《吳錄》的徵引、輯佚則更能清晰地體現這一流變。南北朝時期對《吳錄》史、地兼采，隋唐以後，類書、地理書對《吳錄》中的地理内容徵引爲豐，而較少關注《吳錄》中的孫吳史部分，逐漸淡化其書"史"的性質。也因如此，宋以後的文獻轉引與文本輯錄，祇見《吳錄·地理志》而少見《吳錄》正史部分，由此可證《吳錄》經歷了一個"由史入地"的過程。

借用眼下方興未艾的知識史話語來說，人類歷史上知識的失傳經常發生，除意外失傳外，還有一種情况是知識被主動抛弃。但是，早就成爲過去的知識有時會以某種方式復活②。而"知識的復活"很大程度上則取决於知識自身的價值。今日得以在體例詳備的類書、地理書中窺見《吳錄·地理志》之吉光片羽，顯然離不開其取材嚴謹、崇尚實用的地理觀念。這既是《吳錄·地理志》地理價值的外在體現，也是唐宋地理總志以政治經濟地理爲主要内容、以經世致用爲主要目的的内在需求③，同時也是魏晋

① （宋）李昉等撰：《太平御覽》卷七三《地部三十八》，344頁。
② ［英］彼得·伯克著，章可譯：《什麽是知識史》，北京大學出版社，2023年，83頁。
③ 郭聲波：《唐宋地理總志從地記到勝覽的演變》，《四川大學學報》（哲學社會科學版）2000年第6期。

地理文獻向唐宋流變的時代趨勢，以及古代地理知識或地理學術的新陳代謝與技術革新。《吳録·地理志》與衆多魏晋地理文獻一樣，扮演着一個知識樞紐或中轉站的角色，爲唐宋時期體例精當、兼收并蓄的地理總志的出現與發展輸送養分。

可以進一步追問的是，體例詳備、内容翔實的《吳録》何以得不到重視而逐漸佚失呢？此固然與《三國志》的珠玉在前有關。有學者認爲，《吳録》體現出的"正朔在吳"主張與東晋、南朝的"正魏僞吳"風會所趨頗相抵牾[1]，故而日益邊緣化。但從前文來看，後世不斷地徵引、著録、輯佚《吳録·地理志》，説明該書并没有完全"邊緣化"。這個現象也可以從另一個角度理解，地理文獻的流傳與散佚似乎受學術思潮與現實政治需要的影響較小，其存亡往往取决于地理信息的真實性及知識結構變動的需要。

另一方面，《吳録·地理志》佚文的大量存在使我們能够從很多角度對它們加以分析。該書作爲以正史地理志的體例而撰寫的區域性地理著作，實質上兼有地方志與地方史的特徵，那麽它與魏晋正史地理志之間的源流、傳承關係是怎樣的？又對六朝興盛的地記、地志造成了何種影響？這些均是可以持續關注的問題，有待將來進一步深入的研究。

（作者單位：安徽大學歷史學院）

---

[1] 參見唐燮軍：《張勃〈吳録〉對孫吳國史的重構及其邊緣化》。

國家圖書館藏殘本《永順宣慰司志》相關問題考述

黃　偉

内容提要： 國家圖書館藏《永順宣慰司志》爲孤本殘卷，學界利用、徵引時有諸多不便，并有歧義。筆者結合相關文獻對其編纂淵源、時間、人員等問題進行考辨，并輯補其缺失之篇目，可見該書是土司官族彭氏層纍編纂的成果，内容上體現了家國建構的一致性，展現了土司司所志這類方志的普遍文獻特徵。

關鍵詞：《永順宣慰司志》　輯佚　土司司所志

　　土司司所志（簡稱"司所志"）是方志文化與土司文化結合產生的一種特殊的志書。由于明清兩代不間斷的改土歸流，使得該類志種的修纂非常不穩定。土司司所大部分位于邊疆、民族地區，由于社會相對動盪、軍事行動頻繁以及文獻缺乏等因素，如今留存下來的司所志數量稀少。現存明清司所志僅13種，且多爲抄本[①]。"宣慰司""土府"等高品級的土司大多于清中葉以前被改流，因此該類司所志留存更爲不易，"宣慰司志"僅見國家圖書館藏《永順宣慰司志》殘卷，爲孤本。考述其修纂傳統以及相關問題，無論對邊疆研究，還是對土司研究，皆具文獻價值。

一、永順宣慰司歷次修志考述

　　作爲古代最爲重要的地方文獻，地方志對本地情况的記述最爲詳細，并且一地志書修纂多有連續。但永順地區現存舊志，似乎并未將《永順宣慰司志》納入地方舊志行列。如《［乾隆］永順府志》"凡例"首條即表示："府志歷未纂輯，惟有永順縣志，知縣李瑾纂，王伯麟續刻；保靖縣志，知縣王欽命纂；桑植縣志，知縣鍾人文纂，顧奎光又纂新志；龍山縣僅有册説，署縣賈慶祚集，今皆藉爲底本。"[②]其下屬縣志皆録，惟不録永順府之前宣慰司時期所修志書。之後纂修《永順縣志》，修纂者清楚地意識到，"永順既爲郡縣，則兹編爲郡縣志，非土司志也"[③]，表示政區性質改變，土司時期

---

① 黃偉、巴兆祥：《明清土司司所志編纂研究》，《中國地方志》2023年第3期。

②《［乾隆］永順府志》卷前"凡例"，清乾隆二十八年（1763）刻本，葉1。

③《［乾隆］永順縣志》卷前"凡例"，清乾隆十年（1745）刻本，葉20。

所修方志不列入本地舊志行列。民國時永順地區修志，修纂者歷數本地舊志，也不提土司時期所修之志，"雍正十三年知縣李瑾舉一縣之事迹而創爲志，是爲永順紀載之權輿，乾隆九年知縣王伯麟，乾隆十八年知縣黄德基咸踵事而增華，同治十年知縣唐廣復援例重修，稽自前清同治久至于今，未經纂述，垂五十年"。① 將雍正十三年（1735）知縣李瑾所修縣志視爲永順地區第一部方志。

然而《［乾隆］永順縣志》引有"宣慰司志"多處，那麼後來府志、縣志的修纂者爲何將宣慰司志排除在永順地區舊志行列之外？從李瑾的序言可知，改土歸流之後對永順土司時期所修宣慰司志評價不高，是導致"未見司志"的主要原因："迨我朝康熙三十年間，彭姓始修永順司志一帙，然皆自紀其土司之事，一切典故，摭采弗當，考古者將何所取證焉。"② 明清地方志修纂繁盛，這種"未見舊志"的現象，并非永順地區孤例，葛小寒認爲"學風""保存""修辭"是"未見舊志"的三大原因③。然而由永順地區這一例證可知：政區性質的改變，也會導致"未見舊志"現象的出現。

此外，地方志是一種官方文獻，需要體現官方意識形態，所以在古代邊疆、民族地區纂修方志，需要凸顯國家教化之功，修纂者會有意識地將該地之前蠻夷之氣弱化，甚至遺忘。永順宣慰使司改流爲永順府之後，在後續《永順府志》《永順縣志》的修纂者看來，司志并不在永順地區的舊志行列之中。這種刻意的遺忘，使得《永順宣慰司志》得不到重視，散落、亡佚成爲其最終的宿命。

查閱相關文獻可知，永順在土司時期，不止一次纂修過志書：

洪武至天順《永順宣慰司志》，佚名修纂。《大明一統志》"湖廣布政司"條子目"永順宣慰使司"下，引有"新志"三則，"舊志"一則④，而《寰宇通志》在"湖廣布政司"條目下并無"永順宣慰司"子目，也無徵引志書，可推知《大明一統志》所引"新志"當爲天順間所修。關于所引"舊志"，《［乾隆］永順縣志》記"永順宣慰司"設置："明洪武五年歸順，六年升爲永順等處軍民宣慰使司。"⑤ 因此可將"舊志"修纂時間推定爲"洪武至天順間"⑥。

《［天順］永順宣慰司志》，佚名修纂。具體考述見上條。

《［正德］永順宣慰司志》，彭世麒修纂。《［民國］永順縣志》"藝文志·著作"中著錄："宣慰司志，明永順宣慰彭世麒著。"⑦ 并有按語："此志係明正德中宣慰使彭世麒所撰……至《湖南掌故備考·風俗篇》所錄'重農桑，男女合作'一條，題曰'宣慰

---

① 《［民國］永順縣志》卷前"續修縣志序"，民國十九年（1930）鉛印本，葉3—4。

② 《［乾隆］永順縣志》卷一"李瑾序"，葉3。

③ 葛小寒：《明代方志"未見舊志"考——以南直隸府縣志爲中心》，《史學史研究》2019年第1期。

④ （明）李賢等撰：《大明一統志》，三秦出版社，1990年，1031頁。

⑤ 《［乾隆］永順縣志》卷一"地輿志·沿革"，葉32。

⑥ 明初多次纂修地理總志，向天下郡縣催繳志書，不確定《大明一統志》中"永順宣慰使司"條所引"舊志"纂修于哪個時期，謹慎起見，將修纂時間標注爲"洪武至天順"。

⑦ 《［民國］永順縣志》卷三十二"藝文志·著作"，葉1。

司志'，蓋祇見世麒本也。"①因此該本可稱爲"《［正德］永順宣慰司志》"。

《［順治］永順宣慰司志》，彭氏修纂。《［民國］永順縣志》著録康熙《永順宣慰司志》，附録陳士本跋全文。陳士本時任湖廣分巡湖北道布政司參議兼按察司副使，乃清初湖廣行省重要官員，地方修志找長官作序跋乃方志修纂中較爲普遍之程序②。由陳跋可知，其在順治戊戌年（1658）隨寧南靖寇大將軍羅托入湖南，"于辰陽署中得永順志書一帙"③。隨後彭氏向其索序，但陳士本僅謙虛地寫一跋語志于書末："余翦陋無文，未敢弁首，謹跋諸後，以俟後來之華。"④由此可知，彭氏在順治十五年（1658）前後曾向長官索序，因此推測順治朝永順宣慰司曾有一次修志行爲。

《［康熙］永順宣慰司志》，彭氏修纂。雍正時期該志尚存，如雍正十三年（1735）永順知縣李瑾在修纂縣志時，即使用過該志："永邑爲初闢岩疆，向無書籍，可徵僅有《宣慰司志》一帙，藉爲藍本。"⑤《［乾隆］永順縣志》"凡例"確切地記載了該志纂修年代與記述内容："永順舊隸土司，千百年來，文獻莫考，雖有宣慰司舊志，但紀土司世職、山川景物之類。無姓氏年月可稽，按其事迹，大約在康熙三十年間也。"⑥《［民國］永順縣志》的編修者注意到《永順宣慰司志》不僅曾在正德間編修，還在康熙時續修："清康熙中，其裔孫某所續修者，大約紀其世職、山川、景物之類，一切典故采摭未當，後之作地志者，咸藉此爲藍本，稱之爲土司舊志。"⑦由上述文獻記載可知，康熙三十年間（1691）彭氏修纂志，主要記載司所世職、山川、景物等内容。

由此可見，從洪武六年（1373）設置永順宣慰使司，到雍正六年（1728）土官宣慰使彭肇槐獻地改流，共計355年間，永順宣慰司修志五次，分別是洪武至天順年間、天順年間、正德年間、順治年間以及康熙年間，足見永順宣慰司雖然是土司政區，但仍同其他府州廳縣一樣，形成了修志傳統。

二、國家圖書館藏《永順宣慰司志》的修纂時間與修纂人員

國家圖書館藏殘本《永順宣慰司志》，編號爲"地270.257 131"，館藏目録著録爲"（清）佚名纂修，抄本，綫裝，1册"。該志共22葉，約2630字，首葉右上角標注"永順宣慰司志卷之二"。其修纂時間與修纂人員不明。

學界徵引此本時，對其修纂時間及人員的認識不一致，主要有兩種觀點：有學者

---

① 《［民國］永順縣志》卷三十二 "藝文志·著作"，葉1。
② 劉猛：《清代湖南方志纂修研究》，復旦大學歷史學系博士學位論文，2017年。
③ 《［民國］永順縣志》卷三十二 "藝文志·著作"，葉2。
④ 同上。
⑤ 《［民國］永順縣志》卷三十五 "雜志·舊志遺規"，葉5。
⑥ 《［乾隆］永順縣志》卷前 "凡例"，葉20。
⑦ 《［民國］永順縣志》卷三十二 "藝文志·著作"，葉1。

將其著録爲"正德間彭世麒"①，而《中國地方志聯合目録》則著録爲"佚名纂"②，《中國地方志總目提要》亦著録爲"（清）佚名纂修"③，劉猛《清代湖南方志纂修研究》著録爲"清代佚名"④。因此有必要對該志的纂修時間與人員進行考辨。

（一）修纂時間

由現存殘卷内容可知，該志應成書于清初。"三知州六長官"中"南渭州"的世襲名單有"彭應麟""彭宗圖"，據《［乾隆］永順府志》記載："自彭萬金至應麟十六傳，應麟于順治四年内附，雍正五年知州彭宗圖納土。"⑤此外該志"土司世系表"中"施溶州"有"永豐，雍正五年納土"⑥。而司志"施溶州"所記世系名單最後一位即田永豐，可知國家圖書館藏《永順宣慰司志》"三知州六長官"這一類目編成應在永順宣慰司改流之後，其修纂時間應不早于雍正五年（1727）。

《永順宣慰司志》"三知州六長官"沿革記述與《［乾隆］永順縣志》所引"土司舊志"幾乎一致，其差異主要是司志所記末尾多"屬永順宣慰司"一句，縣志所記開頭多州司名，以及少量文字不同。如施溶州元代沿革記述略有不同，司志所記爲"元因之，先是泊崖洞安撫司"，縣志爲"元爲白崖洞安撫司"；驢遲洞長官司元代沿革記述略有不同，司志所記爲"元因之，時向達迪踵、向爾莫踵，元爲洞民總管"，縣志爲"元時向達迪踵、向爾莫踵爲洞民總管"；田家洞長官司元代沿革記述略有不同，縣志記"元因之，田勝祖爲洞民總管"，司志記"田勝祖，元爲洞民總管"。可知《永順宣慰司志》與《［乾隆］永順縣志》所徵引的"土司舊志"基本一致，而後者大致纂修于康熙三十年（1691）左右。根據方志修纂的連續性特徵⑦，可知國家圖書館藏《永順宣慰司志》係以《［康熙］永順宣慰司志》爲藍本，并增補了一些雍正朝時的資料⑧。

（二）修纂人員

方志修纂模式一般爲本地長官主導、地方士紳編修、當地耆老參與。現存土司司所志修纂主要有三種模式：流官主導、土官爲輔，土官主導、流官爲輔，以及土官獨自修纂⑨。《［民國］永順縣志》"藝文志"中記述"宣慰司志"："此志係明正德中宣慰使

① 陸群：《明清時期老司城宗教壇廟時空分異論析》，《世界宗教研究》2018年第6期。
② 中國科學院北京天文臺主編：《中國地方志聯合目録》，中華書局，1985年，664頁。
③ 金恩輝、胡述兆主編：《中國地方志總目提要》，漢美圖書有限公司，1996年，18—107頁。
④ 劉猛：《清代湖南方志纂修研究》，復旦大學歷史學系博士學位論文，2017年。
⑤《［乾隆］永順府志》卷九"土司"，葉13。
⑥ 同上，葉25。
⑦ 黃葦等著：《方志學》，復旦大學出版社，1993年，280頁。
⑧ 由于國家圖書館藏《永順宣慰司志》有雍正朝資料補充，由志書文本并不能明確判定其年代，因此不能確定其增補是在土司時期還是改土歸流之後，因此本文未將其列入永順宣慰司歷次修志中。
⑨ 黃偉、巴兆祥：《明清土司司所志編纂研究》，《中國地方志》2023年第3期。

彭世麒所撰，清康熙中其裔孫某所續修者……後之作地志者，咸藉此爲藍本，稱之爲土司舊志。"①表明《[康熙]永順宣慰司志》乃土司家族彭氏子孫續修。此外該志又有當時長官跋語，可知該志爲彭氏主導修纂，其他官員參與。國家圖書館藏《永順宣慰司志》以《[康熙]永順宣慰司志》爲藍本，所增添的內容也多爲土司家族資料，因此大概率爲土司官族續修。因此，該書可著錄爲"清初彭氏修纂"。

三、國家圖書館藏《永順宣慰司志》的篇目與內容

由上文可知，國圖藏司志以康熙司志爲藍本，而現存永順舊志中大量徵引康熙司志，因此結合同時期湘西地區其他方志體例安排以及政府頒發的修志條例，可一定程度上補充國圖藏司志缺失的篇目及內容，加深對該志及土司地區官方纂修文獻的認知。

首先對現存殘卷的篇目內容進行梳理。現存殘卷共22葉，首葉右上角標注"永順宣慰司志卷之二"，其下設置若干門目：祠廟、所屬官制、公廨、旗甲、洞寨、糧賦、土產以及三知州、六長官等。其中祠廟包括殿、閣、祠、廟、壇等，以司治爲中心標示位置與距離；所屬官制包括一首領經歷、一知州、六長官司；公廨包括土司衙門13座建築，各有功用；旗甲體現戶口管理；洞寨記述所屬苗蠻洞寨；糧賦記載羈縻時期及順治十四年（1657）所需繳納之糧賦；土產下設布帛、竹木、禽獸、金石等子目。卷二各目并無統屬關係，可知其體例爲平目體。

此外，筆者認爲"三知州六長官"內容不屬卷二，乃另一卷次，或爲附錄。此殘卷關於永順宣慰司所屬職官的記錄前後有矛盾：前有"所屬官制"子目，記有"首領經歷司一員、南渭州知州一員、驢遲洞長官司長官一員、臘惹洞長官司長官一員、麥着黃洞長官司長官一員、溶洞長官司長官一員、田家洞長官司長官一員、白崖洞長官司長官一員"②。後又添列"三知州六長官"，即"南渭州、上溪州、施溶州、驢遲洞、臘惹洞、麥着黃洞、施溶洞、田家洞、白崖洞"③。兩相比較，後者職官無"首領經歷司"，增加"上溪州"與"施溶州"。職官是方志記述的重中之重，前後重複、矛盾的情況較爲鮮見。此外，"三知州六長官"所載永順宣慰司所屬九佐貳官（三州六司）都有"疆域、山川、土產、風俗、村甲、戶口、糧賦俱載司志"④字樣，其中"俱載司志"字號小于正文，這與一般方志標注徵引書籍的方法一致，可見該類目原不在司志內，應是後來添附上去的。同時期修纂的湘西地區方志——《[康熙]九溪衛志》同樣有將下屬建置志書附于本志之後的做法，九溪衛長官要求下屬"土所"添平所、麻寮所土官修輯本所志書并附于衛志之後："添、麻二所，各自爲志，不能成帙，以原屬九溪衛，

①《[民國]永順縣志》卷三十二"藝文志·著作"，葉1。
②《永順宣慰司志》"所屬官制"，清初抄本。
③《永順宣慰司志》"三知州六長官"，清初抄本。
④ 同上。

齋附衛志後。"① 還有，這一類目中有關沿革的記述與《［乾隆］永順縣志》"附三土知州六長官司沿革"基本一致，後者有按語表示史料來源于"土司舊志"（即《［康熙］永順宣慰司志》）。綜上所述，國家圖書館藏《永順宣慰司志》殘卷由兩部分構成：其一爲卷二，設有祠廟、所屬官制、公廨、旗甲、洞寨、糧賦、土産等門目；其二附錄隸屬之"三知州六長官"，其下亦設有沿革、形勝、世襲等子目，體例則爲清初方志常見之平目體。

其次對永順舊志中所引司志內容進行整理，輯補國圖藏司志缺略的篇目內容。《［乾隆］永順縣志》"凡例"第一條評論司所舊志內容："雖有宣慰司舊志，但紀土司世職、山川、景物之類。"② 但該志所引"土司舊志"（《［康熙］永順宣慰司志》）的篇目與內容，不止"凡例"所言之世職、山川以及景物。另外，順治至康熙時所修方志，其體例大多模仿順康間賈漢復所修《河南通志》《陝西通志》之平目體③。賈漢復在清初率先頒布"修志信牌"，修成《河南通志》《陝西通志》兩部，得到康熙帝的贊賞，樹立爲全國修志樣板，"頒諸天下以爲式"④。因此以這兩部方志的篇目與內容安排爲基礎，結合同時期湘西地區方志的篇目安排，輯錄《［乾隆］永順縣志》徵引之《［康熙］永順宣慰司志》（下稱爲司志）篇目與內容如下：

山川·洞：《［乾隆］永順縣志》卷一"地輿志"引司志佚文10條，分別爲"福石洞""寶瓶洞""西古洞""賀山洞""納溪洞""二門洞""犀牛洞""煞氣洞""猴兒洞""□水洞"。該志在"福石洞"條下以小號字注"此下照土司舊志補入"⑤。

山川·溪：《［乾隆］永順縣志》卷一"地輿志"引司志佚文5條，分別爲"納溪""免車溪""撲猴溪""野豬溪""洗甲溪"。其中"納溪"條下以小號字注"此下照土司舊志補入"⑥。

山川·潭：《［乾隆］永順縣志》卷一"地輿志"引司志佚文2條，分別爲"松雲潭""虎頭潭"。其中"松雲潭"條下以小號字注"此下照土司舊志補入"⑦。

山川·橋樑：《［乾隆］永順縣志》卷一"建置志"引司志佚文6條，分別爲"顆砂橋""聚龍湖上橋""聚龍湖下橋""惹汝橋""顆亮橋""慈惠橋"。該志在徵引這些佚文前說明"又據土司舊志載橋樑六處"⑧。

古迹：《［乾隆］永順縣志》卷一"地輿志"引司志佚文2條。其一爲司所舊治："龍

① 吳遠幹、戴楚洲、田波整理：《慈利縣土家族史料彙編》，岳麓書社，2002年，160—163頁。
②《［乾隆］永順縣志》卷前"凡例"，葉20。
③ 董馥榮：《清代順治康熙時期地方志編纂研究》，上海遠東出版社，2018年，76—77頁。
④ 余坤：《清代修志的官方樣板——賈漢復修〈河南通志〉〈陝西通志〉體例淺議》，《黑龍江史志》2013年第23期。
⑤《［乾隆］永順縣志》卷一"地輿志·山川"，葉57。
⑥ 同上，葉59。
⑦ 同上，葉60。
⑧《［乾隆］永順縣志》卷一"建置志·津梁"，葉77。

潭……土司舊志載宋季土司彭允林建治于此，遺址尚存。"①其二爲土蠻長吳着送曬甲遺址："茄灑土：此下照土司舊志補入，在司治東南十裏靈溪河南岸，懸岩絶壁，有一石洞洞門高敞，相傳古之土蠻長吳着送曾于此曬鎧甲。"②

風俗：《［乾隆］永順縣志》卷四"風土志"引司志1條："土司舊志曰：重崗複嶺，陡壁懸崖，接壤諸峒，有連漢地，苗土雜居，男女垂髫……"③

職官：《［乾隆］永順縣志》卷三"秩官志"引司志2處203條，與"秩官志"正文前的引言中説明："至土司舊志所載，從前經歷、吏目與歷任宣慰等員亦守土之官，不可泯也，故并記之。"④引自司志的是"土司流官經歷"和"土司世職"，前者包括"宣慰司流官經歷"與"三州三司流官吏目"⑤，每一位流官吏目皆記姓名、籍貫、上任時間與科第；後者包括"宣慰司世襲名單目次"與"三州六司世襲名單目次"。

藝文：《［乾隆］永順縣志》卷四"藝文志"引司志2處28條，分別爲"靈溪十景""科砂八景"，前者録詩20首，後者録詩8首，兩處皆曰"照土司舊志摘録"⑥。

跋：《［民國］永順縣志》卷三十二"藝文志"著録"宣慰司志"，録有陳士本跋語一則⑦。

據此可知《［康熙］永順宣慰司志》的篇目包括山川、古迹、風俗、職官、藝文以及跋語。而《永順宣慰司志》殘卷以康熙司志爲底本，增補雍正時期資料而成，可知國圖藏司志應爲平目體，設有祠廟、所屬官制、公廨、旗甲、洞寨、糧賦、土産、山川、古迹、風俗、職官、藝文等目，并附有"三知州六長官"形勝、沿革、世襲等情況。

四、結語

由于國家圖書館藏《永順宣慰司志》乃殘本，其修纂時間、纂修人不明，整體門目設置情況不詳，茲經考辨，對該文獻加深了認知：

《永順宣慰司志》正文主要由土司彭氏家族主導纂修，其文本具有顯著的層纍性，最終留存下來的司志殘本，乃是以《［康熙］永順宣慰司志》爲藍本，補充雍正時期史料的增補本；其文本也不僅是卷二，而是由卷二與附録兩部分構成。

司志的文本書寫，還體現了家國建構一致性：一方面，土司修志本身即是國家文

---

① 《［乾隆］永順縣志》卷一"地輿志·山川"，葉59—60。

② 同上，葉63。

③ 《［乾隆］永順縣志》卷四"風土志·氣候"，葉1。

④ 《［乾隆］永順縣志》卷三"秩官志·文職"，葉1。

⑤ 其中施溶洞長官司、田家洞長官司以及白崖洞長官司流官吏目缺載，原因爲"舊志殘缺，姓名無考"（《［乾隆］永順縣志》卷三"秩官志·文職"，葉9）。

⑥ 《［乾隆］永順縣志》卷四"藝文志·詩歌"，葉38、43。

⑦ 《［民國］永順縣志》卷三十二"藝文志·著作"，葉1。

化認同的體現，明清兩代永順宣慰司多次修志，形成了修志傳統，表明土司認同主流文化，充分認識到自己在國家中的位置；另一方面，無論是現存國圖藏司志殘卷，還是司志佚文，均體現出對中央王朝的文化認同與政治認同，如對王朝官制的服膺，以及"風俗"條中對"漸披華風"的描述。

最後，諸如《永順宣慰司志》這類土司司所志，隨着改土歸流政策的施行失去修纂主體，而掌握文化權力的士紳階層依據"華夷"觀念來否定甚至遺忘這類地方文獻，因此逐漸湮沉，少爲人知。對其進行考辨、輯佚，對于留存地方文獻的多樣性至關重要。

【本文係貴州大學引進人才科研項目"明清西南土司修志與政治認同研究"（貴大人基合字（2023）058號）階段性成果】

（作者單位：貴州大學歷史與民族文化學院）

北魏李廓《魏世衆經録目》及其學術史意義

陽　清　辛明怡

内容提要： 北魏李廓兼通佛儒，其佛學修養較高，曾參與翻演經論，奉敕撰著經録。李廓《魏世衆經録目》分爲十類，著録佛教文獻400餘部，2000餘卷，惜其亡于費長房《歷代三寶紀》稍後，祇能通過現存經録引述而稍見其内容。兹據隋唐四家經録，裒輯《魏世衆經録目》所見漢譯佛經凡37種。基于文獻輯佚與分析，得見該録雖然存在着不足，然而因其文本體制和分類構架，尤其是注意到佛典宗乘、内容、疑僞、流傳等情況，且位處僧祐《出三藏記集》和法經《衆經目録》之間，非但在晋唐經録中有承前啓後之功，而且在佛教文獻和學術史上有特殊意義。

關鍵詞： 李廓　《魏世衆經録目》　佛經目録　學術史

佛教經録以隋唐爲盛，并且日趨完善。唐朝經録兼收并蓄，後出轉精，以智昇《開元釋教録》爲最優，實則離不開南北朝學術經驗的世代纍積。考察南北朝諸家經録，除了僧祐《出三藏記集》現存于世，蕭梁寶唱《梁世衆經目録》、元魏李廓《魏世衆經録目》、高齊法上《齊世衆經目録》等經録佚著，大多憑藉其較具特色的佛典分類體系，直接影響着後來佛教目録學的走向。關于《梁世衆經目録》《齊世衆經目録》，前人已撰專文探討。針對李廓《魏世衆經録目》（下文按傳統習稱簡稱爲《李廓録》），梁啓超先生《佛家經録在中國目録學之位置》一文中略有闡述，陳寅恪、蘇晋仁、吕建福、徐建華等學者也稍有涉及。迄今爲止，尚未見有學者對《李廓録》作出集中考察和深入研究。兹據隋唐四家經録全帙，專論該録撰寫時代、分類構架、著録文獻以及學術意義等，爲中古佛教文獻學和相關學術史考察提供參考。

一、李廓及其撰著經録之時代與構架

李廓生卒年不詳，其生平相關資料亦罕見，隋唐經録僅有零星記載。據費長房《歷代三寶紀》卷十五、道宣《大唐内典録》卷十、智昇《開元釋教録》卷十、圓照《貞元新定釋教目録》卷十八等記載，李廓爲永熙年間（532—534）舍人。《歷代三寶紀》卷九、《大唐内典録》卷四又謂李廓爲永平年間（508—512）洛陽清信士，"通内外學，注述經録，甚有條貫"①。與此相關，道宣《續高僧傳》附有李廓傳，記載北天竺僧人菩提流支"以魏永平之初來游東夏。宣武皇帝下敕引勞，供擬殷華，處之永寧大寺"，"流支奉敕創翻《十地》，宣武皇帝命章一日，親對筆受，然後方付沙門僧辯等，訖盡論文。佛法隆盛，英儁蔚然，相從傳授，孜孜如也。帝又敕清信士李廓撰《衆經録》。廓學通玄素，條貫經論，雅有標擬"②。由以上文獻可見，李廓應爲洛陽人士，主要活動于北魏宣武帝、孝武帝在位時期，官至舍人，又是佛教在家修行居士，具有較高的佛學修養，其奉敕所撰經録不乏學術價值。

從學理和邏輯看，上述記載應以《歷代三寶紀》爲源頭。另據沙門都釋曇寧造《深密解脱經序》，時有北天竺三藏法師菩提流支，"以永熙二年，龍次星紀，月吕蕤賓，詔命三藏，于顯陽殿高陛法座，披匣揮塵，口自翻譯，義語無滯。皇上尊經祇法，執翰輪首，下筆成句，文義雙顯，旨包群籍之秘，理含衆典之奥，但萬機淵曠，無容終訖。捨筆之後，轉授沙門都法師慧光、曇寧，在永寧上寺共律師僧辯、居士李廓等遵承上軌，歲常翻演新經諸論，津悟恒沙"③。可見兼舍人與居士于一身的李廓，曾協同菩提流支和孝武帝翻演經論。釋曇寧爲李廓同時代人，其說顯然早于費氏所記，可與《續高僧傳》附李廓傳相關事迹互證，應該較爲可信。

李廓現存著作，僅有佛教經録一部一卷，《歷代三寶紀》稱之爲《魏世衆經録目》，《大唐内典録》又曰《元魏衆經録目》，《開元釋教録》《貞元新定釋教録》則云《魏世衆經目録》。無論如何，前述隋唐四家經録多簡稱爲《衆經録》《衆經録目》，尤習稱爲《李廓録》。此外，《李廓録》另有《魏世録》之稱。《歷代三寶紀》卷三記載北魏孝文帝世，"吉迦夜爲僧正曇曜譯《雜寶藏》等經四部，合二十卷，具在《魏世録》"④。同書卷十著録劉宋時期曇摩蜜多譯《虛空藏菩薩神咒經》一卷，注云："已上六經，并見李廓《魏世録》。"⑤《開元釋教録》卷五亦著録劉宋曇摩蜜多譯《虛空藏菩薩神咒經》一卷，注云："第三出，與姚秦耶舍《虛空藏》及隋崛多《虛空孕經》等同本。見李廓《魏世録》。"⑥玄逸《大唐開元釋教録廣品歷章》卷六亦著録《虛空藏菩薩神咒經》，注云罽賓沙門曇摩蜜多于楊州譯，見李廓《魏世録》。考察南北朝之前經録佚著，其中另有題曰《魏世録》者。然而從時間看，上文所謂《魏世録》，并非旨在著録曹魏時代的佛教文獻，而顯然屬于北魏時期佛教經録，則亦應爲李廓《魏世衆經録目》之略稱。

① （唐）道宣：《大唐内典録》卷四《歷代衆經傳譯所從録第一之四》，《大正藏》第55册，臺灣新文豐出版公司，1990年，270頁。
② （唐）道宣撰，郭紹林點校：《續高僧傳》卷一《魏南臺永寧寺北天竺沙門菩提流支傳》，中華書局，2014年，13—15頁。
③ （北魏）菩提流支譯：《深密解脱經》卷一，《大正藏》第16册，665頁。
④ （隋）費長房：《歷代三寶紀》卷三《帝年下魏晉宋齊梁周大隋》，《大正藏》第49册，43頁下欄。
⑤ （隋）費長房：《歷代三寶紀》卷十《譯經宋》，《大正藏》第49册，92頁中欄。
⑥ （隋）智昇撰，富世平點校：《開元釋教録》卷五《總括群經録上之五》，中華書局，2018年，293頁。

北魏《李廓錄》稱名的多樣性，應屬晉唐佛教經錄在傳播和使用之際較爲普遍的文獻現象。

《李廓錄》之撰寫時代，最先見于長房撰錄，後世對這個問題有兩種不同的説法。其一，前述《歷代三寶紀》卷九等兩種文獻同云"魏永平年奉敕撰"①，亦即撰于508—512年間。其二，前述《歷代三寶紀》卷十五等四種文獻同云"永熙年敕舍人李廓撰"②，亦即撰于532—534年間。據筆者考察，應以後者更爲準確。至少在《李廓錄》撰成之際，已至北魏孝武帝時代。《續高僧傳》雖云宣武帝（499—515在位）敕李廓撰《衆經錄》，然而又引《李廓錄》所記："三藏流支自洛及鄴，爰至天平（534—538），二十餘年，凡所出經三十九部一百二十七卷。"③則李廓撰錄最晚應完成于534年後，時爲東魏孝靜帝初年。由此推測，李廓《魏世衆經錄目》編撰或歷時二十餘年，亦即宣武帝時受命，至孝靜帝時纔最終完成。徐建華先生認爲，該錄"始作于魏宣武帝永平年間，成于魏孝靜帝天平年間"④，誠是。也有學者提出："李廓受敕撰《衆經目錄》是在永熙年間，正是東西分魏，永寧寺失火的時候，所看到的經典自然受很大的局限，有可能因永寧寺失火而敕撰剩餘和散處譯典目錄。"⑤這種説法亦有道理。畢竟，《李廓錄》著錄佛典數量不多，其中尤以經藏爲主，律藏最少，比較合乎元魏譯經事實。

據《歷代三寶紀》卷十五《歷代經錄總目》，得見李廓《魏世衆經錄目》分類構架和部數爲：大乘經目錄一（214部）、大乘論目錄二（29部）、大乘經子注目錄三（12部）、大乘未譯經論目錄四（33部）、小乘經律目錄五（69部）、小乘論目錄六（2部）、有目未得經目錄七（16部）、非真經目錄八（62部）、非真論目錄九（4部）、全非經愚人妄稱目錄十（11部）等，"都十件，經律論真偽四百二十七部，二千五十三卷"⑥。然而綜合上述十類，總計得452部，并非所謂427部，個中緣由不得而知。《大唐內典錄》卷十亦載《李廓錄》上述構架，其稍異之處在于第三、第七、第十分別稱爲"大乘經注目錄""有目闕本目錄""全非經愚者作目錄"⑦，然其內涵并無二致，其部數則無記錄。《開元釋教錄》卷十《叙列古今諸家目錄》亦與《歷代三寶紀》所載大致相同，唯有第四"大乘未譯經論目錄"凡計23部，第十爲"全非經，愚人妄作目錄"，按云"部數勘與都數不同，賸十五部，未詳所以"⑧，可見智昇已意識到該錄部數錯訛。圓照《貞元新定釋教目錄》卷十八《叙列古今諸家目錄》亦與《歷代三寶紀》所載有較多相同，

① （隋）費長房：《歷代三寶紀》卷九《譯經西秦北凉元魏高齊陳氏》，《大正藏》第49冊，87頁中欄。
② （隋）費長房：《歷代三寶紀》卷十五，《大正藏》第49冊，126頁上欄。
③ （唐）道宣撰，郭紹林點校：《續高僧傳》卷一《魏南臺永寧寺北天竺沙門菩提流支傳》，15頁。
④ 徐建華：《中國古代佛典目錄分類瑣議》，《佛教文化》1989年第1期，55頁。
⑤ 呂建福：《元魏譯經考略》，《青海社會科學》1990年第2期，90頁。
⑥ （隋）費長房：《歷代三寶紀》卷十五，《大正藏》第49冊，126頁上欄。
⑦ （唐）道宣：《大唐內典錄》卷十《歷代所出衆經錄目第九》，《大正藏》第55冊，337頁中欄。
⑧ （唐）智昇撰，富世平點校：《開元釋教錄》卷十《總括群經錄上之十》，582—583頁。按《嘉興藏》本《開元釋教錄》，不僅可見部數和卷數，而且較爲凌亂，未詳所以，俟考。

唯有第四訖爲"大乘譯經論目録"，凡計13部，第五訖爲"大乘經律目録"，第十爲"全非經愚人妄作録"[1]，但無按語說明部數與都數不同。以上爲隋唐經録所見李廓《魏世衆經録目》的分類構架和部數。因版本和傳抄因素所致，各家雖略有細微之別，然可據此得知《李廓録》原本的大體情況。

二、隋唐經録所見《李廓録》著録情況

李廓《魏世衆經録目》隋代尚存，《歷代三寶紀》即云"搜尋并見"，故列"體用如右"[2]。然而至盛唐，《開元釋教録》云"《長房》《内典》二録具列篇題，今尋本未獲，但具存其目"[3]，可見已不再流行。儘管如此，依據前述《續高僧傳》卷一李廓本傳，依然得見該録記載菩提留支譯經時代和卷數情況。與此直接相關，李廓本傳亦見其經録記載："三藏法師流支房内，經論梵本可有萬夾。所翻新文，筆受稿本，滿一間屋。然其惠解，與勒那相亞；而神悟聰敏，洞善方言，兼工咒術，則無抗衡矣。嘗坐井口，澡罐内空，弟子未來，無人汲水。流支乃操柳枝，聊拂井中，密加誦咒，纔始數遍，泉水上涌，平及井欄，即以鉢酌，用之盥洗。旁僧具見，莫測其神，咸共嘉嘆：'大聖人也！'流支曰：'勿妄褒賞，斯乃術法。'外國共行，此方不習，謂爲聖耳。懼惑世人，遂秘不傳。"[4]可證《李廓録》不僅著録佛教三藏，而且在一定程度上梳理僧人行迹和相關故事，必然會對《歷代三寶紀》以後佛教經録的文本體制產生某種啟發。

關于《李廓録》著録漢譯佛經，費長房、道宣、智昇、圓照等四家經録均有徵引。然而迄今爲止，學界尚未全面裒輯該録相關著録内容。因《李廓録》原有文本十不存一，恢復該書原貌已絶無可能。非但如此，試圖恢復其原初分類構架和排列秩序，不僅徒勞無功，而且意義不大。基于此，筆者檢讀上述四家經録，搜輯《李廓録》所見漢譯佛經凡37種。爲了適當體現出一定的邏輯性，暫依佛典譯者時代先後列出，其中的經名、卷數以及譯者，以首次出現于某種經録徵引爲準，其他經録或者同一經録徵引稍有差異者，則以"又曰"注明。徵引經録亦按時代先後排列。如此，得其著録情況如下：

1. 《安般守意經》（又曰《大安般守意經》）二卷，後漢安世高譯。
2. 《大集經》（又曰《大方等大集經》）二十七卷，後漢支婁迦讖譯。
   （以上2種，見《長房録》卷四、《道宣録》卷一、《智昇録》卷一、《圓照録》卷一。）

---

① （唐）圓照：《貞元新定釋教目録》卷十八《總集群經録上之十八》，《大正藏》第55册，898頁上欄。

② （隋）費長房：《歷代三寶紀》卷十五，《大正藏》第49册，127頁中欄。

③ （唐）智昇撰，富世平點校：《開元釋教録》卷十《總括群經録上之十》，587頁。

④ （唐）道宣撰，郭紹林點校：《續高僧傳》卷一《魏南臺永寧寺北天竺沙門菩提流支傳》，15—16頁。

3.《放光般若經》（又曰《放光般若波羅蜜經》《光般若波羅蜜經》）二十卷（又曰三十卷），曹魏朱士行（又曰朱士衡）譯。

（見《長房録》卷六、《道宣録》卷二、《智昇録》卷二、《圓照録》卷四。）

4.《觀佛三昧經》一卷，姚秦鳩摩羅什譯。

（見《長房録》卷八、《道宣録》卷三、《智昇録》卷四。）

5.《寶網經》一卷，姚秦鳩摩羅什譯。

6.《大善權經》二卷，姚秦鳩摩羅什譯。

7.《燈指因緣經》一卷，姚秦鳩摩羅什譯。

8.《發菩提心經》（又曰《發菩提心論》）二卷，姚秦鳩摩羅什譯。

9.《觀普賢菩薩經》一卷，姚秦鳩摩羅什譯。

10.《樂瓔珞莊嚴經》（又曰《樂瓔珞莊嚴方便品經》）一卷，姚秦鳩摩羅什譯。

11.《請觀世音經》，姚秦鳩摩羅什譯。

12.《睒本起經》一卷，姚秦鳩摩羅什譯。

13.《善信摩訶神咒經》二卷，姚秦鳩摩羅什譯。

14.《新大方等大集》（又曰《新大方等大集經》《大方等大集經》）三十卷，姚秦鳩摩羅什譯。

（以上10種，見《長房録》卷八、《道宣録》卷三、《智昇録》卷四、《圓照録》卷六。）

15.《方等大雲經》（又曰《大方等大雲經》）六卷，北涼曇無讖（又曰曇摩讖）譯。

（見《長房録》卷九、《道宣録》卷三、《智昇録》卷四、《圓照録》卷六。）

16.《十地經論》十二卷，北魏菩提流支譯。

（見《長房録》卷九、《道宣録》卷四。）

17.《佛昇忉利天爲母説法經》一卷，劉宋曇摩蜜多譯。

18.《象腋經》一卷，劉宋曇摩蜜多譯。

19.《虛空藏菩薩神咒經》一卷，劉宋曇摩蜜多譯。

20.《郁伽長者所問經》一卷，劉宋曇摩蜜多譯。

21.《諸法勇王經》一卷，劉宋曇摩蜜多譯。

22.《轉女身經》一卷，劉宋曇摩蜜多譯。

23.《無盡意菩薩經》六卷，劉宋釋智嚴譯。

24.《付法藏經》六卷，劉宋釋寶雲譯。

25.《阿蘭若習禪經》二卷（又曰一卷），劉宋求那跋陀羅譯。

26.《大法鼓經》二卷，劉宋求那跋陀羅譯。

27.《大方廣寶篋經》三卷，劉宋求那跋陀羅譯。

28.《净度三昧經》三卷，劉宋求那跋陀羅譯。

29.《貧子須賴經》一卷，劉宋求那跋陀羅譯。

30.《菩薩行方便神通變化經》（又曰《菩薩行方便境界神通變化經》）三卷，劉宋求那跋陀羅譯。

31.《無量義經》一卷，劉宋求那跋陀羅譯。

32.《相續解脫了義經》（又曰《相續解脫地波羅蜜了義經》）二卷（又曰一卷），劉宋求那跋陀羅譯。

> （以上16種，見《長房錄》卷十、《道宣錄》卷四、《智昇錄》卷五、《圓照錄》卷七。）

33.《過去現在因果經》四卷，劉宋求那跋陀羅譯。

> （見《長房錄》卷十、《智昇錄》卷五、《圓照錄》卷七。）

34.《勝鬘師子吼一乘大方便方廣經》一卷，劉宋求那跋陀羅譯。

> （見《智昇錄》卷五、《圓照錄》卷七。）

35.《觀世音菩薩受記經》一卷，劉宋曇無竭（又曰釋法勇）譯。

> （見《長房錄》卷十、《道宣錄》卷四、《智昇錄》卷五、《圓照錄》卷八。）

36.《法界體性無分別經》二卷，蕭梁曼陀羅（又曰曼陀羅仙）共僧加婆羅（又曰僧伽婆羅）譯。

37.《文殊師利般若波羅蜜經》（又曰《文殊師利所說摩訶般若波羅蜜經》）二卷，蕭梁曼陀羅（又曰曼陀羅仙）共僧加婆羅（又曰僧伽婆羅）譯。

> （以上2種，見《長房錄》卷十一、《道宣錄》卷四、《智昇錄》卷六、《圓照錄》卷九。）

上述條目均源自費長房等四家所撰經錄，總體上呈現出一致性。與此相關，道宣《續大唐内典錄》亦曾徵引《李廓錄》，得見其著錄漢安世高譯《大安般守意經》二卷。中唐以來，以智昇撰錄爲依據，玄逸《大唐開元釋教廣品歷章》諸卷對《李廓錄》亦略有引及。清人姚振宗《後漢書藝文志》卷四亦著錄李廓所見《大方等大集經》二十七卷、《大安般守意經》二卷等。此外，其相關内容亦難得一見。據《續高僧傳》卷一李廓本傳引其經錄所記，北魏菩提留支譯出佛經39部127卷，今檢《歷代三寶紀》等四家徵引《李廓錄》，僅得菩提留支譯《十地經論》十二卷。另據《歷代三寶紀》卷六："又《李廓錄》及雜別錄，并云支菩薩譯經六部一十六卷。"[1]《大唐内典錄》卷二記載與之相同。此支菩薩爲西晉月支國沙門曇摩羅察，亦即敦煌菩薩竺法護。而事實上，隋唐經錄徵引《李廓錄》所見佛典，其中并無支菩薩譯著。如此種種，可證該錄早已亡佚殆盡。

三、《李廓錄》之學術史意義

同大多數唐前經錄佚著一樣，李廓《魏世眾經錄目》在著錄佛典時存在着一些問

---

[1]（隋）費長房：《歷代三寶紀》卷六《譯經西晉》，《大正藏》第49冊，64頁下欄—65頁上欄。

題。譬如，該録所記曹魏朱士行譯《放光般若經》二十卷，其實并不準確。據《歷代三寶紀》卷六，該經原爲朱士行從"于闐國得前梵本九十章，減六十萬言"，後遣弟子弗如檀"送來達到陳留，還遇于闐僧無羅叉、竺叔蘭等，當惠帝世元康元年五月十日，于倉恒水南寺譯之，而竺道祖、僧祐、王宗、寶唱、李廓、法上、靈裕等諸録，述著衆經并云朱士行翻此，蓋據其元尋之人推功歸之耳。房審校勘《支敏度録》及《高僧傳》出經後記、諸雜別目等，乃是無羅叉、竺叔蘭等三人詳譯"①，故而名實不符。《大唐内典録》卷二、《開元釋教録》卷二、《貞元新定釋教目録》卷四等對此均有説明。又如，該録所謂姚秦鳩摩羅什譯《樂瓔珞莊嚴經》一卷，同樣不符實際。《開元釋教録》卷四先後著録姚秦弗若多羅譯《樂瓔珞莊嚴經》一卷、曇摩耶舍譯《樂瓔珞莊嚴方便品經》一卷。前者附注："房云見《廓録》，今准經後記，乃是曇摩耶舍所譯，非什翻也，今移附彼録。"②後者附注："一名《轉女身菩薩問答經》，第三出，與法護《順權方便經》等同本，《李廓録》云羅什譯。准經後記，云耶舍出，故移編此。"③《貞元新定釋教目録》卷六亦同。

　　對佛經翻譯始末未作仔細考證，從而導致某些文獻著録名不副實，或許是《李廓録》亡佚的原因之一；《李廓録》在南北朝佛教經録中著録文獻數量較少，可能導致佛教學者對其重視程度不夠，易致散佚；南北朝分裂對峙以及北周滅佛運動，同樣影響着《李廓録》的存佚。儘管如此，這部佛教經録可謂瑕不掩瑜。從很大程度上講，因其文本體制、分類構架以及時代影響，《李廓録》依然在佛教文獻和學術史中呈現出特殊意義。

　　先看其文本體制。梁啓超指出，"惟僅分經、律、論三藏，則傳記等書應歸何目，苦難配合，此當爲《廓録》之一缺點也"④。這種説法值得商榷。據《長房録》卷十、《道宣録》卷四、《智昇録》卷五以及《圓照録》卷七所見，《李廓録》著録有劉宋釋寶雲譯《付法藏經》六卷。《付法藏經》亦即《付法藏傳》《付法藏因緣傳》，其中《付法藏傳》四卷（或七卷，後魏世沙門吉迦共曇曜譯），《法經録》歸入"佛涅槃後傳記録"之"西域聖賢傳記"⑤。《付法藏經》六卷（宋涼州沙門釋寶雲譯），《智昇録》歸入"有譯無本録"之"聖賢集傳闕本"⑥。梁啓超未作全面考察，遂而得出不確之論。不僅如此，《李廓録》具有傳録類目録學之學術思維。該書不僅著録北魏佛教文獻，而且關注僧人行迹，由此在佛教經録中呈現出佛典清單與僧人傳記相輔相成的體制。據前述《續高僧傳》李廓本傳，《李廓録》記載和梳理菩提流支相關事迹，即爲明證。又，《歷

① （隋）費長房：《歷代三寶紀》卷六《譯經西晋》，《大正藏》第49册，65頁上欄、中欄。
② （唐）智昇撰，富世平點校：《開元釋教録》卷四《總括群經録上之四》，240頁。
③ 同上，253頁。
④ 梁啓超：《佛家經録在中國目録學之位置》，《佛學研究十八篇》，上海古籍出版社，2001年，348頁。
⑤ （隋）法經等：《衆經目録》卷六《佛涅槃後傳記録第八》，《大正藏》第55册，146頁上欄。
⑥ （唐）智昇撰，富世平點校：《開元釋教録》卷十五《別録中有譯無本録之二》，1083頁。

代三寶紀》卷十著録劉宋曇無竭譯《觀世音菩薩受記經》一卷、《外國傳》五卷，附傳云："武帝世，永初元年黃龍國沙門曇無竭，宋言法勇，招集同志釋僧猛等二十五人，共游西域二十餘年，自外并化，唯竭隻還。于闐賓國寫得前件梵本經來，元嘉末年達于江左，即于楊都自宣譯出。見王宋、僧祐、慧皎、李廓、法上等録，白著行記五卷。"①從表述方式看，高僧曇無竭相關行迹應在以上學者撰著中有所呈現。可見《李廓録》載録僧人傳記，影響着隋唐經録的文本形態，在佛教目録學中占有一席之位。

再看其分類構架。梁啓超認爲："僧祐以後，著經録者蓋注重分類，有兩部已佚之録，僅有篇目，而其分類頗有參考之價值者：一曰《李廓録》，二曰《寶唱録》。"②對此，筆者以爲：其一，《李廓録》對漢文佛典的分類，明顯進一步發揚了南朝無名氏的《衆經別録》和王宗的《衆經目録》，亦即從教義（經、律、論）和體制（大、小乘）兩個方面進行考量，并且促進了這種分類體系的進一步定型。正因爲這樣，有學者亦強調，"南方目録最有代表性的是僧祐的《出三藏記集》，而北方則直接受到從西域傳來的佛教的影響，因而，對印度佛教的教義，體系理解，體會得較深，故而分類多契合佛理，如李廓、法上等録"③。其二，《李廓録》特設"大乘經子注目録"并收録12部，可謂遠接道安撰録之"注經録"，近續寶唱《梁世衆經目録》所謂"注經"，後開道宣《大唐内典録》"述作注解録"，同時在訓詁學史上發揚了"合本子注"。陳寅恪談到，這種訓詁體例是："其大字正文，母也。其夾注小字，子也。蓋取別本之義同文異者，列入小注中，與大字正文互相配擬。即所謂'以子從母'，'事類相對'者也。六朝詁經之著作，有'子注'之名，當與此有關。考費長房《歷代三寶記》壹五載魏世李廓《衆經目録》中有'大乘經子注'十二部，'子注'之名散見于著録者。"④亦與此相關。其三，《李廓録》分類有大乘未譯經論目録、有目未得經目録、非真經目録、全非經愚人妄稱目録等諸類，或許分別指"菩提流支所携來經論未譯的梵本""便于徵求佚亡的典籍""疑偽經"⑤，對應于漢譯佛典失譯、闕本、疑惑、偽妄等幾種文獻狀態。毋庸置疑，該書對闕本的關注早于前人，"其尤特別者，則未譯經論別存其目"，"其偽書類分爲'非真'與'全非經'兩種類，亦後此'疑惑''偽妄'分科之嚆矢"⑥。要之，從時間邏輯看，《李廓録》的體系構架，一方面延續了無名氏《衆經別録》《王宗録》《僧祐録》《寶唱録》等對佛典的分類，另一方面又對法經、彥悰以及靜泰等撰同名《衆經目録》甚至《道宣録》《智昇録》等唐代經録，產生了長足而又深遠的學術影響。

蘇晋仁強調，包括北魏李廓《魏世衆經録目》在内，南北朝經録佚著和隋唐之際

①（隋）費長房：《歷代三寶紀》卷十《譯經宋》，《大正藏》第49册，92頁下欄。文中"王宋"應爲王宗，釋王宗爲南朝齊僧人。"白著"應爲"自著"。
② 梁啓超：《佛家經録在中國目録學之位置》，《佛學研究十八篇》，347頁。
③ 徐建華：《中國古代佛典目録分類瑣議》，55頁。
④ 陳寅恪：《支湣度學説考》，《金明館叢稿初編》，生活·讀書·新知三聯書店，2001年，183頁。
⑤ 蘇晋仁：《佛教經籍目録綜考》（上），《法音》1986年第4期，20頁。
⑥ 梁啓超：《佛家經録在中國目録學之位置》，《佛學研究十八篇》，348頁。

幸存經録均"以分類爲主體，大類之下，復分子目，愈細愈佳。部次條别，疏通倫類，是其旨也"，"其中尤以《法經録》爲詳"①。而統觀晉後隋前佛教經録，南朝以劉宋無名氏《衆經别録》、蕭齊僧祐《出三藏記集》、蕭梁寶唱《梁世衆經目録》較優，北朝則以北魏李廓《魏世衆經録目》、法上《齊世衆經目録》爲佳。除了僧祐撰著，其他經録全都亡佚，北朝兩種著録部卷雖然有限，却起到了承前啓後的作用。從總體上看，"隋代佛典目録的分類體系基本上是沿着李廓、法上二録的分類構架發展的。北朝佛典目録的分類體系，奠定了中國日後一千多年佛典分類基礎"②。《李廓録》"不僅大小乘分録，經、論、注分開，而且真僞、道俗分立，設有目缺本一項，尤立'大乘未譯經論目録'一項頗具特色，使後來者便能全面瞭解當時佛經流通情況和西域、印度的佛教情況"③，非常難得。因此，《李廓録》在佛教目録學史上有不容忽視的學術意義。

【本文係國家社會科學基金項目"大文學視域下的《大正藏》史傳部研究"（22BZW182）階段性成果】

（作者單位：雲南師範大學文學院）

---

① 蘇晉仁:《佛教目録研究五題》，《佛學研究》2000年第1期，198頁。

② 徐建華:《中國古代佛典目録分類瑣議》，55頁。

③ 吕建福:《元魏譯經考略》，90頁。

南宋陳傅良《待遇集》及其佚文輯考

李 由

内容提要： 從《二十先生回瀾文鑑》《新刊諸儒批點古今文章正印》《群書會元截江網》中輯得南宋陳傅良佚文14篇，通過對相關佚文的輯考，考證出今已亡佚的陳氏《待遇集》的内容、編集時間等，從而增進對陳傅良早年創作以及南宋永嘉學派思想的認識。

關鍵詞： 陳傅良 《待遇集》 輯佚

陳傅良（1137—1203）是南宋永嘉學派的代表人物。其文集《止齋先生文集》由門人曹叔遠於宋嘉定元年（1208）編定，嘉定六年（1213）付梓，明人王瓚從秘閣中抄録曹叔遠本，明正德元年（1506）温州知府林長繁刊行，後被收入《四部叢刊》，遂爲今日通行善本。陳傅良早年曾有《待遇集》板行，甚爲風靡，此書今已亡佚。曹叔遠編集時，又遵從陳氏之意，不收早年之作，這就使得陳氏文章多有散佚于文集之外者。《全宋文》卷六〇一七輯其佚文“論104篇、他文16篇”[①]，所得最多、最全。筆者近來又從《二十先生回瀾文鑑》《新刊諸儒批點古今文章正印》《群書會元截江網》等書中輯得陳氏佚文14篇，其中包括陳傅良《待遇集自序》。這些佚文對認識《待遇集》、瞭解陳傅良的早年創作、推進陳傅良文集的整理等頗有意義。

一、《二十先生回瀾文鑑》所見佚文七篇

南京圖書館藏宋刻本（殘）虞祖南評次、虞夔箋注《二十先生回瀾文鑑》前集卷十四收録陳傅良文一卷，卷十五又有8篇文章，即《蕭何收秦圖書》《高帝入關論》《除挾書律論》《自立爲西楚霸王》《賓客皆天下俊杰》《與賓客入海上》《説沛公以利啗秦將》《吕后本紀》。各篇之下雖未署名，但通過考證，可知這8篇文章當爲陳傅良之作。如《除挾書律論》見于南宋謝維新所編《古今合璧事類備要》外集卷十，題作“陳止齋除挾書律”，知是陳傅良所作，《全宋文》已據《古今合璧事類備要》收入。《二十先生回瀾文鑑》在選録同一人之兩卷作品時，常在第二卷省略署名。與《除挾書律論》

---

① 曾棗莊、劉琳主編：《全宋文》第267册，安徽教育出版社、上海辭書出版社，2006年，2頁。

同卷的這些文章均應爲陳傅良作品。從内容上看，這些文章乃是一組作品，《除挾書律論》題目出自《漢書·惠帝紀》，而其他7篇文章題目也出自《史記》《漢書》。

（一）《蕭何收秦圖書》

沛公入關，非無急務也，蕭何獨先收秦丞相府圖籍文書，是何之陋志，不足法也。

《武成》一篇記武王克商行事之次第，一戎衣而天下定，乃反商政，政由舊。蓋紂爲無道，率意改作，商之善政不復存。武王未及下車，則反之以由舊者，蓋綱目既正，則他日所以治周之規模盡出于此。秦人姗笑三代，澠滅古法，破井田爲阡陌，削封建爲郡縣，取條章律令官名制度，一切以私意而紛更之，際天所覆，凡户口頃畝纖悉隱匿利害，必欲周知詳考，統之以王畿之法，自成一代之制。其有事雖戾古不足道，此亦古今之最難，非旦暮可成者，是以秦之君臣垂衡石以課功，畢力磨治，乃成此書。舉行未久而秦亡，何仕秦爲小吏，蓋嘗奉承于下矣，一旦乘其機會，探其書，藏之以爲异日相漢治天下之基坻焉耳。沛公具知天下阨塞，或乘輿行，過問縣户口多寡，御史即以實對，此秦之成書具存，可以覆視，非漢庭官吏能言之也。張蒼自秦時爲柱下史，明習天下圖書計籍，及何爲相，令蒼以列侯居相府，領郡國上計，則何既得秦之遺書，又求秦之故吏，相與講究而奉行之，以是而輔創業之君，將何以復三代之治乎？故後世不復見古人之萬一者，秦變古之罪小，而漢襲秦之罪大也。

世儒讀《高帝紀》之語，見"初順民心，作三章之約，天下既定，命蕭何次律令"數語，遂謂何能輔高帝得天下[1]已定，君臣之間因陋就簡，不能復古，以此小之，不知沛公方以元年十月入秦，何已收圖籍文書，不待逾月，會召秦民約法之後。其規摹蓋定于此，而謂天下既定，不能復古，亦期待之過矣，况并以議高帝哉？

按：此篇文章題目出自《漢書·高帝紀》"元年冬十月……乃封秦重寶財物府庫，還軍霸上。蕭何盡收秦丞相府圖籍文書"[2]，認爲從蕭何收秦文書即可看出漢承秦制，不能復三代之治。陳傅良立論常出人意表，葉適稱其"未三十，心思挺出，陳編宿説，披剥潰敗，奇意芽甲，新語戀長"[3]，此文頗能體現這一點。司馬遷《史記》對蕭何此舉持贊揚態度："漢王所以具知天下阨塞，户口多少，强弱之處，民所疾苦者，以何具得秦圖書也。"[4]這也是歷來的一般認識，而陳傅良却深入剖析蕭何此舉的象徵意義，立意新穎而有説服力。

---

① 此處似脱"天下"二字。
② （漢）班固：《漢書》卷一《高帝紀》，中華書局，1962年，23頁。
③ （宋）葉適：《寶謨閣待制中書舍人陳公墓志銘》，《全宋文》第286册，212頁。
④ （漢）司馬遷：《史記》卷五三《蕭相國世家》，中華書局，2014年，2446頁。

(二)《高帝入關論》

關中之地自古不以封諸侯，蓋以天下形勢至險處也。古者名山大川不以封，況險要之地乎？

自周孝王以蜚子善畜牧，分土爲附庸，而邑之秦，至周幽王爲犬戎所斃，而秦襄公將兵救之，平王以襄公有功，封爲諸侯，賜之岐西之地，與誓封爵，以爲犬戎之捍敵。殊不知關中之地，沃壤千里，易以富强，由是秦日以盛，周日以衰。迨秦穆公一伯，乃與晉室爭衡矣。孝公據殽函之固，擁雍州之地，君臣固守，有并吞八荒之心。逮至始皇，奮積世之餘烈，滅六國而亡周，豈非以形勢然邪？

二世亂，群雄并起，懷王之約，以先入關者王之，當是時，孰非有志于入關者？奈何秦兵方銳，乘勝逐北，諸將畏懼，獨一項羽以骨肉之怨，奮勢而直前，而其爲人慓悍禍賊，非若沛公寬大長者，故懷王卒不許羽，而遣沛公。然而章邯不知守此，虛國而擊趙，項羽亦不知急此而救趙，沛公知關中之不可失而又前無與敵，後無與爭，宜其引兵直入，略不敢緩也。後雖爲項氏所奪，然其不能堅守以固根本，乃肆怒屠焚，跋涉西而自立于彭城，遷沛公于巴蜀，三分關中，以王秦將，使爲高祖之扞隔。殊不知蜀地與關中爲比，反踵可入，孰謂關中非復高祖得耶？韓信之策一陳，而襲雍之兵已出，三將敗北，而秦復我有。

高祖是時略不少放，故以管鑰之任付之蕭何，而又親提勁兵以酬應關外之游敵，少有暇焉，而復入關以自立，爲治根本之事，如史所謂漢王還櫟陽，治河上塞，與民園池，立社稷，施恩爵，復租稅，舉三老是也。關中少暇，則又自臨晉渡河，以東伐楚。雖彭城一敗，睢水爲之不流，至蕭何發關中軍，而兵又大振，是彭城之敗于高祖無加損也。高祖之兵已振，與楚戰滎陽、南京、索間，破之。楚兵既破，故高祖又復入關，立太子，赦罪人，舉祭祀。關中之事既暇，則又如滎陽。滎陽之戰雖破，高祖自成皋入關，則又引兵而東，是滎陽之敗于高祖又無加損也。高祖與羽相守廣武，韓信、灌嬰既擊破楚軍，高祖又少暇矣，遂西入關，至櫟陽，存問父老，留四日，復如軍。譬如人之治家，一人守之于內，一人營之于外，營于外者又時間督察措置之。營于家者既固，則萬一失所于外，皆不足爲輕重也。

自後高祖以身持項羽于滎陽，而韓信已共北舉燕、趙，東擊齊，南絕楚糧道，而彭越、田橫又居梁地，往來苦楚兵，皆四面以裹羽。是宜關中一出，而諸侯復會。而垓下之敗，羽不能逃也。故論劉、項之成敗不在垓下之會，已見于失關之日也。

按：此文論述關中乃天下至險之地，劉邦、項羽成敗的關鍵即在于劉邦成功經營、控制了關中之地，而項羽卻主動放弃了關中。陳傅良其他文章中也有這一觀點的類似表達，如《形勢論下》認爲秦朝急速滅亡的原因在于秦二世不能嚴守關中。

(三)《自立爲西楚霸王》

圖天下者雖無常勝，而實有定勢，能據勢以制勝，則天下可圖也。蓋大險要地可以控引天下，猶之心腹之運四體。苟惟捨其所可恃，而偓然率天下以本己，未有不潰敗四出，而亟趨于亡也。方當群雄角逐，地醜德齊，莫能相尚，一國得勢而據之，因堅而守，隨便而攻，其地利所在又能困天下之力，而況帶甲百萬，粟支數年，倚地利而戰天下，夫誰與我敵？

嘗怪嬴氏能混并海內，本非有平亂之道，而六國皆折而歸秦者，徒以據百二之險，而濟之以權謀耳。項籍入秦，一日之斬伐以快私怒，弃其本根而尋斧焉，彼亦知天下之勢在自己乎？裂秦以王三將，而處身于梁楚，出天府而入戰場，方將與天下驅驅，嗚呼！殆哉！及觀高帝按吏民于入秦之初，而甚鬱鬱于西土，良、信之徒又從而贊規取之謀，其所見特與項氏絶矣。項氏授關中于邯、翳等，彼皆孱弱孺子，安能久有？而漢王追逐如獵狐兔。漢王既得三秦，天下之事蓋可覩矣。彭越在梁，既已爲項氏肘腋之害，而漢王率五諸侯入彭城，曾無以拒遏之者，則籍之不善審天下之勢，而區區倚力以求勝，宜其終至于劇敗也。

君子謂德險之論，抑亦要其極而初非一偏之理。五穀非雨露不生，而未耜倚置，未見其可。武王在鎬，而定鼎于洛，成王營洛，而未嘗未[1]鎬。天下全勢，雖有聖人而不能釋置。此惟可以通世者談，非徒高論無實而已。

按：此文亦强調關中形勢的重要性，從項羽方面立論，認爲項羽失敗的原因在于不審形勢，放弃關中，而以彭城爲都。

(四)《賓客皆天下俊杰》

古人有失一士之憂，而後天下大治。士固爲天下之具也，而尋斧于其具焉，則安得不亡？士之生乎斯世，其所抱負未嘗不欲著見，而躑躅不寧，乘時倚勢者，彼亦不甘于前之所弃耳。嗚呼！士能以道窮達，蓋士之所自爲也，人主亦何便于弃士哉？故夫善成天下之人物者，并包兼容，而使之皆得以自效，故群材聚于本朝，而海內無異意。

昔者秦人有見于七國之際，士各事其主，謀畫縱辯紛挐者纍歲，而後秦僅得之，遂謂以重法繩天下，則其勢可以戢士。方以腹非得罪，則亦何敢伸其志于朝？故凡肯于秦留者，類皆諛悅取寵。他時指鹿欺君，以鼠竊誤國，皆前日爲秦所容者也。草莽之間，豪士充斥，所謂賓客、廝役皆當時俊杰，又何必趙地哉？韓、燕、齊、楚，所在咸奮。夫能以難制之資，取亂世之功名者，皆治世扶國之器也，豈不甚可惜哉？漢高帝視諸將最爲大度，而士尤樂附。人皆奇高帝以匹夫而有天下，而不知其以一人容天下士之難也。是時如滄海頓竭，而萬寶并陳，項籍以區

---

① "未"，似爲"來"之訛。

區之扃鑰而當其會，是不足與漢氏敵矣。漢氏既定，而有代地之從車，海島之死士，君子以爲高帝之猶未大也，後世人主要亦待天下之士可乎？

按：此文題目出自《史記·張耳陳餘列傳》，論秦朝弃士而亡、高祖容士而興，説明人君得士的重要性。

（五）《與賓客入海上》

以一人而有四海，而海内無异慮，非其利四海而有之也。商之子孫，其麗不億，上帝命周，而皆侯于周服。武王厚信明義，崇德報功，而天下大定。他時小腆流言，而邦人震動，然周家終不得罪于賢士大夫也。秦人不道，以積威劫滅六國，一旦瓦解，而子孫建位號，否亦依托，號名隨僕。而諸田之興，最號得士。橫志節尤高，晚年就盡，而其寄五百餘人得以投死仇漢。夫諸侯并馳，力窮智竭，而漢卒得之，大號既定，孰非臣妾？而自要以必死者，豈漢獨有深仇于田氏哉？蓋因是而思漢之所以興，其視戰國之事爲僅愈耳。民病既極，非漢誰歸？高帝伸于尋常之中，非海内素有愜志也。日者秦人鉗結天下之士，閭左戍卒，彼特何爲者？而縉紳先生持孔氏禮器委質于陳。嗚呼！天下之士幸一日而得伸也久矣。人皆謂高帝能收四海人物，然終不免滯于一途。穆伯、申公，一去一就，皆爲道之亡存，不過流落在楚，而邯鄲之客，官舍充滿，至千餘乘。夫匹夫匹婦，不獲自盡，實古人所甚畏。天下，大器也，而不能悉與天下圖之，彼其寄命私主，遂翏然得以梗四海。况如橫者，環視一世，蓋未知所以深服劉氏而安爲之臣也。高帝坐席不及暖，而反者九起，惟深識古今之變者，悼漢事之猶淺，而重威厚恩足以滅國而已。高帝方賴諸公以成帝業，而天下之不得志者，帝以爲無所事矣。漢之褊陋，抑有由矣。

按：此文題目出自《史記》《漢書》對田橫之徒五百餘人從死之事的記載。其論點與上述《賓客皆天下俊杰》形成補充關係，即認爲高祖雖能得士、容士，但田橫之事體現了高祖尚未盡得士人之心，漢初叛亂四起也有此原因。

（六）《説沛公以利啗秦將》

胡亥酷法，李斯破滅儒術，而濟其不仁。沛公革秦，號稱長者，子房帷幄之謀臣，實非刀筆伍也，然沛公特天資明達，而子房固有學之君子，嶢關之役，蓋嘗有疑于子房之出處，而卒得其説。

古之聖賢惟其心無私主，故其所施綽綽有餘裕。堯舜受禪，湯武征伐，不過對時育物，而伊尹相湯，太公望之興周，亦豈以事業爲説者？古人之憫人窮也，亦甚矣，而其識斯文之興衰，則有所不苟爲。故寧有所不爲，而實非坐視，至于可爲之日，則其所成，必無一可議也。管敬仲之功，至于一正天下，免民于被髮左袵，然跌蕩準繩之外，卒歸于小器耳。子房殆王者之佐，宜下視夷吾之流，功成身退，漢不得而有之。夫以漢之規摹苟出于子房之所造，必非蕭、曹之淺功。

吾既知之矣，然以子房資器之宏，顧乃遇漢興而輒售，自其有爲韓報仇之念，而投之以斃秦興漢之機，子房亦迫于欲爲矣。嗚呼！子房之智，獨未至于大智歟？夫既已出爲漢用，不遇逐鹿并爭之事，一日先諸侯入關，而遂欲一日得志，則設疑兵，啗秦將，繞嶢關，逾蕢山，皆事勢之必然者。不然則強秦在前，拱而待斃，其與不鼓不成列者何异哉？

　　君子之論，不當求諸一日之故，而循首至末，然後知輕重小大之理，不可厚誣。嗚呼！蓋世之事業不足以縈繫子房，而必必①欲亡秦者一動于中，遂乃以其迫切之圖而售于漢，其視古人不以行一不義而得天下之大者，已判然天壤，可勝道哉！天下方定，實漢家創業垂統之始，乃欲從赤松子游，脫然無意于成漢，而不以事業之迹自累，豈非所以造漢者，非子房所素履，而非其所樂歟？世儒以怯禍多子房，是特知子房之細耳。

按：此文題目出自《漢書·高帝紀》："沛公欲擊之，張良曰：'秦兵尚強，未可輕。願先遣人益張旗幟于山上爲疑兵，使酈食其、陸賈往說秦將，啗以利。'秦將果欲連和，沛公欲許之。張良曰：'此獨其將欲叛，恐其士卒不從，不如因其怠懈擊之。'沛公引兵繞嶢關，逾蕢山，擊秦軍，大破之藍田南。"②認爲張良之所以會出此狡猾計謀，是急于爲韓報仇，這也是他投身于劉邦的原因，天下已定，張良急流勇退，并非爲了避禍，而是因目的已經達成。

（七）《呂后本紀》

　　有所謂經之編年，有所謂史之編年。經之編年，褒貶具存；史之編年，美惡不判。夫子作《春秋》，予奪之權，常存于片言隻字之微，而真僞有不可誣者。若夫班固之作史，殆編其年數，以見一代之行事而已，初未嘗有褒貶于其間也。如以呂后擅權，紛更政治，幾危漢家社稷，君子于此，黜之可也，班固則列于本紀，俾得以承漢之統者，豈非以其七八年行事善惡之迹不可不載，而史編年之法不得不然也？故司馬遷之《史記》，溫公之《通鑑》皆有《呂后本紀》者宜矣。夫何范曄紀《後漢史》不知出此，乃以皇后無與于接統者，一例爲三紀，豈非狃于《呂后本紀》之名，而不考論編年之實也歟？沿至于唐，武后顓制，雖曰行事不經，要不可無紀以見年也。范公之作《唐鑑》，則曰："昔季氏出其君，實無君者八年，《春秋》每歲必書公之所在，及其居乾侯也，正月必書公在前③侯，不與季氏之專國。故臣復繫嗣聖之年，黜武氏之號，以著母后禍亂之戒，竊取《春秋》之義。"此謂范氏垂訓于後則可也，謂其示作史之常體則不可也。史之常體，特不過編年耳，是故司馬溫公作《通鑑》，非不知曹操以亂臣賊子不足以繼漢，而劉備本中山

① 原文有兩"必"字。
②（漢）班固：《漢書》卷一《高帝紀》，22頁。
③ "前"，原文如此，當作"乾"。

靖王之後，實漢之苗裔，列爲漢後，不爲不可也，然吾書本于編年，而曹操既首接漢後，則亦不可因備而廢操也，至此則世所謂正統之論不必辨。

按：此文從班固《漢書·高后紀》談起，認爲與《春秋》不同，史書不主于褒貶而主于紀事，因此司馬遷、班固、司馬光將呂后列入本紀無可厚非。《後漢書》將與統治無關的皇后納入本紀，是不識《呂后本紀》寫作旨趣。而范祖禹不爲武則天立紀，則未能認識《春秋》與史傳之區別。

需要指出的是，這些文章的題目可能并非陳氏之舊，而是後人重擬的。如《說沛公以利啗秦將》全篇論張良出處，原題可能是《張良論》。

二、《新刊諸儒批點古今文章正印》所見佚文兩篇

臺北"故宮博物院"藏宋刻孤本《新刊諸儒批點古今文章正印》編刊于宋度宗咸淳九年（1273），其後集卷十四、別集卷二分別收有陳傅良《待遇集自序》《秦筮者傳》兩篇佚文。

（一）《待遇集自序》

凡天下之物，遇人而後重。荊山之璞遇卞和而重，爨下之桐遇蔡邕而重，汾陰之鼎遇漢而重，岐山之石鼓遇唐而重。向不遇數人，則塊石也，餘薪也，無用之弃物也，奚足重哉？惟山川亦然，必得人則重焉。雷澤以舜重，塗山以禹重，洙泗以夫子重，首陽以夷齊重。不然，則天下之奇山异川不少矣，何是數者獨高挂人牙頰邪？惟人亦然。管仲以鮑叔重，康章以孟子重，百里奚得秦穆公而重，毛遂得平原君而重，侯嬴得公子而重，淮陰得蕭相國而重，禰衡得孔文舉而重。凡若是者，不可殫紀。儻不遇焉，則管仲不免于桎梏之囚，康章不免于被不孝之名，百里奚不免飯牛，毛遂不免終爲下客，侯嬴不免甘夷門之隸；淮陰、禰衡亦不復有登壇之拜、薦鶚之表矣，其能自重乎？惟人之伎亦然。微周穆王乘八駿而游，人未必重造父之御；微虢公子屍蹷蹷而復甦，人未必重扁鵲之醫；微吳王裂土而封，人未必重宋人之藥。此齊客之瑟雖工，而王不好，卒以斥去也。

然則士之文章，何獨不然？余嘗聞之，文不待人而重者，夫子之六經、孟子之七篇而已，外是而無待者鮮矣。司馬相如之《子虛賦》非武帝不重，左思之《三都》非張茂先不重，孟郊之詩非韓退之不重，杜牧之《阿房賦》非吳武陵不重，陸氏之《春秋微旨》非柳子厚不重，李華之《吊古戰場》非穎士不重。然是特文之次者耳。揚子雲號漢文杰，而《太元》之作，笑之覆瓿。元譚曰："親見子雲容貌不動人，安肯傳其書？"而雄毅然自許："後世有揚子雲者，必好之。"得非不遇于當時而有望于後世邪？鳴呼！子雲尚爾，矧不逮萬一者。

余學爲文有年矣，而未知爲文之法，時亦剽奇竄古，拾前人之陳言，斐然有成。顧無可重之實而异，敢重于世？然世固有不足重者，而或重焉。昌歜芰羞，

味之不足重者也，而芰屈到嗜之；模母宿瘤，貌之不足重者也，而黃帝、齊侯美之；鳥吟蛙鳴，聲之不足重者也，而漢順、稚圭樂之。余文雖不足重，其自視縮舌之味、醜類之貌，聒耳之聲，粗有聞矣，安知今世無重所不足重者邪？姑編而集之，以僥幸一遇焉。

按：吳子良《荊溪林下偶談》謂："止齋年近三十，聚徒于城南茶院，其徒數百人，文名大震。……其時止齋有《待遇集》板行，人爭誦之。"①可見陳傅良早年有《待遇集》，今已亡佚，此即其序。

（二）《秦筮者傳》

秦始皇既燔詩書，惟《易》以卜筮存。自隱君子者，以《周易》仕于秦筮史。上好鬼神敬卜，甚尊信之，筮者輒以其術陳。始皇雖不用，然頗異其能。始皇三十五年，將使太子扶蘇北監蒙恬上郡。未命，使筮之。遇豐之震，占之曰："不吉。晉獻公使申生伐皋落氏之策也。其繇曰：'豐其沛，明者蔽也。日中見妹，盛者微也。折其右股，大臣刑也。離之震，而震之離，長子當兵焉，其將以太子將乎？且離，南也；震，東也。五年之後，或者東南有變，其兆在豐沛矣。'"始皇不能用，于是將出游東南，以厭其占。明年，使者從關東過華陰平野道，有持璧遮使者，言曰："爲我饋鎬池君。"因言曰："今年祖龍死。"使者歸璧，具以聞。始皇使御府視璧，乃二十六年沉江璧也。上不擇，遂遽占筮。遇剝之坤，曰："是謂乾易位爲坤。末強本枯，妻役其夫，王臣其奴。艮之少男，閹人焉與徒，犬讒其喙，敗贏者，胡夷高。顛而不扶，老馬亡其駒，鼠拱而闢乎？且乾爲金，坤爲帛，或爲布刀，其金刀之祥乎？"始皇默然良久，曰："奈何？"筮者曰："噫！臣三世筮之矣。臣之祖爲吳餘祭筮得之，其年有越俘之禍。臣之父爲趙武靈王筮得之，其季月應沙丘。皆死徵也。今臣爲君得之，是其辭曰：'君子得輿，小人剝廬'。廬，其居也。行者在塗，盜入其居，是卜也，其惟無行乎？君必行，無近刑餘，無適巨鹿之虛。此二者吳、趙從之矣。于文金刀爲劉，不三稔有劉氏興矣！"始皇怒，命他筮，卦得游吉，遂出游。少子胡亥、宦者趙高從。明年，北至琅琊，一夕夢與海神戰。上惡之，復占筮。遇坤之剝，始皇曰："兹吉。龍戰于野，其血玄黃，龍其勝歟！"筮者曰："臣嘗學此矣。龍，陽物也，君之象也。乾之否，不曰龍，陽失其爲陽也，坤之剝，陰失其爲陰也。玄，天也；黃，地也，戰其天且血焉，陽實傷多。抑臣聞之，秦，水德也。海，水室也。以其德天下，而自戰其室，水兆衰矣。水，火妃也。昔共工氏以水衰，炎帝以火勝之，秦其將爲楚勝乎？楚勝于秦，必始于陳。陳，顓頊之後也。水屬爲楚，祝融之後也，火正焉。陳亡而楚張矣。君即位之年，夏疾日也。于今三終，夫數成于三，變于七，其忌今年之七月乎？"始皇大怒，降爲庶人。後七月丙寅，始皇死，筮者不知所終。

---

① 吳子良：《荊溪林下偶談》卷四，《叢書集成初編》本，42頁。

按：此文之後即爲《李斯夢鼠傳》，也是陳傅良所作，《全宋文》從明代《文章類選》中輯得而有幾字闕失，可據《古今文章正印》補足。《李斯夢鼠傳》《秦筮者傳》皆是依托史書虛構的帶有寓言性質的故事，旨在闡發一定的道理，屬于雜傳，可能是陳傅良少時讀史應舉之餘的練筆之作。此篇雜傳所據史事出自《史記·秦始皇本紀》："使者從關東夜過華陰平舒道，有人持璧遮使者曰：'爲吾遺滈池君。'因言曰：'今年祖龍死。'使者問其故，因忽不見，置其璧去。使者奉璧具以聞。始皇默然良久，曰：'山鬼固不過知一歲事也。'退言曰：'祖龍者，人之先也。'使御府視璧，乃二十八年行渡江所沈璧也。于是始皇卜之，卦得游徙吉。"[1]

三、《群書會元截江網》所見佚文五則

關于《群書會元截江網》，《四庫全書總目》曰："首題太學增修。中有淳祐、端平年號，蓋理宗時程試策論之本也。元時麻沙刻本。"[2]此書多引用宋人奏議、論策之文，《全宋文》亦曾據此輯佚。其中有五則陳傅良佚文，前人未曾留意。這些佚文有的祇存一些段落，篇題也應是編刊者根據引用內容重擬的，并非原題。

（一）《崆峒之碑》

古者製作感人，故崆峒之碑，漫滅脫漏，十不存一，後世猶想陶唐氏之遺風，則競傳而寶之。岐陽石鼓之歌，寂寥簡短，至不可考，後世或以爲周宣王之作，則形之歌咏，極其揄揚。豈不以聖人心聲之美，或寓于此，則人所歆美不能自已。

按：此文見于《群書會元截江網》卷一，署名陳止齋。《古今合璧事類備要》後集卷一亦有《止齋崆峒之碑》，其文曰："崆峒之碑，漫滅脫漏，十不存六，後世猶想陶唐氏之遺風。"[3]從所存斷簡看，這是用崆峒之碑、石鼓之歌的典故說明聖人之製作具有感發人心的作用，題名祇是取此段的開頭一句而已，并非原題。

（二）《籍邊民爲兵》

欲富國者常患財少，欲強兵者常患兵少。豐財在于省兵，而國勢不立；增兵在于募卒，而廩給不充。二者立國之通患也。今欲卒不增而廩不加，而獲益兵之利，其集沿邊之民，而勉以爵賞歟？

夫塞下之民，非他比也。耳熟鉦鼓，目稔金革，男子操刃，女子彎弧，三尺之童以介胄爲樂，是非其性异人也，習俗使然也。昔漢用兵于羌胡矣，乃以金城、

---

② （清）永瑢等：《四庫全書總目》卷一三五，中華書局，1997年，1783頁。
③ （宋）謝維新：《古今合璧事類備要》後集卷一，《景印文淵閣四庫全書》本，臺灣商務印書館，1986年。

隴西、天水、安定、上郡、北地六郡良家子爲騎士，以其俗迫西羌，故高尚勇力，而戰備爲習也。唐嘗用兵于淮蔡矣，議者欲以陳、許、安、康、汝、壽六郡之民充召募，以其居接賊境，故習于戰鬥，識寇之淺深也。是則邊民之可用，與內地不侔，自古而然矣。

今塞下之民非怯于古也，鄉者敵人殘其桑梓而不敢爭，系累其父母而不敢救，人子之情豈超然至此哉？以爲出力以禦寇，則籍名于官而不得脫，否則慮公家之繩，而黥面涅手之法行焉。甚者緩急赴敵，而官軍侵辱媟嫚之，故寧竄山林，捐妻子，弃墳墓，而不暇恤也。今也使之之術，莫若因其有營護廬屋之心，而導之以爵，賞之以利。而使五家爲伍，五伍爲長，五長爲圍，五圍爲部。擇其豪民，假以爵級，如隅官之制，而使主之。隅官之能否，則郡刺史督之。課其兵仗，而不置于府庫也；籍其藝能，而不拘于營壘也；肄習有時，而不妨農事也；屯戍有所，而不離塵舍也。閒暇則遣親勸之，使分諸民保，以獎勸其能，慰勞垂老，以竦動其心，秋冬則命所部之長吏，課習器械，以考其精粗，閱視藝能，以較其勇怯。驍雄者蠲復其身，謀略者官予之爵，使之閭里相勸，族黨相保，疾病相問，有緩急則赴死以相救，是則沿邊諸郡皆良民也，皆精兵也，烏乎而不可用？

按：此文見于《群書會元截江網》卷十四，署名陳傅良。文章主張徵邊民爲兵，導之以爵，賞之以利，以解決"兵"與"財"之間的衝突。

（三）《忌良將狎庸將》

將帥之乏材，其患在于有所忌，而戒于有所狎。畏其驕也，則置之散地，以消其氣，老其才于無用之域，以求其無大功。畏其偪也，則排擯刻削，以貶其權，而示其不足爲世之輕重。茲二者，忌之過也。夫惟豪杰奇偉之士，既以忌疎，則其所用者必庸懦以聽其上者也。知其不足以有爲，而幸其不至于生變，于是舉重兵以付之，而不計其勝任與否，此狎之過也。

按：此文見于《群書會元截江網》卷二十二，署名陳傳良，"傳"當是"傅"字之誤。文章尖銳地批評了朝廷在任用將領時存在的忌良將而狎庸將的弊端。

（四）《東南將有可用》

東南將有可用。昔之始剙國于東南，而形勢爲最強者，曰孫氏之吳，觀其上之任將與大臣之舉將，意之所注，亦已深矣。孫權舉江東之兵，罄手而付之周瑜，瑜疾而舉魯肅，再選而舉呂蒙，呂蒙舉陸遜，且北來諸將若黃蓋、韓當之武勇，徐盛、朱然之膽略，呂范、程普之謀畫，又皆孫討逆之舊人，陸遜所謂或堪爪牙，或任腹心，或國家當與共大事者也。權乃舍之，而任新進之少年，何哉？徐考其故，則周瑜家于合淝，魯肅家于臨淮，呂蒙長于吳下，陸遜起于吳郡，是皆東南之人，能明其形勢之強弱、士卒之勇怯。故是孟德蹙玄德，擒雲長，剿三勍敵，兵威所至，迎刃而解，若孫權者亦可謂善策勵東南之人而用之審矣。

按：此文見于《群書會元截江網》卷二十二，署名陳傅良，主要論東南之將亦可用，似有意反駁朝廷對東南將領的輕視態度。

（五）《馬不貴多而貴良》

兵貴精不貴衆，馬貴良不貴多。晋有天下，名馬之國也，而昔之立國于晋者，不以馬之衆爲勝負，而常以少制勝。蓋擇其良馬，而不在乎多也。方戰國時，群雄相吞，兵車之徜徉乎四海，馬之用亦急矣。蘇秦之説魏王曰："魏之武卒二十萬，廝徒十萬，騎五千匹。"其説楚也，乃曰："楚帶甲百萬，車千乘，騎萬匹。"夫養兵二十萬，而騎止五千，帶甲百萬，而騎止萬匹，其爲計亦踈矣，而二國之騎兵卒强于天下，何耶？以馬之多，不如良之爲愈。

按：此文見于《群書會元截江網》卷二十五，署名"陳良傳"，當是"陳傅良"之誤。

四、《待遇集》與陳傅良的早年創作

以上我們在《全宋文》之外，又得陳氏佚文14篇，其中以論爲多，内容涉及君主用士、兵家形勢、養兵、用將、馴馬等國家政治、軍事事宜。陳傅良爲何會有這麽多集外佚文？這與其思想轉變與文集編纂宗旨有關。

據吳子良《林下偶談》，陳傅良乾道六年（1170）赴太學補試前，已有《待遇集》出版，名噪一時。從《待遇集自序》看，這部文集是他親自編定的，彼時尚是一介布衣的陳傅良對此集寄予厚望，希望能借此"僥幸一遇"，爲人所重。而《待遇集自序》等文却不見于曹叔遠所編《止齋先生文集》，這是因爲陳傅良乾道三、四年間因薛季宣指點，屏居梅潭，究心理學，以前作爲非，不欲將其收錄在文集中。曹叔遠對陳傅良的創作進行了分期："執經户外，方屢闈集，片言落筆，傳誦震響，場屋相師，而紹興之文丕變，則肇于隆興之癸未。屏居梅潭，危坐覃思，超詣絶軼，學成道尊，則邃于乾道之丁亥。"[1]其編集遵從陳傅良遺意，"斷自梅潭丁亥之後"[2]，也就是乾道三年以後，此前"幼作"一概不取。從"肇于隆興之癸未"一語看，陳傅良這些對場屋舉子産生重要影響的文章大部分應是隆興元年（1163）至乾道三年間所作，《待遇集》也當在此間編成。

曹叔遠序文并未提到《待遇集》，而是説："蓋俗所傳如《城南集》之類，皆幼作，先生每悔焉。"[3]故有學者認爲陳傅良早年曾有《待遇集》《城南集》[4]，這一説法有待商

---

[1] （宋）曹叔遠：《止齋先生文集序》，《陳傅良先生文集》附錄，浙江大學出版社，1999年，704頁。

[2] （宋）曹叔遠：《止齋先生文集後序》，《陳傅良先生文集》附錄，705頁。

[3] 同上。

[4] 孫詒讓《温州經籍志》以《待遇集》《城南集》爲兩書，皆是陳傅良的幼作（《温州經籍志》卷二十，民國十年刻本），學界亦沿用其説。

權。慶元黨禁時期，朝廷鑒于"葉適《進卷》、陳傅良《待遇集》士人傳誦其文，每用輒效"①，下令將二書毀版。可見陳傅良流傳于士林的應當是《待遇集》，如果還存在一部收錄"幼作"、內容相仿的《城南集》，黨禁時也理應在毀版之列，然毀版目錄卻無其名。筆者推測所謂《城南集》可能是《待遇集》的別稱，因《待遇集》就是陳傅良在城南授學期間編成的，曹叔遠或出于某種考慮，不願正面提及此前被毀版的《待遇集》，而稱爲"城南集"。

從陳氏佚文看，《待遇集》應包含序、雜傳、雜說等文體，又以論體文爲主。這百餘篇論體文又可分爲幾個專題：1.經論（《五經論》系列），2.《七聖論》系列（堯、舜、禹、湯、文王、武王、伊尹、周公）3.秦漢史論，4.主題論（天、民、吏、士、謀、守、備、兵、形勢、和戎、國勢等論），5.程式擬題論（《博愛之謂仁》《王者之法如何》）等。一方面，宋代科舉試論的命題多出自經、史、子部典籍，陳傅良的論體文對這些內容都有所涉及，有明顯的應試特徵；另一方面，這些論體文又不純粹是無的放矢的書生案頭習作，而是緊密聯繫宋金對峙背景下孝宗朝的時事，充分、系統地展示了陳傅良在政治、軍事等方面的治國才略。這也是永嘉學派事功思想的重要體現。

《待遇集》的迅速板行，爲陳傅良帶來了巨大的聲譽。樓鑰在陳氏神道碑中提到："公自爲舉子業，其所論著如《六經論》等文，所在流播，幾于家有其書。蜀中文學最盛，讀之者無不動色，文體爲公一變。至傳入夷貊，視前賢爲尤盛。"② 又稱："本朝名公巨卿不可縷數，然自韋布而名動宇內者，不過數人。"③ 陳傅良之所以能以布衣的身份獲得巨大的聲譽，《待遇集》的板行與傳播發揮了重要作用。

綜上所述，輯錄陳傅良佚文不僅有益于補苴文獻，也有助于認識陳傅良《待遇集》的內容、風格，進而一窺南宋孝宗朝初期永嘉士人的思想與文風，增進對南宋永嘉學派的認識。

【本文係國家社科基金青年項目"宋元文章學在日本的傳播與接受研究"（項目號：18CZW026）階段性成果】

（作者單位：江蘇省社會科學院文學研究所）

---

① 劉琳、刁忠民、舒大剛校點：《宋會要輯稿·刑法二》，上海古籍出版社，2014年，8355頁。
②（宋）樓鑰：《寶謨閣待制贈通議大夫陳公神道碑》，《全宋文》第265冊，314頁。
③ 同上。

北京師範大學圖書館藏《齊人夢》鼓詞述略

丁之涵

内容提要： 北京師範大學圖書館藏稿本《齊人夢》鼓詞十二回，清嘯傲主人撰，有光緒十五年（1889）自序及多人評語。《齊人夢》鼓詞著録所見僅北師大圖書館藏，取《孟子·離婁》"齊人有一妻一妾"章句爲題材，大量運用"四書"等書籍典故，并將"齊人"故事與"夢"主題相結合，與所知相近題材作品多有不同，應是孤本。該本推測應屬山東地區作品。

關鍵詞：《齊人夢》 齊人有一妻一妾 鼓詞 嘯傲主人 陳汝玉

北京師範大學圖書館藏《齊人夢》鼓詞，卷端題名《齊人夢鼓詞東郭略》，上下二卷各六回，共十二回。清嘯傲主人撰。稿本。光緒十五年自序并跋，清陳叔成、程清潔跋，清陳汝玉等評，稿内多有修訂。《齊人夢》著録僅見此本，比對其他同題材的鼓詞，均非同一作品，應是孤本。

一、《齊人夢》内容結構與主旨大意

《齊人夢》演《孟子·離婁下》"齊人有一妻一妾"故事，穿插"四書"等典籍内衆多人物、典故，構成齊人之夢，歸結爲天下人所共夢。卷前有《十二回總説》，串講十二回回目命名與主旨。次《論文叙説》，從結構、立意等各方面對《齊人夢》的創作加以闡析，表明作者以鼓詞爲文章的創作態度。次光緒十五年作者《小序》，釋《齊人夢》命名，大意謂：事取"齊人有一妻一妾"章句；"齊"指等量齊觀；"齊人"即天下人，是滅忠信廉潔的"賤丈夫""德之賊"；"齊人夢"乃求富貴利達的人間大夢。十二回正文前附雅段《子路遇丈人》，演《論語·微子》"子路從而後"。鼓詞曰："世人皆夢，惟一不做夢的就是君子。"又曰："君子者，丈人是也。"[1]鼓詞特于"夢"前附雅段設此丈人，丈人在鼓詞末再次登場歸結此夢：《齊人夢》實是君子丈人所觀一戲。

正文每回冠一《小段》，多表達作者人生態度，各與本回要意切合，題如《混世蟲》《十大好》等。正文先列回目，每回有開場詩、《西江月》。上卷第一回回目"楊

---

[1] 兩處引文見鼓詞《小序》。

柳媚世，桃杏争春"，述齊人、齊妻"杏花"、妾"桃花"各人來歷；齊人得一妻一妾過程；齊人日外出乞食，歸乃夸口，而妻妾不知其實。以上三事，相當于《孟子》原文"齊人有一妻一妾……則盡富貴也"數句。第二回"許多浪言，大半猜謎"，爲齊人夸言日之相與者，其妻漸生猜疑，決意一探究竟，相當于原文"其妻告妾曰……吾將瞷良人之所之也"。第三回"一團妄想，十分圓成"，言瞷之前夕齊人與妻妾各妄夢、共圓夢；次晨妻瞷良人，途遇餓莩"頑夫廉"，相當于"蚤起，施從良人之所之"部分。第四回"鬼亦笑人，神難點化"，妻聽"頑夫廉"講道，至齊東三家邨，聽富者與貴者談，亦"施從良人之所之"情節。第五回"龍争虎鬥，狐媚狗裝"，妻至東郭"名場""利藪"，所見王公大人、賢聖豪杰以至凡夫俗子皆争名奪利，而"遍國中無與立談者，卒之東郭墦間"，遇東郭燹。第六回"難見老嫗，怎對寡婦"，墦間妻遇一老嫗哭"忠""信""廉""潔"四兒，又遇一寡婦哭夫"鄙夫寬"，繼而曉良人真相，即"之祭者，乞其餘。不足，又顧而之他，此其爲饜足之道也"。下卷第七回"這樣鶩生，那如螯醉"，妻始歸，遇充英書院山長鶩生先生、春社醉漢等人。第八回"問山尋水，嘲風弄月"，歸途遇"王之臣"，繼得月下老人點化，至此妻大夢初醒。第九回"思起故鄉，想殺遠人"，妻行經滄浪之水孺子灣，過東鄰處子之舍，抵家。以上三回皆演"其妻歸"。第十回"離情難訴，同病相憐"，演"（妻）告其妾曰……與其妾訕其良人"。第十一回"何須怨天，不必尤人"，對應"而相泣于中庭"一句。第十二回"支離解經，自然悟道"，演"而良人未之知也，施施從外來，驕其妻妾"。至此，齊人故事完畢。此外，鼓詞又于十二回末揭明《齊人夢》爲過路君子即丈人所觀一戲，亦"久矣不復夢見周公"的夫子夢中之"齊人夢"。

二、《齊人夢》鼓詞創作的主要特色：用典

《齊人夢》從文辭、內容、主旨等各方面，都呈現鮮明的文人創作的特點，最顯著的是大量應用典故。

（一）《齊人夢》用典以"四書"爲主

《齊人夢》鼓詞通過援引典故，在故事各環節穿插了大量人、事與場景。用典以"四書"爲主，兼及其他，多以服務情節、突出主旨爲目的。

如第四回妻遇餓莩名"頑夫廉"，典出《孟子·盡心下》："聖人，百世之師也。故聞伯夷之風者，頑夫廉，懦夫有立志。"餓莩自述根源道："居于陵陳氏仲子是吾友，我的師伯夷叔齊古之賢。祇因爲當年不受嗟來食，我情願一頭餓死在荒原。"第六回寡婦哭亡夫，是"柳下惠弟子鄙夫寬"，其兄即"頑夫廉"，又有三弟"薄夫敦"，四弟"懦夫立"，三人出典同"頑夫廉"，即下句："聞柳下惠之風者，鄙夫寬，薄夫敦。"兩處以"聞伯夷之風"者餓死于道，"聞柳下惠之風"者生前好施死後無棺，形成强烈反差，凸顯主題。

第五回齊妻逢利藪大火，火光中高崗之巔，所見爲"子叔疑"舉旗率子弟爭龍斷。"子叔疑"典出《孟子·公孫丑下》："季孫曰：'异哉，子叔疑！……征商自此賤丈夫始矣。"第六回哭墳老嫗，所哭"忠、信、廉、潔"四亡子。其夫名"德之賊"外號"老鄉願"，典出《論語·陽貨》："鄉原，德之賊也。"有"似忠、似信、似廉、似潔"四孫，祖孫合夥火燒馬廐盜尼山。此二回稱開天闢地以來唯有"德之賊"馬廐與"賤丈夫"利藪兩把大火，與《小序》稱"齊人"是滅忠信廉潔的"賤丈夫""德之賊"遥相呼應，是點題之筆。

第五回齊妻遇狡兔精"東郭逡"。"東郭逡"典出《戰國策·齊策三》，爲海内之狡兔。鼓詞借東郭逡諷罵翻弄詞訟、使筆頭欺詐鄉里者之流。第十回以妻妾問答的方式訕其良人，歷舉古來賢能之不免窮愁窘況，援典一一與齊人相對。如"洛陽城有個乞丐董威輦，他也曾蓬頭垢面宿白蓮。……這個人大筆淋漓如泉湧，咱丈夫不怕倒吊他三天（筆者按：指肚中無墨水）"。以《晉書·隱逸傳》董京（字威輦）反襯齊人的不學與貪諛。二例都出自"四書"以外，同樣是服務主旨的重要取材。

（二）《齊人夢》用典方式：正用、翻用、連綴成文

鼓詞援典演繹人物、情節，或正用，或反用，或連綴數典，都緊扣主旨，熔煉自用。正用者，如上舉"頑夫廉""鄙夫寬""子叔疑""東郭逡"等，鼓詞設立的角色與典故人物的本義大體一致。反用則于原典意義襲中有變，甚至全然相反，藉以形成不同的表達效果。

例如頑夫廉于官、賈、師、農俱不可之，雖至餓死，却有自珍的"五古董"。"五古董"各爲一典：鐵拐先生一棗條，可撥雲見青天；顔回陋巷一破瓢，可灑蒼生霖雨；曾子易簀半席，可調世道冷暖；柳盜蹠犬牙箸，擊之可喪敵膽；王猛所捫之虱，"獅"吼可壓英雄，以爲此五寶足堪一生受用。作者通過道白點出五古董皆是無用，餓莩所寶全是反話，以聞伯夷風的"頑夫廉"所珍之物，反成世之弃履，讀之倍感哀傷。

第九回齊妻"來到了東鄰處子後花園"。"東鄰處子"典出宋玉《登徒子好色賦》：宋玉被謗好色，因舉傾城絶色東鄰處子登墻窺三載猶不許之以自白。鼓詞又取《詩經·將仲子》典，改"東鄰處子窺宋玉"爲"仲子折樹窺東鄰"。然此處窺見的東鄰後花園是"一枝紅杏闢不住，墻頭上漏洩春光祇兩三"，所窺之人已非"畏我父母""畏我諸兄""畏人之多言"的那名女子。鼓詞糅合兩典，塑造了春光漏洩的東鄰處子，使二典在讀者的接受過程中產生偏差感，從而營造更曲折不盡的閱讀體驗。

第八回齊妻遇王之臣。"王之臣"典出《孟子·梁惠王下》："孟子謂齊宣王曰：'王之臣有托其妻子于其友而之楚游者。比其反也，則凍餒其妻子，則如之何？"意在勸誡齊王。鼓詞中持鼇策賽而來的王之臣，却"因齊王親佞遠賢，不修政事，乃托其妻子于友而之楚，游此是也"，是個厭風塵累身，自求清福之人，與原典取義相反。此時齊妻方知良人底細，大夢初醒。于此處設王之臣，正爲點醒齊妻"少貪妒到處俱佳景，無榮辱隨時皆穀旦"。又如第四回齊妻來至三家邨，邨中富户以《巨室銘》匾其室。銘

306

曰"人不在德，有錢則名。德不在修，有錢則稱。茲惟是錢，爲吾德馨"云云，取劉禹錫《陋室銘》依韻翻成，一反其意。兩相對照，尤覺刺目。

《齊人夢》除了藉典故人物演繹情節，更普遍的是取典籍字句、人物，緝綴成文。如第十二回齊人見其妻妾相泣于中庭，驕語勸之①：

> 他良人揚揚得意還家園，凸胸脯大人氣象巍巍然。
> 好一似韓魏之家赴了約，好一似趙孟之貴接了談。
> 好一似蓋禄萬鍾得了地，好一似周室班爵坐了官。
> 真正是人乞祭餘驕妻妾，你聽他之乎者也説長短；

再勸：

> 開口説子哭之痛（慟）何爲也，是怎麽夫人不言直怨天。
> 莫非是同室之人與你鬥，莫非是一家之人把你犯。
> 你若是二嫂受了傲弟氣，向他問孝弟也者怎麽念。
> 大要着手之舞之他不肯，大要着紾兄之臂他不敢。

繼之以：

> 莫非是互鄉童子得罪你，莫非是達巷黨人小看咱。
> 莫非是濯足孺子有閒話，莫非是荷蓧老人翻白眼。
> 莫非是荷蕢（簣）騎著門子罵，莫非是微生指著臉兒訕。
> 莫非是鄉人飲酒生鬧事，哈（喝）醉了好行小慧弄戲言。
> 莫非是原壤老賊無老少，老糊突務要讓他占個先。
> 莫非是闕黨童子裝大人，小孩子且莫和他一半點。
> 倘若是沮溺耕了咱地界，先放著問津子路鐵證見。
> 倘若是接輿接了咱車軸，有的是下車夫子把理辨。
> 莫非是從者入室把屨竊，老同窗他是合咱們耍笑玩。
> 他若是爲富不仁不還賬，定與這斗筲之人把賬算。

一連數勸，皆"四書"語，而出齊人驕其妻妾之口，可謂諷極。鼓詞全書多用此法，貫通流暢，風格與内容協調，是其語言上的一大特色。

三、《齊人夢》創作的其他特色：作者道白、"夢"的主題

（一）作者道白

鼓詞中，作者自稱"談策的""策士"，在《齊人夢》情節中穿插"自己"的經歷。如第四回"去年我到了馬喬村文老財主文一口之家"，每日裏"搬請文大爺的送往迎來如趕不上門一般"；原來"財主説話人人打幫，唾沫也是珍寶"，故此眾人請

---

① 引文下劃單綫者典出《孟子》，下劃雙綫者典出《論語》。鼓詞原本中訛字、諧音字等，用括號旁注正字。

往家中噴唾沫，喻意財主一口唾沫，衆口之家可以無飢饉矣。第十二回，憶起"那一年到了流合縣好人村"，有老頭名"隨風波"，其外號由"少老頭"升至"少老爺"再至"太老爺"的曲折過程，實"有錢大爺輩上三"，而舉世"好人"同流合污，是普遍世情。在道白的情節中，作者往往通過其"現世"經歷，更直接地表達自己的傷時痛世。

更關鍵的是，作者通過道白點明"齊人夢"中的正反真假。如餓莩頑夫廉歷數自珍的"五古董"，正是以道白揭破："餓莩説法大半是反言嘉，我談策的先替他説破罷。"尤其如第十二回另一處道白，作者自述漂泊天涯，惟有一知心朋友專以"寫真"爲業。朋友曾遇一赤面武生"武步伍"，寫其真却畫作白面，是爲寫心：既"不武"則爲"夫子"，然"麩子"是外皮，"白麵"纔是内瓤；繼遇一文生"文卜聞"，寫其左眼上翻視富貴，右眼下看貌貧窮，張口舌板上提，狀其過河拆橋。朋友爲文、武寫真，兩次皆爲逐走，此後再不願爲此。末遇一老僧"空度生"有出塵貌，請寫其真，朋友終允之，却畫一驢，意爲老僧指佛穿衣，賴佛吃飯，却不解心即是佛，未得悟心，即是騎驢找驢。僧瞭然，與朋友一笑而別。此處道白在鼓詞之末，緊接着即上文已述揭明《齊人夢》實君子所觀一戲。作者在曲終夢醒時插入這一"寫真"道白，正爲點明《齊人夢》雖荒唐語，"寫真"是其真髓。

《齊人夢》鼓詞以"齊人"故事爲骨，以"四書"等典故文字爲肉，而在與夢相對的"現世"投射入作者的經歷、心聲，以道白形成鼓詞之影，更寓"寫真"的真髓于其中，可稱爲"假到真時真亦假"的表現手法。

（二）《齊人夢》的主題特色："夢"與齊人故事的結合

文學創作以"夢"爲旨，其例繁多，如"莊生夢蝶"、《南柯記》《枕中記》乃至《紅樓夢》等題材，都是此主題典型。演繹《孟子》"齊人有一妻一妾"的作品亦多，如清傅山雜劇《齊人乞食》、顧彬傳奇《齊人記》、蒲松齡鼓詞《東郭外傳》等。明孫仁孺的傳奇《東郭記》，用大量《孟子》等典故演成，實明清齊人題材戲劇、曲藝之先鋒。然將齊人故事置于"夢"中，使齊人題材與夢之主題相結合，是《齊人夢》鼓詞突出的主旨要點。

《齊人夢》將齊人故事設定爲夢。齊人夢，即天地古今世人之夢。作者在行文中不時提醒讀者，鼓詞中人物所見所感是夢，夢醒復夢，以夢接夢，無非夢中之夢。以齊妻爲例：路遇餓莩頑夫廉，最後點明是"佳人走的太慌，一脚跌落死屍身上，已竟唬的昏過去了。這些言談盡是餓莩托夢"。來至利藪，見火光中一人手持"錢丈夫"大旗，初以爲良人，至"大夢初覺，方悟高崗之上那位錢丈夫"乃子叔疑，是又一夢。齊妻知良人真相，返途遇月下老人指點，得大悟。抵家叩門無應，唱曰："呼了聲妹妹東窗還熟睡，你姐姐一場大夢剛做完。"所謂"一場大夢剛做完"，既是經指點醒悟，又與妾正做的一連串夢相接應，虛實交融，一筆兩到。

至十二回述齊人夢畢，回末揭明這齊人之夢實是過路君子所觀一戲："這纔是逢場作戲把情傳，來了個過路君子把戲觀。他說道這是演的《齊人夢》，統觀來恰中人情所以然。莫道是一生兩旦不熱鬧，活畫出一部世態炎涼傳。天下事盡是中庭登場戲，古今來難逃東郭大夢關。"這不做夢的觀戲君子即"雅段"裏的丈人。鼓詞《小序》曰："由丈人觀之，則人之所以不做夢者，幾希矣。"此句從《孟子》原文"由君子觀之，則人之所以求富貴利達者，其妻妾不羞也，而不相泣者，幾希矣"一句脫胎而來。鼓詞以丈人爲君子，以"不做夢"作銜接，這一轉換，正是作者立意有別于一般齊人故事的緊要關節。

更進一步，《齊人夢》于不做夢的丈人是一戲，"齊人夢"却是"久矣不復夢見周公"的夫子夢中之夢。繼君子丈人登場，第十二回末又述："七十歲上他（夫子）做了一個夢，……忽然來了一個赤猿。"夢裏赤猿自道："我無名，我的名字與人同，'堯舜耳'場下就是我。""（夫子）仰天長嘆不住聲：'咳咳咳，久矣，不復夢周公，怎麼夢見孫悟空？祇説准了行者狀，却是做的齊人夢。'"按"堯舜耳"即"齊人有一妻一妾"上章末句"堯舜與人同耳"。赤猴既名"齊人"，又"無名而與人同"，遥與鼓詞《小序》"齊者也，等量齊觀"相照應。夫子既不夢見周公，夢中祇能是貪求富貴利達的"齊人"之夢矣。鼓詞將夫子欲夢見的周公與真夢見的"齊人夢"對舉，以此來凸顯貪求富貴利達即泯滅忠信廉潔的主旨。

四、《齊人夢》評語分析及對《齊人夢》歸屬地的推測

《齊人夢》鼓詞原稿有修改文字，據字迹及内容考查，大多爲作者自訂[①]。内有大量評語，分數種筆迹，多爲眉批，少量貼簽，部分有署名。下文對評者及其評語，作者改稿與評語關係，包括本鼓詞可能的所屬地域等方面，略加考察。

（一）鼓詞批評者及其内容

1.陳汝玉評語

評語偶識"陳汝玉""汝玉"，多未署名，未署名者據字迹判斷與署名者爲同一人手筆。加評處，如鼓詞原文有所修訂，多據鼓詞原文提出意見，而原文旁則多有根據評語所作修改。陳汝玉與作者應處同時同地，爲作者提供部分修改意見，二人關係密切。如：

---

① 修改文字大體上墨色較原稿淺，字迹近似。對于修改筆迹出自作者的判定，可參考鼓詞末作者《後序》。原作"余家道式微，境遇坎坷，無所消遣，藉筆墨紙游戲，略當羽觴一醉。李白云：'五花馬，千金裘，呼兒將出唤（换）美酒，與爾同銷萬古愁。''抽刀斷水水更流，舉杯消愁愁更愁。人生在世不稱意，明朝散髮弄扁舟。'我亦云：'心作帥，意當車'（筆者按：後葉缺）"。原稿自"抽刀"句以下劃删，旁改："我亦云：'揮不律，潑松烟。消他愁魔千千萬，與爾同參自在禪。'"《後序》的修改，從内容上可判定爲作者自訂，而《後序》原文及修改文字的字迹，與正文原文、改稿兩種筆迹分别相同。

“雅段”子路辭別丈人趕路，陳汝玉評語（此處未署名）：“此處再填幾句白話與丈人周旋一番更圓。”①檢鼓詞原文：“忽聽得鷄鳴一聲茅店月，擁行李隨躒從迹板橋霜。辭丈人行色匆匆留不住，趕路程找他夫子極皇皇。”作者加圈并貼簽增改：“忽聽得鷄鳴一聲茅店月，舉頭來望見明月思故鄉。（白）子路在丈人之家宿了一夜，到明晨辭丈人。……丈人説：‘……可以隱矣。君果不弃唾餘，再屈蹲一宿，當盡言以相告。……’子路聽丈人……與他夫子婆心救世頗不相投，説道多蒙教訓了。（唱）仲子路假作周旋鬧一場，心窳裏實不願賦同行。……心里説我本救世非避事，趕路程找他夫子極皇皇。”可見作者據陳汝玉評語進行了修訂補充。再如第一回齊人出場，評曰（未署名）：“齊人雖是乞丐，也須説他有幾分排場，爲勾搭連環之根，不然誰稀罕一個叫花子乎？”“他兩個本是苟合，怎能似此賢惠？再酌，既是乞丐緣何自自由由？前路須有一番斡旋，纔能圓成。”兩處作者都據以修改，增加了“幾分排場”“一番斡旋”的字句。

對陳汝玉未署名評語的判定，除了以署名字迹爲依據，又有第一回首葉署名貼簽：“初讀是編，見其有攙越□□不相照應處，欲出一言以正之。至兩三段後不覺恍然□曰：‘是固攙越也，是固不相照應也，題不曰《齊人夢》乎？一書皆夢也……吾已知其夢矣。’”此言顯係針對“需添斡旋以圓成”等評語而發，不僅與前舉未署名評語的字迹一致，邏輯也相契合。署名貼簽應作于“雅段”、第一回評語之後，而自第二回，此類情節邏輯方面的修改意見不再出現②。據此，本文判定有陳汝玉署名和未署名的評語，筆迹、邏輯兩方面都具有一致性。

2.佚名行草書評語

此人評語甚多，略分數類：

（1）提綱鼓詞。舉“齊人有一妻一妾”原句以點明《齊人夢》的相應情節發展，或點明鼓詞在《孟子》以外發揮的情節，闡明創作用意。如七、八回寫齊妻返，至第九回方抵家，叩門無人理會，引出妾夢，評曰：“到此方寫足‘歸’字。以下是‘歸’字餘波（指妾夢），‘曰’字以前文章。”第十回齊妻進家門嘆而不語，妾疊問不答，評曰：“告不遽告，先有多少爲難光景。是‘曰’字以前文章。閱此可悟文字曲折，不可一字放過，勿以鼓詞而忽之可也。”

（2）涉及對原文已有修改的評論。如：第三回齊妻穿衣施從良人，原文“這毛藍布衫何論深合淺”，作者旁改“家常衣何妨穿着藍布衫”，評曰：“改句板實，不如就原句跳脱。”第五回寡婦哭墳：“丈夫死連個紙儀錢也未奠還。”評曰：“改‘儀’‘奠’，添‘錢’‘還’，活甚，趣甚。”第六回末：“滾油鍋烹子些忠信與潔廉。”眉評：“‘與’字不

---

① 陳汝玉評語，或原署名陳汝玉，或爲筆者據字迹判斷。引例標明“未署名”“署名”字樣，以示區別。

② 惟第六回寡婦舉古今衆人泣訴天報有限，陳汝玉（未署名）評曰“‘老黃巢’二句于上下文不倫，不如移置後面”“此白不順”兩條，是對文辭方面的評論，無關情節照應的邏輯問題，作者亦照改。

如‘了’字句法壯健，仍舊原句爲妥。”第十回妻告妾：“再別説東鄰舍家怎麽長短，再別説西鄰舍家怎麽短方圓。”①評：“長短、方圓，對雖工，不如仍舊自然。”

（3）點明鼓詞的寫作技法。如第一回齊人一妻一妾共處室，鼓詞：“齊人説：‘我向説一妻一妾，室便好處，而不知如斯之難也。’”評曰：“‘而’字不肯放過，便見處字之難。”第二回妻曰：“妹妹，你説秀才不算顯者，而未嘗有顯者來也。”評曰：“仍從其妻口中點出‘而未嘗有顯者來’句。‘而’字轉的有力，以下實作‘而’字。”檢《孟子》原文“而未嘗有顯者來”，“而”字用法曾見吳小如《讀〈孟子·齊人有一妻一妾章〉》，以爲“而”字具有“喚醒和點破的作用”②。鼓詞兩處“而”字同樣是句眼，經評者點出。

3. 佚名行楷書評語

此評數量最夥，時間較晚。前舉“雅段”內作者據陳汝玉評語，貼簽增加了“周旋”文字。此簽末又有行楷評語，内容就“周旋”而發；第五回利藪大火，鼓詞極狀火勢。先有行草評：“富貴不但熏心，亦能熏眼。妙想天開。”以下行楷書續：“此批雖佳，意猶未盡。吾故贅言以足于下。”可知行楷書評語遲于陳汝玉、佚名行草評語。

行楷書評語大多是對鼓詞筆法、用意加以闡發。如第五回齊妻出利藪，繼續趕路。此時齊妻見“遍國中無與立談者”，疑心大起。鼓詞：“小佳人一行走着一行説，小碎步扭扭蹭蹭到東關。”評曰：“齊婦之步，凡有三變，皆理所應有也。始則人始出，或有回顧之時，故必順其自然而却步難行。繼則齊人就路，已有前行之志，又必權其當然而急步恐後。至此則齊人之迹雖未盡露，而其事亦若可知，故齊婦自忖自多度，且行且言，小小碎步，亦勢所必然也。此是文人善于形容處。”第七回齊妻歸途，鼓詞：“往前看多少樓臺烟雨裏，向後看一片孤城萬仞山。一路上南去北來無一個，雨淋淋千門萬户柴扉關。”行楷書評曰：“人皆閉户，言外有關山難越、失路興悲之意。”③掘發多精當。

行楷書評語多處寫“宜從（他本）原批”等字樣，可知鼓詞尚有他本及評語。行楷書評者偶對“原批”加以過録，如第六回寡婦哭墳處録：“他本原批先存此：‘此段痛言生前好施，死後無棺，而友死我殯之義不復見于今，自在言外，故末以便宜狗友云云揭明主意。讀者至此須善會之，切不可謂爲善不祥，而遂因之灰心。’”

4. 子廉氏評語

可確定者僅二條，皆署名。字迹與卷末“後學弟程清潔”跋相近，待考。其評語俱褒辭，少深意，兹從略。

《齊人夢》作者以鼓詞爲文章，特創《論文叙説》置于卷前，闡明其創作思想與手法，這在鼓詞作品中并不多見。而諸人評論，或獨具隻眼，或前後輔成，對鼓詞的創

---

① 以上四例，作者或夾行寫改句，或就原稿圈删旁改小字，格式照録。

② 吳小如：《讀〈孟子·齊人有一妻一妾章〉》，《文史知識》1983年第1期，49—50頁

③ “關山難越，失路興悲”句，本王勃《滕王閣序》：“關山難越，誰悲失路之人。”

作、修改，作者微意、深心，均有所發明，并對讀者的閱讀提供有效引導，可爲作者知友。

（二）對《齊人夢》爲山東鼓詞的推測

《齊人夢》評點者有陳汝玉，鼓詞篇末又有跋署陳叔成，二者筆迹一致。經查檢，有陳汝玉編《［光緒］陽信縣鄉土志》二卷，山東省博物館藏清光緒抄本。據《山東方志匯要》《中國地方志總目提要》等著録，陳汝玉，生卒年不詳，字叔成，陽信縣人。《志》無序跋，記事至清光緒二十七年（1901）[①]。另，《［民國］陽信縣志》卷首《新修姓氏·編輯》，有"清增生邑人陳汝梅庚卿甫，清增生邑人陳汝玉韞卿甫"[②]。兩處陳汝玉都爲陽信縣人，皆與修縣志有關，一字叔成，一字韞卿。同列名于"編輯"的陳汝梅庚卿，曾在光緒三十二年（1906）河南學務處設立的半日學堂任稽查、課員[③]；又有陳汝敬字熙卿，與汝梅、汝玉同見于《［民國］陽信縣志·藝文志詩》，三人疑仲昆，汝玉字叔成或與排行有關。再從時間信息來看，鼓詞第一回陳汝玉有評語署"後學弟陳汝玉謹志"，其時應略晚于光緒十五年作者《小序》；《鄉土志》記事止于光緒二十七年；《縣志》重修于民國九至十年（1920—1921），十五年發行[④]，三處資料可相互印證。結合鼓詞陳汝玉、陳叔成筆迹同一，鼓詞與《鄉土志》《縣志》的陳汝玉推測應爲同一人，"叔成""韞卿"爲其字；陽信人，增生，清末光緒、民國間在世。前文已述，陳汝玉爲作者提供部分修改意見，二人關係密切，應處同時同地。據此，鼓詞作者同爲山東陽信縣人（或寓居于此），年或長于陳汝玉。

此外，《齊人夢》作者以"談策的""策士"自稱，這在鼓詞作品中并不多見，又見于賈鳧西的山東鼓子詞《木皮散人鼓詞》"一時張開談策口""俺談策之輩也算九流中的清品"等處[⑤]。此外，《齊人夢》鼓詞以"齊人有一妻一妾"爲題材，而前冠"子路從而後"爲"雅段"，同樣的取材搭配較爲少見。檢清乾隆間岱麓西園氏（蕭儒林）撰山東鼓詞集《芸窗醒脾》，收録《子路從而後》《齊人有一妻一妾》兩部鼓詞，此書在

---

① 王桂雲：《山東方志匯要》，寧夏人民出版社，1989年，578頁。金恩輝、胡兆述：《中國地方志總目提要》，臺北漢美圖書有限公司，1996年，15—88頁。

② 朱蘭修，勞乃宣等纂：《［民國］陽信縣志》八卷《補遺》一卷，民國十五年（1926）鉛印本。

③ 見《河南教育官報》光緒三十四年（1908）第二十五期陳汝梅《分設四處地址》《附設半夜學堂》兩篇禀文。據河南省教育志編輯室編《河南教育資料彙編·民國部分》引録（河南省教育志編輯室，1984年，225—226頁）。

④ 據《縣志》卷前勞之常、朱蘭等序，《縣志》實重修于民國九至十年。

⑤ 兩句引文見《木皮散人鼓詞·開場》。（明）賈鳧西：《木皮散人鼓詞》，清光緒三十三年（1907）葉德輝觀古堂刻本，《開場》葉7、葉22。賈鳧西（約1590—1676），明末清初曲阜人。名應寵，以字行，又字思退、晋蕃，晚號木皮散人、木皮散客。作《木皮散人鼓詞》，爲明清以來山東鼓詞重要代表性作品。

光緒時的山東地區尚有流傳^①。《齊人夢》取材與之偶合，有所參考亦未可知。此二點雖非確證，但對上文通過評者陳汝玉推測作者、作品屬山東地區的判斷有所佐證，備録于此。

（作者單位：北京師範大學圖書館）

---

① 《芸窗醒脾》有山東省博物館、山東省圖書館藏二種抄本。其中山東省圖書館藏本在第二種《齊人有一妻一妾》卷末，有光緒二十四年（1898）"岱下洗心道人儒溪氏學書"的抄録者跋識，可知光緒年間山東地區尚有流傳。此二種未見，詳參劉淑麗：《〈芸窗醒脾〉鼓詞版本、作者小考》，《戲曲與俗文學研究》第8輯，社會科學文獻出版社，2019年，281頁。

北京師範大學圖書館藏《故宮各殿第一次書畫點查册》稿本述論

唐開瑋

内容提要：北京師範大學圖書館藏《故宮建福宫等各殿書畫點查册》爲《故宫各殿第一次書畫點查册》之稿本，是1922年溥儀命載濤、陳寶琛等人點查書畫的原始記錄。該本具有較高的文獻價值，補充了一部分刊本缺失的内容，可正刊本之訛，與刊本結合可提供一個更爲豐富準確的版本。將該本與稿本進行對比，對于深入瞭解這次書畫清點工作的具體過程及點查體例有着重要意義，對于還原當時清點情况等歷史事實有所幫助。

關鍵詞：北京師範大學圖書館 《故宫建福宫等各殿書畫點查册》《故宫各殿第一次書畫點查册》 稿本

1922年溥儀在盗運清宫舊藏書畫前命載濤、載潤、陳寶琛、朱益藩、朱汝珍、寶熙、耆齡、奎濂、袁勵準等人點查書畫，在這次書畫清點過程中形成了目録。此目録在1925年由“清室善後委員會”編印并命名爲《故宫各殿第一次書畫點查册》①（下文簡稱《點查册》）。這個點查目是清宫舊藏書畫最後最翔實的目録，記載起自二月初二日，訖于十一月三十日，這次書畫點查活動進行了近一年時間。目録編排以書畫藏地乾清宫、毓慶宫、體順堂、建福宫爲單位，按照查點時間順序，每宫以宸翰册、正册、副册進行區分。《故宫已佚書籍書畫目録四種》與《溥儀賞溥杰宫中古籍及書畫目録》中的書畫，包括《秘殿珠林》《石渠寶笈》各編未載的書畫，幾乎均見于此目②。可見《點查册》對于清宫舊藏書畫研究與故宫學的重要價值。

---

① 此書目前已由國家圖書館影印出版，見王燕來選編：《歷代書畫録續編》，國家圖書館出版社，2010年，第1至5册。關于此書的基本情况，可參邵莊霖、戴立强：《點查册的幾個問題：關于溥儀的〈點畫目〉》，《收藏家》2015年第4期。

② 戴立强：《〈“佚目”書畫總目簡注校補〉一文的幾點補充説明》，《遼寧省博物館館刊2016》，遼海出版社，2018年。

然而，"清室善後委員會"在編印《點查册》時并不仔細[1]，時間順序顛倒[2]，宸翰册、正册、副册排列雜亂無章，甚至存在前後重複的現象。北京師範大學圖書館藏有"故宮建福宮等各殿書畫點查册"，與《點查册》密切相關，將二者結合起來研究，不僅可以提高《點查册》的文獻價值，還可以爲1922年故宮書畫清點活動提供更爲豐富的歷史信息。

一、北師大藏《故宮建福宮等各殿書畫點查册》的基本情況

　　此稿本題爲"建福宮"，主要記録建福宮書畫點查情况，然并不限于建福宮，根據目録内容，實可稱爲"故宮建福宮等各殿書畫點查册"。此書撰人不詳，民國稿本，竹紙，綫裝，一函六册。每半葉八行，每行字數不等，白口，無魚尾，四周單邊，綠格欄。版心上鎸"清秘閣造箋"，版框高20.1厘米，寬12.0厘米。函套内有"國立北京師範學院圖書館"藏書標志，則此書入藏北京師範大學的時間不早于1938年3月。

　　是書字體不一，簡體間出，書寫習慣不同，并非出于一人之手。首册先録寫刊本佛經，後録書畫，餘册皆録書畫，以日期、地點爲綫，將點查書畫登記造册。該目起自三月初一日，訖于十一月三十日，并非每日皆有記録。版心上寫"某月某日看"或"某月某日恭記"，每日目録中有御筆者題"恭記"，無則題"看"。條目每條二行，間有三行者[3]，如三月初一日"大方廣佛華嚴經"條，下有雙行小注"珠正重，王圖炳書"，次行小注"八函共八十一本"；三月十六日"高宗御臨米芾中秋登海岱樓詩"條，下有小注"紙本"，次行注"高一尺七寸，寬八寸，乾隆甲戌孟夏御筆臨，得象外意，乾隆宸翰"；同日"御筆仿趙孟俯古佛像并金書四十二章經"條，下有小注"紙本"，次行注"高四尺四寸三分，寬一尺一寸八分，嘉平小年夜仿趙子昂法，乾隆歡喜園"，第三行注"乾隆壬午嘉平月望日御筆書于妙蓮花室，幾暇怡情得佳趣"，三月十七日"高宗御筆畫雲山烟靄"條下有雙行小注"紙本，石渠，懋"。

　　可見，書册不記録材質，書畫則先記材質。"珠正重"指見于佛道書畫目録《秘殿珠林》初續三編中之初編及續編。"石渠"指見于書畫目録《石渠寶笈》初續三編之初編。"懋"即懋勤殿簡稱，爲書畫收藏地點，亦有標"景""寧""乾""重華""古董房"等字者。

　　書畫先標材質，再標所見書畫目，續標收藏地點[4]，後録尺寸[5]，題跋鈐印信息。每條目録欄下尚有"上上""上中""中下""下""副"等字樣，爲對書畫的鑒賞分

---

[1] 楊仁愷：《國寶沉浮録》，遼寧人民出版社，2019年，78頁。

[2] 邵莊霖、戴立强注意到了時間順序顛倒的問題，推測這一情况當爲編印時産生，見《點查册的幾個問題：關于溥儀的〈點畫目〉》。

[3] 一條多册時小注行數不受限制。

[4] 建福宮不標收藏地點。

[5]《石渠寶笈》初續三編《秘殿珠林》初續三編不著録者記尺寸信息。

級①，每日所録先御筆御書，再大體以時代排列。第三册起實記建福宫書畫，多有"一璽""三璽""不用寶"字樣。天頭有紅圈、墨點、墨圈等標記符號，末册書末條目上多鈐朱色"對"字，均應爲核對標識。天頭間貼簽，或爲格式意見，或爲分類標識。書中多有塗乙。第三至六册較爲嚴謹，不同日期前有"建福宫册第幾""建福宫軸第幾"字樣。第四册起間標"宸翰""正册"之目，較前三册體例更嚴謹。第六册書末附"高宗寶璽"，詳載乾隆印章。此本與《點查册》關係密切，需將二者進行比較研究。

二、"故宫建福宫等各殿書畫點查册"與《點查册》之關係

（一）"故宫建福宫等各殿書畫點查册"爲《點查册》稿本

是書爲清宫書畫點查目録，將此書與"清室善後委員會"編印之《點查册》對比，可知此書實爲《點查册》之稿本。

刊本起自二月初二日，此本起自三月初一日，缺失乾清宫、毓慶宫的全部内容，惜爲殘本。稿本不分宸翰册、正册、副册，但在具體的登録過程中，其體例已經大致具備，第三册以後時標宸翰、正册字樣，副册雖未標出，但已有區分。宸翰册、正册、副册的區分標準爲：帝王御筆、御書爲宸翰册，不評等級。御製非帝王自書而爲臣下承旨而作，御題爲帝王在他人書畫作品上進行題跋，均不入宸翰册。正册録評級爲"上上""上""上中""中"等等級，翻檢全書不見"上下"一等。副册録"中下""下""副"等等級。稿本宸翰册、正册、副册體例大體具備，但正册與副册尚未明確分爲兩部分，而至刊本則宸翰册、正册、副册分居不同部次，涇渭分明，可見此本應在刊本前。

此外，尚有其他一些綫索可佐證此結論。首先，此本時有塗乙，如三月十六日"宋人山羊圖"條，此本圈去原字，改作"羊"，正與刊本同②。同日"緙絲對聯"條，此本原作"無名氏緙絲對聯"，後將"無名氏"圈去，疑爲統一體例故，同葉"緙絲銅柱銘勳"條原本有"無名氏"三字，亦爲圈去，刊本徑作"緙絲對聯""緙絲銅柱銘勳"③。又如同日"無名氏畫虎馬"條，稿本小注"絹本"下原有三字，後塗乙，刊本徑作"絹本"④。如三月十八日"明姚綬畫寒林鸜鵒"條，此本小注多塗乙，且在旁加字。可辨識者，如"雲東無心題畫"，此本始作"雲東偶然題畫"，塗乙後文字正與刊本同⑤。此條評級亦有塗乙，始作"上中"，後圈去"中"字，而刊本徑作"上"。

其次，此本天頭時有批語，有時批語爲貼簽形式，提出修改意見。將刊本與此本

---

① 凡墨刻均不評等，正册中亦有少量不評等。
②《歷代書畫録續編》第1册，219頁。
③ 同上，221—222頁。
④《歷代書畫録續編》第2册，355頁。
⑤《歷代書畫録續編》第1册，245頁。

進行對比可知，刊本文字按照稿本批語進行了改動。如三月十七日"御筆仿倪黃法"天頭批"作兩行字數排勻"，此條稿本雙行小注未排勻，而刊本即雙行小注排列均勻[①]，顯爲按批語意見改動而成。同日"御臨文徵明松蔭高士圖"條，天頭批"作兩行字數排勻"，貼籤云"兩行小字排勻"，刊本正兩行小注排列均勻[②]。

第三，此本較刊本多簡寫，如三月十六日"御筆仿文徵明山水"條，稿本下小注"紙本，石渠"，刊本下小注"紙本，石渠所藏"[③]，三月十六日"宋人畫萬年青"條，此本下小注"絹本，正三，乾"，刊本下小注"絹本，正編三編，乾"[④]。

第四，此本較刊本多用異體字，多草寫連筆，字迹較刊本潦草，如"紙本"，此本多作"秌本"，"虎"字此本時作"虎"。

第五，清秘閣常年供紙給皇宮、六部衙門使用，在清末民初仍有名[⑤]，此竹紙品質較坊間竹紙爲勝，可佐證此稿本的身份。

綜合以上諸多因素，此稿本顯爲刊本前身，在此本上進行了一定的修改，纔形成了今日所見刊本的面貌。

（二）稿本與刊本的內容對比

將稿本與刊本對比，各有優劣。首先，內容上互有缺失。兩本對照可知，稿本的內容較刊本少，稿本有缺失全月者，有缺失大半者，有缺失數日者，有缺失一日者。然而刊本也并非全本，與稿本對校，刊本缺三月初七日副册、三月二十九日宸翰册、九月初十日正册、九月十三日正册、九月十四日正册、九月十六日正册、九月十七日正册、九月二十八日正副册、九月二十九日正副册、九月三十日正副册、十一月二十五日正副册、十一月二十六日正副册、十一月二十八日副册、十一月三十日副册。可見如上文所説，"清室善後委員會"編印《點查册》不够認真仔細。

稿本還有一些裝訂上的錯訛，有的內容亦爲刊本所無，雖然不能確定具體日期，但這部分無疑亦補充了刊本內容。包括"三月二十七日恭記"後錯入的"二十八日看"，"九月廿五日恭記"後錯入的某日、"二十五日看"、"二十六日看"，"十一月三十日恭記"後錯入三月三十日，其後有"文徵明溪亭客話"一葉，不知爲何日錯裝。

稿本與刊本亦偶有具體條目上的出入。如三月初四日正册部分，稿本較刊本少"王致誠十駿馬圖""明人書畫扇面"兩條。稿本亦時而多出數條，如三月初八日正册，原有"名畫薈珍""王維圍棋圖""周昉宮人紈扇圖"三條，天頭批注"誤入，删"，此

---

① 《歷代書畫錄續編》第2册，50頁。

② 同上。

③ 《歷代書畫錄續編》第2册，41頁。

④ 《歷代書畫錄續編》第1册，217頁。

⑤ 參陳重遠：《文物話春秋》，北京出版社，1996年，226—227頁。北京西城老字號譜系研究領導小組編著：《北京西城老字號譜系叢書·服裝鞋帽卷·文化卷·其他卷》，北京聯合出版公司，2015年，82—83頁。

三條皆圈去。八月初四日看有"戲齣畫册四册"條，刊本不載。稿本此條後有批語"此四册似難列入書畫册内，應另記暫存鍾粹宫櫃中"，因而刊本無。

三、稿本的文獻價值

（一）稿本所録寫刊本佛經價值

稿本三月初一日載寫刊本佛經一百零四種，數量可觀，價值頗高，甚至有部分爲宋元版、名人手書。"菩薩瓔珞本業經"條後記"共一百七十五函一千六十册，存儲乾清宫東暖閣"，可知這些存于乾清宫東暖閣的佛經，爲點查乾清宫書畫時發現并登録。然而刊本《點查册》中無三月初一日點查内容，全書幾乎未見寫刊本佛經①，或爲編印時脱漏，或爲編目者删去不録。這部分佛經的著録較爲簡單，一般記載經名、著録情况、版本信息、函數册數。如"無盡意菩薩經"條，下雙行小注"紙本，珠新重，曹文植、彭元瑞、沈初、董誥書"，次行小注"一函四册"。不見于《秘殿珠林》初續三編著録的有"大佛頂萬行首楞嚴神咒""妙法蓮華經觀世音菩薩普門品""佛頂心觀世音菩薩大陀羅尼經""佛説妙吉祥菩薩所問大乘法螺經""佛説金輪佛頂大威德熾盛光如來羅尼經"等十五種，其中有元刻兩種、明刻一種、明人書一種、金書多種、沈初書一種。這對瞭解清末宫廷佛經收藏情况有一定意義。

《故宫已佚書籍書畫目録四種》所記溥儀賞溥杰多部佛經，或有部分即來自此稿本著録的東暖閣藏佛經。如溥儀曾賞賜溥杰一匣十册《楞嚴經》②，《佚目》記一匣書畫僅見兩例，而稿本中正有"楞嚴經"條，其下小注"紙本，珠新重，于敏中書"，次行小注"一匣十小册"，《故宫已佚書籍書畫目録四種》所記《楞嚴經》或即此部，此目對故宫佛經文獻存佚情况的研究也有所幫助。

（二）稿本獨有内容的價值

稿本多十九日宸翰正副册目録③，内容豐富，其中多有評級爲"上上"之作，新鈐三璽，流傳有序。如稿本第二册"二十八日看"部分刊本無，其中"宋人松岩仙館圖"條後批"此幅山石輪廓均用重墨，微染不皴，元氣混淪，巉岩刻露，竹樹雙鈎，樓閣界畫，人物工細，水泉生動，于渾樸之中能見氣韻，是宋作之不失唐法者，當推第

---

① 十一月二十七日有"妙法蓮華經七册"條。
② 《歷代書畫録續編》亦收《故宫已佚書籍書畫目録四種》，見王燕來選編《歷代書畫録續編》第5册，351頁。
③ 含"二十八日看"、"九月廿五日恭記"後錯入的某日、"二十五日看"、"二十六日看"、"文徵明溪亭客話"一葉。

一”。今人多有認爲此畫爲宋人仿古之作，學唐人之法[①]，評價正與稿本同。批注之長爲此稿本中僅見，頗有價值。又如九月初十日正册“董其昌夏木垂陰圖”條，即爲傳世名畫，次行小注“三璽，佳”，可見此次書畫清點活動對其進行了點查鑒賞鈐印工作。又如九月初十日正册“宋人春山瑞松圖”條，今人或視爲米芾之作，而此條著録表明編目者認同《石渠寶笈》初編的著録方式，不將其視爲米芾作品。

稿本獨有內容中評級不高的作品也值得注意，如九月初十日正册“王翬蛟門曉發圖”條、“唐寅畫暮春林壑”條、“呂紀畫松鶴長春”條、“沈周參天特秀圖”條、“宋王詵畫鷹”條，這些留存至今的名畫在目録的評級中僅爲“中”甚至“中下”，仍不乏名作。

稿本獨有內容中有今日不知下落者，如九月初十日正册“宋緙絲上元嬰戲圖”條，評級“上上”，爲《石渠寶笈》正編三編所載，此次點查又鈐蓋三璽，但今不知所蹤。稿本獨有內容中今日不知下落的多爲評級不甚高的書畫作品，如九月初十日正册“沈荃書朱氏敬恕齋銘”一條，評級爲“中”，今不知下落。又如九月十三日正册“董邦達畫漁村野釣”一條，評級爲“中”，今日亦不見。稿本獨有內容中記録的信息對于日後追索清宮舊藏書畫或有參考價值。

稿本獨有內容偶見于《佚目》，如稿本九月十三日“仇英修禊圖真迹”條，《石渠寶笈》初編著録，次行小注“高宗有臨本”。溥儀賞溥杰目中有十二月初二日“仇十洲蘭亭修禊圖”[②]，十二月二十八日“仇英蘭亭修禊圖”[③]，當即該圖真迹及臨本。十二月初二日有清單，僅記一卷，無號，可見十二月二十八日“仇英蘭亭修禊圖”當爲稿本九月十三日“仇英修禊圖真迹”條。稿本九月二十八日“鄒一桂畫花卉”條疑爲溥儀賞溥杰“鄒一桂花卉”[④]。

稿本獨有內容有可爲今日書畫鑒賞鑒定提供參考意見者，如九月十六日“元人貢葵圖”條，今藏臺北“故宮博物院”，《石渠寶笈》初續三編無記載，首行小注“應是宋人”，對于畫作斷代有一定參考價值。又如二十六日“元趙原溪亭秋色”條，評級爲“上上”，批“神采動人”，此畫藏臺北“故宮博物院”。

稿本獨有內容有可爲確定書畫題名提供參考者，如十一月三十日“張翀畫蓬山迎輦”條《石渠寶笈》初續三編均無記載，此畫今著録爲“張翀畫蓬山遇輦”，《故宮書畫圖録》明言“原簽題爲蓬山迎輦”[⑤]，原畫篆字亦作“蓬山迎輦”，正與稿本著録名稱同，不知爲何後被著録爲“張翀畫蓬山遇輦”。

———————

① 王小飛:《景觀山水繪畫藝術》，天津人民美術出版社，2013年，9頁。李霖燦:《中國名畫研究》，浙江大學出版社，2014年，67頁。
②《歷代書畫録續編》第5册，330頁。
③ 方裕謹:《溥儀賞溥杰皇宮中古籍及書畫目録（下）》，《歷史檔案》1996年第2期。
④《歷代書畫録續編》第5册，323頁。
⑤ 王耀庭主編:《故宮書畫圖録（九）》，臺北故宮博物院，1989年，184頁。

（三）稿本的校勘價值

存在刊本訛誤而稿本不誤的情況。如稿本三月二十九日"董邦達畫山水"條，首行小注"嘉慶御覽之寶"，刊本誤作"嘉慶御慶之寶"①。雖然此類錯誤容易辨別，但將稿本與刊本對校，顯然可以減少這類訛誤。又有刊本漏抄信息的情況，如稿本八月十七日"拱辰象德"條注尺寸信息"縱六寸八分，橫七寸六分"，刊本僅記"橫七寸六分"②，沒有稿本，便無法得知完整的尺寸信息。

四、稿本所見編目過程及目録體例

（一）稿本所見此次書畫點查編目過程

稿本自身的修改痕迹説明，點查工作并不是清點一遍即告完成，而是多次核查、多人校對的結果。且工作流程複雜嚴密，在點查過程中亦不斷完善調整。

稿本在登録完成後，經歷過一到三次核對。全書至少以紅圈核對一次，亦有紅圈黑點核對兩次、紅圈黑點黑圈核對三次的情況。大部分爲核對一到兩次，核對三次的内容較少。如三月初四日、三月初八日僅以紅圈核對一次，三月十四日、三月十六日以紅圈黑點核對兩次，三月三十日③、四月初四日即以紅圈黑點黑圈核對三次。

登録于稿本前，應當進行過清點工作。稿本末有一份清單，以創作者爲綱、書畫爲目，字迹較潦草，條目上多鈐有紅字"對"，當爲核對時所加。這份清單是登録于稿本之前清點書畫的草稿，裝訂于書末，雖然僅有部分内容，但仍可確定在稿本登録前，編目者已經進行過清點核查工作。

登録完成後的核查工作不僅包括核對登録内容是否有脱漏，對于具體條目也進行了核對，包括對條目格式與具體内容的修改。條目格式的修改，如稿本三月二十九日宸翰目録"世宗御書聖祖御製七詢册"爲一條，本當作一行寫，然因避諱，聖祖換行，天頭小注"仍歸一格雙行寫"。又如上文所舉三月十七日"御臨文徵明松蔭高士圖"條，貼簽云"兩行小字排匀"，稿本兩行小注參差不齊，而刊本兩行小注排列均匀，可見刊本即按稿本意見修改。又如稿本八月二十五日"瓊霙報瑞"條天頭有另一編目者批注"此款無法查補"，後圈去，于次行添小注"仁宗御書喜雪詩十二韵，宣宗御書恭和詩"，刊本次行小注"仁宗御書喜雪詩十二韵，宣宗御書恭和詩"④，可見另一編目者檢查時注意到此條次行無小注，在天頭寫下批語，查補後即圈去。

對條目具體内容的修改包括對條目及小注的修改。對條目的修改如稿本八月

---

① 《歷代書畫録續編》第1册，524頁。
② 《歷代書畫録續編》第5册，17頁。
③ 此部分錯裝入十一月三十日後。
④ 《歷代書畫録續編》第5册，228頁。

二十五日正册"夏花十二種"條，原作"夏季十二種"，天頭批"季字似有誤查改"，此條"季"字即以"△"符號標記，右書"花"字，刊本逕作"夏花十二種"①。又有對具體條目小注的修改，如稿本三月二十九日"武烈文昭"條，首行小注有塗乙，添加"即""所看"，圈去"合爲一"三字，改爲"半"字，刊本作"即三月初十日所看永瑆書半册之上"②，與稿本修改全同。又如稿本八月十一日"徐賁師子林圖"條小注"幼文畫此圖僅後雲林一年，阮文達謂似倪迹，有過之無不及（愚謂筆力充足，原無愧色，氣韵蕭閑，似仍不及）"，刊本無括弧删去内容③。九月初五日正册"文徵明金山圖"條下有小注"筆墨至精"等字，圈改爲"高宗御筆曾臨此圖"，刊本無"筆墨至精"等字，逕作"高宗御筆曾臨此圖"④。可見對于具體條目的小注，編目者進行了謹慎斟酌與修改。

核對條目過程中，編目者還嘗試補充小注内容。如稿本八月十一日"張照書千字文"條注"一璽"後批"草書"，字體不同，墨色較濃，顯然是另一編目者的補充。"草書"指此作品爲草書寫就，刊本即保留了稿本添加的這一信息⑤。稿本九月初九日"陳璧書五言古詩"條，次行另一編目者小注"陳璧，明初人，楊鐵崖弟子"，刊本正同⑥。稿本九月十三日正册"豐綏先兆圖"條天頭批"查明何人所畫注出"，試圖對小注進行補充，惜刊本缺，無法對比。

核對條目過程中，編目者還再次對書畫本身進行審視。如稿本八月初七日"瑞樹圖二册"條，評級爲"上"，鈐一璽，有不同字體批注"璽不真，須摹補"，可見會對書畫本身加以檢查。刊本保留此注⑦，似乎抄寫石印時較爲匆忙，不及删去。又如稿本八月十八日"夏荷八景"條上有批注"查是否有款"，刊本未見款⑧，當爲檢查原畫後確認無款，因而未增。

編目者在再次審視書畫的過程中，修改了部分書畫等級。如三月初三日"白描竹林七賢"條，原評級爲"中"，後又貼改爲"副"，而刊本作"副"，逕入副册⑨，可知整理者原以爲此畫爲原本，後對畫作進行比較，發現爲副本，就對等級進行了改動。又如三月二十九日"御製題張廷玉三老五更議"條，原評級爲"上"，後改爲"中"，刊本即作"中"⑩。九月二十九日"宋人竹石鳩子圖"條，原評級爲"中"，後又改爲

---

① 《歷代書畫録續編》第5册，91頁。
② 《歷代書畫録續編》第1册，525頁。
③ 《歷代書畫録續編》第4册，456頁。
④ 同上，41頁。
⑤ 同上，464頁。
⑥ 同上，135頁。
⑦ 同上，445頁。
⑧ 《歷代書畫録續編》第5册，30頁。
⑨ 《歷代書畫録續編》第1册，530頁。
⑩ 同上，520頁。

"上"。此類等級修改尚多，可見編目者對于著録書畫曾多次審視，評定等級時十分審慎。

從稿本到刊本的演變過程中，編目者還對稿本中宸翰和正册部分的順序進行了調整。如三月二十七日宸翰册，稿本將世祖御書兩條置于聖祖御書諸條之間，而刊本嚴格按照時間順序排列①，將世祖御書兩條置于此日之首。又如十一月二十八日正册，稿本前三條爲"宣宗御題無名氏畫馬""御製賦得波静藻依魚""御製春夜偶成"，刊本前三條爲"御製賦得波静藻依魚""御製春夜偶成""宣宗御題無名氏畫馬"②，可見刊本更改了順序，將御製列于御題前，但并未在"御製賦得波静藻依魚"條前增補"宣宗"二字，留下了修改痕迹。此處若無稿本，不易得知"御製賦得波静藻依魚""御製春夜偶成"兩條是清宣宗御製詩。

編目者在核查稿本條目時，就做好了區分宸翰册、正册、副册并分開書寫的準備。稿本第二册部分條目貼簽，三月十六日"元朱德潤烟嵐秋潤圖"條尚可見簽上批"正册軸一"，刊本三月十六日正册第一條即爲"元朱德潤烟嵐秋潤圖"③。其餘貼簽書外字多已磨滅，尚可見"明文徵明洞庭西山圖"條上批"正六"，"馬琬松壑觀泉"條上批"正十"，當爲"正册軸六""正册軸十"之簡稱，正與刊本順序合④。

稿本還反映出此次書畫點查過程中一些其他情況。首先，點查後或對書畫進行分類儲藏。稿本八月初四日部分"集古名繪"條，評級爲"下"，天頭上批注"入副册另箱"，可見評級後或即按照宸翰册、正册、副册分級儲藏。

其次，此次書畫點查或許伴隨着修復或修復準備。稿本二十五日看"宋人華鐙侍宴圖"⑤條下注"地剥應重裝"，稿本此條并非孤例，刊本亦時見類似記載，如正册二月初二日"宋趙伯駒弘文雅集圖"條小注"殘破應重裝"⑥。可見此次點查關注殘損狀況，爲修復裝裱做準備。

最後，編目者在點查過程中對清宫藏書畫情況有了更清晰的瞭解。如稿本九月十六日首第一行寫"特交卷二件册六件（三函）軸一件"，第二行寫"養心殿佛閣所藏用寶後恭繳"，多出五條佛教書畫，皆有評級、小注，"佛像"條後用墨綫分割，左即爲宸翰册內容，天頭墨綫右有批注"以上五款另寫一篇，附在正册之後"，左有批注"以下仍入宸翰册"，可見此五條係點查過程中意外發現，蓋印後上繳。

從稿本到刊本的演變來看，這次書畫點查活動相當嚴謹認真，在具體書畫信息、書畫等級、書畫順序、排列格式等方面，編目者們都進行過多次斟酌。且在登録的過

---

① 《歷代書畫録續編》第2册，125—135頁。

② 《歷代書畫録續編》第3册，443—444頁。

③ 《歷代書畫録續編》第1册，217頁。

④ 同上，218—219頁。

⑤ 此日內容錯入九月二十五日至九月二十七日間，不詳月份，均未鈐璽，爲稿本獨有，應爲點查建福宫前內容。

⑥ 《歷代書畫録續編》第1册，319頁。

程中，衆人有明確的分工協作，亦有檢查監督機制。編目者藉點查活動對清宮舊藏書畫進行分類儲藏，對書畫收藏情況有了更清晰的瞭解，甚至在點查的過程中還伴有修復準備工作。通過對稿本隱藏歷史信息的挖掘，我們對此次書畫點查活動有了更細緻深刻的理解，某種程度上實現了歷史情境的部分還原。得益于稿本的存在，此次書畫清點活動成爲一個鮮活的例子，對今人了解清宮書畫點查登録的具體過程有一定的意義。

（二）稿本目録體例

稿本、刊本條目因體例而有所不同。稿本三月二十九日"御製三老五更説"條刊本題作"高宗御製三老五更説"[①]，增補"高宗"的原因是二者的順序不同，稿本前條爲"高宗御筆四友册"，承前省略"高宗"二字，而刊本此條居正册之首，故加"高宗"二字。稿本册葉部分多有"册"字，如三月二十九日"御製咏松詩册"，刊本題爲"仁宗御製咏松詩"[②]，"明陸治寫生册"，刊本題爲"明陸治寫生"[③]。

稿本體例尚不夠統一。一般来説，印章題跋等信息置于次行雙行小注中。稿本三月二十九日"御製松柏詩"條，印章信息置于同行小注下，次行雙行小注"高四寸九分，寬四寸九分"下無注，而刊本"御製松柏詩"條印章信息正置于"高四寸九分，寬四寸九分"[④]下，符合通例。刊本也有將印章信息置于首行雙行小注中的情況，但數量顯然較稿本少[⑤]。稿本九月三十日"孝欽御筆墨梅"條，刊本作"孝欽顯皇后御筆墨梅"[⑥]，稿本此條下小注"以下不用寶"，至"御筆虎字"條均無注，而刊本則更爲規範，每條皆注"不用寶"[⑦]。

刊本體例較稿本統一，稿本在著録書畫尺寸時一般先記高再記寬[⑧]，有時先記寬再記高，刊本先記寬再記高的情況顯然較稿本少。如稿本三月二十九日"綏邊定久册"條，次行小注"寬九寸二分，高四寸六分"，刊本三月二十九日册部分"綏邊定久"條次行小注"高四寸六分，寬九寸二分"[⑨]，即對其進行了調整，以統一體例。

稿本自身也可以展現編目者統一體例的努力，如稿本三月初三日"葉"原均作"頁"，後圈改爲"葉"，稿本中還有部分未改盡者，刊本全書均作"葉"，可見稿本就

---

① 《歷代書畫録續編》第1册，509頁。

② 同上，518頁。

③ 同上，516頁。

④ 同上，514頁。

⑤ 如體順堂三月二十九日正册册部分"董邦達畫山水"條，刊本印章信息即沿襲稿本，置于首行小注下。《歷代書畫録續編》第1册，524頁。

⑥ 《歷代書畫録續編》第4册，211頁。

⑦ 同上，211—213頁。

⑧ 編目者亦用縱橫著録尺寸，記録方式與高寬相似，一般先記縱後記橫。

⑨ 《歷代書畫録續編》第1册，516頁。

已在努力統一體例，但由于編者較多，尚未完成，至刊本實現了體例統一。

稿本極重視格式調整。三月初三日"聖祖御書文敕二册一匣"條次行三行小注"上册""下册"下加圈，天頭批"上册下册下空二格"，刊本正空二格[1]。同日册部分版心寫"三月初三日看〇册"，天頭批"册字空〇〇格"，至刊本調整爲"正册册"次行"三月初三日看"[2]，全書體例統一。又三月初四日"御刻墨妙軒法帖第一册"條天頭上批"三種法帖各并一行寫"，下條"御刻墨妙軒法帖第二册"即被括弧括住，表示删去，"御刻墨妙軒法帖第一册"加書"第二册"，而刊本正并作一條"御刻墨妙軒法帖第一册第二册"[3]。下文"欽定時晴齋法帖第四册第七册"條、"三希堂法帖第十一册十七册十八册十九册廿册廿一册廿二册廿三册廿四册"條處理方式相同。

結合稿本、刊本的信息可知，編目者確定書畫著録情況的重要依據是印章。先根據書畫所鈐印璽初步判斷《石渠寶笈》初、續、三編中是否有記載，隨後進行核驗。如稿本九月初四日正册"文徵明畫山水"條，同行下小注"紙本，正編，重編，重華宮"，天頭批注"正編無此件，查原件有無他璽"，小注"重編，重華宮"距"正編"較遠，且與"紙本，正編"字迹不類，似乎爲編目者核查後所補。可見編目者確定書畫是否曾被著録的程式是，先根據印章記録，然後再對照目録進行核實。今檢《石渠寶笈》初編確實不見"文徵明畫山水"一條，而刊本對此并未删改[4]。

又如稿本、刊本九月初五日"文徵明金山圖"條首行小注均作"絹本，正編繼鑑"[5]，據阮元《石渠隨筆》可知"石渠繼鑑"爲乾隆編《石渠寶笈》續編時對于部分已入正編而復加題證的書畫所鈐蓋的印章[6]。此處不著録"續編"而著録"繼鑑"，可見編目者確定書畫著録的依據是鈐印而非目録。又如稿本九月初九日"文伯仁方壺圖真迹"條，天頭另一編目者批"有某編璽查補"，當行小注下補"紙本，正編"後，將天頭批語圈去，刊本與稿本查補所加內容同[7]。可見編目者據書畫印章核對目録記載，并加以修訂。

又如稿本十一月三十日"張翀畫蓬山迎輦"條天頭批"漏某編"，評級"中下"，列入副册，刊本無此日副册，無法對照。此畫今日尚可見，上鈐"嘉慶御覽之寶"，則"漏某編"之意當指據印章懷疑《石渠寶笈》三編有記載，因爲鈐蓋"嘉慶御覽之寶"是《石渠寶笈》三編著録者的特徵[8]。

---

① 《歷代書畫録續編》第1册，207頁。

② 同上，425頁。

③ 同上，246頁。

④ 《歷代書畫録續編》第4册，26頁。

⑤ 同上，41頁。

⑥ （清）阮元：《石渠隨筆》，浙江人民美術出版社，2011年，168頁。

⑦ 《歷代書畫録續編》第4册，135頁。

⑧ 劉迪：《〈秘殿珠林石渠寶笈〉初續三編之編纂及版本情況考述》，《古籍整理研究學刊》2009年第4期。

理解此次書畫點查著録情況、登録體例，對于稿本末尾詳細記録高宗寶璽的現象也能做出解釋。這部分字迹潦草，應爲編目者的備忘録，其作用是便于對照書畫查考鈐印情況，裝訂時未弃去，附于末尾。

（三）稿本所見鈐璽情況

稿本對于全面瞭解此次書畫點查的印璽鈐蓋情況具有重要幫助。關于這點已有文章進行討論[①]，但都是就書畫鈐印與刊本著録進行討論，參考稿本記載的用璽情況，可以對其結論作部分修正。

首先，印璽鈐蓋實踐與目録著録并不同步。目前可見的鈐蓋印璽記載，始于點查建福宮書畫時，刊本最早記載鈐璽情況始于閏五月十五日正册，而宸翰册則至八月初四日始記鈐璽，稿本可見加鈐印璽正始于八月初四日。雖然鈐璽在稿本、刊本中的著録較晚，但印璽鈐蓋實踐在點查之初就已經開始。最早可見之二月初二日，雖未記載鈐璽信息，但據實物來看，很多鈐蓋了印璽，如"董邦達訪王詵漁村小雪圖"條[②]。又如稿本、刊本三月十六日"方從義畫雲樹流泉"條均未記載鈐璽[③]，但據實物來看，此畫鈐有宣統三璽。

其次，在這次書畫點查過程中，鈐璽并非一次性完成，在從稿本到刊本的過程中，存在加鈐印璽的現象。如稿本八月初四日"集古名繪"條并未記載鈐璽情況，而刊本八月初四日副册"集古名繪"條注"一璽"[④]。又如稿本八月二十五日宸翰均未鈐璽，因而亦無相應記載，至刊本則除四條墨刻作品外其餘皆記"一璽"[⑤]。稿本八月二十五日正册"御製皇朝禮器圖式序"條亦如此，評級爲"上中"却并未加蓋印璽，置于末尾，而刊本即將其置于此日正册之首[⑥]，且加鈐一璽。

最後，稿本亦有起初未鈐璽，核查時加鈐印璽的情況。如稿本八月十七日"歷朝名人圖繪"條，次行小注末以不同墨色字體補充"一璽"，顯爲另一編目者核查加鈐。刊本次行小注即將"一璽"提至次行注首，以合體例[⑦]。同日"拱辰象德""集古圖繪"條亦然，次行小注末另一編目者補充"一璽"，而刊本將其提至次行注首[⑧]。稿本八月

---

① 邵莊霖、戴立强：《點查册的幾個問題：關于溥儀的〈點畫目〉》，《收藏家》2015年第4期。邵莊霖、戴立强：《與溥儀有關的幾本畫册——兼及宣統"三璽"的鈐印方式》，《故宮文物月刊》第397期，2016年4月。邵莊霖、戴立强：《溥儀諸印及其鈐蓋方式淺論》，《遼寧省博物館館刊2017》，遼海出版社，2018年。

② 《歷代書畫録續編》第1册，315頁。此條"訪"字當爲"仿"。

③ 同上，228頁。

④ 《歷代書畫録續編》第5册，169頁。

⑤ 同上，205—225頁。墨刻墨拓條目均不加璽。

⑥ 同上，87頁。

⑦ 同上，15頁。

⑧ 同上，17頁、179頁。

十八日"奕詝恭進康慈皇貴妃母四旬慈壽恭賦"條亦同①。可見起初鈐蓋印璽時體例不夠統一，核對時進行加蓋。

五、結 語

本文介紹了北京師範大學圖書館藏"故宮建福宮等各殿書畫點查册"的基本情況，確認其爲《故宫各殿第一次書畫點查册》的稿本，與刊本進行對比研究具有相當的價值，包括補充刊本的缺失、校勘刊本文字、揭示整理工作的具體操作過程與點查體例、還原此次清點活動的歷史情境、澄清若干歷史事實。此稿本對于《點查册》、清宫舊藏書畫乃至故宮學的研究都具有一定價值，值得相關領域的專家學者對其進行更爲深入的研究。

附記：北京師範大學圖書館古籍部楊健主任給予筆者諸多幫助，不僅提供閱覽原書的便利，還多次提出修改意見，催促完稿，本文的完成與楊健老師密不可分，謹在此表達誠摯的謝意！

（作者單位：中山大學中國語言文學系）

---

① 《歷代書畫錄續編》第5册，21頁。

傅增濬未刊家信考釋

蕭　剛

内容提要： 國家圖書館藏有傅增濬未刊家信18通，爲其稟父母函，作于1904至1908年間。内容除家庭瑣事、人情往來、經商采買外，主要稟陳其赴京殿試、任職吏部和郵傳部情形，間及長兄增淯、三弟增湘、六弟增淦任職及其父世榕開缺交卸等事，亦述及與同鄉、同僚及朝廷大員的密切交往。這批信札所涉人物和事件頗多，對瞭解傅氏家族特别是增淯、增濬、增湘三兄弟的生平事迹和人際關係、以甲辰恩科爲代表的清末科舉以及當時的社會現狀都很有幫助。

關鍵詞： 傅增濬　信札　傅增湘

一、傅氏家族概况

傅增濬，字仲宣，一字疏仲，號學淵，四川江安（今屬四川省宜賓市）人，原籍江西撫州府金谿縣。生于清同治九年九月二十九日（1870年10月23日），行二。九歲往天津就學，後久居北方。光緒十七年（1891）辛卯科順天鄉試，中式第240名舉人。以監生爲會典館謄録、議叙知縣。光緒三十年進士，以主事分部學習，丁未（1907）奏調郵傳部，未補官，以病告歸。宣統元年二月初八日（1909年2月27日）卒于天津寓所，年三十八。其對西北地理頗有研究，撰有《南宋論》。

祖傅誠，字勵生，北河通判。曾先後入曾國藩、左宗棠和李鴻章幕，卒于周馥津海關道幕中，年六十四。

父世榕（1841—1925），字申甫。光緒庚辰（1880）入津海關道周馥幕，閱二十餘年。辛卯年（1891）以知縣需次直隸充鹽桑局提調，尋調練餉局，壬寅年（1902）補直隸懷安知縣，一年後調署藁城知縣，越二年復任懷安。戊申（1908）冬，子增湘就任直隸提學使後引退。甲子年十二月癸卯日（1925年1月19日）卒，年八十四。

長兄增淯（1856—1925），字雨農，室名澄懷堂，光緒十八年（1892）進士，翰林院編修。擅書法，工北魏碑體。二十三年簡放貴州學政，二十九年補國史館總纂，保送江蘇知府。三十一年一月任職三江師範學堂提調，六月幫辦江南師範傳習所，十二月充兩江學務處提調，後歷任廣東善後局、關務處副提調等職。宣統元年（1909）九月以山東試用道充調查局會辦。

三弟增湘（1872—1949），字沅叔、潤沅等，另署雙鑑樓主人、藏園老人、書潛、清泉逸叟等。曾過繼給二叔世鎣（早殤），後仍隨生父母生活。光緒二十四年進士，選翰林院庶吉士。二十八年入袁世凱幕。三十一年起，在天津先後創建女子公學、高等女學和女子師範。三十四年任直隸提學使，在保定、天津、灤州、邢臺積極創辦完善初等師範學校。辛亥革命後，受袁世凱委任，參加唐紹儀的南下議和代表團。1914年任約法會議議員，次年任肅政廳肅政史，1917年12月至五四運動前任教育總長。1922年退隱居家，校勘古籍，研究版本目錄之學。

四弟增淞，字越凡。生年不詳，卒于1935年春，分省知縣。曾奉直隸出品協會札飭，于宣統元年七月至九月赴承德調查物產，撰有《承德府調查記》[①]。娶高柟（字城南、澂蘭、瀘州人）次女薝先爲妻[②]。

以上兄弟四人爲劉夫人所出。

大妹，適富順縣光禄寺少卿陳鍾信長子、分省知縣汝恩。

六弟增淦，不詳，早殤。據此批信札，已婚配。

七弟增濂，生于光緒三十年六月十四日（1904年7月26日）[③]，三歲時過繼給三叔世銓[④]。早殤。

以上弟妹三人爲吳宜人所出。

二、傅增濬禀父母札 18 通

國家圖書館藏有一批傅增濬未刊家信，數量較多，惜其順序錯亂且有部分遺失。經筆者梳理排序，得其禀父母札18通。現將之整理謄録，并加案語，以饗學林。

（一）

（五月廿七日到蕖）男增濬跪禀父母親大人膝下，敬禀者：二十一日殿試前一夜，男徹夜未眠。次日目發昏，不能寫字。十二點鐘後動手寫，八點半鐘始完。寫數字須稍息目力，甚苦。二十四日傳臚，狀元劉春霖（直隸，蓮池熟人）、榜眼

---

① 《承德府調查記》陸續登載于《地學雜志》1910年第1卷第1—3期。

② 參見高楷等纂修《瀘州南門高氏族譜》（清光緒二十二年［1896］寶仁堂木活字本）卷一"世系表"第二十二葉："次薝先，字江安候補知縣傅世榕公子、編修增淯胞弟。"因增濬妻寧氏、增湘娶凌氏、增淦年幼、增濂尚未出生，故高薝先之夫應爲增淞。

③ 傅增淯《澄懷堂日記》光緒三十年六月二十七日載："吳姑于十四日子刻生一弟，大小均平安。"傅增淯：《澄懷堂日記》，清華大學圖書館編《清華大學圖書館藏稿鈔本日記叢刊》，國家圖書館出版社，2019年，14冊298頁。

④ 光緒三十三年七月初四日《澄懷堂日記》載："發三叔信安字第一號，計詢六事。……七弟過繼不能辦喜事。"詳見傅增淯《澄懷堂日記》，15冊77頁。

朱汝珍（廣東）、探花商衍鎏（廣東）、傳臚張啓後（安徽）。同鄉顏楷[①]在二甲第三，男在二甲第九十二，在同鄉打第六。朝考若能得一等，則翰林可望，否則不可知。天下事祇能盡人力之所能定，他非所問也。茲交文把什帶上首飾等件，請交寧媳[②]可也。湖北票[③]全未着，本月已開彩，祇好再買下月矣。餘詳三弟信中。肅稟，敬請金安！男增湘謹稟。五月二十六日。

外又冬蟲草一小包，係大兄自南京帶來者，特此附呈。

按：此札爲傳增湘稟其赴京參加殿試、傳臚等事，并提及購買清末籌資修建川漢鐵路所用股票“湖北票”一事。該札由家僕文把什專程送至河北藁城（其父世榕時任藁城知縣），及時將結果稟告父母，以解懸念，故廿六日寫就，廿七日即送達。到藁日期應爲其父所題。

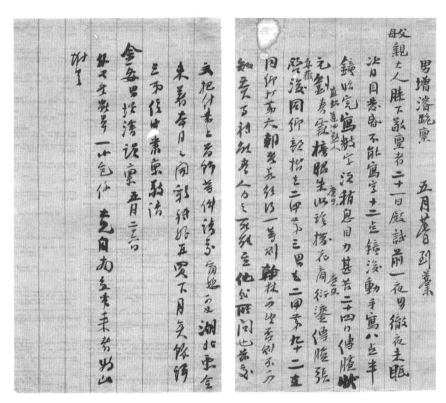

圖1　1904年7月9日傳增湘稟父母札

① 顏楷（1877—1927），字雍耆，四川華陽人。甲辰恩科進士。次年被派往日本攻讀法政，光緒三十三年歸國任翰林院編修，加侍講銜。辛亥保路運動事起，出任四川保路同志會幹事長。民國後不問政治，1914年曾主辦四川法政學校，後選爲四川佛教會副會長。
② 寧媳即傳增湘夫人，兵部主事、雲南鎮雄州知州寧廷輔孫女，候選縣丞寧承智之女。
③ 湖北票，指當時清政府爲修築湖廣鐵路所發行的債券。湖廣鐵路包括湖北湖南兩省境內的粵漢鐵路和湖北省境內的川漢鐵路，均屬湖廣總督轄區範圍。1903年7月，四川總督錫良提出川漢鐵路修建計劃。1904年1月，錫良奏准設立“官辦川漢鐵路公司”，開始籌劃。

由狀元劉春霖知傅增濬參加的是光緒三十年（1904）甲辰恩科殿試，得二甲第九十二名，賜進士出身。甲辰龍年適逢慈禧太后七十壽辰，爲此特開"恩科"，這也是中國科舉史上最後一次考試。此札作于光緒三十年五月二十六日，即1904年7月9日。

（二）

（六月十五日到藁）男增濬跪稟父母親大人膝下，敬稟者：男于二十七日入城，是夜睡稍安。二十八日朝考，男做八開目。雖昏，尚不甚。七點半鐘畢。昨晚報列二等二十一名，在同鄉打第四。同鄉四畫者二人，賀維翰、陳國華[①]也；五畫者二人，男及顏楷也。詞林似尚可望，特不知運氣何如耳！三弟定後日回津，引見再來（四川引見約在初十）。文把什行時尚遺有杏仁粉二包，以後有便再行寄上可也。此請恭敬金安！男增濬謹稟。五月朔日。

按：此札述朝考事。清代新科進士取得出身後，由禮部以名册送翰林院掌院學士，奏請後再試于保和殿，并特派大臣閱卷，稱爲朝考。朝考一般爲殿試傳臚後三日，專爲選庶吉士而設。札中稱"詞林似尚可望"，即指此事。

此札落款時間早于札一，然核其内容，"二十八日朝考"應在札一所述"二十一日殿試"之後，且其到藁時間較札一晚半月有餘；札末又稱文把什走時遺留兩包杏仁粉，當指其五月二十六日回藁城報信時忘拿，故筆者認爲原札落款有誤，當作于光緒三十年六月朔日，即1904年7月13日。

（三）

男增濬跪稟父母親大人膝下，敬稟者：男于初七日赴頤和園，初八引見。是日大雨，衣冠皆濕透。下午報到，男點主事。同鄉得庶常者三人：顏、陳、賀，皆朝考一等者也。三君學問皆平常。讀書數十，迺不能與庸庸者争勝，上負大人裁培之厚，下愧弟兄期許之深，自慚實甚。明知目下翰林非二十年不能開坊[②]，亦非二三萬金不能濟事，然舉世浮榮所係，亦思厠身其中，與兄弟競爽，以爲佳話。迺并此浮榮而亦不能得，此亦命也！分部在月半後。如能得吏部，尚好補缺，亦在十年。别部則非二十年不可。世局日變，此尚可恃哉。男擬于二十外回藁一行，車萬不必來京。陳宅有車坐，頗方便。車來不特無用處，亦并無放處。餘容再稟。專肅，敬請金安！男增濬謹稟。六月初九日。

[①] 賀維翰（1876—1948），字儒楷，四川彭縣人。甲辰恩科進士，授翰林院庶吉士，不久升編修，加侍講銜。後入京師法政學堂。1913年任巴縣地方法院院長，次年辭職，任教于成都尚友書塾。1922—1924年任彭縣中學堂校長，1932年任《萬源縣志》總纂，後仍返成都執教。陳國華（1870—1923），字重樞，四川温江人。甲辰恩科進士，翰林院編修。曾任廣西提學使。辛亥革命後歸隱，以詩書自遣。

[②] 坊，即春坊，詹事府别名。開坊，指翰林院編修、檢討升爲詹事府春坊官，後亦指翰林初任官的升遷。

按：此札述傅氏點主事及回藁城等事。因未得庶常而心緒不佳，所述心境十分真實且矛盾，又夾雜些許無奈。札中自陳苦悶有三：一、兄弟二人皆得翰林，唯其未得，上負父母，下愧兄弟；二、讀書數十年，自認學問强于庸庸之輩，却無法與其争勝，心有不甘；三、雖明知翰林爲浮榮，仍思位列其中，然亦不可得。

此事在傅增淯《澄懷堂日記》（下文簡稱《日記》）中有詳細記載。光緒三十年六月初八日載："午後閱新聞報，二弟係二甲四十九。初接三弟朔日信，則覆試一等四十五名，殿試係二甲九十二名，朝考二等二十一名（一等祗六十人）。然同鄉四畫者二人，五畫者二人。二弟名在第四，亦可望得詞林也。"[1]六月初十日載："午刻，電傳初八上諭，知二弟係用部屬，不得詞林，殊出意外也。"[2]傅氏兄弟對朝考後分部結果感到意外和失望，傅增濬甚至有還鄉辦實業的考慮。《日記》六月十九日載："午後，得二弟初九日京師信，謂吏禮二部十年尚可補缺，餘非廿年不可。擬還鄉掛名學籍（……新進士在家辦學堂三年，亦可暫留），藉營根本之計（如糖業、造紙、鹽桑皆可）。所見雖遠，終惜不爲世用。"[3]從《日記》可知，增濬在寫信禀告父母的同時，也致信其兄增淯，準備還鄉辦實業，以圖今後營生之計，思慮較遠。然如《日記》所言，"所見雖遠，終惜不爲世用"，未入翰林，心中始終充滿遺憾。

此札作于光緒三十年六月初九日，即1904年7月21日。

（四）

男增濬跪禀父母親大人膝下，敬禀者：前聞掣籤[4]在十五日，嗣聞實在二十日，因于十三日至津一行，十九日回京。今日午間報到，分吏部。此部較別部差好補缺，約需十年。不得庶常，得此亦足矣。同鄉鄭言、蒲殿俊、陳正學[5]均分刑部，張名振[6]分工部。男月内不能到藁，以尚須到衙門一切瑣事。今日得大兄信，并寄來蒼

---

[1] 傅增淯：《澄懷堂日記》，14册204—205頁。

[2] 同上，14册205頁。

[3] 同上，14册206頁。

[4] 掣籤，即抽籤，這裏特指明代後期沿襲至清代的吏部選授遷除官吏的方法。

[5] 鄭言，四川華陽人。甲辰恩科進士。後任刑部主事，留學日本法政學堂，署江蘇高等審判廳廳丞。蒲殿俊（1875—1934），四川廣安人。甲辰恩科進士。後任刑部主事，次年公派日本留學。宣統元年推舉爲四川咨議局議長。8月北京成立全國咨議局聯合會，被選爲副主席。次年創辦四川咨議局機關報《蜀報》，提倡民權。三年以咨議局和川漢鐵路公司爲基礎成立四川保路同志會并任會長，領導保路運動。武昌起義後，四川宣布獨立，任大漢四川軍政府都督。後任北洋政府内務次長等職。此後淡出政界，從事報刊與戲劇改良工作。陳正學，四川奉節人。甲辰恩科進士，後任刑部主事，留學日本法政學堂，後任湖南桂陽縣知縣。

[6] 張名振（1883—1970），字賓吾，四川長壽人。甲辰恩科進士。後留學日本法政學堂，回國後任工部、吏部主事、弼德院二等秘書官。民國初年任職于國務院法制局，1916年任國務院秘書，1921年任國務院秘書長。1949年12月任重慶長壽縣解放委員會副主任。1950年4月任長壽縣各界人民代表會議代表。1953年任四川省人民政府監察委員會委員，後歷任四川省人大代表、政協委員、四川省文史研究館館長等職。1964年當選第三届全國人民代表大會代表。

术一匣。俟男到薰，再爲帶呈。此請恭敬金安！男增濬謹稟。六月二十一日。

按：此札主要稟告分部事，得吏部。雖不能和翰林相比，但比刑工等部補缺較易，心中略有幾分滿足。又言及天津之行和同鄉四人分部情況。此札作于光緒三十年六月二十一日，即1904年8月2日。

（五）

（七月初四日到）男增濬跪稟父母親大人膝下，敬稟者：男今日在吏部公所帶見堂官。午後報到，男分文選司，本部中第一大司也。惟繼堂官未見。初八日尚需到頤和園一行。近日事極忙，尚有謁堂官（前係帶見，此則私謁），同年公請京官，同年京官公請同年外官，帶見太老師，拜本部前輩，公請本部前輩各事。到任已定初三日，因初二日太不好，初六日又太遠也。將來兼司尚需再到任一次。回薰日期不能定，大約至快須在初十外矣。前得六弟①函，云寧媳患失血，已在此請人擬一方帶回，不知近日何如？請囑六弟隨時函知，以免懸繫。肅稟，敬請金安！男增濬謹稟。七月朔日。

按：此札言入吏部後分司事，得文選司。分司後拜謁、公請等事甚多。繁忙公事之餘，知夫人寧氏得失血之症，又延醫請方帶回，可見其心思細膩，操持甚多。此札作于光緒三十年七月朔日，即1904年8月11日。

以上五札，主要爲傅增濬向父母稟告赴京殿試、傳臚、朝考及分部分司等事，并及同鄉諸人考試分部情形，從中可以看出其前後不同階段的心理變化，特別是朝考後未入庶常，苦悶而無奈的心情表達得淋灕盡致。可見晚清社會雖風雨飄搖，但新科進士們仍然沉迷在學而優則仕的美好願望中，期望青雲直上。次年，袁世凱、張之洞等會奏廢止科舉、推廣學堂，末代進士們不得不順應時勢，開始轉型。

（六）

男增濬謹稟父母親大人膝下，敬稟者：前交文把什帶回信件，想照收到。周玉老②署兩江，想已知悉。十叔③至今未到。昨三弟來函，言徐子丹④來電，催其速

---

① 六弟，即傅增淦。
② 周玉老，即周馥（1837—1921），字玉山，號蘭溪，安徽建德人。同治元年（1862）入李鴻章幕，光緒初歷任永定河道、津海關道兼天津兵備道等職。光緒十四年（1888）升直隸按察使，三十年由山東巡撫擢兩江總督，三十二年調兩廣總督，次年告老還鄉。隨李鴻章興辦洋務三十餘年，在創辦北洋海軍、北洋水師學堂、天津無備學堂、天津電報局、開平煤礦及唐胥鐵路等過程中均有所作爲，是後期洋務運動的操盤手。助開復旦公學和安徽公學，有功于教育。
③ 十叔，即傅世鉁，同治七年生，卒年不詳，字代芝。光緒十四年舉人，湖北候補知州。傅誠從子。
④ 徐子丹，即徐棠，字子丹。其人待考。筆者查得二人：據《［民國］南陵縣志》卷二十一，爲花翎三品銜補用道，江蘇知府；另據《［民國］宿松縣志》卷二十二，爲光緒己丑（1889）恩科進士，山東籍，北榜第64名，山東運學生員。保送鴻臚寺序班，揀選知縣。歷保同知銜，（轉下頁）

回山東，并籌款去。來電另繕呈覽，惟籌款殊不易易耳。此月印結祇卅餘金，以後更可想。現在天氣漸寒，已略置皮衣，共約三百金。金譜計珠毛袍褂一套又馬褂一件，灰鼠袍一件又馬褂一件，大毛袍子一件又馬褂一件，羊皮袍褂一套。以男衣服尺寸稍小，借無可借。而應用一切，斷不可少。係在福興買的，較之別家尚不大吃虧。而銀可陸續付給，即緩至明年，亦無不可。陳姻伯①定於十月十八日回家。萬壽後即具摺請假，三月可以不開缺也。萬壽後，男亦擬到天津，便赴南京一行，便圖大人所說地。如有購件，請早來信爲叩。近日天氣頗凉，藁城想較暖也。肅稟，敬請金安！男增濬謹稟。九月廿七日。

另紙附電：

徐子丹來電：

督署傅潤沅兄鑒：乞函希仲②籌款，速來東。棠叩。印。

按：光緒二十九年，袁世凱奏設練兵處，主持全國新軍編練，在直隸、河南、山東、安徽等省大力招募新兵，擴編軍隊，并招募大批文武幕僚。傅增湘此時正在其幕中，協助籌款練兵。從附電可知，傅增湘與聚興成商號楊氏父子交往甚密。除稟告徐子丹催促增湘籌款回魯一事外，此札主要述及增濬購置冬衣、萬壽後請假、擬作津寧一行等事。

因祖、父兩代皆佐周馥，與之關係密切，如今仍依附之以圖仕進，故傅氏家書常提及周馥動態。光緒三十年九月二十三日（1904年10月31日），周馥由山東巡撫擢兩江總督。札中稱"周玉老署兩江，當已知悉"，可知其擢升兩江總督爲新近發生之事，故此札作于光緒三十年九月廿七日，即1904年11月4日。

（七）

男增濬跪稟父母親大人膝下，敬稟者：二十八日十叔到京。接到手諭，并庫平銀壹百六十兩八錢八分，又洋十元，領悉一切。十叔投供③事已辦，惟蔡東侯又

（接上頁）賞戴花翎，仍以知縣，盡先即選。民國江蘇任用縣知事，給五等嘉禾章、六等文虎章，充徐州電報局局長。另有浙江桐鄉徐棠（1870—1940），號冠南，光緒二十年舉人。曾以郎中改歸戶部，簽分山東清吏司行走，後經袁世凱奏保勤勞卓著以繁缺道員盡先補用。觀其經歷似有參與傅增湘籌款事之可能，但筆者未見其字號"子丹"，難以遽定。

① 陳姻伯，即陳鍾信（又作忠信），字孟甫，四川富順人。翰林，時任吏部光禄寺少卿。與傅世榕爲兒女親家。金波，即汪世杰（1865—1948），字金波，四川犍爲人。光緒二十一年進士。歷任刑部河南司主稿主事、刑部郎中，奉天知府，奉天按察使。"戊戌變法"失敗後，因同情維新派而辭官，先後寓居上海、武漢、成都等地。

② 希仲，即楊培賢，字希仲，重慶人，聚興誠銀行創始人之一。曾被派往日本留學，1913年回國。光緒初年，其父楊文光開設"聚興仁"商號，經營進出口貿易，兼做放款和匯兑業務。光緒二十八年改名爲"聚興成"商號，三十四年再更名爲"聚興誠"，交由次子楊培賢和三子楊培英（字槳三）主持，設立國外貿易部和航業部。在經營桐油出口業務積纍巨資後，楊氏兄弟于1915年創辦了具有"川幫銀行之首"美譽的聚興誠銀行，楊培賢爲首任總理，第二任董事長。

③ 投供，指清代候選官按期至吏部投呈本人履歷以待銓選。

加儘先壹張①，計七十二兩。此款太無道理據②。孟孚、金波③皆以爲可不取，已托金波轉說免去（渠係查結，較好措辭），大約必可行。東侯做事如此，無怪旁人之嘖有煩言也。此款俟辦清再開細帳。六弟改獎事，共五十餘金。除大兄存款二十餘金，尚欠卅一兩。已囑該號開清單，至今未見送來，俟再寄。鹿茸、麋茸、麗參，均托金波在恒和參局取來，與渠當面挑選。鹿茸（原要價六十餘兩）天靈蓋寬過三指，毛亦順的是地道正品。惟以形像不好（扁），又稍有破處，故價尚廉。尚看有兩架形像好者，一價二百餘，一價乙百餘，似太貴。麋茸亦看過數支，廉者不佳，佳者不廉，惟此一支（原索八換）係新碰者，重二兩幾，然係净茸，自用極好，路道亦正。據云東省遭兵燹，新貨不到，故至日貴，將來尚恐有加無已。麗參（原索三換五）云是老山者。尚有一種支頭稍細，外看亦好，價不過五兩幾。此則送禮之品，非自用之品也。據參店，茸務要生切生碎，萬不可蒸，皮亦不必去，但將毛刮去即得云。此店與金波最熟，因渠前有官司，爲金波所了，甚感激也。價目一紙附上，其價係面定，已與言明，如不不④合用者，均可退也。湖北票買一張，係三萬九千七百三十九號。前兩月對號單已完，俟覓得再寄。寧款六百兑回，備緩急甚好。男意存義公⑤帳，今年先還本，一竿⑥即得，餘可推至明年。以萬一有調動，湊手不及，殊難設法。已與金波約于初四日同去一說，惟男定于萬壽後出京到南京，回京約在臘半。參茸要否須早定，其價緩至年底無妨，如能趕于萬壽前寄來尤好。存義公款亦然。

　　大人如有應購物，望早開單寄下。表已收拾好，據云係游絲繳纏，別無毛病。連去油泥，共要四千。外有橘餅一包，係前次妹妹寄來者，并寄呈。又手套一個，係寧媳要的。墨卷再寄上三十本。又冬笋兩觔，係新到的，并請照收。李石衡信未帶來，望查爲敏。此請金安！男增濬謹稟。十月朔。

　　另紙附單：
　　計開：
　　鹿茸壹架
　　麋茸壹支　　計二兩八錢六分
　　麗參半觔　　計十支
　　橘餅壹包

---

① 蔡東侯，即蔡鎮藩（1869—1914），字東侯，四川營山人。清光緒十八年進士，選翰林院庶吉士，後授職戶部主事。"壹"原作"半"，後改。
② 此處衍一"據"字。
③ 孟孚，即陳鍾信。
④ 此處衍一"不"字。
⑤ 存義公，即存義公票號，清同治初年成立于山西祁縣，由渠源滇、渠晉賢與張祖緗合資，改存義布莊爲存義公票號。設太原、北京、天津、上海等地分號20處，1916年歇業。
⑥ 一竿，原指宋代京師買妾，每五千錢名爲"一竿"，這裏代指五千錢。

湖北票壹張

凍綾布^①一匹

播喊錶^②一個

墨卷卅本

冬笋二觔

手套一雙

蜂糕兩塊

芋頭十觔

來庫平一百六十兩五錢八分，合公砝壹百六十五兩一錢正。

此款隨後再算。

來洋十元七錢四分

湖北票一張七元。

凍綾布一匹，公砝松一兩四錢八分，合京足一兩五錢。

計存銀七錢二分。又收拾表四千，合銀三錢，實存錢四錢二分。

　　按：此札主要提及采買、十叔投供、六弟改獎及賬目事。札中稱“二十八日十叔到京”，應承札六“十叔至今未到”之後，可知此札作于光緒三十年十月朔日，即1904年11月7日。

（八）

　　男增濬跪稟父母親大人膝下，敬稟者：十六日文把什到京來，接奉手諭，并銀四十兩及公文、湯信、團扇等，均照收。惟云還恒和參未收到，想未帶來也。十七日又接到自張家口交郵局寄來手諭，敬悉壹是。被窩等遺已遺失，此自是馮叔所爲，無預他人之事。該僕，上月男自天津還時，微聞其有在外包婦人等事。當于上月二十三日開發矣。該僕有此等，男竟無覺察，咎實難辭。惟文把什既有所聞，并不告男，必待至署中清問。至令小人得志，真不可解。各物另單開列呈覽。水獺皮女帽無現成者（現成有者祇騷鼠，價不過二三錢），定做要三四兩。男意不如買好海虎絨自做，不特省錢，且又輭和，以水獺太硬也。是否，候來信再定。鹽魚無現成者，後再自醃。鷄魚肉蝦各鬆、蝦子、鯗魚、薰魚，此間無有，天津亦不好。容寫信到清江，俟三弟回津再買可也。皮糖、酥糖、橘子、柚子此時均無有，已問過數家矣。再造丸每粒一兩二錢。聞甚霸道，每用不過一丸半丸，

---

① 凍綾布，指河南寒凍（今河南省駐馬店市正陽縣寒凍鎮）所生產的綾，質量較好，清末民國時期較爲有名。正陽縣陡溝鎮所產細布亦屬名產，其時已行銷山陝豫皖數省。

② 播喊錶，指瑞士播喊弗勒侶（Bovet Fleuncer）鐘錶廠專爲中國生產的“袋錶”，常在琺瑯錶盤上燒出“播喊”“有喊”等漢字作爲商標。

斷無用二三丸者。因未多買，祇買五丸，以非尋常所用之品也。陳伯平①已到京，賀稟容再寫交。毛寔君②現署臬台，稟須挖改方可。湯錫三③聞其已到京領餉。因未專文把什去，昨訪之，則已于十八日回保。好在朱聘卿日内即要到保，即托其帶交也。四川菸葉此間有賣者，然總在七八千錢一勳，即尋常家人自帶來賣者，亦要四五千，斷斷無大個錢五百一勳之説也。吾鄉菸葉好者摠在二百餘一勳，即至壞者，亦要七八十文一勳。到京祇賣錢五百，且不賠錢，然李子襄④所説得洋三元，頗可惜。另買湖北票六條呈上。高伯循⑤不來，渠在此每月四十兩，面子亦好看，似不甘小就者。高重禮已同馬漱午⑥到東洋游學，于本月初間起行矣。湖股四百兩，昨得大兄函，知已收到，請釋念。存義公息款，昨三弟有款到（井上兑來），已撥付訖，借橋式。紙附呈。昨三弟來函，内附一稟，亦寄呈。高帥命交文把什一函外，兑銀式拾兩，云已與六弟説過。來函未提及此，究竟是否有此事，候來函再寄。又，去歲三弟辦誥封一節，似竟未辦。今年在展限期内，尚可補領，惟費用已比去年加（京官向祇四兩，今年十二兩。不知外官何如）。大人應得封典，即貤封外祖（父善魁、母謝氏）；男應得封典，即貤封外祖（父文焕、母趙氏）可也。現在爲日已近，不及待來函。如查的係未請，立即辦理矣。男近調册庫⑦，兩江正服，事情頗忙。一日不到，則應辦事均擱起，無人爲之代辦，以各有專責也。須有滿服⑧，向是配盤貨⑨，不過隔二三日到此坐坐而已，非望其辦事。即辦事，亦斷不放心也。現在每日早飯後到衙門，總要傍晚始回宅。一日公事，尚不免壓積。如要當擱數日，定要告假，以便另派人幫，不如從前之自由也。日日如此，身體萬來不及，奈何！今日爲大人壽辰，道遠不及晋祝，不勝依戀之至。

---

① 陳伯平，即陳啓泰（1842—1909），字伯屏、魯生，自號臞庵，湖南長沙人。同治七年（1868）進士，授編修。光緒三十一年授安徽按察使。三十二年遷江蘇布政使，兼署提學使。三十三年升江蘇巡撫。

② 毛寔君，即毛慶蕃（1849—1927），字伯宣，一字德華，號寔君，江西南豐人。光緒十五年進士。三十一年爲永定河道、署通永道，同年署天津道、直隸按察使、直隸布政使，三十三年任江蘇提學使，三十四年升甘肅布政使。札中稱"現署臬台"指當時已署理直隸按察使。

③ 湯錫三，四川松潘人。曾任保定府倉廳（據林際康《己亥信稿》），有政聲。1923年致仕歸鄉，任《松潘縣志》理事。

④ 李子襄，即李擢英（1844—1941），字子襄，河南商水人。光緒三年進士。以部屬分發刑部直隸司行走。十八年補直隸司郎中。二十八年升任太僕寺少卿。宣統元年（1909）任大理寺少卿。

⑤ 高伯循，即高鉞，字伯循，四川瀘州人。高枏之子。據1928年《房山縣志》記載，其于光緒二十九年八月六日任房山縣尹；據1936年《香河縣志》記載，于光緒三十四年署香河知縣；據清光緒刻本《高給諫庚子日記》高鉞序載，宣統元年"經在京諸長者以商辦川路駐漢總經理見舉"。

⑥ 馬漱午，即馬潛年，字漱午，四川成都人。宣統二年舉人。曾任學部員外郎，吉林將軍衙署僉事。

⑦ "册庫"爲清代吏部文選清吏司下屬機構，掌管漢京官銓補及外省實任官員遷調等事。其下分山東、廣東、前、後北直、前、後江南六甲。因其"近調册庫"，故查得三弟增湘去歲未辦理封誥一事。

⑧ 滿服，代指滿族官吏。

⑨ 配盤貨，即配角、陪襯，西南方言。

再，大人及大兄、各弟等生時記憶不真，以後來示，請將各人八字開單寄下爲盼。專肅稟，敬叩鴻喜，并請金安！男增濬謹肅稟。九月二十日燈下。

按：此札所述有僕人馮叔遺失被窩包婦人、經商采買、與各路官員交往、京城四川烟葉售價、辦理封誥、調册庫事務繁忙、晉祝其父生日諸事。由此札可知傅世榕生日爲九月二十日。

據毛慶蕃于光緒三十一年署直隸按察使，可知此札作于光緒三十一年九月二十日，即1905年10月18日。

（九）

男增濬跪稟父母親大人膝下，敬稟者：初四日文把什到京。接讀手示并帶來各物，謹悉。老媽初六日即開發矣[1]。前帶來茸兩架，雖不大好，然價甚相宜，此乃彼講價時誤算之故。既已講定，彼亦無可再說矣。昨約同司益齋到恒裕康一看，前此大人所看之貨，早已賣去，兹另撿兩架呈上。如可用，即請酌留一架可也。其價已講定：大支者，一百二十兩（原要一百七十兩）；血包者，一百兩（原要壹百四十兩）。此外非價貴即貨不好，不敢寄上，恐徒勞往返也。再，已後寄還時千萬包好，恐損傷皮毛，不能退也。存記[2]前存京平三千九百餘金，此外又兑天津習藝所及官報局兩款，現祇存京平三千七百七十餘兩。如要兑庫平四千五百至保，整差京平一千兩。商借事當可辦到，已托汪金波與彼一商，尚未回信也。至男處另存之款，除歷次撥用外，實不足京平三百兩，另開細帳呈覽。來單已買好，惟小棉帽無現成者，定做已來不及，祇好已後再寄。洋鑽頭無配處。米買一包，先帶半包。年内想尚要專車，彼時再帶可也。肉鬆等即本京自做，非南邊來貨。天氣又尚熱，自然不佳。伯循上月初來京，已約一梁姓者到彼收税，不知在請李子裏前後。趙仲彦如來京，當爲照料一切。至男運動事，新官制[3]實行尚遥遥無期，此時尚早。惟捐例既停[4]，京官真難做，恐不能不另圖別計矣。近因定川漢鐵路會議所事，所有草創章程及一切事務，均由男及余子厚、曾叔如、李遥岑[5]四值年任之事，頗繁難。秋來，

---

[1] 老媽，即老媽子，指年齡較大的女僕。開發，打發，處理之意。

[2] 存記，即存義公票號。

[3] 新官制，指光緒末年清政府推行官制改革，以期緩解社會矛盾。因牽連各方利益，矛盾十分激烈，曾經多次更改，實行難度較大。

[4] 因官制改革，清廷明令停止捐納，停科舉、興學校，以新式學堂學生和留學生作爲官吏儲備。

[5] 余子厚，即余堃（1862—1921），字子厚，四川巴州人。光緒十六年進士，翰林院庶吉士。三十三年署陝西提學使，宣統二年實授。曾叔如，即曾鑑（1857—？），字叔如、用韜，四川隆昌人，拔貢。民國時曾擔任“國民參政員”，有“何平老人”之稱，與林思進等編纂《［民國］華陽縣志》。李遥岑，即李稷勳（1857—1918），原名稽勳，入仕後改爲稷勳，號瑶琴、姚琴，一作遥琴，四川秀山人。光緒二十四年進士，改庶吉士，授編修。三十年任郵傳部左丞參議。宣統元年任川漢鐵路公司宜昌總理，主持修建川漢鐵路。

咳嗽加劇，行動即喘，而無休息之候，真所謂公私交迫者矣。烟丸票①未尋着，容再寄。大兄八月二十九日尚有信來，係發自海門，彼時尚未到金陵也。地事②倉卒，不知能辦成否？然此事早晚總可到手。大土問近價二十二兩六錢，小土③價卅二兩。前次買靈二十兩，已開在存義公單内矣。價錢多少不甚記憶，大約亦不甚便宜也。肅稟，敬請金安！男增澕謹稟。九月初八日夜一鐘。

吴姨及幺弟等佳好④！

六弟夫婦近佳！

另紙附單：

計開：

茸兩架

米半包

錶兩個

蜜兩罐

服銀兩付

點心一匣

辮繩兩付

江米酒一罐

烟袋穗一付

元青緞九尺

衍澤堂膏二十帖

栗子五斤

花子仁一匣（寧媳孝敬）

假髻一個（天津寄）

染衣　件

吴姨挖耳兩根。

以上在木箱内。

神册半斤

鏡子一面

---

① 烟丸，即戒烟丸，戒食鴉片烟的中藥丸。其時傅世榕已復任懷安知縣，因當地嗜吸鴉片，故傅氏父子依祖方製戒烟丸以助民衆，并設局懲勸，《日記》、傅氏兄弟所撰《家君八十壽辰徵言》和此批信札均提及此事。票，似指説明書。

② 地事，指其兄增澕擬在南京置地事。

③ "大土""小土"均爲鴉片之一種。舊時稱來自孟加拉和馬德拉斯（今印度金奈）的鴉片爲大土，球狀，價格昂貴；來自孟買的爲小土，片狀，價格較廉。清馮登府《英吉利考》、平步青《霞外攟屑》、徐繼畬《松龕先生詩文集》、金武祥《粟香隨筆》等均有記載。

④ 吴姨，即吴宜人。幺弟，即七弟傅增濂。

338

按：此札所述内容甚多，大約可分三類：一、爲家中購茸等物品，匯報家庭賬目事。此批信札多次涉及采買和賬目事，知其常因家中經商需要采買貨物，且總管家庭賬目。二、禀告高伯循到京、趙仲彦來京接待、自身運動和川漢鐵路會議草創章程、烟丸票等事，并提及咳嗽加劇却無法休息（從其後多封家信稱咳嗽推測，其所患疑肺結核，因無法治愈，後以病告歸，終病逝于天津），主要説明京内情況。三、長兄增清行程及金陵購地事，及時禀報其他家人情況。

清單與該札分離，然審札中所述兩架茸、半包米與清單所列正可對應，可合爲一札，此爲其一；其二，札稱"來單已買好"，想必擬購物品較多，運回時應附已購清單以便清點；其三，此批信札共存清單2張，此單内容與之最相合。

據《日記》，光緒三十一年八月，傅增清調任（南）通州厘局，管理港口等事，當月十四日即赴海門上任。次年五月二十二日于通州花布局任上，得總局札令"督辦金陵厘捐總局"[1]，爲"司道"，因接任未定，暫未成行；八月二十日至海門寶興織布局買色布數疋，稱之爲"海門特色"[2]，知其時仍在海門，正在做行前準備；八月二十九日"發二弟駿四十六號四紙"[3]。《日記》所載行程和發信日期與本札所述相合，據以判定此札作于光緒三十二年九月初八日，即1906年10月25日。

（十）

男增潛跪禀父母親大人膝下，敬禀者：十七日，交專馬寄呈一禀并各物，想均收到。是日午後，得十三日發手諭三紙，敬悉。蔚豐厚[4]款如下月初十邊領款不到，再撥天津存款不遲。因此時即還，亦須認一月息。而津款兑來，領款到時又兑去，反致多花兑費，甚不上算。六部祗工部裁撤。所有工部官員，農工商部不過調用數十人。雨衣未帶到，到時遵存京寓。戒烟丸票已清出，容再寄。此間天氣，近日忽暖，天津尤甚，以故病甚多。高等女學堂教習及學生因患白喉，死者數人。公立女學堂喉症亦多。祥女[5]、豫文均病，仕女[6]尚好，堂中已停課一禮拜矣。日昇昌[7]款男意不急在此時。今日得大兄來函，云已委關務處及善後局副提

---

① 傅增清:《澄懷堂日記》，14册433頁。

② 同上，14册467頁。

③ 同上，14册470頁。

④ 蔚豐厚，即蔚豐厚票號，山西介休賈村侯氏于道光十九年（1839）開辦，總號在平遙縣城西大街，設分號于北京、天津、漢口、上海等多處。1915年改組爲蔚豐商業銀行，1921年停業。

⑤ 祥女，即傅增潛長女祥蓮。後適江蘇阜寧水崇遜，字次惠（慧），北洋大學畢業生，宣統三年賜進士出身，曾任川北、川南、兩浙鹽務稽核分所經理等職。

⑥ 仕女，似應爲"任女"，指傅增潛次女任蓮，後適奉天新民法政畢業生、印鑄局參事王家瑞。

⑦ 日昇昌，即日昇昌票號，由山西平遙西達蒲村富商李大金出資，與總經理雷履泰于道光三年共同創辦。是我國第一家專營存款、放款、匯兑業務的私人金融機構，開中國銀行業先河。總號設于平遙縣城西大街，分號達35處之多，以匯通天下聞名。1932年改營錢莊。

調，目下總可剘行。轉眴首府及潮州府均期滿，當可一署。來信又欲在南京修造房屋，以爲大人頤養之計，此事男及三弟均不以爲然。爲目下計，祇有在京津兩處暫行居住，豈有男等三人所在均不居，請兩大人獨居金陵之理。既無親戚，又無朋友，踽踽獨居，亦復何樂？況金陵風俗極不好，少年子弟最易墮落，廖氏昆仲其前車也。男意似不如天津爲妙。學堂齊整，與子弟相宜；街道潔净，與衛生相宜。有三弟在彼，可以經理一切，均不必大人過慮。如欲出游，可以乘興到南方或廣東，亦甚便也。朋友亦較多。如欲至京，隨時均可至，似較獨居南京較爲得計。總之，大兄前在江南服官，于此營宅自是可行。今既改官嶺南，則宗旨又當一變，斷不可執一而論也。不審大人以爲然否？至男之出處，近日已定。前三弟面求宮保①，欲調男至郵傳部②。宮保即作函與唐少川③。昨日咨調男文書已到部，擬明日即至郵傳部。此部新設，補缺當較易。視吏部動須十六七年，相去遠矣。且此部管理輪船、鐵路、電報、郵政諸事，局面亦較大，將來或尚須派員至各省管理各局所也。肅稟，敬請金安！男增湝謹稟。十月二十日。

按：此札所稟之事甚多，涉及錢款兑還、工部裁撤、天暖病多停學、增湝委任關務處及善後局副提調、增湝調任郵傳部等事，最主要的是增湝擬在南京築屋以奉頤養，增湝、增湘二人表示反對，并建議遷往天津更佳，但最終仍在南京購置房産。

據光緒三十二年十月初六日《日記》，十月初五日，傅增湝以廣東補用知府身份委關務處副提調④；初七日，增湝分別函致其父世榕和二弟增湝，提及在南京修造房屋事，并各"附金陵屋圖乙紙"⑤。札中稱"已委關務處及善後局副提調""又欲在南京修造房屋"，均與之相合，可知此札作于光緒三十二年十月二十日，即1906年12月5日。

從此札可知，傅增湝吏部任職時間止于光緒三十二年十月二十日，二十一日即調至郵傳部。

（十一）

男增湝跪稟父母親大人膝下，敬稟者：上月二十八日，凌逸凡⑥來，爲祥女作伐。係筠連陳鏡秋⑦之子（前貴州松濤廳同知，近被議），庚寅七月二十日寅時生，

---

① 宮保，指太子少保，這裏代指袁世凱。

② 郵傳部設立于光緒三十二年九月二十日（1906年11月6日），總管郵政、船政、鐵路和電政等事務。

③ 唐少川，即唐紹儀（1862—1938），字少川，廣東香山人。同治十三年赴美留學，後入哥倫比亞大學學習。光緒七年歸國。三十二年，先後被委任爲全國鐵路總公司督辦、稅務處會辦大臣、郵傳部左侍郎。

④ 傅增湝：《澄懷堂日記》，15册11—12頁。

⑤ 同上，15册13頁。

⑥ 凌逸凡，即凌萬銘，字逸凡，亦作逸帆，四川宜賓人。光緒元年舉人。曾任内閣中書，外務部郎中。傅增湘内兄。

⑦ 陳鏡秋，即陳沄，字鏡秋，四川筠連人。監生。光緒十四年署仁懷廳同知。

其兄即逸凡之侄婿也。年紀尚相當，惟其母係妾扶正者，聞待媳婦頗嚴。其兄弟輩，男見過數人，無甚出色者。又鏡秋官黔，頗有能名。究竟如何，男亦未深知。已函問大兄，俟得覆書再奉聞。此事男不甚謂然。既承逸兄作合，不得不據情稟明，恭候裁酌。如有清暇，姑將八字一合，何如？至此子學問，據逸兄言，前考過堂號，以科舉停，未及院試，近隨其兄（即逸兄侄婿）在日本留學云。前日張輔廷①赴粵過此，又爲德孫②作伐，則周緝之③長女也。此自係輔廷一人之意，緝之殆未必然。其門第雖高，男意尚未愜意也。特此肅稟，恭叩金安！男增湘謹稟。十一月十六日。

　　再稟者：初六日文把什到京，得寄諭兩紙。初七日又由存義公交來寄諭一紙，并庫平足銀一千兩正，謹悉一是。應解官報局銀洋已交新泰④兌津。同官錄已函問三弟玉帥壽分，亦囑三弟將下款開交天津縣矣。存款事，此間息太微，已函三弟在津覓妥存放。至此款，則已先行挪還蔚豐厚借項，俟保定領款兌到，即兌津。戒烟丸票尚存數十張，今附寄上。郵傳部咨調人員已于本月初八日出奏，共三十二人，男亦在其列。此外尚有調而未奏者數人，以後再彙奏。惟所調人員貴介頗多，將來補缺尚須大力也。茲將湯錫三收條二張、官報局收條二張、提學司收條一紙、習藝所收條一紙、蔚豐厚借據一張并呈上，乞詧閱。大兄來函，囑交離省銀兩，已代辦。惟已到省人員尚要補捐分發一層，亦捐訖矣。肅稟，敬叩金安！男增湘謹稟。十一月十六日。

按：此札包括兩部分。前者述其女祥蓮、其子德謨婚配事，後者述錢款存兌、郵傳部咨調等事。據郵傳部咨調人員中傅增湘在列，可知此札作于光緒三十二年十一月十六日，即1906年12月31日。

（十二）

　　男增湘跪稟父母親大人膝下，敬稟者：上月二十九日寄上二號稟，想已收到。初四日，存記交來手示一件，并兌來庫平足銀二千兩正（該號歷次兌庫平皆按京平一百零六兩申合，此事大吃虧。以後如兌款，請齧兌京平爲盼）。是日，又由郵局交來二十八日所寄示諭三紙，并附來褚采臣來函一件，褚皞臣與徐養吾⑤函一

---

① 張輔廷，傅增湘內兄，生平不詳。

② 德孫，即傅德謨，字伯進，南開中學畢業生，揚州鹽務稽核分所科員。後娶屏山吳氏，京師女子師範畢業生，商部郎中吳桐林之女。

③ 周緝之，即周學熙（1866—1947），字緝之，號止庵，周馥三子。

④ 新泰，即新泰厚票號，道光六年創設于山西平遙，前身爲綢緞莊，財東有侯培餘、侯蔭昌、趙一第等，于太原、北京、天津、福州等地設分號26處。1921年歇業。

⑤ 徐養吾，即徐宗浩（1880—1957），亦名宗潔，字養吾，號石雪，自號石雪居士，後以號行。生于北京，祖籍江蘇武進。善畫山水、蘭、竹、松，尤善畫竹。工篆刻、擅書法。1920年被聘爲北京中國畫學研究會評議，1926年任副會長。曾任東方繪畫協會顧問、北京古物陳列所顧問、北京中國書法研究社副主席。1952年11月被聘爲中央文史館館員。逝後將其珍藏書畫等全部捐獻國家。

件，李子襄與高伯循函一件，均收悉。存記款遵即兌津。褚款除還徐外，尚存京平足銀一百五十五兩四錢，照收入帳。李信即寄香河，其銀俟伯循來函照撥。前日得三弟來信，言婁翔青[1]言捐款祇須一千八百八十六兩八錢，以直隸州係保舉者也。已交其辦理矣。此外，免保一層，則須在部庫上兌，俟捐案到部後方可辦。彼時，保直隸州原案總可抄到矣。湯兌來一千，即留作免保之用。至還日昇昌及裴款，則大兄來款尚存一千三百兩，本備大人提用者也。母親病漸好，聞之抃躍。京宅頗多病，寧媳固時好時歹，祥孫女病至今未好，四孫女病亦數日，男亦頗不適，大約皆不下雪之故。大兄來函，謂黃江差不過開方，雖不甚滿意，然總較省差為勝。郵傳部自經上月晦日嚴諭丞參，不免有更動。將來所調司員大約亦要甄別矣。其實此事頗冤枉，即果如諭中所云，亦未必遂如此嚴諭也。凌逸帆聞病頗甚（大有成瘵之勢）。納妾不過月餘，遂至如此。其自視千金之軀，亦太不值價。渠近來作事頗顛倒。老年人如此，謂之反常，真可憂也。同鄉、親戚均如常，惟孟孚姻丈境頗苦困耳。今年炭敬似可稍增，好在亦不過祇送此一年矣。特肅敬叩金安！男增濬謹稟。十二月八日。

　　　　吳姨母均安！

　　　　六弟夫婦均好！

　　　　幺弟及福孫姊弟并問。

　　　　附廣成金店單一紙。

　　按：此札所述之事亦多，其中京宅多病、嚴諭郵傳部丞參、凌萬銘病重三事與其後信札多有關聯。張百熙于光緒三十二年九月至三十三年二月任郵傳部首任尚書，身為立憲派，因與左侍郎唐紹儀在用人辦事等方面意見不一、互不相讓，故爾矛盾滋生，工作難以開展，致遭多次參奏，後為上諭嚴責，即札中所述"上月晦日嚴諭丞參"。依據張氏在任時間，可知此事發生時間為光緒三十二年十一月二十九日（1907年1月13日）。據後札，凌萬銘卒于三十三年二月，此札稱"病頗甚"，當早于其病逝時間。據此可知此札作于光緒三十二年十二月八日，即1907年1月21日。

（十三）

　　　　男增濬跪稟父母親大人膝下，敬稟者：十二日專差回署，帶呈稟一件，又附寄各物一單，想早收到。二十日、二十二日、二十五日連得手諭三函，謹悉一是。免保[2]封印內不能辦，明年開印即趕速辦理。大約至遲二月初間吏部准可行文開缺，藩台處三弟可以托其速委員來受代。如此辦法較之自行呈請開缺者好。大

---

① 婁翔青，即婁裕熊，字翔青，浙江紹興人。婁春藩次子。曾任奉天候補道，民初為北洋政府參議員，後任江蘇督軍公署秘書長等職。

② 免保，指捐免保舉。清代選官，漢人未經保舉、漢軍未經考試者，不得授正印官及京官，需捐納方可。

計之年，例不准自行開缺，一也；非有大不了事，開缺可以避禍，二也（宮保之委本府再查者，即不以密查委員，不然決不親爲。三弟言之王守，乃欲示恩，可惡）；開年糶價總較此時起色，三也；二三月間稍和暖，好上路，四也；一切事件可以從容料理，五也；無規避之嫌疑，六也。得函後，已將此意告知三弟，并請空白等件一同寄去。嗣得後函，亦并轉寄矣。至住處，京津均難找。三弟前來京，商及此節，已決計將自置地畝修造。明年動工，定四月內完工。惟需款六七千金，已函請大兄協助，其餘則假貸足之，亦屬上算。前日來函，云已定妥。每方七十金，業借付二千矣。至于未成以前，祇好在京津兩處暫行分住，此外實無法可設也。至六弟到省事，可從緩議。三班分發指省①，在七項捐②內并不停。若爲找事起見，即不到省，未常不可當差。必欲指省，則祇有指直隸河工（鹽務無州判），然路頗窄。若到別省，則不特男等不敢贊成，即兩大人當亦不以爲然也。同鄉炎敬已代送，陳三十，余十六，朱十金。高已回川，況石渠優缺新交卸，可不送。送親家母亦不便也。謝帖附覽。帳仍照去歲例，與大兄各半，已分別出帳矣。前得文南楷來信，云馮鯉舟捐郎中，馮硯莊、馮晏江、梁雲生均捐知縣，文肇謙、黃荃齋③捐縣丞，黃雲浦明年亦要來京辦截取。如此踴躍，真可怪嘆。目下，各省州縣無不壞，南省尤甚。大缺皆紛紛求交卸，其情可知。前車既覆，來軫方遒，此真不知時務者也。竊謂有捐官之貲本，合數人即可營一實業，祇要看得穩，拏得定，又有營運之才，較之捐官，其利十倍。至于京官，情形則又可怪。近來，雖有十一部，然外、商兩部，向不配簽；學部、郵傳部、理藩部、民政部，亦不配簽；吏、禮兩部則非科甲不配。其餘通行配簽者，祇度支部、法部、陸軍部耳。工部奉旨歸并農工商部，所存司員祇實缺（作候補）三十人，其餘四百餘人皆歸吏部，另擘他部。大理寺改大理院，從前人員祇留十人，餘均聽自便。練兵處歸并陸軍部。所重用者，皆練兵處人員，其兵部原有實缺各員亦大半要裁。近事如此，然聞同鄉新捐京官者不少，即內屬亦有八十餘人之多，他屬尚不在內，此等人將來不知如何了結，即改外亦無許多省分可以容納也。本部陳施開缺，已見明諭。此事因長沙④病，故爾耽擱。如本部自得陳達，尚可保全一陣也。大兄兩次寄來雨衣、燕菜（原係二斤，三弟留一斤也，請大兄補買寄來），均到。又，兩大人定花衣等，亦由郵局寄來（郵費十六元），均存京宅。其餘來示所要各物，福興處無便人，祇好開年再寄也。肅稟，敬叩（近病十餘日，故作稟遲遲）金安！男增

---

① 指省，清代捐納制度，未補授實缺的官員在吏部候選後，不等吏部抽籤分發，而由自己出錢指定到某省去聽候委用，稱爲指省。

② 七項捐，指七項常例捐納，分別爲升階仍留原省試用、免坐補、免試俸歷俸、免實授、離任、分發指省、離省捐免補本班等。

③ 黃荃齋，即黃沐衡（1876—1944），字荃齋，四川江安人。民國年間曾任四川省議會議員，後督察川北鹽務。

④ 長沙，指張百熙（1847—1907），字埜秋、一作冶秋，號潛齋，湖南長沙人。時任郵傳部尚書。

濬謹肅稟。二十七日。延字五號。

按：此札主要稟述爲其父辦理開缺流程、增湘明年修造房屋、六弟到省、衆同鄉捐官及各部裁撤現狀等事。其時增濬因身處郵傳部之便，得見各部裁撤情形，指出大員部吏皆惶惶而同鄉們踴躍捐納之怪現狀。社會的强大慣性，讓這些"不知時務者"努力攀附舊時代的列車，前赴後繼，絲毫不畏懼已經到來的巨大變革。此種怪相亦可作爲後人研究清末政體改革的生動史料。

札中提及"郵傳部"，且稱本部（即郵傳部）因張百熙生病而未開缺，故該札當作于其卒（三十三年二月十七日）前；又有"開年再寄""封印"二語，可知此札作于光緒三十二年十二月二十七日，即1907年2月9日。

（十四）

（延字七號稟）父母親大人膝下，敬稟者：朔日寄呈一稟，想已收到。十一日，由存義公交來寄諭，并京平足銀三千一百九十兩正，敬領壹是。交卸事，前稟請大人自行酌定，不必往返函商，三弟意亦如此。六弟之千金自可借用，至母親大人及吳姨、六弟媳等款，男意殊不謂然。交卸後一切進款無甚把握，手邊宜略餘現錢。爲是全用以修房①，萬一有緊急用款，未必能應手。況三弟現在每月薪水三百兩，三弟婦每月亦一百元，稍借外債，尚不甚難。至兌天津二千兩，除捐款，所餘不過一百餘金。又，大兄兌來款，除捐離省及自用外，所存不過一千二百金。還日昇昌（已還本字亦批過）及裴款（還本字取回）外，似已無餘。男須不甚知，然大致如此。惟三弟用錢往往不報帳，殊不合耳。凌逸凡竟于本月初六日病故，身後事尚待籌畫。辛苦一生，殊可痛也。長沙師病，亦危在旦夕，將來部中尚有一番更動也。三弟于初六日來京，十二日早車回京②，住凌宅時爲多。將來開吊，當又來也。凌渭卿③于初七日大斂後始到，其子文卿④則尚未回也。文把什在廝尚勤慎。因此間冬防已過，目下本胡同晚間有巡警雇一打更，已可放心。本擬早遣其回署，因來示有專車來京之說，故遲遲。迄今日久，專車尚未到，想必不來矣。茲又得示，命其回署，因命其速回。便將大兄寄來燕菜一劼，又大妹寄來天冬糖一筒及京宅所醃肉五塊（不能多帶，然亦不好），均交其帶上。至時乞檢收爲叩。又，何時稟請交卸，請早日賜示。男自去冬至今身體常病，咳嗽痰喘尤甚。照此神情，宜告假數月，養病爲上策。然此時部中正有變動，斷斷不宜出此。現仍力疾從公，俟將來部事大定後，再相機請假耳。寧媳病如常。特此稟陳，

---

① 修房，指傅增湘擬在京購置、修造房屋一事。

② "京"似爲"津"之誤。

③ 凌渭卿，即凌念京（1879—？），字渭卿，四川宜賓人。舉人。歷任直隸邯鄲知縣、山東萊蕪縣知事、北洋政府教育部秘書、南京政府農墾部秘書等職。後任中央文史館館員。傅增湘内侄。

④ 文卿，即凌春鴻，字文清，又作文卿，四川宜賓人。廩生。曾游學日本，宣統二年農科進士。後在四川主持高等農科學堂（四川農業大學前身）。

即叩金安！男增湛謹稟。二月十四日燈下。

按：此札述其父交卸、增湘修房用款、凌萬銘病故及其咳喘難請假等事。

《日記》光緒三十三年二月二十九日載："午後得三弟望日信式紙，滬行未可必。其內兄逸凡于初五日咯血身故。"[1] 此札稱其初六日病故，略有不同；又稱張百熙"危在旦夕"，可知此札作于光緒三十三年二月十四日，即1907年3月27日。

（十五）

又有電上告，故男意先遷延以俟後命。周玉帥開缺，岑[2]仍督粵，其請收回成命，摺直劾玉公[3]耳。于幕僚亦詆毀無遺（有"幕僚文武飲博酣嬉，以致百事廢弛、紀綱不振"等語）。大兄爲玉公所調之員，萬不能在彼自蹈危機。況兄于官場亦極外行，即如兄從前所述可補韶州府，韶缺係歸部選。以切身之事，尚如此不了了，他更可想。男自得開缺之諭，當即飛函商之三弟，請其從長計議，意蓋願勸其改省也。昨得三弟覆函，則已面謁慰帥[4]，請其函致鞠帥[5]求調。慰帥已允，立即函告鞠帥，當可有成。惟鞠帥所調人員多而且雜，位置頗難耳。然可脫去目前之危機，亦未始不可得也。大兄事既如此，則從前所擬之計策，亦須變通辦理。此時交卸既要吃虧，則三弟之説似尚可采，惟署中事繁，亦大是可慮。何妨在府稟請一幫審委員，雖月多花百十金，然可以較省心也。特此即請金安！男增湛稟。二十二日（寧媳病，至今未起床，可慮之至。近除服藥外，兼服童便，醫者亦謂此聖藥也）。

按：此札未見上部，似附某札之後。內容涉及清末"丁未政潮"期間最高統治集團內清流派與北洋派之間的黨爭。1906年清廷啓動政治體制改革，北洋派在官制改革中受挫，却在1907年將東三省收入囊中，清流派見其貪腐跋扈十分不滿。1907年3月，在清流派領袖、軍機大臣瞿鴻禨的策劃下，四川總督岑春煊進京向慈禧太后控訴北洋派，并運動言官上書造勢，開啓了清廷高層的激烈政鬥。北洋派領袖、直隸總督袁世凱及其後臺慶親王奕劻玩弄手段化險爲夷，并使慈禧貶斥瞿鴻禨、岑春煊等一干清流派官僚，取得政鬥勝利。慈禧則借機扶植滿洲親貴勢力牽制北洋派，導致宣統年間親

---

① 傅增湉：《澄懷堂日記》，15冊53頁。

② 岑，即岑春煊（1861—1933），字雲階，號炯堂老人，曾用名雲靄、春澤，廣西西林人。雲貴總督岑毓英之子。光緒十一年舉人，以恩蔭入仕。二十四年擢廣東布政使，次年調甘肅布政使。二十六年入京勤王，以功擢陝西巡撫，次年任山西巡撫，後署理四川總督，旋署兩廣總督。三十三年入京任郵傳部尚書，與軍機大臣瞿鴻禨等發起"丁未政潮"，後被慶親王奕劻、袁世凱等彈劾而罷官。

③ 玉公，即周馥。

④ 慰帥，即袁世凱（1859—1916），字慰亭、慰廷，號容庵、洗心亭主人，河南項城人。

⑤ 鞠帥，即吳敬修（1864—1935），字鞠農、菊農，號悱盦，河南光州人。光緒二十年進士，二十七年任廣西學政。北洋政府時期任肅政廳肅政史。

貴集權的局面。

　　岑春煊首任兩廣總督時間爲光緒三十一年六月二十一日（1905年7月23日）至三十二年七月二十三日（1906年9月11日）。周馥接任至次年四月十七日（1907年5月28日），後以年老多病奏請回籍就醫，即札中所稱"周玉帥開缺"。而後岑春煊復任至七月四日（1907年8月12日），故稱"岑仍督粵"。此札應作于岑氏任命公布之後，岑春煊時爲郵傳部尚書，傅增濬在部中知曉調令後爲免增濟受牽累，當第一時間稟報其父。此外，札中亦提及寧媳病重，傅增湘《傅增湘仲兄學淵先生家傳》稱寧氏卒于光緒丁未，早增濬一年去世①。查《日記》，知其卒于五月初三日（1907年6月13日）②。可知此札作于光緒三十三年四月二十二日，即1907年6月2日。

（十六）

　　（延字式號）男增濬跪稟父母親大人膝下，敬稟者：男于二十二日到津，與三弟商酌大人出處事，當即由電請示。二十四日得手諭，即定局辦理。男即于二十五日回京，在津局查須庫平二千一百零（前云二千三百，則免離任在內）。在京查則祇京公砝二千六十兩，約可省百金之譜。已函三弟，向婁處（椒生③三子）商酌稍減，如不能，則即在此辦矣。惟此外尚有補交免保一層，應在部庫上兌（例六百，連加平共京公砝六百五十四兩，又印結費約百兩，又行查四兩，領照六兩），可緩辦，然不辦則度支部不能核准。徒執一紙，實收亦屬無謂。況核准後，吏部即行文開缺，較之自行捏故開缺自較好。此事亦必須早辦。擬俟兵米加價領到後即上兌，如此則開缺當在正二月。又，核准時須聲明直隸冊原案，昨在部查大人官冊，并無此案，請來示時，速將原案抄寄，并何年月日奉旨，以便具呈。惟大人捐外開缺，既經決定，則署中應辦事正多，明正可不必進省。不特可省數百金，亦稍節往返之勞。且交卸在即，彼時再到京亦可，脫然無累矣。二十八日得二十一、二十二兩日所寄手諭函件，敬悉。內附三弟一紙，立即轉寄矣。藩庫銀款，二十七日始由湯處兌來庫平一千兩正，應留爲捐款之用。此外，再將大兄處存款撥湊，因停以臘月半止，不能再緩也。囑寄天津千金，擬俟兵米加價領到後再寄。凌宅廚子已換，醃味由京津兩處自做，尚未好。車可稍緩，至下月初十後來。戒煙丸此地甚多。聞民政部要干涉，化驗有無嗎啡、鴉片等物。因有此等在內，煙藥不能戒斷也。自做丸藥，歷經祖輩悉心考較，男自不敢妄議。惟從前劉蘭生煙戒而丸藥不能斷，亦是短

---

① 傅增湘：《傅增湘仲兄學淵先生家傳》，嚴希慎修《江安縣志・江安文徵》卷上，1923年瀘縣牖群書局鉛印本，36—37頁。
② 傅增濬：《澄懷堂日記》，15冊68頁。
③ 椒生，即婁春藩（1850—1912），字椒生，浙江紹興人。有經濟才，尤精刑律，自李鴻章延入直幕，先後垂三十年，歷任總督皆敬禮之。三子，即婁裕熙，字魯青。耶魯大學法律系學士。歷任直隸長公署法律顧問、開灤礦務局文案、巴拿馬博覽會直隸代表、督辦江蘇軍務善後事宜公署法律顧問、交通部參事等職。

處。竊意近來戒烟方最有名如鵝郎草、支剋奶①等，皆無流弊。苟爲濟世起見，將來廣施此等藥，其功德誠無量也。大兄離省分發，共京公砝四百四十一兩，特奉聞。陳府事遵即回銷，周府事似不便造次，容緩再商。郵傳部定九鐘半到署，五鐘散。雖不盡然，總要午前到，四鐘後始能散，日間却無暇。男派收發處主稿，本服一切責成，皆男任之，自較餘人爲重（男下尚有主稿一人，爲候選郎中、度支部員外郎楊鑑瑩②，楊崇伊之子也；幇主稿一人，陸軍部員外、睿智堂主事耆昌③，紹昌④之弟也）。不能不格外小心矣。前在津得廣東電，大兄已調黃江稅局總辦，較前差爲佳，特此附聞。男體虛而不受補，參茸丸請毋庸寄來。又，車來時請將海柳麪帶少許來；又，前六弟交福興帶來蔴菇、葡萄乾等，係分送人否？亦來信告知。特肅敬叩金安！男增濬謹稟。十一月二十九日。

按：此札述其父辦理開缺交卸、民政部查驗戒烟丸、增濬派任收發處主稿等事。其時，增濬調任黃江稅局總辦、增濬在郵傳部亦"有精嚴通練之譽"⑤，其父決定卸任歸養，以享天倫。光緒三十三年十二月初三日《日記》載："定初六日交卸後瀝厘務，接辦黃江稅廠。"⑥初九日載："得三弟上月廿二日信三紙，……知堂上于冬月十五日交卸。"⑦故此札作于光緒三十三年十一月二十九日，即1908年1月2日。

（十七）

男增濬跪稟父母親大人膝下，敬稟者：臘底交郵局寄呈一稟，想已收到。除夕得來示，敬悉壹是。由存記寄來庫平式千兩，尚未到。初二日，汪金波來，言上免保須將監照及知縣免保照呈驗，始能核准。如知縣未經上過免保，此時應一律補交云云。近來部庫于捐事皆異常認真，往往實缺州縣尚須行查是否十成監生。此男在吏部常有此等事，不足爲異。究竟大人從前交過免保否？如交過，望速將原照及監照均交郵局，雙保險寄來。如監照不祇一張，亦請一并檢寄爲盼。王之俊⑧款已交新泰兌去。胡子賢⑨款則男便道自送去，渠不在家，亦交其夫人手矣。

---

① 支剋奶，疑即亞支奶，是當時上海衆多戒烟藥之一種。
② 楊鑑瑩，即楊圻（1875—1941），初名朝慶，更名鑑瑩，又名圻，字雲史，號野王，江蘇常熟人。曾出任駐英屬新加坡總領事。民國時任吳佩孚秘書長。御史楊崇伊子，李鴻章孫婿。
③ 耆昌，清宗室，正白旗。時任刑部左侍郎紹昌之弟。舉人。曾任陸軍部衙門堂主事。
④ 紹昌，字任庭，清宗室，正白旗。光緒間進士。光緒二十七年任外務部右參議，二十九年遷右丞，翌年改任内閣學士，後歷任刑部左侍郎、法部左丞、署法部尚書。宣統三年任司法大臣。
⑤ 傅增湘：《傅增湘仲兄學淵先生家傳》，葉35。
⑥ 傅增淯：《澄懷堂日記》，15册110頁。
⑦ 同上，15册111頁。
⑧ 王之俊，四川眉州人。拔貢。曾任什邡縣教諭，候選知州。
⑨ 胡子賢，即胡祥麟，字子賢，廣東順德人。畢業于京師大學堂。早年任職于法部宥恤司，後任法部憲政籌備處纂修。民國年間在司法部任職。1930年10月署河北高等法院院長。

新春天氣尚好，惟男病後，至今未大好。新年拜客頗以爲苦，至今亦尚未拜完也。寧媳病日來又似稍甚，祥女則較好矣。三弟婦聞不日亦將來京，三弟或亦同來也。陳孟孚之三女許與余子厚之子。聞因戲成真，此近事也。特肅恭賀新喜！并請金安！男增濬謹肅稟。正月初六日。

按：此札主述其父上免保手續事，承札十六之後，故此札作于光緒三十四年正月初六日，即1908年2月7日。其時，增湘之妻凌氏常在京協助辦理女子學堂事。

（十八）

（延字十七號）父母親大人膝下，敬稟者：十五日，交專馬寄呈十六號稟，想已收到。十八日，由存義公交來初七日所發手諭兩件外，兌來京足銀共四千二百五十三兩正。據該號云：如在京用，則衹有交十足錠，因京中并無庫寶也；如兌至保定，尚可設法，因將原銀暫存該號，何時用再撥。惟如存月分過多，則又不合算，以在新太可生息故也。辦核准事，三弟意擬從緩。已有函稟聞。近……

按：此札缺後半，提及兌銀及核准事，撰寫時間不詳。札十六爲延字貳號，此札爲延字十七號，應在其後。札中又稱擬緩辦核准事，推測應在光緒三十三至三十四年間。因札十七亦提及核准手續事，推測此札作于三十四年的可能性較大。三十四年九月八日增湘簡授直隸提學使後，傅世榕于是年冬正式引退[1]。

三、總結

清朝末年，國力衰退，內憂外患。面對重重危機，清政府試圖推動社會轉型，于光緒晚期開始推行教育、軍制、財政、政治等一系列改革。終因觸動各方利益太大，成效甚微，進而又引起新的社會動盪。這批信札作于這一時期，見證了當時社會的動盪與發展。

通過這批信札可以看到傅氏家族的一些情況。比如大致確定傅世榕在懷安、藁城二地爲官的時間。傅氏三兄弟所撰《家君八十壽辰徵言》云：“奏補懷安縣知縣，蒞任一年，調署藁城。越二年，復任懷安。”[2]縱覽信札可知，札一至札七作于光緒三十年，時任藁城知縣；札八至札十八作于光緒三十一至三十四年，復任懷安知縣，直至引退。結合《家君八十壽辰徵言》所載，可推知傅世榕藁城任職時間在光緒二十八至三十年之間。

通過這批信札還可以看出，傅氏父子官場接觸的對象，除平日公務相關的同僚外，最主要的是江安或川籍同鄉。說明同鄉是其時國人離鄉後最願意團結和倚靠的群體，

---

① 參見王式通：《傅世榕暨妻劉氏墓志》拓片，1926年北京出土，國家圖書館藏。
② 傅增淯等：《家君八十壽辰徵言》，1921年朱印本。

基于共同的方言、相似的生活習慣和密切錯雜的人際關係和利益糾葛而形成的較爲天然的緊密關係。社會越動蕩，人心愈恐慌，有共同背景的人們往往更加緊密地倚靠在一起。

此批信札涉及人物極廣，經筆者粗略統計，約有90人。其中所述事件以家庭成員、同儕和朝中大員爲主，間及同鄉、友朋多人。人物關係錯綜複雜，札中人物除鄉邦、同僚這兩種最常見的人際關係之外，以姻親間的相互借力和扶持最爲顯見，如周馥與袁世凱，均爲朝中大員，又是兒女親家，二人在政治上也相互支持；有的甚至集鄉邦、同僚和姻親三者于一身，如傅世榕與陳鍾信、高枏二人，既爲四川同鄉，同爲朝官，又是兒女親家。爲鞏固自身地位和子女、家族利益，這種關係還在不斷交織、强化，如札中傅增濬提及多起子女結親事，均提及對方的官銜身份。姻親關係一直是鞏固階層、維持權力的重要手段，可借以將兩個家族的財力、權力等資源優化組合，共同對抗外部力量。此外，傅氏三代均曾擔任主官幕僚，如傅誠、傅世榕父子曾入周馥幕，傅增湘曾入袁世凱幕。主官爲幕僚提供施展才幹的舞臺，幕僚則盡力輔佐主官步步高升，二者相互支持，有時形成一榮俱榮、一損俱損的局面。良好的關係甚至綿延幾代，進而形成諸如李鴻章、左宗棠、周馥、袁世凱等龐大的政治集團。

（作者單位：國家圖書館古籍館）

徐乃昌致陳乃乾書札十通

崔建利

内容提要：徐乃昌和陳乃乾均爲近代書業界名家，因欣賞陳乃乾之才學，徐乃昌聘陳乃乾坐館徐家，陳乃乾在家教及助理徐乃昌編校圖書之餘盡情披覽徐氏藏書，二者合作可謂相得益彰，近見于拍賣會之十餘通徐乃昌致陳乃乾書札，記録了二人諸多交往細節，現擇其中十通略加考釋，以明二人交往之時代背景。

關鍵詞：徐乃昌　陳乃乾　書信

　　徐乃昌（1869—1943），字積餘，號隨庵，又號衆絲，堂號有鄰齋、積學齋、鏡影樓、小檀欒室等，安徽南陵人。晚清外交大臣、廣東巡撫劉瑞芬之長婿。光緒十九年（1893）舉人，歷任江蘇候補知府、淮安知府、江南鹽法道兼金陵關監督。清亡後寓居上海，從事工商業，并致力于藏書、著書、校書、刻書，係近代著名藏書暨刻書家。陳乃乾（1896—1971），浙江海寧人，近代著名編輯暨版本目録專家，藏書樓爲共讀樓。陳乃乾早年曾短暫就讀于蘇州東吳大學，民國初移家上海，先後入職進步書店、中華書局、大東書局、南洋中學，其間協助海鹽人陳立炎經營古書流通處。後與人合資創辦中國書店等。曾兼任上海持志大學、國民大學教授，參加過著名團體——中國國學會和南社等。抗戰勝利後，任上海市通志館及文獻委員會編纂。1949年後任上海市社會文化事業管理處編纂，1956年奉調赴京，先後任北京古籍出版社、中華書局編輯。"文革"中遭迫害，下放江西期間病逝于長女家中。

　　因欣賞陳乃乾之才學，徐乃昌于1921年年末聘陳乃乾爲家庭教師，教授國文，同時協助徐乃昌進行圖書編校業務。陳乃乾從而得以盡情披覽徐氏藏書，并與海内藏書家、古舊書商往還，二者合作可謂相得益彰。北京泰和嘉成拍賣有限公司2016年春季藝術品拍賣會上拍了一大宗衆多人士寫給陳乃乾的信札，其中就有徐乃昌致陳乃乾書札十餘通（部分書札因霉爛或蟲蛀而致文字殘缺），内容上長短不一，落款均無年份，僅署月日或僅有日期或根本不注時間。本文選取其中十通[①]，根據《徐乃昌日記》《求恕齋日記》《陳乃乾文集》等對書札寫作時間進行考訂，并對信札内容進行簡要注釋，以

[①] 本文討論的書札原文依據網上公布的北京泰和嘉成拍賣有限公司2016年春季藝術品拍賣圖録，特致謝忱。

明確信札所見徐、陳二人交往細節及時代背景。

一

乃乾先生惠鑒：

昨承枉顧，有失履迎，甚以爲歉。晤立炎先生，知公不弃，假館敝處，得以時領教益，何幸如之！初四日午刻有約一枝香西酌，屆時乞惠臨。散後即至敝寓小憩，已另函約立炎先生作陪也。敬請道安！徐乃昌頓首，十一月朔。

按：據《徐乃昌日記》1920年十月十八日："（下午）三時約陳乃乾至古書流通處晤叙。"[①]十月二十一日："至古書流通處商約陳乃乾校書授讀事。"[②]十一月四日："訪羅叔蘊于民厚北里縱談，隨約其同范緯君、王静庵、陳乃乾至一枝香西酌。……將景宋本《徐公文集》交陳乃乾校勘。"[③]可知此札寫于1920年十一月初一日（1920.12.10），當時陳乃乾任南洋公學圖書館主任。立炎即陳立炎，名琰，浙江海鹽人。1916年在上海福州路創辦古書流通處，"名曰流通處，志不僅在于購售之間，而欲使之兼具出版之職能"[④]。因陳立炎疏于版本之學，遂請陳乃乾合夥經營。通過陳立炎介紹，徐乃昌約聘陳乃乾爲家庭教師，教授徐家子女國文，月資二十元，同時助徐乃昌編校古籍。該札即反映徐乃昌爲此宴請陳乃乾事。

二

奉示知足疾不可履地，甚念。請静養，勿以未能出門爲悶也。曹君來，導即與之謀畫并付鈔資，續鈔《釣磯》亦即交付。印書人昨已來檢查印紙板片，因無帚插，未即開工。據云上海可做，易于做就。今日未來，大約未成也。弘治《登科録》當是天一閣藏本。鄙人所得《應天府鄉試録》，孟蘋最多，約二百本，皆來青閣所售，剩餘者亦不少，爲蟬隱廬全得也。敬請乃乾先生大人道安！弟乃昌頓首。十二日。

按：《徐乃昌日記》1921年七月十二日："陳乃乾來書，足疾不能履地，曹君鈔《小字録》，一二日可成，再將《釣磯集》付鈔，鈔價普通一角千字，景鈔、舊紙鈔酌加；新得宏治九年《登科録》一册。當作書覆之，并告印書人謝若安昨已來。"[⑤]據此可知，該信寫于1921年七月十二日（1921.8.15）。曹君即曹繡君，安徽績溪人，生平不詳。徐

① 徐乃昌：《徐乃昌日記》第1册，國家圖書館出版社，2013年，285頁。
② 同上，286頁。
③ 同上，292—293頁。
④ 胡道静：《陳乃乾文集序》，虞坤林整理《陳乃乾文集》，國家圖書館出版社，2009年，1頁。
⑤ 徐乃昌：《徐乃昌日記》第1册，515頁。

乃昌所刻《小檀欒室匯刻閨秀詞》所收《音注柳子厚文》即曹氏與人合注。《釣磯》即《釣磯文集》，唐代徐寅著，係詩賦合集，共十卷，集名源于徐寅辭官歸里後所居釣磯草堂。孟蘋即密韵樓主人蔣汝藻（1877—1954），字元彩，號孟蘋，又號樂庵，浙江烏程人，舉人出身，曾任學部總務司郎中，近代著名藏書家。來青閣、蟫隱廬均爲當時滬上古舊書店。

三

昨承賜新印《金石叢書》兩套，敬謝雅愛。沈乙庵藏康熙丁亥孟璟刻袖珍本《玉臺新咏》爲萬曆張嗣修鈔，以家藏宋本爲正，已假得以校趙本，必有佳處也。明正二十日請惠臨敝館。敬先奉訂。敬頌乃乾先生大人年禧！

徐乃昌頓首。

按：《金石叢書》指《百一廬金石叢書》，係陳乃乾借徐乃昌積學齋藏本所編，由古書流通處于1921年9月影印出版。叢書收《嘯堂集古録》《王復齋鐘鼎款識》《焦山鼎銘考》《浣花拜石軒鏡銘集録》《集古虎符魚符考》《漢熹平石經殘字》《蜀石經殘字》《瘞鶴銘考》《廟堂碑唐本存字考》《蒼玉洞宋人題名》凡10種，每種皆選最善版本加以影印，前有民國辛酉年（1921）劉承幹、王國維序。據此并信中"昨承賜新印《金石叢書》兩套""明正二十日"可定，本札寫于1921年年末。據《徐乃昌日記》1921年十二月二十七日："陳立炎贈新印《百一廬金石叢書》兩函并交還原書十種。"[1]十二月二十八日："沈乙庵藏康熙丁亥古吳孟璟刻《玉臺新咏》袖珍本（每半頁八行行十六字），據孟跋云得自松陵趙氏，爲萬曆丁丑張嗣修鈔本，以家藏宋本爲正。有諸本互見處，間爲考注，并云華亭楊本迴异宋刻，與吳趙本不無訛脱。日來勘暇，明正一校趙本即知其异同也。"[2]可確定本札寫于辛酉年十二月二十八日（1922.1.25）。沈乙庵即沈曾植（1852—1922），字子培，號巽齋，一號乙庵，晚自號寐叟，浙江嘉興人，光緒六年（1880）進士，官至安徽布政使，清亡後寓居上海。

四

前承代假《皇清詩選》《國朝詩選》《今詩粹》《觀始集》四種，計卅三本，已選畢，特奉檄，乞檢收（各書全交清）。附單二種，將來有便，尚請一假也。梵夾本經目乞示。敬請乃乾先生大人大安！弟乃昌頓首。

《桐城方氏詩輯》（方于穀）

《國朝詩》（吳翌鳳）

---

① 徐乃昌：《徐乃昌日記》第2册，161頁。

② 同上，164頁。

按：該信落款未署年月。據《徐乃昌日記》1922年一月二十一日："函陳乃乾，還前假《皇清詩選》三十卷（雲間孫鋐輯評，黃朱苬編校）、《國朝詩選》十四卷、《觀始集》十二卷、《今詩粹》十五卷。"[①]可知此信寫于1922年正月二十一日（1922.2.17）。

五

十三日留函來青閣，并拙刻《積學齋》《鄑齋》兩叢書，又奉還假書三種，又書價廿三元一角，請其轉呈。頃至來青閣，知公數日未至，書仍存在。鄙人今晚去通，時函陳一切，暇時請接洽也。《陸次雲雜著》如無人購，敝處擬備價購之，先聞。敬請乃乾先生大人大安！弟乃昌頓首。四月十六夕。

按：據《徐乃昌日記》1922年四月十三日："函陳乃乾，贈《積學齋》《鄑齋》兩叢書……又付書價廿三元一角交來青閣轉交。"[②]四月十六日："復陳乃乾書，告贈書還書付書價由來青閣轉交，并請留《陸次雲雜著》。"[③]知此信寫于1922年四月十六日（1922.5.12）。《積學齋》《鄑齋》兩叢書爲徐乃昌早年編刻之兩大叢書，《積學齋叢書》收書20種，成書于清光緒十九年（1893）；《鄑齋叢書》收書21種，成書于光緒二十六年。《陸次雲雜著》即《陸雲士雜著》五種（《八紘譯史》《澄江集》《北野緒言》《玉山詞》《湖壖雜記》），清陸次雲撰，康熙二十二年（1683）宛羽齋刻本。"今晚去通"之"通"指南通，是張謇推行地方自治實踐的大本營和實業基地。張謇創業初期曾得到徐乃昌及劉世珩（徐乃昌內弟）的大力資助，故徐乃昌與張謇關係甚篤。據張謇日記，1922年四月十七日爲大生紗廠"一二廠股東會"[④]。下午三時先開董事會，接着開股東會。時徐乃昌爲大生紗廠二廠董事，徐氏于四月十六日晚乘船至南通，即爲本次董事會事。

六

昨晤教言甚爲忻慰。內侄劉貽祐君，英年好學，昨由南京來應南洋公學附設中學考試。前聞公言，此校非外人可以考入，然既來不得不應考。公與校中同人當有相識者，擬請設法爲之道地，或有取入之望也。鄙人今晚即去通，匆匆不及函商。專此敬請乃乾先生大人大安！弟乃昌頓首。六月初八夕。

按：據《徐乃昌日記》1922年六月初八日："劉受甫貽祐來譚明日考南洋公學附設中學，爲作函托陳乃乾，并函復蒽石（乃乾暫居外日暉橋南洋中學補習科）。"[⑤]據此

① 徐乃昌：《徐乃昌日記》第2冊，208頁。
② 同上，300頁。
③ 同上，303頁。
④ 張謇：《張謇全集》第8冊，上海辭書出版社，2013年，919頁。
⑤ 徐乃昌：《徐乃昌日記》第2冊，388頁。

可知該札寫于1922年六月八日（1922.7.31）。蕙石即劉世珩（1874—1926），字聚卿、蕙石，號繼庵，別號楚園，劉瑞芬五子，徐乃昌内弟（劉瑞芬長女劉世珍爲徐乃昌原配），近代著名藏書家。

<h2 style="text-align:center">七</h2>

乃乾先生大人惠鑒：

　　奉示讀悉。承公同培孫先生爲聘才學兼優富于教授經驗之英文教師，至感厚愛。《釋迦如來成道記》一書現暫不影印，先行奉繳，俟他日決定後再乞假也。秦刻《鬼谷子》前曾得有三部：一單行本，一《石硯齋叢書》本，一《三子》本（《三子》本借立炎付印）。今遍尋單行本不可得，祇有乾隆己卯刻本一種（非楷書），兹奉貽，未知可以過錄否？承惠《澄江集》，取配全書，尺寸較小。家中有一部，書甚闊大，配入無甚懸殊，今將贈書繳還鄴架。《玉臺新咏》校記乞公錄就惠下，因鄂工來函索樣本付胥（胥人手無書寫）。《南陵藝文志》鈔畢亦盼交來，先睹爲快。《金石志》能有何法可以速錄者，并乞主持，至爲盼禱。敬請道安！弟乃昌頓首，十四日。

按：據《徐乃昌日記》1922年七月十四日：“陳乃乾來函，英文教師培孫薦鄭翰生君，鄭曾任中學英文教員十一年，指導學生之法至爲諳練，人品端方，中西文并佳。”同日，“復陳乃乾書（乃乾贈陸次雲《澄江集》，以書小不足配，仍送還。前假《釋迦如來成道記注解》亦交還）”[1]。由此可知，此信寫于1922年七月十四日（1922.9.5）。同月十七日，“王培孫薦英文教師鄭翰生君，今至來青閣晤商陳乃乾議定期，先邀酒叙”[2]。王培孫即王植善（1871—1953），字培蓀（後改爲培孫），上海人，時任南洋中學校長。由于志同道合，與陳乃乾成爲忘年交，“深厚的友誼三十年如一日”[3]。

關于《鬼谷子》，古書流通處于1922年影印《古書叢刊》第二輯丙集中，收有清嘉慶江都秦恩復本《鬼谷子》三卷。陳乃乾校記曰：

　　明抄《鬼谷子》，蘇州文氏舊藏。乾隆甲寅嚴九能以述古堂抄本校過，又經盧召弓覆校，明年徐北溟再校，咸豐丁巳勞平甫又校。今歸江安傅氏。繆筱珊嘗借校于秦刻本上，佳處甚多。古書流通處既影印秦本，因錄其异同爲校記，付之俾附印于後。壬戌五月陳乃乾。[4]

徐乃昌信中所提《鬼谷子》事，應是對陳乃乾詢借秦刻《鬼谷子》的答復。

關于《玉臺新咏校記》，徐乃昌曾讓黄岡陶子麟影刻明崇禎趙氏小宛堂本《玉臺新咏》，爲歷來公認的民國影刻本代表作。傅增湘《藏園群書題記》云：“至近歲壬戌，

---

① 徐乃昌：《徐乃昌日記》第2册，428、427頁。
② 同上，431頁。
③ 陳伯良、虞坤林：《陳乃乾年譜簡編》，虞坤林整理《陳乃乾文集》，1006頁。
④ 陳乃乾：《鬼谷子校記》，盧坤林整理《陳乃乾文集》，376頁。

南陵徐氏以宗賢之故，始影寫小宛堂本，付黄岡陶子麟精雕傳世，并參考各本撰爲校記。此本既出，風行一時。"[1] 爲影刻好這部書，徐乃昌曾用時四年進行研究，并依據各本撰寫《玉臺新咏校記》一卷附于書後。《玉臺新咏校記》後有一短跋，即《〈玉臺新咏札記〉序》，爲陳乃乾代徐乃昌作[2]，陳氏手中之《玉臺新咏校記》應爲其代作序文時參考之用。"鄂工"指陶子麟。據《徐乃昌日記》1922年七月二十四日："陳乃乾來，交編《南陵經籍志》稿，又《玉臺新咏校記》稿。"[3]可知，10日後陳氏纔將《玉臺新咏校記》稿交給徐乃昌。

關于《南陵藝文志》《金石志》，1914年南陵縣修志，徐乃昌作爲鄉賢主持全局并請陳乃乾協助。經過10年努力，終成《南陵縣志》四十八卷，《卷首》《卷末》各一卷，并冠圖兩幅。其中藝文、金石、經籍等志多出陳乃乾手。全志于1924年鉛印行世。據《徐乃昌日記》1922年八月初七日："陳乃乾來譚……乃乾云《南陵金石志》九月望可將文録成。"[4]可知《南陵縣志·金石志》于1922年9月始編成。

八

前擬約王培孫、鄭翰生兩先生暨先生酒叙，因日來感冒，稍延數日。今訂七月廿六日午前十二時一枝香西酌，乞公代邀王、鄭兩先生同時惠臨，至爲感盼。敬請乃乾先生大人大安！弟乃昌頓首。七月二十三日。

按：此函内容與上函相接續，寫于1922年七月二十三日（1922.9.14）。

九

現擬送翰怡之尊人澂如京卿六十壽詩七律一首（澄翁曾進呈自著《續文獻通考》、創辦浙江鐵路），請代撰。如無暇，或病後不耐思索，即另代請人一辦，酌送筆潤可也（三日爲期，因急于送杭，不便久候）。即請乃乾先生大安！弟乃昌頓首。十六。

按：翰怡即劉承幹（1881—1963），字貞一，號翰怡、求恕居士，晚年自稱嘉業老人。浙江省吳興縣（今屬湖州市）南潯鎮人，近代著名藏書暨刻書家。澂如即劉錦藻（1863—1934），原名劉安江，字澄如，號橙墅，劉鏞次子，劉承幹生父。光緒二十年（1894）進士，歷任工部主事、行走、郎中等職。光緒二十七年（1901），進呈費時近20年編成的《續皇朝文獻通考》，獲賞内閣侍讀學士銜。後來上海商務印書館匯印"九通"

① 傅增湘：《藏園群書題記》，上海古籍出版社，1989年，909頁。
② 陳乃乾：《〈玉臺新咏札記〉序》，《陳乃乾文集》，國家圖書館出版社，2009年，379頁。
③ 徐乃昌：《徐乃昌日記》第2册，436頁。
④ 同上，444頁。

時，將《續皇朝文獻通考》增入，成爲"十通"。清末劉錦藻積極參加浙江保路運動，1905年參與創辦浙江鐵路公司并擔任副總經理。據《清代硃卷集成》，劉錦藻"同治癸亥年（1863）八月二十七吉時生"[1]；劉承幹1922年八月二十二日日記："携杞、虎兩兒至貽德里，以本生父親生日拜星官也。"[2]可知徐乃昌此札寫于1922年八月十六日（1922.9.26）。

十

昨聞公新得一女公子，喜溢門楣，敬以爲賀。兹呈禮券十元，聊以將意，幸賜存。尊處前印費氏刻書及《松雪集》，除付夏寶記裝訂附嵌葉外，所有存紙全行送上，乞檢收。又《法華經》十部亦訂好，今一并奉上，并請收入。敬請乃乾先生大人大安！弟徐乃昌頓首。

按：《徐乃昌日記》1923年八月初九："函陳乃乾，賀生女并送分洋十元。又新印夾宣《法華經》十部并剩餘單宣一刀，餘連史數張（印曹氏刻書《松雪齋集》剩紙）附還。"[3]可知此信寫于1923年八月初九（1923.9.19），時陳乃乾長女陳家瑞剛出生。

【本文係國家社科基金一般項目"徐世昌圖書收藏及出版研究"（22BTQ014）階段性成果】

（作者單位：聊城大學運河學研究院）

---

① 顧廷龍主編:《清代硃卷集成》第277册，成文出版社，1992年，231頁。
② 劉承幹:《求恕齋日記》第7册，國家圖書館出版社，2016年，123頁。
③ 徐乃昌:《徐乃昌日記》第3册，212頁。